अरुंधति राय

अरुंधति रॉय ने वास्तुकला का अध्ययन किया है। उन्हें 'द गॉड ऑफ़ स्माल थिंग्स' के लिए 1997 का 'बुकर पुरस्कार' प्राप्त हुआ। 'द मिनिस्ट्री ऑफ़ अटमोस्ट हैप्पीनेस' भी उनकी चर्चित पुस्तक है। इन दोनों उपन्यासों के अनुवाद—'मामूली चीज़ों का देवता', 'अपार ख़ुशी का घराना' (हिन्दी में) और 'बेपनाह शादमानी की ममलिकत' (उर्दू में)—के अलावा उनकी अन्य पुस्तकें हैं—'न्याय का गणित', 'आहत देश', 'भूमकाल : कॉमरेडों के साथ', 'कठघरे में लोकतंत्र' और 'आज़ादी'। 'माय सीडिशियस हार्ट' उनकी समग्र कथेतर रचनाओं का संकलन है। वे 2002 के 'लनन कल्चरल फ्रीडम पुरस्कार', 2015 के 'आंबेडकर सुदार पुरस्कार' और 'महात्मा जोतिबा फुले पुरस्कार' से सम्मानित हैं।

नीलाभ

नीलाभ का जन्म 16 अगस्त, 1945 को मुम्बई में हुआ। एम.ए. तक की पढ़ाई इलाहाबाद में की। आजीविका के लिए आरम्भ में प्रकाशन। फिर चार वर्ष बी.बी.सी. की विदेश प्रसारण सेवा में प्रोड्यूसर। 'संस्मरणारम्भ', 'अपने आप से लम्बी बातचीत', 'जंगल ख़ामोश है', 'उत्तराधिकार', 'चीज़ें उपस्थित हैं', 'शब्दों से नाता अटूट है', 'शोक का सुख', 'ख़तरा अगले मोड़ की उस तरफ़ है' और 'ईश्वर को मोक्ष' उनके कविता-संकलन हैं तथा 'प्रतिमानों की पुरोहिती' और 'पूरा घर है कविता' गद्य-पुस्तकें। 'मंटो की तीस कहानियाँ' का सम्पादन। महात्मा गांधी अन्तरराष्ट्रीय हिन्दी विश्वविद्यालय के लिए चार खंडों में हिन्दी साहित्य का मौखिक इतिहास। 23 जुलाई, 2016 को उनका निधन हुआ।

जितेन्द्र कुमार

जितेन्द्र कुमार पेशे से पत्रकार हैं। वे विभिन्न पत्र-पत्रिकाओं में सामाजिक, राजनीतिक और सांस्कृतिक मसले पर लिखते रहते हैं। उन्होंने अरुंधती राय की इस किताब के अलावा 'न्याय का गणित' ('अलजेब्रा ऑफ इनफिनाइट जस्टिस') और 'नव साम्राज्य के नए किस्से' ('एन ऑर्डिनरी पर्सन गाईट टू एम्पायर') का भी अनुवाद किया है। इसके साथ ही उन्होंने नंदिनी सुंदर, सिद्धार्थ वरदराजन की किताबों के भी अनुवाद किए हैं।

कठघरे में लोकतंत्र

अरुंधति रॉय

अनुवाद
जितेन्द्र कुमार

सम्पादन
नीलाभ

राजकमल पेपरबैक्स

मूलकृति : Listening to Grasshoppers से अनूदित

पहला पुस्तकालय संस्करण
राजकमल प्रकाशन प्राइवेट लिमिटेड द्वारा
2012 में प्रकाशित

राजकमल पेपरबैक्स में
पहला संस्करण : 2012
नौवाँ संस्करण : 2024

राजकमल पेपरबैक्स : उत्कृष्ट साहित्य के जनसुलभ संस्करण

राजकमल प्रकाशन प्रा.लि.
1-बी, नेताजी सुभाष मार्ग, दरियागंज
नई दिल्ली-110 002
द्वारा प्रकाशित

शाखाएँ : अशोक राजपथ, साइंस कॉलेज के सामने, पटना-800 006
पहली मंजिल, दरबारी बिल्डिंग, महात्मा गांधी मार्ग, प्रयागराज-211 001
1, अनमोल सोराबजी संतुक लेन, धोबी तलाव, मरीन लाइंस, मुम्बई-400 002

वेबसाइट : www.rajkamalprakashan.com
ई-मेल : info@rajkamalprakashan.com

बी.के. ऑफसेट
नवीन शाहदरा, दिल्ली-110 032
द्वारा मुद्रित

मूल्य : ₹299

KATHGHARE MEIN LOKTANTRA
by Arundhanti Roy
Translated by Jitendra Kumar
Edited by Neelabh

ISBN : 978-81-267-2062-0

उन लोगों के लिए
जिन्होंने
आशा को तर्क से अलग करना सीख लिया है

कहाँ जाएँ हम आख़िरी सरहदों के बाद?
आख़िरी आसमानों के बाद कहाँ भरें उड़ान चिड़ियाँ?
कहाँ सोयें पौधे हवा की आख़िरी साँस के बाद?

—'द अर्थ इज क्लोजिंग ऑन अस'

—महमूद दरवेश

अनुक्रम

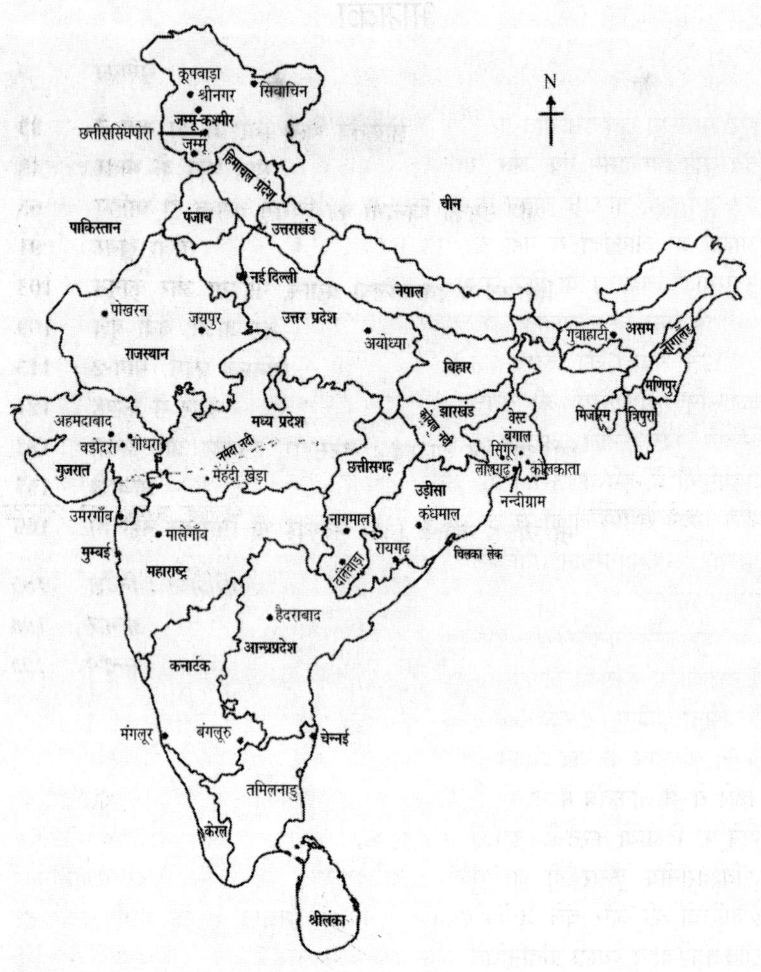
N
कूपवाड़ा
श्रीनगर
सिबाचिन
जम्मू-कश्मीर
छत्तीससिंघपोरा
जम्मू
हिमाचल प्रदेश
चीन
पंजाब
पाकिस्तान
उत्तराखंड
नई दिल्ली
नेपाल
पोखरन
जयपुर
उत्तर प्रदेश
अयोध्या
राजस्थान
बिहार
गुवाहाटी
असम
मणिपुर
झारखंड
मिजोरम
त्रिपुरा
अहमदाबाद
वडोदरा
गोधरा
मध्य प्रदेश
नर्मदा नदी
वेस्ट
बंगाल
सिंगूर
गुजरात
मेंहदी खेड़ा
छत्तीसगढ़
कोलकाता
नन्दीग्राम
उड़ीसा
उमरगाँव
मालेगाँव
नागमाल
कंधमाल
मुम्बई
रायगढ़
चिलका लेक
महाराष्ट्र
हैदराबाद
आन्ध्रप्रदेश
कर्नाटक
मंगलूर
बंगलूरु
चेन्नई
तमिलनाडु
केरल
श्रीलंका

भूमिका

हम आज भी जब इस बात पर बहस कर रहे हैं कि मृत्यु के बाद ज़िन्दगी है या नहीं, तब क्या हम इसमें एक और सवाल जोड़ सकते हैं? क्या लोकतंत्र के बाद जीवन है? अगर हाँ, तो उस जीवन का स्वरूप क्या होगा? लोकतंत्र से मेरा आशय किसी आदर्श या आकांक्षा से नहीं है। मेरा मतलब उसके कामकाजी नमूने–पश्चिम के उदारवादी लोकतंत्र या फिर उसके अनेकानेक संस्करणों–से है।

तो फिर, क्या लोकतंत्र के बाद ज़िन्दगी है?

इस सवाल का जवाब देने के सारे प्रयास अक्सर अलग-अलग क़िस्मों की प्रशासनिक प्रणालियों की तुलना में तब्दील हो जाते हैं और आख़िरकार इसका अंजाम कुछ कँटीले, आक्रामक तरीक़े से लोकतंत्र के बचाव में होता है। इसमें गड़बड़ियाँ हैं, हम कहते हैं। यह आदर्श नहीं है, लेकिन आज हमारे सामने पेश की गयी बाक़ी तमाम चीज़ों से तो बेहतर ही है। लामुहाला, कमरे में बैठा कोई बोल पड़ेगा, 'अफ़ग़ानिस्तान, पाकिस्तान, सऊदी अरब या सोमालिया...क्या इन्हें आप पसन्द करेंगे?'

यह एक बिलकुल ही अलग सवाल है कि क्या लोकतंत्र को ऐसा आदर्शलोक होना चाहिए जिसकी आकांक्षा सभी 'विकासशील' समाज करते हैं (मुझे लगता है कि होना चाहिए। इसका आरम्भिक आदर्शवादी चरण काफ़ी उन्मत्त कर देने वाला है।)। लोकतंत्र के बाद जीवन का सवाल हमारे जैसे उन लोगों को सम्बोधित है जो पहले से ही लोकतंत्र में रह रहे हैं, या कहें कि उन देशों में रह रहे हैं, जो लोकतांत्रिक होने का दिखावा करते हैं। इसका अर्थ यह सुझाना नहीं है कि हम वापस पुरानी और अविश्वसनीय क़रार दी जा चुकी एकाधिकारवादी या सर्वसत्तावादी प्रशासनिक प्रणालियों की ओर चले जायें। इसका मतलब यह सुझाना है कि प्रतिनिधित्वपरक लोकतंत्र–बहुत ज़्यादा प्रतिनिधित्व और बहुत कम लोकतंत्र–की इस प्रणाली के ढाँचे में कुछ फेर-बदल की ज़रूरत है।

यहाँ सवाल दरअसल यह है कि हमने लोकतंत्र के साथ क्या कर डाला है? हमने उसे क्या बना दिया है? क्या होता है जब एक बार लोकतंत्र पूरी तरह इस्तेमाल हो

जाता है? जब उसे खोखला और अर्थ से रिक्त कर दिया जाता है? क्या होता है जब उसकी हर संस्था किसी ख़तरनाक चीज़ में रूपान्तरित हो जाती है? क्या होगा अब जब लोकतंत्र और मुक्त बाज़ार दोनों आपस में मिलकर एक अहेरी जीव बन चुके हैं जिसकी कल्पना का संकीर्ण दायरा लगभग पूरी तरह लगातार मुनाफ़ा बढ़ाते जाने के विचार के इर्द-गिर्द घूमता रहता है? क्या इस प्रक्रिया को उलटना सम्भव है? क्या कोई चीज़ जिसका कायाकल्प हो चुका हो, फिर से वह बन सकती है जो वह हुआ करती थी?

आज हमें इस पृथ्वी को बचाने के लिए एक दीर्घकालिक दृष्टि की ज़रूरत है। क्या वे सरकारें ऐसा कर सकती हैं जिनका अस्तित्व ही तात्कालिक, दोहनपरक, अल्पकालिक लाभ पर निर्भर हो? क्या लोकतंत्र, जो हमारी अल्पकालिक आशाओं और प्रार्थनाओं का पावन उत्तर है, हमारी निजी स्वतंत्रताओं का संरक्षक और हमारे लोभ-लालच-भरे सपनों का पोषक है, मानव जाति का आख़िरी मरहला साबित होगा? क्या यह सम्भव है कि लोकतंत्र इन्सानों को इसीलिए इतना प्रिय है कि वह हमारी सबसे बड़ी मूर्खता—हमारी अदूरदर्शिता—को प्रतिबिम्बित करता है? (अधिकतर पशुओं की तरह) पूरी तरह वर्तमान में जीने की हमारी अक्षमता और भविष्य में बहुत दूर तक देख पाने की हमारी अक्षमता का मेल ही हमें अजीबो-ग़रीब बीच के जीव बनाता है—न पशु, न पैग़म्बर। लगता है, हमारी अद्भुत मेधा ने हमारी जिजीविषा को पीछे छोड़ दिया है। हम धरती को इस उम्मीद में लूटते जा रहे हैं कि भौतिक सम्पदा को इकट्ठा करना उस गहरी, अथाह चीज़ की भरपाई कर देगा जो हम खो बैठे हैं।

यह दिखावा करना अहम्मन्यता होगी कि इनमें से किसी या किन्हीं सवालों के जवाब इस पुस्तक के निबन्धों में मिल सकते हैं। वे सिर्फ़ कुछ हद तक ब्योरेवार ढंग से इस तथ्य को दर्शाते हैं कि लगता है मानो मशाल अब बुझ रही हो और लोकतंत्र पर अब शायद उस स्थिरता और इन्साफ़ को उपलब्ध कराने का भरोसा नहीं किया जा सकता जिसका हमने कभी सपना देखा था कि वह करायेगा। ये सभी निबन्ध भारत में निर्णायक अवसरों पर अनिवार्य सार्वजनिक हस्तक्षेपों के तौर पर लिखे गये हैं—गुजरात में मुसलमानों के राज्य-समर्थित जनसंहार के दौरान; 13 दिसम्बर, 2001 को संसद पर हुए हमले के आरोपी मुहम्मद अफ़ज़ल को फ़ाँसी देने की तयशुदा तारीख़ से ठीक पहले; अमरीका के पूर्व राष्ट्रपति जॉर्ज बुश की भारत यात्रा के दौरान; 2008 की गर्मियों में कश्मीर के जन-विप्लव के दौरान; और 26 नवम्बर, 2008 को मुम्बई में हुए आतंकी हमलों के बाद। अक्सर ये निबन्ध महज़ घटनाओं की प्रतिक्रियाएँ ही नहीं थे, बल्कि प्रतिक्रियाओं की प्रतिक्रियाएँ थे।

हालाँकि इनमें से कई निबन्ध काफ़ी आक्रोश में लिखे गये हैं, उन क्षणों में जब चुप रहना कुछ कहने से ज़्यादा मुश्किल हो गया था, इनमें एक समान सूत्र अवश्य है। ये निबन्ध लोकतांत्रिक प्रक्रिया में दुर्भाग्यपूर्ण विचलनों या विकृतियों के बारे में नहीं हैं। ये दरअसल लोकतंत्र के परिणामों और उसके पूरकों के बारे में हैं। (या फिर जैसा कि श्रीनगर की सड़कों पर प्रदर्शन कर रहे एक कश्मीरी प्रदर्शनकारी ने अपनी तख़्ती पर लिखा हुआ था—दुनिया की सबसे बड़ी 'डेमन-क्रेज़ी' के बारे में। उसकी तख़्ती पर लिखा था—'न्यायरहित डेमोक्रेसी = डेमन क्रेज़ी' यानी शैतानी पागलपन।)

एक लेखक, एक कथाकार के रूप में मैंने अक्सर सोचा-विचारा है कि जो वास्तव में घटित हो रहा है उसकी विराटता को हम हमेशा सही होने की कोशिश करके, सारी चीज़ों को तथ्यात्मक रूप से दर्ज करने का प्रयास करके, कहीं छोटा तो नहीं कर देते। क्या यह अन्ततः एक बड़ी सच्चाई पर पर्दा डालना तो नहीं है? मुझे अन्देशा इस बात से है कि कहीं मैं दबाव के आगे झुककर सिर्फ़ नीरस, तथ्यात्मक सच्चाई तो नहीं पेश कर रही, जबकि शायद हमें ज़रूरत एक बनैले चीत्कार की हो या फिर कविता की रूपान्तरकारी शक्ति और अचूक सूक्ष्मता की। भारत में हुकूमत और ग़ुलामी के धूर्त, ब्राह्मणवादी, जटिल, नौकरशाह, फ़ाइल-बँधे, 'उचित माध्यम से आवेदन करने' वाले स्वभाव ने कहीं मेरी फ़ितरत को भी क्लर्काना बना दिया हो जैसे। अपनी दोष-मुक्ति के लिए मैं यही कह सकती हूँ कि दुनिया की सबसे हर दिल अज़ीज़ नयी महाशक्ति की निर्ममता और ठंडी, नियोजित हिंसा को छिपाये रखने वाले पाखंड और जाल-बट्टे की भूल-भुलैया का पर्दा फ़ाश करने के लिए अजीबो-ग़रीब औज़ारों की ज़रूरत पड़ती है। 'उचित माध्यम से' उत्पीड़न कभी-कभी 'उचित माध्यम से' प्रतिरोध को जन्म देता है। प्रतिरोध के हिसाब से यह काफ़ी नहीं है, मैं जानती हूँ। लेकिन फ़िलहाल मेरे पास बस यही है। शायद किसी रोज़ यह कविता का और बनैले चीत्कार का आधार बनेगा।

'टिड्डियों की आवाज़ : जनसंहार, इनकार और उत्सव,' एक व्याख्यान है जो मैंने आर्मीनियाई पत्रकार हरांट डिंक की हत्या की पहली सालगिरह पर जनवरी 2008 में इस्तम्बूल में दिया था। डिंक को उनके दफ़्तर के बाहर सड़क पर गोली मार दी गयी थी, क्योंकि उन्होंने ऐसे विषय को उठाने का दुस्साहस किया था, जो तुर्की में प्रतिबन्धित है—1915 में हुआ आर्मीनियाइयों का जनसंहार, जिसमें दस लाख से ज़्यादा लोग मारे गये थे। मेरा व्याख्यान जनसंहार और जनसंहार से मुकरने के इतिहास, और 'प्रगति' और जनसंहार के बीच पुराने, लगभग जैविक सम्बन्धों के बारे में था।

मुझे यह तथ्य हमेशा चौंकाता रहा है कि तुर्की में जिस राजनैतिक दल ने आर्मीनियाई जनसंहार को अंजाम दिया, उसका नाम 'एकता और प्रगति समिति'

(कमेटी फ़ॉर यूनियन एंड प्रोग्रेस) था। इस संग्रह के अधिकतर निबन्ध दरअसल एकता और प्रगति के समकालीन अन्तर्सम्बन्धों पर हैं, या फिर आज के मुहावरे में कहें तो राष्ट्रवाद और विकास के अन्तर्सम्बन्धों पर—ऐसे दो तत्व जो आधुनिक, मुक्त-बाज़ारी लोकतंत्र के दो निर्विवाद जुड़वाँ खम्भे हैं। जैसा कि अब हम जानते हैं, अपने अतिवादी रूप में इन दोनों ही तत्वों में इतनी सम्भावना अन्तर्निहित है कि वे अन्तिम, प्रलयंकारी विनाश (परमाणु युद्ध, जलवायु परिवर्तन) घटित कर सकते हैं।

हालाँकि ये निबन्ध 2002 से 2008 के बीच लिखे गये, लेकिन इनका अदृश्य प्रस्थान वर्ष 1989 है जब अफ़ग़ानिस्तान की बीहड़ पहाड़ियों में पूँजीवाद ने रूसी साम्यवाद के ख़िलाफ़ अपने पुराने जिहाद में विजय हासिल की (अलबत्ता, समय का चक्का एक बार फिर नाच रहा है। क्या वही पहाड़ियाँ अब पूँजीवाद को दफ़नाने की प्रक्रिया से गुज़र रही हैं? अभी कुछ भी कहना जल्दबाज़ी होगी)। सोवियत संघ के पतन और बर्लिन की दीवार के गिरने के कुछ महीनों के भीतर ही भारत सरकार ने, जो कभी गुटनिरपेक्ष आन्दोलन की नेता थी, तेज़ी से कलाबाज़ी लगायी और अपने को पूरी तरह नयी एक-ध्रुवीय दुनिया के बादशाह अमरीका के साथ जोड़ लिया।

अचानक ही खेल के सारे नियम पूरी तरह बदल गये। करोड़ों लोगों ने—जो सुदूर गाँवों और अछूते जंगलों की गोद में रहते थे और जिनमें से बहुतों ने तो बर्लिन या सोवियत संघ का नाम तक नहीं सुना था—कल्पना भी नहीं की होगी कि दूरदराज़ के इन देशों में हुई घटनाएँ कैसे उनके जीवन पर असर डालेंगी। इन लोगों के विस्थापन और बेदख़ली की प्रक्रिया तो पचास के दशक में ही शुरू हो चुकी थी जब भारत ने सोवियत संघ के विकास के नमूने को चुना था जिसके तहत विशाल इस्पात कारख़ाने (भिलाई और बोकारो) और बड़े-बड़े बाँध (हज़ारों की तादाद में) अर्थव्यवस्था के शिखर पर स्थापित किये जाने थे। निजीकरण और ढाँचागत समायोजन के युग ने इस प्रक्रिया को इतना तेज़ कर दिया कि दिमाग़ चकरा जाय।

आज 'प्रगति' और 'विकास' जैसे शब्द आर्थिक 'सुधार,' 'पाबन्दियाँ हटाने' और 'निजीकरण' के पर्याय बन चुके हैं। 'स्वतंत्रता' का अर्थ आज 'विकल्प' हो गया है। उसका सम्बन्ध अब मानवीय चेतना से कम और दुर्गन्ध-नाशकों की अलग-अलग क़िस्मों से अधिक हो गया है। 'बाज़ार' का अर्थ अब ऐसी जगह नहीं रह गया है जहाँ आप सामान ख़रीदने जाते थे। 'बाज़ार' एक सीमाविहीन स्थान बन गया है जहाँ बग़ैर चेहरे वाले निगम कारोबार करते हैं, जिसमें 'भविष्य' की ख़रीद-बेच शामिल है। अब 'न्याय' का अर्थ 'मानवाधिकार' हो गया है (जिनके बारे में वे कहते हैं कि थोड़े-से ही काफ़ी होंगे)। भाषा की यह चोरी, शब्दों पर क़ब्ज़ा करके उन्हें हथियारों की तरह

क़तारबन्द करने की यह तकनीक, अपने असली इरादों को छुपाने के लिए उनका इस्तेमाल करना और उनके पारम्परिक अर्थों के ठीक विपरीत अर्थ उनमें भरना, नये निज़ाम के शहंशाहों की सबसे मेधावी रणनीतिक विजयों में से एक है। इसने उन्हें मौक़ा दिया है कि वे अपने विरोधियों को हाशिये पर डाल सकें, उन्हें ऐसी भाषा से वंचित कर दें जिससे वे अपनी आलोचना को व्यक्त कर सकें और उन्हें 'प्रगति विरोधी', 'विकास विरोधी', 'सुधार विरोधी' और हाँ, 'राष्ट्र विरोधी'–यानी सबसे ख़राब क़िस्म के नकारवादी–कहकर ख़ारिज कर सकें। किसी नदी को बचाने या जंगल को बनाये रखने की बात करके देखिए और वे कहेंगे, 'क्या आप प्रगति में विश्वास नहीं करते?' जिन लोगों की ज़मीनें बाँधों के जलाशयों में डूब रही हैं और जिनके घरों पर बुलडोज़र चलाये जा रहे हैं, उनसे वे कहते हैं, 'क्या आपके पास विकास का कोई वैकल्पिक नमूना है?' जो लोग विश्वास करते हैं कि सरकार का कर्तव्य लोगों को बुनियादी शिक्षा, स्वास्थ्य-सेवा और सामाजिक सुरक्षा उपलब्ध कराना है, उनसे वे कहते हैं, 'आप बाज़ार के ख़िलाफ़ हैं।' और बाज़ार के ख़िलाफ़ आख़िरकार किसी मूढ़ के सिवा और कौन होगा?

इन चुराये गये शब्दों को फिर से अपने क़ब्ज़े में लेने के लिए जिन व्याख्याओं की ज़रूरत पड़ेगी, वे इस दुनिया के लिए बहुत थकाऊ हैं जिसका ध्यान अल्पजीवी है और इस युग के लिए बहुत महँगी हैं जिसमें स्वतंत्र अभिव्यक्ति ग़रीबों की बिसात के बाहर हो चुकी है। हो सकता है भाषा का यह अपहरण ही हमारे सत्यानास का मुख्य कारण साबित हो।

भारत में दो दशक की इसी क़िस्म की 'प्रगति' ने, अचानक आयी दौलत और उसी के साथ अचानक आने वाली प्रतिष्ठा के मद में चूर, एक विशाल मध्यवर्ग को पैदा किया है–और इसी के साथ एक बेहद, बेहद विशाल निम्नवर्ग को भी। लाखों-करोड़ों लोग बाढ़, अकाल और अन्धाधुन्ध पर्यावरण इंजीनियरिंग और विराट बुनियादी ढाँचा परियोजनाओं, बाँधों, खदानों और विशेष आर्थिक क्षेत्रों के कारण ज़मीन के बंजर और रेतीले बनने पर बेदख़ल और विस्थापित हो गये हैं। यह सारा विकास कहने को ग़रीबों के नाम पर किया जा रहा है, लेकिन दरअसल इसका उद्देश्य नये कुलीन वर्ग की बढ़ती माँग को पूरा करना है।

'विकास' की बहस के केन्द्र में शामिल है ज़मीन की लड़ाई। भारत के वित्तमंत्री बनने से पहले पी. चिदम्बरम 'एनरॉन' के वकील थे और 'वेदान्त' नामक एक बहुराष्ट्रीय खनन निगम के बोर्ड ऑफ़ डायरेक्टरों के सदस्य थे जो कम्पनी इस समय उड़ीसा की नियमगिरि पहाड़ियों को बरबाद कर रही है। पी. चिदम्बरम की विश्व-दृष्टि शायद उनके पेशेवर जीवन की रूपरेखा ही की देन थी; या हो सकता है कि ठीक इसका उलट हो–उनकी विश्व-दृष्टि ने उनके पेशेवर जीवन को निर्धारित किया हो। साल भर

पहले दिये गये एक इंटरव्यू में उन्होंने कहा था कि उनका 'सपना' था कि भारत की 85 फ़ीसदी आबादी शहरों में रहने लगे।[1] इस 'सपने' को पूरा करने के लिए अकल्पनीय स्तर पर सामाजिक फेर-बदल की ज़रूरत पड़ेगी। इसका मतलब होगा लगभग 50 करोड़ लोगों को ललचाकर या जबरन गाँवों से शहरों में ले आना। यह प्रक्रिया शुरू भी हो चुकी है और काफ़ी तेज़ी से भारत को ऐसे पुलिस राज्य में तब्दील कर रही है जहाँ अपनी ज़मीनें देने से इनकार करने वाले लोगों को बन्दूक की नोक पर ऐसा करने को मजबूर किया जा रहा है। शायद यही वजह है जिससे पी. चिदम्बरम के लिए बग़ैर किसी शिकन के वित्तमंत्री से गृहमंत्री की गद्दी पर जा बैठना आसान हो जाता है। दोनों पदों के बीच एक बेहद झीनी-सी झिल्ली है जिसके आर-पार आवाजाही स्वाभाविक है। 'सपने' के रूप में इतराते इस दुःस्वप्न के नीचे बड़े पैमाने पर ज़मीनों को और भारत के प्राकृतिक संसाधनों को मुक्त कराने की योजना शामिल है, ताकि वे कॉरपोरेट लूट के लिए पके फल साबित हो सकें। वास्तव में, योजना का उद्देश्य है स्वातन्त्र्योत्तर भारत की भूमि सुधार की नीतियों को उलट देना।

अभी से जंगल, पहाड़ और जल-संसाधन लुटेरे बहुराष्ट्रीय निगमों द्वारा तबाह किये जा रहे हैं और इसमें उन्हें उस राज्य-व्यवस्था का समर्थन हासिल है जो बेलगाम होकर जिस राह पर चल पड़ी है उसे सिर्फ़ 'पर्यावरणीय घात' ही कहा जा सकता है। पूर्वी भारत में बॉक्साइट और कच्चे लोहे का खनन उर्वर भूमि को रेगिस्तान में तब्दील करते हुए, समूचे परिवेश-तंत्रों को नष्ट कर रहा है। हिमालय में सैकड़ों ऊँचे बाँधों की योजना बनायी जा रही है जिनके परिणाम विनाशकारी ही होंगे। मैदानी इलाक़ों में नदियों के किनारे प्रकट रूप से बाढ़ को रोकने के लिए बनाये गये तटबन्धों के कारण नदी-तल उथले हो रहे हैं जिससे और ज़्यादा बाढ़ आने लगी है, पानी का जमाव बढ़ रहा है, कृषि भूमि में नमक की मात्रा बढ़ रही है और लाखों लोगों की आजीविका नष्ट होती जा रही है। गंगा समेत भारत की अधिकतर पावन नदियों को अपवित्र नालों में बदल दिया गया है जिनमें पानी से ज़्यादा मल-मूत्र और औद्योगिक कचरा बहता है। शायद ही कोई ऐसी नदी बची है जो अपनी समूची यात्रा पूरी करके समुद्र में जा मिलती हो।

इस बेतुके ख़याल के आधार पर कि नदियों का समुद्र में मिलना पानी की बरबादी है, भारत के सर्वोच्च नयायालय ने अत्यधिक अहंकार का अविश्वसनीय क़दम उठाते हुए मनमाने ढंग से फ़ैसला किया है कि नदियों को किसी यांत्रिक जलापूर्ति तंत्र की तरह आपस में जोड़ दिया जाय। इसे लागू करने का मतलब होगा पहाड़ों और वनों के बीच से सुरंगें बनाना, नदियों की तलहटियों के प्राकृतिक नख-शिख और जल-निकासी के तंत्रों को बदलना और नदियों के मुहानों और वहाँ के क्षेत्रों को नष्ट करना। दूसरे शब्दों में समूचे उपमहाद्वीप की पारिस्थितिकी को तबाह करना (यह फ़ैसला जारी करने

वाले न्यायाधीश बी.एन. किरपाल कार्यमुक्त होने के बाद कोका-कोला के पर्यावरण बोर्ड के सदस्य हो गये। वाह, बहुत अच्छे!)।

मुक्त बाज़ार की आर्थिक नीतियों के निज़ाम की बागडोर ऐसे लोगों के हाथ में है जो उन सभ्यताओं के हश्र से अनभिज्ञ हैं जो कृत्रिम सिंचाई पर बहुत निर्भर हो गयी थीं। इस निज़ाम ने फ़सलों के चक्र में चिन्ताजनक तब्दीली पैदा की है। स्थानीय मिट्टी और जलवायु के अनुकूल और उसे सहारा देने वाली अनाज की फ़सलों का स्थान ज़्यादा पानी चूसने वाली, संकर और जैव-सम्वर्द्धित 'नक़दी कमाऊ' फ़सलों ने ले लिया है जो पूरी तरह बाज़ार पर निर्भर रहने के अलावा बड़े पैमाने पर रासायनिक उर्वरकों, कीटनाशकों, नहर सिंचाई और भू-जल के अन्धाधुन्ध दोहन पर भी निर्भर होती हैं। जैसे-जैसे बदइस्तेमाली की शिकार और रसायनों से रची-बसी खेती की ज़मीन धीरे-धीरे रिक्त और बंजर हो जाती है, खेती की लागत बढ़ने लगती है जिससे छोटे किसान धीरे-धीरे क़र्ज़ के जाल में फँसते चले जाते हैं। पिछले कुछ वर्षों में भारत के 1,80,000 से ज़्यादा किसानों ने आत्महत्या की है।[2] एक ओर जहाँ सरकारी भंडार अनाज से भरे पड़े हैं जो आखिरकार सड़ जाता है, वहीं दूसरी ओर देश पर ऐसी भुखमरी और कुपोषण मँडरा रहा है, जो अफ़्रीका के सहारा मरुस्थल के आस-पास के इलाक़े की भुखमरी और कुपोषण के क़रीब है।[3] सचमुच ऐसा लगता है जैसे नौ फ़ीसदी की विकास-दर अब नीचे की ओर ले जा रही है। इस क़िस्म की वृद्धि की दर जितनी ज़्यादा होती है, उसके लक्षण उतने ही घातक होते हैं। कोई भी कैंसर विशेषज्ञ इसकी पुष्टि कर देगा।

यह कुछ ऐसे ही है जैसे सामन्तवाद और वर्ण-व्यवस्था के बोझ तले सड़ रहे एक प्राचीन समाज को किसी विशाल मशीन में मथ दिया गया हो। मन्थन की इस प्रक्रिया ने पुरानी विषमताओं के जाल को चीर दिया है, कुछ को संशोधित करते हुए, मगर अधिकांश विषमताओं को और भी पुष्ट करते हुए। पुराना समाज अब दो हिस्सों में बँट गया है—ऊपर : गाढ़ी मलाई की पतली-सी परत और नीचे : ढेर सारा पानी। यह मलाईदार परत दरअसल लाखों उपभोक्ताओं का भारतीय बाज़ार है (कारों, सेलफ़ोनों, कम्प्यूटरों, वैलेंटाइन दिवस के कार्डों का बाज़ार) जिससे अन्तर्राष्ट्रीय व्यापार रश्क करता है। रहा पानी तो उसका ज़्यादा महत्व नहीं है। इसे इधर-उधर छलकाया जा सकता है, तालाबों में जमा किया जा सकता है और अन्ततः नालियों के रास्ते बहा दिया जा सकता है।

ऐसा ही सोचते हैं शायद वे सूट-बूटधारी लोग। उन्हें उस हिंसक गृहयुद्ध का सान-गुमान नहीं था जो हिन्दुस्तान के हृदय-प्रदेश में फूट पड़ा है : छत्तीसगढ़ में, झारखंड, उड़ीसा और पश्चिम बंगाल में।

वापस 1989 में आयें। मानो 'एकता' और 'प्रगति' के सम्बन्ध को चित्रित करने के लिए, ठीक उस वक़्त जब कांग्रेस सरकार भारत के बाज़ार को अन्तर्राष्ट्रीय पूँजी के लिए खोल रही थी, विपक्ष में बैठी दक्षिणपन्थी भारतीय जनता पार्टी (भाजपा) ने (जन साधारण में 'हिन्दुत्व' के नाम से प्रसिद्ध) हिन्दू राष्ट्रवाद का अपना ज़हरीला अभियान शुरू किया। 1990 में उसके नेता लालकृष्ण आडवाणी ने मुसलमानों के ख़िलाफ़ विद्वेष को भड़काते हुए देश भर का भ्रमण किया और अयोध्या में एक विवादित स्थल पर खड़ी 16वीं शताब्दी की पुरानी बाबरी मस्जिद को ढहाकर उसकी जगह राम मन्दिर बनाने की माँग की। 1992 में आडवाणी द्वारा भड़काये गये एक समूह ने मस्जिद को ढा दिया। 1993 के शुरू में एक हिंसक भीड़ ने मुम्बई में मुसलमानों के ऊपर हमले किये जिनमें लगभग हज़ार लोगों की जानें गयीं। बदले की भावना से शहर में सिलसिलेवार बम-विस्फोट हुए जिनमें ढाई सौ से ज़्यादा लोग मारे गये।[4] 1984 में जिस भाजपा की संसद में सिर्फ़ दो सीटें थीं, उसने साम्प्रदायिक उन्माद की पीठ पर चढ़ कर 1998 में कांग्रेस को हरा दिया और केन्द्र में सत्ता सँभाल ली।

यह कोई इत्तफ़ाक़ नहीं है कि हिन्दुत्व का उभार ठीक उसी ऐतिहासिक क्षण में हुआ जब अमरीका ने अपने सबसे बड़े शत्रु के रूप में साम्यवाद की जगह इस्लाम को ला बैठाया। जिन उग्र इस्लामी मुजाहिदीनों का स्वागत राष्ट्रपति रेगन ने कभी ह्वाइट हाउस में किया था और अमरीका के संस्थापक पूर्वजों से उनकी तुलना की थी, उन्हें अचानक आतंकवादी कहा जाने लगा। सीएनएन द्वारा 1990-91 के खाड़ी युद्ध–ऑपरेशन डेज़र्ट स्टॉर्म–का सीधा प्रसारण सेटेलाइट टीवी के ज़रिये भारतीय शहरों में अभिजात वर्गीय ड्राइंग-रूमों तक पहुँच गया। तक़रीबन इसी वक़्त भारत सरकार, जो कभी फ़िलस्तीनियों की प्रगाढ़ मित्र हुआ करती थी, इज़रायल की 'स्वाभाविक सहयोगी' बन गयी। अब भारत और इज़रायल संयुक्त सैन्य अभ्यास करते हैं, गुप्तचर सूचनाएँ बाँटते हैं और क़ब्ज़ाये गये इलाक़ों पर राज करने के सबसे बेहतर तरीक़ों पर एक-दूसरे से शायद विचार-विमर्श भी करते हैं।

1998 में जब भाजपा ने सत्ता सँभाली, उस वक़्त तक निजीकरण और उदारीकरण की 'प्रगति' परियोजना लगभग आठ साल पुरानी हो चुकी थी। भले ही भाजपा ने यह कहते हुए आर्थिक सुधारों के ख़िलाफ़ ज़ोरदार अभियान चलाया था कि 'उदारीकरण के ज़रिये लूटने' की प्रक्रिया है, लेकिन सत्ता में आते ही भाजपा ने काफ़ी उत्साह से खुले बाज़ार को गले लगा लिया और 'एनरॉन' जैसे बड़े निगमों को अपना पूरा समर्थन सौंप दिया (प्रतिनिधित्वपरक लोकतंत्र में, चुन लिये जाने के बाद जनप्रतिनिधि अपने वादों को तोड़ने और अपना दिमाग़ बदलने के लिए स्वतंत्र होते हैं।)।

सत्ता सँभालने के कुछ ही हफ़्तों के भीतर भाजपा ने सिलसिलेवार कुछ परमाणु परीक्षण किये। हालाँकि भारत ने 1975 में ही परमाणु परीक्षण के अखाड़े में क़दम

रख दिया था, लेकिन राजनैतिक रूप से 1998 के परीक्षण बिलकुल भिन्न प्रकार के थे। विजयी राष्ट्रवाद के जिस मदोन्मत्त उल्लास से इन परीक्षणों का स्वागत किया गया, उसने मुख्यधारा के सार्वजनिक विमर्श में आक्रमण और विद्वेष की नयी भाषा प्रवाहित कर दी। जो कहा जा रहा था, उसमें कुछ भी नया नहीं था, सिर्फ़ इतना था कि जो कभी अस्वीकार्य था, आज अचानक उत्सवी प्रसन्नता से मनाया जा रहा था। उसी समय से हिन्दू साम्प्रदायिकता और पारमाणविक राष्ट्रवाद, कॉरपोरेट भूमंडलीकरण, की तरह राजनैतिक दलों की घोषित विचारधाराओं को लाँघ गया है। यह ज़हर सीधे हमारी नसों में घोला गया है। अब यह ज़हर हमारे भीतर है—अपनी समूची हिंसा और पाशविकता के साथ—कि हम अपनी रोज़मर्रा की ज़िन्दगी में इससे निपटते रहें—भले ही केन्द्र की सरकार ख़ुद को 'धर्मनिरपेक्ष' कहती हो अथवा नहीं, इससे कोई फ़र्क़ नहीं पड़ता। मुस्लिम समुदाय की ख़ुशहाली काफ़ी तेज़ी से गिरावट का शिकार हुई है और आज वह, दलितों और आदिवासियों के साथ, सामाजिक सोपान की तलहटी में है।[5]

किसी राष्ट्र के जीवन में होने वाली कुछ घटनाओं का असर परदों को हटाने और आम लोगों को भविष्य की एक झलक दिखाने का होता है। 1998 का परमाणु परीक्षण ऐसी ही घटना है। तब यह बताने के लिए कि भारत किस दिशा में जा रहा है, आपको भविष्यवक्ता होने के वरदान की कोई ज़रूरत नहीं थी। यह मेरे लेख 'कल्पना का अन्त' का एक अंश है जो मैंने परमाणु परीक्षणों के बाद लिखा था (यह लेख इस संग्रह में शामिल नहीं है) :

> 'आत्म-सम्मान का विस्फोट,' 'पुनरुत्थान का पथ,' 'गौरव का क्षण'—परमाणु परीक्षणों के बाद ये अख़बारों के शीर्षक थे...
>
> हमें यह बार-बार बताया गया, 'ये सिर्फ़ परमाणु परीक्षण नहीं हैं, बल्कि ये राष्ट्रवाद के परीक्षण हैं।'
>
> यह बात ठोंक-ठोंककर दिलों में बैठा दी गयी, बारम्बार। बम भारत है, भारत बम है। महज़ भारत नहीं, हिन्दू भारत। लिहाज़ा, सावधान, इसकी किसी तरह की आलोचना महज़ राष्ट्र-विरोधी ही नहीं, बल्कि हिन्दू-विरोधी भी है।...यह परमाणु बम रखने का एक अप्रत्याशित विशेष लाभ है। सरकार इसका प्रयोग न केवल अपने दुश्मन को डराने के लिए कर सकती है, बल्कि वह इसका प्रयोग अपने ही लोगों के ख़िलाफ़ जंग का ऐलान करने के लिए भी कर सकती है। हमारे ख़िलाफ़...
>
> यह सब इतना जाना-पहचाना क्यों लगता है? क्या इसलिए कि आपके देखते-ही-देखते हक़ीक़त पिघलकर बिना रुके पुरानी मूक, श्वेत-श्याम फ़िल्मों की छवियों में तब्दील हो जाती है—अपनी ज़िन्दगियों से

> जबरन निकाल-निकालकर जमा किये जाते और फिर शिविरों में ठूँसे जाते लोगों के दृश्य? जनसंहार के, नरमेध के, कहीं न पहुँचने वाले बदहाल लोगों की बेगिनती क़तारों के दृश्य? कोई साउंड-ट्रैक क्यों नहीं है? हॉल में इतना सन्नाटा क्यों है? क्या मैं ज़रूरत से ज़्यादा फ़िल्में देखती रही हूँ? क्या मैं पागल हूँ? या क्या मैं सही हूँ? क्या ये छवियाँ उस दिशा की अनिवार्य परिणति हो सकती हैं जो हमने पकड़ ली है? क्या हमारा भविष्य आगे हमारे अतीत की ओर दौड़ रहा है?[6]

यहाँ मैंने जिस 'हम' का प्रयोग किया है, उसका मतलब उन लोगों से है जो 'हिन्दू' बहुसंख्यकों में नहीं हैं या उनसे अपनी पहचान नहीं जोड़ते। अतीत से मेरा मतलब 1947 के भारत विभाजन से है, जब दस लाख से अधिक हिन्दू और मुसलमान आपस में कट-मरे और अस्सी लाख शरणार्थी बन गये।

फ़रवरी 2002 में ट्रेन के एक डिब्बे में आग लगा दिये जाने के बाद, जिसमें अयोध्या से आ रहे 58 हिन्दू तीर्थ यात्री ज़िन्दा जल गये, मुख्यमंत्री नरेन्द्र मोदी के नेतृत्व में गुजरात की भाजपा सरकार ने राज्य में सुनियोजित ढंग से मुसलमानों का क़त्लेआम करवाया। अमरीका में 11 सितम्बर, 2001 को हुए हमलों के बाद समूची दुनिया में पैदा हुई इस्लाम-भीति ने इन चिनगारियों को हवा दी। गुजरात की सरकार और राज्य-तंत्र खड़ा देखता रहा जिस बीच 2000 से ज़्यादा लोग क़त्ल कर दिये गये।[7] औरतों को सामूहिक बलात्कार के बाद ज़िन्दा जला दिया गया। डेढ़ लाख मुसलमान बेघर हो गये। मुस्लिम समुदाय अपने में बन्द बस्तियों में धकेल दिया गया, सामाजिक और आर्थिक बहिष्कार का शिकार हुआ और अब तक है। साम्प्रदायिक रूप से गुजरात हमेशा एक तनावग्रस्त राज्य रहा है। दंगे इससे पहले भी हुए हैं, लेकिन इस बार जो हुआ, वह दंगा नहीं था, वह जन-संहारक ख़ून-ख़राबा था और भले ही उसमें शिकार हुए लोगों की संख्या रवांडा, सूडान या कौंगो की तुलना में नगण्य थी, लेकिन गुजरात जनसंहार का नमूना एक ऐसे सार्वजनिक तमाशे के रूप में निर्मित किया और दिखाया गया था जिसके उद्‌देश्य निर्भ्रान्त थे। यह दुनिया के सबसे दुलारे लोकतंत्र की सरकार द्वारा मुस्लिम नागरिकों को जारी की गयी सार्वजनिक चेतावनी थी।

जनसंहार के बाद मोदी ने जल्दी चुनाव करवाने का आग्रह किया। गुजरात की जनता ने उन्हें फिर से सत्ता में बिठा दिया। पाँच साल बाद उन्होंने अपनी कामयाबी दोहरायी। आज वे मुख्यमंत्री के रूप में अपने तीसरे कार्यकाल को पूरा करते हुए, मुक्त बाज़ार में अपनी आस्था के लिए व्यापारिक प्रतिष्ठानों की ख़ूब वाहवाही लूट

रहे हैं। गुजराती जनता के साथ अगर नाइन्साफ़ी न करें तो उनके लिए भी विकल्प दो ही थे–मोदी की तरह का (परमाणु) हिन्दुत्व और कांग्रेस के उम्मीदवार, भाजपा के असन्तुष्ट पूर्व मुख्यमंत्री शंकर सिंह बाघेला का अपनी तरह का (हलका और धुँधला) हिन्दुत्व। हैरत नहीं कि बाघेला का सिक्का चल नहीं पाया।

गुजरात जनसंहार इस निबन्ध संग्रह के पहले लेख का विषय है, जिसका शीर्षक है–'लोकतंत्र : किस चिड़िया का नाम है?' यह मई 2002 में उस समय लिखा गया था जब हत्यारी भीड़ सड़कों पर अभी खुलेआम घूम रही थी और मुसलमानों को धमकाते हुए उनकी हत्या करती फिर रही थी। मैंने जान-बूझकर किसी भी लेख में समयानुकूल संशोधन-संवर्द्धन नहीं किया है, क्योंकि मैंने सोचा कि यह देखना दिलचस्प होगा कि जो घटित हो रहा है उसकी सर्वांगीण प्रकृति के कठोर आकलन के भीतर अक्सर आने वाली घटनाओं की पूर्व सूचनाएँ किस तरह छिपी रहती हैं। इसलिए लेखों को ताज़ा करने के बजाय मैंने कुछ नयी टिप्पणियाँ लगा दी हैं। उदाहरण के लिए, गुजरात नरसंहार के बारे में लिखे गये लेख के एक पैरे में कहा गया है :

> क्या हम अगले साल इसकी वर्षगाँठ मनाने की उम्मीद करें? या फिर तब तक नफ़रत का कोई और निशाना ढूँढ़ लिया जायेगा? अकारादि क्रम में आदिवासी, ईसाई, दलित, पारसी, सिख–इनमें से कौन होगा अगला निशाना? जो लोग जीन्स पहनते हैं या अंग्रेज़ी बोलते हैं, या जिनके होंठ मोटे हैं और बाल घुँघराले हैं? हमें ज़्यादा इन्तज़ार नहीं करना पड़ेगा।

इन्दिरा गाँधी के सिख सुरक्षाकर्मियों द्वारा उनकी हत्या करने के बाद कांग्रेस पार्टी के नेताओं की अगुआई में हिंसक भीड़ ने 1984 में दिल्ली की सड़कों पर हज़ारों सिखों का क़त्लेआम कर डाला था। एक हिन्दुत्ववादी सेना, बजरंग दल के गुंडों ने ऑस्ट्रेलियाई पादरी ग्राहम स्टेन्स और उनके दो छोटे बेटों पर जनवरी 1999 में हमला करके उन्हें ज़िन्दा जला दिया था।[8] दिसम्बर 2007 तक ईसाइयों के ऊपर चरमपन्थी हिन्दुत्ववादी हथियारबन्द दस्तों द्वारा किये गये हमले इक्का-दुक्का घटनाओं से कहीं आगे बढ़ चुके थे। गुजरात, कर्नाटक, उड़ीसा जैसे अनेक राज्यों में ईसाइयों के ऊपर हमले हुए, गिरजों को जलाया गया। कन्धमाल, उड़ीसा में कम-से-कम 16 दलित और आदिवासी ईसाई, 'हिन्दू' दलितों और आदिवासियों के हाथों मारे गये।[9] दसियों हज़ार ईसाई अब या तो शरणार्थी शिविरों में रह रहे हैं या फिर अपने खेत-खलिहानों की देख-रेख करने के लिए बाहर निकलने से भयभीत होकर अगल-बग़ल के जंगलों में छिप गये हैं। फ़िलहाल दलित और आदिवासियों का 'हिन्दूकरण' और उन्हें एक-दूसरे के ख़िलाफ़ और साथ ही मुसलमानों और माओवादियों के ख़िलाफ़ खड़ा करना

हिन्दुत्ववादी परियोजना का सबसे महत्वपूर्ण कार्य है (एक बार फिर यह संयोग नहीं है कि ये समुदाय जंगलों में और खनिज सम्पदा से भरपूर ज़मीनों पर रहते हैं जिन पर बहुराष्ट्रीय निगमों की आँख है और जिन्हें सरकार ख़ाली कराना चाहती है। लिहाज़ा उन्हें 'हिन्दुत्व के दायरे' में लाने के बहाने से बनाये गये 'हिन्दू शिविर' दरअसल लोगों को नियंत्रित करने का साधन हैं।)।

दिसम्बर 2008 में, दक्षिण के किसी भी राज्य में पहली बार सत्ता में आयी भाजपा सरकार के संरक्षण में हिन्दू चरमपन्थी दस्तों ने मंगलौर और बंगलौर शहरों में–जो भारत के सूचना-तकनीक उद्योग की धुरी हैं–उन महिलाओं पर हमले करने शुरू कर दिये जो जीन्स या पश्चिमी परिधान पहनती थीं।[10] धमकियाँ अब भी जारी हैं। हिन्दू चरमपन्थी दस्तों ने कर्नाटक को दूसरा गुजरात बनाने की प्रतिज्ञा की है। यह बात कि भाजपा ने कर्नाटक और गुजरात जैसे राज्यों में जड़ें जमा ली हैं जो दोनों-के-दोनों ही भूमंडलीकरण परियोजना के झंडाबरदार हैं, एक बार फिर 'एकता' और 'प्रगति' के आपसी रिश्ते की मिसाल है। या आप चाहें तो कह सकते हैं कि फ़ासीवाद और मुक्त बाज़ार के आपसी रिश्ते की।

जनवरी 2009 में इस सम्बन्ध पर एक सार्वजनिक कार्यक्रम में मुहर लगा दी गयी। भारत के दो बड़े निगमों के प्रमुख कार्याधिकारियों रतन टाटा (टाटा समूह) और मुकेश अम्बानी (रिलायंस इंडस्ट्रीज़) ने 'गुजरात गरिमा पुरस्कार' स्वीकार करते हुए गुजरात जनसंहार के योजनाकार नरेन्द्र मोदी की विकास नीतियों का स्वागत किया और भावी प्रधानमंत्री के रूप में गर्मजोशी से उनका समर्थन किया।

लगभग दो अरब डॉलर के ख़र्च से 2009 के आम चुनाव सम्पन्न हुए।[11] यह रक़म अमरीकी चुनाव के बजट से कहीं ज़्यादा है। कुछ मीडिया रिपोर्टों के मुताबिक़ ख़र्च की गयी वास्तविक राशि दस अरब डॉलर के क़रीब है।[12] क्या हम पूछ सकते हैं कि इस तरह का पैसा आख़िर आता कहाँ से है?

कांग्रेस और उसके सहयोगी–संयुक्त प्रगतिशील गठबन्धन(यू.पी.ए)–बड़ी आसानी से चुनाव जीतकर बहुमत हासिल कर चुके हैं। दिलचस्प बात यह है कि चुनाव में खड़े होने वाले नब्बे फ़ीसदी स्वतंत्र उम्मीदवारों की हार हुई है। ज़ाहिर है, किसी प्रायोजक के बग़ैर चुनाव जीतना बहुत मुश्किल है। और स्वतंत्र उम्मीदवार अनुदानयुक्त चावल, मुफ़्त टीवी और वोट के बदले नोट के वादे नहीं कर सकते–फूहड़ ख़ैरात के वे अपमानजनक क़दम जिन पर चुनाव अब उतर आये हैं।[13]

जब आप चुनावी नतीजों के पीछे के गणित पर क़रीब से नज़र डालेंगे तो आप पायेंगे कि 'सुविधाजनक' और 'बहुमत' जैसे शब्द अगर पूरी तरह ग़लत न भी हुए हों, तो भी छल से ज़रूर भरे हुए हैं। मिसाल के लिए, इन चुनावों में संयुक्त

प्रगतिशील गठबन्धन को मिले वोटों का वास्तविक हिस्सा देश की आबादी का महज़ 10.3 फ़ीसदी ही है। यह देखना दिलचस्प है कि किस तरह चुनावी लोकतंत्र का चतुर गुणा-भाग मामूली अल्पमत को भारी बहुमत में तब्दील कर सकता है।[14] ख़ैर, इसे जैसे भी जोड़ा-घटाया जाये, असल बात यह है कि नफ़रत के साक्षात् दूत एल.के. आडवाणी नहीं, बल्कि बाज़ार सुधार के सुकोमल वास्तुकार, धर्मनिरपेक्ष मनमोहन सिंह दूसरी बार दुनिया के सबसे बड़े लोकतंत्र के प्रधानमंत्री बनेंगे, एक ऐसे व्यक्ति जिन्होंने अपनी ज़िन्दगी में एक भी चुनाव नहीं जीता है।

चुनावी दौड़ में राजनैतिक दलों के बीच आर्थिक 'सुधारों' को लेकर एक क़िस्म की पूर्ण सहमति बनी हुई थी। भाजपा के पूर्व मुख्य रणनीतिकार और रामजन्म भूमि आन्दोलन के प्रणेता, गोविन्दाचार्य ने व्यंग्यात्मक लहजे में सलाह दी थी कि कांग्रेस और भाजपा को मिलकर एक गठबन्धन बना लेना चाहिए।[15] कुछ राज्यों में तो उन्होंने पहले से ही ऐसा कर रखा है। उदाहरण के लिए छत्तीसगढ़ में भाजपा सरकार चलाती है और कांग्रेस के नेता सरकार-समर्थित 'जन'-सेना–सलवा जुडुम–चलाते हैं। जुडुम और सरकार ने मिलकर जंगलों में माओवादियों के ख़िलाफ़ एक संयुक्त मोर्चा बना लिया है जिन्होंने विस्थापन के विरुद्ध और उन बहुराष्ट्रीय निगमों द्वारा बेदख़ली के ख़िलाफ़ घातक और अक्सर निर्मम हथियारबन्द संघर्ष छेड़ रखा है जो इस्पात कारख़ाने लगाने और कच्चा लोहा, टिन और जंगल की धरती के नीचे छिपी बाक़ी सारी दौलत का खनन करने की ताक में बैठे हैं। इस तरह, हम देख सकते हैं कि छत्तीसगढ़ में भारत के दो सबसे बड़े राजनैतिक दलों ने भारत के सबसे ग़रीब और कमज़ोर लोगों, यानी दन्तेवाड़ा के आदिवासियों, के ख़िलाफ़ गठबन्धन कर रखा है। अब तक 644 गाँवों को ख़ाली कराया भी जा चुका है। पचास हज़ार लोगों को सलवा जुडुम के शिविरों में विस्थापित कर दिया गया है। तीन लाख आदिवासी जंगलों में छुपे हुए हैं और उन्हें माओवादी आतंकी या उनका समर्थक बताया जा रहा है। लड़ाई जारी है और बहुराष्ट्रीय निगम इन्तज़ार में हैं।

यह महत्वपूर्ण है कि भारत उन देशों में से है जिन्होंने संयुक्त राष्ट्र में यूरोपीय देशों की उस माँग को बाधित कर दिया था कि श्रीलंका सरकार द्वारा तमिल चीतों के ख़िलाफ़ हाल ही में किये गये हमले में सम्भावित युद्ध अपराधों की अन्तर्राष्ट्रीय जाँच करायी जाय।[16] दुनिया के इस हिस्से की सरकारों ने दरअसल 'आतंकवादियों' से निपटने में इज़रायल की ग़ाज़ा रणनीति को अपने लिए आदर्श मान लिया है—मीडिया को दूर रखो और हत्याओं के लिए कमर कस लो। इस तरीक़े से उन्हें इस बात की बहुत चिन्ता नहीं करनी पड़ती कि कौन 'आतंकवादी' है और कौन नहीं है। हो सकता है कि इस पर अन्तर्राष्ट्रीय स्तर पर थोड़ी-सी नाराज़गी-भरी हलचल हो, लेकिन वह जल्द ही छँट जाती है।

छत्तीसगढ़ की वनवासी जनता के लिए लक्षण कुछ अच्छे नहीं जान पड़ते।

राजनैतिक दलों के बीच इस 'रचनात्मक' गठजोड़, इस आम सहमति से आश्वस्त लोगों में हाल के आम चुनावों को लेकर बहुत कम लोग इतने उत्साहित थे जितने बड़े कारोबारी घराने। ऐसा जान पड़ा कि उन्हें एहसास हुआ उनकी लूट-खसोट को लोकतांत्रिक जनादेश जितना वैध ठहरा सकता है उतना और कोई चीज़ नहीं। अनेक निगमों ने टीवी पर ख़र्चीले प्रचार-अभियान चलाये जिनमें से कुछ में बॉलीवुड के फ़िल्मी सितारे अमीर-ग़रीब, जवान-बूढ़ों—सबसे अपील कर रहे थे कि वे अपने घरों से बाहर निकलें और वोट दें। दिल्ली के सबसे बाँके बाज़ार ख़ान मार्केट की दुकानों और रेस्तराओं में उन लोगों को छूट दी जा रही थी जिनकी तर्जनी पर मतदान वाली पक्की स्याही लगी हुई थी। अचानक ही लोकतंत्र चलन में आ गया था। आप तो ढर्रे को जानते ही हैं न : चीनी खेल के शौकीन हैं, सो उनके यहाँ ओलिम्पिक हुए; भारत लोकतंत्र का शौकीन है, इसलिए हमारे यहाँ चुनाव हुए। दोनों ही बड़े पैमाने पर प्रायोजित, टीवी पर देखे जा सकने वाले, तमाशबीनी खेल हैं।

बी.बी.सी. ने इंडिया इलेक्शन स्पेशल नामक रेलगाड़ी में एक डिब्बा किराये पर ले लिया जो दुनिया भर से पत्रकारों को भारतीय चुनावों के चमत्कार का नज़ारा करने के लिए पर्यटन पर ले गयी थी। ट्रेन के डिब्बे पर नारा लिखा हुआ था, 'क्या भारत का चुनाव दुनिया की क़िस्मत को पुनर्जीवित कर पायेगा?'[17] 'मेरे घर के क़रीब एक कॉफी शॉप में बीबीसी (हिन्दी) का पोस्टर लगा हुआ था जिसमें (बेन फ्रैंकलिन की तस्वीर वाला) 100 डॉलर का नोट (महात्मा गाँधी की तस्वीर वाले) 500 रुपये के नोट में बदलता दिखाया गया था। नीचे लिखा था, 'क्या इंडिया का वोट बचायेगा दुनिया का नोट?' इन छिछोरे, बेशर्म तरीक़ों से चुनाव-क्षेत्र और निर्वाचक-समूह को बाज़ार में तब्दील कर दिया गया है, मतदाताओं को उपभोक्ताओं के रूप में देखा जा रहा है और लोकतंत्र का टाँका मुक्त बाज़ार से भिड़ाया जा रहा है। निष्कर्ष : जो उपभोग नहीं कर सकते, वे किसी गिनती में नहीं हैं।

इस चुनाव में संयुक्त प्रगतिशील गठबन्धन (यू.पी.ए) की विजय का क्या मतलब है? ज़ाहिरा तौर पर लाखों चीज़ें। बहस पूरी तरह खुली है। भारतीय चुनाव की व्याख्या करना लगभग उतना ही शुद्ध विज्ञान है जितना जादू-टोना। मतदान का स्वरूप पूरी तरह स्थानीय मुद्दों और जात-बिरादरी के समीकरणों से जुड़ा होता है जो वस्तुतः एक चुनाव केन्द्र से दूसरे चुनाव केन्द्र तक पहुँचते-पहुँचते बदल जाते हैं। कोई बहुत ही विश्वसनीय 'विराट निष्कर्ष' नहीं हो सकता। लेकिन आगे कुछ ऐसा पेश किया जा रहा है जिस पर सोचने की ज़रूरत है।

अपने कार्यकाल के दौरान, अपनी आर्थिक नीतियों से होने वाले विध्वंस को कम करने के लिए कांग्रेस पार्टी के पिछले शासन ने तीन प्रगतिशील (आलोचक इन्हें

लोकलुभावन और विवादास्पद कहते हैं) संसदीय क़ानून पारित किये। 'वन अधिकार अधिनियम' (जो वनवासियों को ज़मीन और वन-सम्पदा के परम्परागत इस्तेमाल का अधिकार देता है), 'सूचना का अधिकार अधिनियम' और सबसे महत्वपूर्ण, 'राष्ट्रीय ग्रामीण रोज़गार गारंटी अधिनियम' (नरेगा)। 'नरेगा' हर साल प्रत्येक ग्रामीण परिवार को न्यूनतम मज़दूरी पर सौ दिनों के काम (कड़े शारीरिक श्रम) की गारंटी करता है। यह राशि कुल मिलाकर औसतन 8,000 रुपये प्रति परिवार प्रति वर्ष बनती है। यह राशि किसी अच्छे रेस्तराँ में महज़ एक वक़्त के उम्दा खाने के लिए पर्याप्त है, जिसमें शराब और बाद में मिठाई या आइसक्रीम भी शामिल है। कल्पना कीजिए कि अपनी ज़मीनों और जीवन-यापन के साधनों के अचानक छिन जाने से स्तम्भित उन लाखों लोगों की ज़िन्दगी कितनी नारकीय हो गयी होगी जो इतनी छोटी रक़म भी उनके लिए राहत की तरह आयी (रईसों की मेज़ से गिरे चूरे की बात क्या करनी। लेकिन फिर हममें से किसका यह जिगरा है या अधिकार कि कहें इस चूरे से बेहतर है चूरे का न होना? या फिर अर्थहीन चुनावों से बेहतर है कोई चुनाव ही न हो?)। 'नरेगा' को लागू करवाने के लिए, यह सुनिश्चित करने के लिए कि चूरा भी वाक़ई उन लोगों तक पहुँच जाये जिनके लिए वह दिया जा रहा है, देश के कुछ बेहतरीन और प्रतिबद्ध सामाजिक कार्यकर्ताओं ने पिछले कुछ वर्षों के दौरान अपना सारा समय और ऊर्जा लगा दी है। इसके लिए उन्हें भ्रष्ट नौकरशाहों, सत्ता के दलालों और बिचौलियों की फ़ौज से लड़ना पड़ा है। उन्होंने धमकियों का सामना किया है और काफ़ी हिंसा का भी। झारखंड के एक ग्रामीण कार्यकर्ता ने तो इस अन्याय से उपजे क्रोध और हताशा में आत्म-दाह तक किया।

विडम्बना यह है कि 'नरेगा' संसद से पारित हो पाया तो महज़ उस दबाव की वजह से जो संयुक्त प्रगतिशील गठबन्धन के सहयोगी वाम मोर्चे और, मानना होगा, सोनिया गाँधी ने डाला। यह अधिनियम कांग्रेस पार्टी के भीतर मुक्त बाज़ार के नौकरशाहों के घोर विरोध के बावजूद पारित हुआ। कॉरपोरेट मीडिया मोटेतौर पर सर्वसहमति से इस क़ानून के ख़िलाफ़ था। कहने की ज़रूरत नहीं है कि जब चुनाव आया तो नरेगा कांग्रेस पार्टी के चुनाव अभियान का एक प्रमुख मुद्दा बना। इस बात में बहुत कम शक है कि ग़रीब तबक़ों के बीच इसने जो सद्भावना पैदा की वह कांग्रेस के लिए वोट में तब्दील हुई। लेकिन अब जब चुनाव ख़त्म हो गया है तो इस विजय का सेहरा उन्हीं नीतियों के सिर-माथे बँध रहा है जिनसे राहत दिलाने के लिए 'नरेगा' पारित किया गया था। उद्योग-धन्धों के सिपहसालारों ने, बिना वक़्त गँवाये, 'जनादेश' को अपनी विजय बताना शुरू कर दिया। 'यह बाज़ार के लिए हरी झंडी है,' अगली सुबह बिजनेस अख़बारों ने लिखा : 'मतदान सुधारों के पक्ष में, कहता है भारत प्राइवेट लिमिटेड।'[18]

एक विडम्बना इससे भी बड़ी है : वामपन्थी मोर्चे ने, जो उस पाखंड और छल-कपट से अछूता नहीं है जो सभी संसदीय राजनैतिक दलों की प्रकृति का हिस्सा बन गया है, सहसा तेज़ी से मुड़कर दक्षिण का रास्ता पकड़ लिया। उस समय भी जब वह केन्द्र में सरकार की आर्थिक नीतियों की आलोचना कर रहा था, उसने पश्चिम बंगाल के अपने घरेलू मोर्चे पर वैसी ही आर्थिक नीतियाँ लागू करने की कोशिश की। उसने घोषणा की कि वह नन्दीग्राम में एक रासायनिक केन्द्र, सिंगूर में टाटा नैनो कार के लिए निर्माण इकाई और पुरुलिया के लालगढ़ इलाक़े के वनों में जिन्दल का इस्पात का कारख़ाना बनवायेगा। उसने लगभग बन्दूक की नोक पर ज़मीन, ज़्यादातर उपजाऊ ज़मीन, का अधिग्रहण शुरू कर दिया। नतीजे के तौर पर जनता की ओर से जो उग्र प्रतिरोध पैदा हुआ उसे गोलियों और लाठी-चार्जों से दबाया गया। महिलाओं से बलात्कार और लोगों की हत्या करते हुए 'पार्टी' के लम्पट लड़ाकों ने प्रदर्शनकारियों को खदेड़ना शुरू किया। लेकिन अन्ततः असली जनान्दोलन और लड़ाकू प्रतिरोध ने काम किया! जनता की विजय हुई। उसने तीनों मोर्चे जीत लिये और सरकार को अपने क़दम वापस लेने के लिए मजबूर कर दिया। टाटा को अपनी नैनो परियोजना को फ़ासिज़्म की प्रयोगशाला गुजरात ले जाना पड़ा, जिसने 'पूँजी निवेश के लिए बेहतर वातावरण' उपलब्ध कराया। चुनाव में वाम मोर्चे का सूपड़ा साफ़ हो गया जो पिछले तीस वर्षों में नहीं हुआ था।

विडम्बना यहीं ख़त्म नहीं होती। दक्षता-भरे शैतानी छल से काम लेते हुए, चुनाव में वाम मोर्चा की हार को उसकी रोड़े अटकाने वाली और विकास विरोधी नीतियों के मत्थे मढ़ा जा रहा है! अख़बारों ने कहा : 'कॉरपोरेट सिपहसालारों में वाम दलों की ग़ैर-मौजूदगी से राहत का एहसास।'[19] शेयर बाज़ार में उफान आया, और वह 'आनन्द-भरे ग्रीष्म' की बाट जोहने लगा। टीवी चैनलों पर कम्पनियों के प्रमुख कार्याधिकारियों ने वामपन्थी दलों से सरकार की 'मुक्ति' का उत्सव मनाया। धौंसबाज़ टीवी प्रसारकों ने ऐलान कर दिया है कि अब संयुक्त प्रगतिशील गठबन्धन के पास सुधारों को आगे बढ़ाने में ढील-ढाल करने का कोई बहाना नहीं रह गया है, जब तक कि उसके भीतर 'छिपे हुए समाजवादी' न हों।

यही लोकतंत्र का असली चमत्कार है। जो मतलब आप इससे निकालना चाहें, इससे वही मतलब निकल सकता है।

मुख्यधारा की राजनीति में एक सच्ची वामपन्थी पार्टी का अभाव जश्न मनाने लायक़ बात नहीं है। लेकिन संसदीय वामपन्थ अपने मान-मर्दन के लिए ख़ुद ज़िम्मेदार है। यह कोई त्रासदी नहीं है कि उसका क़द छोटा कर दिया गया है। शायद इससे असली प्रगतिशील राजनीति के लिए थोड़ी-सी जगह बन सकेगी।

बहस करने के लिए, आइए क्षण भर को हम इस बेतुकी बात पर विचार करें और मान लें कि भारत प्राइवेट लिमिटेड और उद्योगों के सिपहसालार सही हैं और

हिन्दुस्तान के करोड़ों लोगों ने वाक़ई बाज़ार के 'सुधारों' को तेज़ करने के पक्ष में वोट डाला है। क्या यह अच्छी ख़बर है या बुरी? क्या हमें इस सच्चाई की ख़ुशियाँ मनानी चाहिए कि करोड़ों लोगों ने, जो दुनिया को कुछ सिखा सकते हैं, जिनके पास दूसरी तरह की कल्पना-शक्ति है, दूसरी विश्व-दृष्टि और ज़्यादा टिकाऊ जीवन-शैली है, एक बदनाम विचारधारा को गले लगाने का फ़ैसला किया है, ऐसी विचारधारा जिसने इस ग्रह को ऐसे संकट में धकेल दिया है जिससे शायद वह दोबारा उबर न सके?

वन-अधिकारों का हम क्या करेंगे जब जंगल ही न होंगे? सूचना के अधिकार का क्या लाभ होगा जब हमारी शिकायतें दूर करने का कोई साधन न होगा? पानी के बिना नदियाँ किस मसरफ़ की होंगी? किस काम के होंगे मैदान अगर उन्हें सींचने और पोसने के लिए पहाड़ न रहेंगे? यह वैसा ही है मानो हम किसी कगार से ऐसी बस में तेज़ी से लुढ़क रहे हैं जिसकी ब्रेकें नहीं हैं और झगड़ इस बात पर रहे हैं कि गाना कौन-सा गायें।

जय हो, शायद?[20]

अच्छे के लिए हो या बुरे के लिए, लेकिन ऐसा लगता है कि 2009 के चुनावों ने तय कर दिया है कि 'प्रगति' की परियोजना ने चालू होकर रफ़्तार पकड़ ली है। अलबत्ता, यह विश्वास करना भारी भूल होगी कि 'एकता' वाली परियोजना किनारे लग गयी है।

2009 का चुनाव अभियान जैसे-जैसे आगे बढ़ा, दो चीज़ें मीडिया में पूरी तरह छायी रहीं। पहली थी मोदी के गुजरात से निकलने वाली एक लाख रुपये वाली 'जनता कार', टाटा नैनो–लोगों की गाड़ी (मोदी ने टाटा उद्योग को जो रियायतें और अनुदान दिये वे काफ़ी हद तक रतन टाटा द्वारा मोदी के गर्मजोशी-भरे समर्थन की वजह से थे।[21])। दूसरी चीज़ थी भाजपा के राक्षसी नवोदित उम्मीदवार (और नेहरू ख़ानदान के ही एक और वंशज), वरुण गाँधी का घृणा-भरा भाषण, जिसे सुनकर नरेन्द्र मोदी भी संयत और संकोची प्रतीत हों। एक सार्वजनिक भाषण में वरुण गाँधी ने मुसलमानों की जबरन नसबन्दी की बात कही। 'यह हिन्दुओं के गढ़ के रूप में जाना जायेगा, कोई...मुसलमान यहाँ अपना सिर नहीं उठा सकेगा,' उसने ख़तना कराने वालों के लिए इस्तेमाल होने वाले एक अपमानजनक शब्द का इस्तेमाल करते हुए कहा। 'मुझे एक भी मुसलमान का वोट नहीं चाहिए।'[22]

वरुण गाँधी लोकतांत्रिक व्यवस्था में विचरने वाला आधुनिक राजनीतिज्ञ है, ऐसा हर काम करता हुआ जिससे एक बहुमत निर्मित हो और उसका वोट बैंक सुरक्षित हो सके। किसी राजनीतिज्ञ को वोट बैंक की वैसी ही ज़रूरत होती है, जैसे

किसी निगम को बड़े बाज़ार की। दोनों को जनसंचार माध्यमों से मदद की दरकार होती है। निगम इस मदद को ख़रीदता है। राजनीतिज्ञ को इसे अर्जित करना पड़ता है। कुछ इसे कड़ी मेहनत से हासिल करते हैं, कुछ ख़तरनाक सर्कसी करतबों से। वरुण गाँधी अपने घृणा-भरे भाषण से राष्ट्रीय सुर्ख़ियों में आ गया (चुनाव आयोग की आचार संहिता की अवमानना करने के लिए)। उसकी छोटी-सी जेल-यात्रा ने जिसे कोर्ट के आदेश से और भी छोटा कर दिया गया, उसे तत्काल शहीद बना दिया। उसके जल्दबाज़ तीखेपन पर उसके बड़े-बुज़ुर्गों ने बहुत हलके से उसे (टेलीविज़न पर, जनता को दिखाने के लिए) झिड़का। लेकिन फिर, उसकी फूहड़ घटिया अपील को भुनाने के लिए उसे भी नरेन्द्र मोदी की तरह हेलीकॉप्टर में बैठाकर स्टार प्रचारक की तरह भाजपा के दूसरे चुनाव क्षेत्रों में घुमाया गया।

वरुण गाँधी ने भारी मतों से चुनाव जीता। यह आपको हैरत से सोचने पर मजबूर करता है कि क्या 'जनता' हमेशा सही होती है? यह सोचकर दिल घबराता है कि भाजपा इन चुनावों में अपनी कुछ निर्णायक विजयों से और अपनी कई निर्णायक पराजयों से क्या सबक़ लेगी। बहुत-से चुनाव क्षेत्रों में जहाँ वह जीती है, घृणा-भरे भाषणों (और कृत्यों) ने उसका काफ़ी काम सधाया है। अब भी वह औरों से काफ़ी आगे, देश की दूसरी सबसे बड़ी पार्टी बनी हुई है, जिसकी एक मज़बूत राष्ट्रीय मौजूदगी है और जो कांग्रेस के लिए एकमात्र वास्तविक चुनौती है। अगली बार वह निश्चय ही फिर से कांग्रेस को टक्कर देने के लिए मैदान में मौजूद होगी। सवाल यह है कि वह आँच को तेज़ करेगी या धीमा?

यह कहने के बाद, बाँटने की राजनीति का सारा श्रेय भाजपा के सिर मढ़ना सच्चाई पर पर्दा डालना होगा। चाहे परमाणु परीक्षण हो, बाबरी मस्जिद का ताला खुलवाने का मामला हो, भेद और दरारें पैदा करने और जातियों एवं सम्प्रदायों को एक-दूसरे के ख़िलाफ़ खड़ा करने की संस्कृति का सवाल हो, या प्रतिगामी क़ानून पास करने का—कांग्रेस सबसे आगे रही है और खेल को जारी रखने में कभी पीछे नहीं रही। अतीत में भी, दोनों दलों ने राजनैतिक लाभ के लिए जनसंहारों का इस्तेमाल किया है। कभी-कभार उन्होंने आड़े-तिरछे उनका लाभ उठाया है तो कभी एक-दूसरे को जनसंहार का दोषी ठहराया है। इस चुनाव में कांग्रेस और भाजपा दोनों ने निर्लज्जता से ऐसे उम्मीदवार खड़े किये जो आम विश्वास के मुताबिक़ सार्वजनिक हत्या और जनसंहार में लिप्त रहे हैं। दोनों में से किसी ने कभी यह सुनिश्चित करने की कोशिश नहीं की कि अपराधियों को सज़ा मिले या फिर न्याय किया जाय। उनके द्वारा एक-दूसरे पर सार्वजनिक रूप से विद्वेषपूर्ण आरोप लगाये जाने के बावजूद दोनों ने एक-दूसरे को वास्तविक परिणाम से बचाने के लिए मिलीभगत से काम लिया है।

अन्ततः ये जनसंहार भारत की न्याय-व्यवस्था की भूल-भुलैया में विलीन हो जाते हैं जहाँ उन्हें, अगले चुनाव अभियान में सामग्री के रूप में इस्तेमाल किये जाने तक, खदबदाने और पकने के लिए छोड़ दिया जाता है। आप यह कह सकते हैं कि यह सब कुछ भारतीय लोकतंत्र की फ़ितरत का एक हिस्सा है। इसे चलती ट्रेन की खिड़की से देखना मुश्किल है। कांग्रेस पार्टी में ताज़ा ख़ून के प्रविष्ट होने से पुरानी कांग्रेस पार्टी की कार्यपद्धति में परिवर्तन आयेगा या नहीं, यह अभी देखना बाक़ी है।

जैसा कि इस पुस्तक में संकलित लेखों से ज़ाहिर होगा, भारतीय लोकतंत्र की शुभ्र-धवल संस्थाएँ—न्यायपालिका, पुलिस, 'स्वतंत्र' प्रेस और हाँ, निश्चय ही, चुनाव—अंकुश और सन्तुलन के एक तंत्र के रूप में काम करना तो दूर, अक्सर उलटी भूमिका निभाती हैं। वे 'एकता' और 'प्रगति' के व्यापक हितों का प्रचार करने के लिए एक-दूसरे को आड़ मुहैया कराती हैं। इस प्रक्रिया में वे ऐसा भ्रम पैदा कर देती हैं, ऐसी चीख़-पुकार, कि चेतावनी के रूप में उठने वाली आवाज़ें शोर-ग़ुल का हिस्सा बनकर रह जाती हैं। और इससे सिर्फ़ एक सहिष्णु, बहुरंगी, भदभद करके चलने वाले और कुछ हद तक अराजक लोकतंत्र की छवि को बढ़ाने में ही मदद मिलती है। यह अराजकता वास्तविक है। लेकिन यही हाल आम सहमति का भी है।

आम सहमति की बात करें तो हमारे सामने कश्मीर का छोटा-सा, लेकिन हमेशा मौजूद रहने वाला गुब्बा आ जाता है। जब भी कश्मीर की बात आती है, तो भारत में आम सहमति कट्टरता की हद तक पहुँच जाती है। इसका प्रसार सत्ता प्रतिष्ठान के हर तबक़े में एक-सा होता है, चाहे मीडिया हो, या अफ़सरशाही और बुद्धिजीवी, यहाँ तक कि बॉलीवुड भी।

आज कश्मीर घाटी में चल रही लड़ाई 20 साल पुरानी हो चुकी है और इसमें क़रीब 70,000 जानें गयी हैं। दसियों हज़ार लोगों को यातनाएँ दी गयी हैं, कई हज़ार 'लापता' हो गये हैं, औरतों के साथ बलात्कार किया गया है और हज़ारों औरतें विधवा हो गयी हैं। कश्मीर घाटी में पाँच लाख सैनिक गश्त करते हैं, जिससे यह दुनिया का सबसे बड़ा सेना-नियंत्रित क्षेत्र बन गया है (इराक़ पर अपने क़ब्ज़े के चरम दिनों में अमरीका के 1,65,000 सैनिक वहाँ सक्रिय थे।)। भारतीय सेना दावा करती है कि उसने अधिकांशतः कश्मीर में उग्रवाद को कुचल दिया है। हो सकता है यह सही हो। लेकिन क्या सैनिक वर्चस्व का अर्थ विजय होता है?

कोई सरकार, जो लोकतंत्र होने का दावा करती है, सैनिक क़ब्ज़े को कैसे जायज़ ठहराती है? निश्चय ही वहाँ नियमित चुनाव करवा के। कश्मीर में चुनावों का लम्बा और दिलचस्प इतिहास रहा है। 1987 में राज्य के खुल्लमखुल्ला फ़र्ज़ी चुनाव 1990 में शुरू हुए हथियारबन्द विद्रोह का कारण थे। उस समय से चुनाव कश्मीर में फ़ौजी क़ब्ज़ा

बरक़रार रखने के लिए एक बेहतरीन सान-चढ़ा औज़ार बन गये हैं, भारत के 'ख़ुफ़िया राज' के लिए एक छल-कपट वाला रहस्यमय खेल का मैदान। ख़ुफिया एजेन्सियों ने राजनैतिक दल और फ़र्ज़ी राजनेता पैदा किये हैं, उन्होंने मनमर्ज़ी से राजनैतिक जीवन बनाये हैं और बिगाड़े हैं। किसी और की तुलना में ये ख़ुफ़िया एजेन्सियाँ ही हैं जो तय करती हैं कि किसी चुनाव का क्या परिणाम होगा। हर चुनाव के बाद, भारतीय सत्ता प्रतिष्ठान घोषणा करता है कि भारत को कश्मीरी जनता की तरफ़ से लोकप्रिय जनादेश मिला है।

2008 की गर्मियों में, अमरनाथ श्राइन बोर्ड को आवंटित की जा रही ज़मीन के विवाद ने बढ़कर एक विराट अहिंसक आन्दोलन का रूप ले लिया। दिनों-दिन, हज़ारों-लाखों लोगों ने सेना और पुलिस की अवज्ञा की–जिसने प्रदर्शनकारियों के ऊपर सीधे गोलियाँ चलाते हुए बीसियों लोगों को मार दिया–और गलियों को जाम कर दिया। अलस्सुबह से देर रात तक शहर में एक ही नारा गूँज रहा था–'आज़ादी, आज़ादी।' फल विक्रेता फल तौलते समय नारा लगा रहे थे–'आज़ादी, आज़ादी।' दुकानदार, डॉक्टर, हॉउसबोटों के मालिक, गाइड, बुनकर, कालीन बेचने वाले–सभी तख़्तियाँ लेकर 'आज़ादी, आज़ादी' का नारा लगा रहे थे। विरोध प्रदर्शन कई दिनों तक चलता रहा।

विरोध ज़बर्दस्त था। लोकतांत्रिक और अहिंसक। पहली बार कई दशकों के बाद भारत में मुख्यधारा के जनमत में दरारें पैदा हुईं।[23] भारतीय राजतंत्र घबरा गया। जनता की इस विराट सविनय अवज्ञा से निपटने के सिलसिले में अनिश्चय-ग्रस्त होकर उसने कड़े क़दम उठाने की ठानी। देखते ही गोली मार देने के आदेश के साथ, अब तक का सबसे सख़्त कर्फ़्यू लगा दिया। हक़ीक़त यह है कि कई-कई दिनों तक लाखों लोग कटघरे में क़ैद हो गये। आज़ादी-समर्थक प्रमुख नेताओं को नज़रबन्द कर दिया गया, बहुतों को जेल में डाल दिया गया। घर-घर की तलाशी में सैकड़ों लोगों की गिरफ़्तारी हुई। जाभा मस्जिद को लगातार सात हफ़्ते तक जुम्मे की नमाज़ के लिए बन्द रखा गया जैसा आज तक कभी नहीं हुआ था।

एक बार विद्रोह पर क़ाबू कर लिया गया तो सरकार ने एक अजीबो-ग़रीब काम किया–उसने राज्य में चुनाव की घोषणा कर दी। आज़ादी-समर्थक नेताओं ने चुनाव का बहिष्कार करने का फ़ैसला किया। उन्हें फिर से गिरफ़्तार कर लिया गया। लगभग सभी को विश्वास था कि चुनाव भारत सरकार के लिए शर्मिन्दगी का सबब बनेगा। सुरक्षा एजेन्सी मानसिक विकार से थरथराने लगी। उसके जासूसों, भगोड़ों और बिके हुए पत्रकारों की फ़ौज नयी ऊर्जा से धड़कने लगी। कोई चूक नहीं रहने दी गयी (यहाँ तक कि मुझे भी, जिसे इस बात से कोई लेना-देना नहीं था कि क्या हो रहा था, श्रीनगर में दो दिनों तक घर में क़ैद करके रख लिया गया।)।

चुनाव की घोषणा भारी जोखिम था। लेकिन दाँव चल गया। लोगों के झुंड-के-झुंड वोट डालने के लिए निकले। सशस्त्र संघर्ष शुरू होने के बाद से इस चुनाव में सबसे ज़्यादा लोगों ने हिस्सा लिया। इसमें इस बात से लाभ हुआ कि मतदान में हिस्सा लेने वाले पहले-पहले ज़िले वे थे जो कश्मीर घाटी में भी सबसे अधिक सैन्य उपस्थिति वाले थे।

भारत के किसी भी विश्लेषक, पत्रकार और चुनाव विशेषज्ञ ने यह पूछने की परवाह नहीं की कि जिन लोगों ने कुछ ही हफ़्ते पहले हर चीज़ का जोखिम उठाया था, यहाँ तक कि गोलियों और देखते ही गोली मारने के आदेशों का भी, उन्होंने अचानक अपना मन क्यों बदल लिया? लोकतंत्र के महोत्सव के गण्यमान्य विद्वानों में से किसी ने भी–जो चुनाव के समय एक तरह से टेलीविज़न चैनलों के स्टूडियो में ही डेरा डाल देते हैं, हर भविष्यवाणी, हर जनमत-गणना, वोट के प्रतिशत में एक फ़ीसदी के डोलने तक का विश्लेषण करते हैं–इस बात की कभी चर्चा नहीं की कि जहाँ इतने सैनिक पूरे साल भर तैनात रहते हैं (बीस नागरिकों पर एक फ़ौजी), वहाँ इन चुनावों का क्या मतलब है। किसी ने उन सैकड़ों अनजान उम्मीदवारों के बारे में अटकल नहीं लगायी जो शून्य से उन राजनैतिक दलों की नुमाइन्दगी करने प्रकट हो गये जिनकी कभी वहाँ उपस्थिति नहीं थी। वे कहाँ से आये थे? उन्हें कौन धन मुहैया करा रहा था? किसी को कोई जिज्ञासा नहीं थी।

किसी ने कर्फ़्यू, सामूहिक गिरफ़्तारियों और उन चुनाव क्षेत्रों के सीलबन्द किये जाने के बारे में बात नहीं की, जहाँ मतदान होने वाला था। इस पर भी बहुत लोगों ने बात नहीं की कि चुनाव प्रचार करने वाले नेताओं ने अतिरिक्त कष्ट उठाकर 'आज़ादी' और कश्मीर विवाद को चुनावों से अलग-थलग रखने की कोशिश की, जो उन्होंने बल देकर कहा, महज़ नगर निगम के मुद्दों–सड़कें, पानी, बिजली–के बारे में थे। किसी ने इस पर बात नहीं की कि जो लोग दशकों तक सैनिक क़ब्ज़े में रहे हैं–जहाँ फ़ौजी रात या दिन के किसी भी समय घरों में धमककर लोगों को उठा ले जा सकते थे–उन्हें क्यों ऐसे किसी आदमी की ज़रूरत हो सकती थी, जो उनकी बातों को सुने, उनके मामले उठाये, उनका प्रतिनिधित्व करे।[24]

जिस क्षण चुनाव ख़त्म हुए, सत्ता पक्ष और मुख्यधारा के प्रेस ने फिर से इसे (भारत की) जीत घोषित कर दिया। सबसे चिन्ताजनक परिणाम यह था कि कश्मीर में, लोग अपने बारे में उसी नज़रिये को तोते की तरह सुनाने लगे जो उन्हें ग़ुलाम बनाकर रखने वाले आक़ाओं ने उनके बारे में बना रखा था कि वे ऐसे अभागे लोग थे जिन्हें वही मिलता था जिसके वे लायक़ थे। 'किसी कश्मीरी पर कभी विश्वास मत करो,' कई कश्मीरियों ने मुझसे कहा। 'हम ढुलमुल हैं और भरोसे के क़ाबिल नहीं हैं।' मनोवैज्ञानिक जंग कश्मीर में सरकारी नीति रही है। वहाँ दशकों से की जा रही

लूट-खसोट—लोगों के आत्म-सम्मान को नष्ट करने के प्रयास—निर्विवाद रूप से इस क़ब्ज़े का सबसे ख़राब पहलू है।

लेकिन चुनाव के कुछ हफ़्तों के अन्दर ही फिर वही कारोबार चालू हो गया। विरोध-प्रदर्शन और आज़ादी की माँग और सुरक्षा बलों द्वारा की जा रही तुरत-फ़ुरत हत्याएँ फिर से शुरू हो गयी हैं। अख़बार सूचित करते हैं कि उग्रता लगातार बढ़ रही है। अचरज की बात नहीं कि इसके बाद के लोकसभा चुनावों में निराशाजनक मतदान पर कोई ख़ास चर्चा नहीं हुई।

यह आपको हैरत से यह सोचने पर मजबूर कर देता है कि चुनाव और लोकतंत्र के बीच क्या कोई सम्बन्ध है भी।

समस्या यह है कि कश्मीर आज उस क्षेत्र की दरारों पर बैठा है जहाँ हथियारों की नदियाँ बह रही हैं और जो अराजकता में सरकता जा रहा है। अपनी स्फटिक स्पष्ट भावना लेकिन धुँधली रूप-रेखा वाला कश्मीर का स्वतंत्रता-संघर्ष आज कई अलग-अलग क़िस्मों की ख़तरनाक और आपस में टकराती विचारधाराओं के भँवर में फँस गया है—भारतीय राष्ट्रवाद (साम्राज्यवाद की ओर मायल, कॉरपोरेट के साथ-साथ हिन्दू), पाकिस्तानी राष्ट्रवाद (ख़ुद अपने अन्तर्विरोधों के बोझ-तले टूटता हुआ), अमरीकी साम्राज्यवाद (फलती-फूलती अर्थव्यवस्था के कारण अधीर) और फिर से उभरता मध्यकालीन-इस्लामी तालिबान (अपनी पगलायी पाशविकता के बावजूद तेज़ी से वैधता प्राप्त करता हुआ, क्योंकि उसे फ़ौजी क़ब्ज़े के प्रतिरोधी के रूप में देखा जा रहा है।) इनमें से हर विचारधारा ऐसी बर्बरता के क़ाबिल है जिसका प्रसार जनसंहार से लेकर परमाणु युद्ध तक है। इसमें चीनी साम्राज्यवादी महत्वाकांक्षाएँ, आक्रामक पुनरुज्जीवित रूस, कैस्पियन सागर के क्षेत्र में प्राकृतिक गैस के विशाल भंडार और कश्मीर और लद्दाख में प्राकृतिक गैस, तेल और यूरेनियम के भंडारों के बारे में अफ़वाहों के लगातार सिलसिले को जोड़ दीजिए और आपके हाथ में एक नये शीत-युद्ध का नुस्ख़ा होगा (जो पिछले शीत युद्ध की तरह कुछ के लिए ठंडा होगा और दूसरों के लिए गरम)।

इस सबके बीच कश्मीर आज वह प्रवेश-द्वार बनने के लिए तैयार है जिससे होकर अफ़ग़ानिस्तान और पाकिस्तान में शुरू हो रही मार-काट छलककर भारत में आ सकती है, जहाँ उसे बड़ी आसानी से भारत की 15 करोड़ मुसलमान आबादी के युवाओं में पलते आक्रोश का आधार मिल जायेगा जिनके साथ बदसलूक़ी और अपमानजनक व्यवहार किया गया है और जिन्हें हाशिये पर डाल दिया गया है। इसका ऐलान उन सिलसिलेवार आतंकी हमलों से कर दिया गया है जिनकी परिणति 2008 के मुम्बई हमलों में हुई।

इसमें कोई शक नहीं है कि कश्मीर विवाद का दर्जा वही है, फ़िलिस्तीन के साथ, दुनिया के सबसे पुराने, सबसे दुस्साध्य विवादों में से एक। इसका मतलब यह नहीं

है कि इसका समाधान हो ही नहीं सकता। बस इतना है कि समाधान पूरी तरह किसी एक पक्ष, एक देश या एक विचारधारा के लिए सन्तोषदायक नहीं होगा। ऐसे मध्यस्थ तैयार करने होंगे जो 'पार्टी लाइन' से हटकर चलें। अलबत्ता, अभी हम ऐसे चरण तक नहीं पहुँचे हैं जहाँ भारत सरकार समाधान पर बातचीत करने की बात तो दूर रही, यह भी मानने को तैयार हो कि कोई समस्या है भी। अभी उसे इसका कोई कारण भी नहीं दिखता है। अन्तर्राष्ट्रीय स्तर पर उसके भाव में तेज़ी बनी हुई है और जिस बीच उसके पड़ोसी ख़ून-ख़राबे, गृहयुद्ध, बन्दी शिविरों, शरणार्थियों और फ़ौजी बग़ावतों से निपट रहे हैं, हिन्दुस्तान ने अभी-अभी एक ख़ूबसूरत-सा चुनाव सम्पन्न किया है।

बहरहाल, शैतानी-तंत्र सब लोगों को हमेशा-हमेशा के लिए बेवक़ूफ़ नहीं बना सकता। कश्मीर के असन्तोष का सफ़ाया करने वाले (व्यंग्य के लिए माफ़ कीजिएगा) भारत सरकार के अस्थायी समाधानों ने समस्या को बहुत बढ़ा दिया है और उसे ऐसी गहरी जगह धकेल दिया है जहाँ वह जलाशयों को ज़हरीला बना रही है।

दुनिया के सबसे ऊँचे युद्ध-क्षेत्र, सियाचिन ग्लेशियर की कहानी शायद हमारे दौर के इस पागलपन का सबसे उपयुक्त रूपक है। हज़ारों भारतीय और पाकिस्तानी सैनिक, बर्फ़ीली हवाओं और शून्य से 40 डिग्री नीचे तक चले जाने वाले तापमान को झेलते हुए, वहाँ तैनात हैं। उन सैकड़ों में, जो वहाँ मारे गये हैं, बहुत से लोगों की मौत ठंड–पाले और सूरज की किरणों से जलने–की वजह से हुई है। यह हिमनद आज कचरे का ढेर बन चुका है, जिसमें युद्ध सामग्री का मलबा, हज़ारों दग़े हुए गोलों के खोखे, ईंधन के ख़ाली ड्रम, बर्फ़ काटने वाली कुल्हाड़ियाँ, पुराने बूट, तम्बू और दूसरा हर क़िस्म का कचरा जिसे हज़ारों युद्धरत मनुष्य पैदा करते हैं। यह कचरा जस-का-तस बना रहता है, इस ठंड में पूरी तरह संरक्षित, इन्सानी मूर्खता का अप्रतिम स्मारक। जहाँ भारत और पाकिस्तान की सरकारें अरबों डॉलर हथियारों और इतनी ऊँची जगह पर युद्ध करने के दूसरे ताम-झाम पर ज़ाया कर रही हैं, वहीं लड़ाई का मोर्चा अब पिघलने लगा है। फ़िलहाल यह पिघलकर अपने मूल आकार का आधा रह गया है। इस पिघलने का लेना-देना फ़ौजी तैनाती से उतना नहीं है, जितना यहाँ से दूर दुनिया के दूसरे हिस्से में मौज-मज़े की ज़िन्दगियाँ बिता रहे लोगों से। ये भले लोग हैं जो शान्ति, अभिव्यक्ति की स्वतंत्रता और मानवाधिकारों में विश्वास करते हैं। वे उन फलते-फूलते लोकतंत्रों में रहते हैं जहाँ की सरकारें संयुक्त राष्ट्र सुरक्षा परिषद में भाग लेती हैं और जिनकी अर्थव्यवस्थाएँ युद्ध के निर्यात और भारत और पाकिस्तान (और रवांडा, सूडान, सोमालिया, कौंगो, इराक़, अफ़ग़ानिस्तान...फ़ेहरिस्त काफ़ी लम्बी है) जैसे देशों को हथियार बेचने पर निर्भर है। हिमनद के पिघलने से इस उपमहाद्वीप

में ख़तरनाक बाढ़ें आयेंगी और उसके बाद अकाल, जो करोड़ों लोगों की ज़िन्दगियों पर असर डालेगा।[25] इससे हमें लड़ने के लिए और वजहें मिल जायेंगी। हमें और हथियारों की ज़रूरत पड़ेगी। कौन जाने दुनिया को मौजूदा मन्दी से निकलने के लिए इसी क़िस्म के उपभोक्तापरक आत्मविश्वास की ज़रूरत हो। तब फलते-फूलते लोकतंत्रों में रहने वाले हर व्यक्ति का जीवन और बेहतर होगा—और हिमनद और तेज़ी से पिघलेंगे।

जिस बीच मैं 'टिड्डियों की आवाज़' का पाठ इस्तान्बूल में एक विश्वविद्यालय के सभागार में ठसाठस भरे तनावग्रस्त श्रोता समुदाय के सामने कर रही थी (तनावग्रस्त इसलिए क्योंकि एकता, प्रगति, जनसंहार और आर्मीनियाई जैसे शब्द जब पास-पास बोले जायें तो तुर्की अधिकारियों को कुपित कर देते हैं), तो मैं हरांट डिंक की विधवा, रकेल डिंक को आगे की पाँत में बैठे, सारा समय रोते हुए देखती रही। जब मैंने पढ़ना ख़त्म किया तो उन्होंने मुझे बाँहों में ले लिया और बोलीं, 'हम आशा लगाये रहते हैं। हम क्यों आशा लगाये रहते हैं?'

उन्होंने 'तुम' नहीं 'हम' कहा।

मुझे फ़ैज़ अहमद फ़ैज़ के शब्द याद आये जिन्हें आबिदा परवीन ने इतने दिलसोज़ अन्दाज़ में गाया है :

नहीं निगाह में मंज़िल तो जुस्तजू ही सही
नहीं विसाल मयस्सर तो आरज़ू ही सही

मैंने उनके लिए इन शब्दों का अनुवाद करने की कोशिश-सी की :

अगर सपने बिखर जायें तो लालसा को उनकी जगह लेनी होगी;
अगर फिर से मिलाप सम्भव न हो तो कामना को उसकी जगह लेनी होगी।

देखा आपने, कविता से मेरा क्या आशय था?

—अरुन्धति रॉय

लोकतंत्र किस चिड़िया का नाम है

यह लेख सबसे पहले 6 मई, 2002 को 'आउटलुक' पत्रिका (भारत) में छपा।

पिछली रात वडोदरा से एक मित्र ने फ़ोन किया। रोते हुए। उसे मुझको यह बताने में पन्द्रह मिनट लगे कि बात क्या है। बात कोई पेचीदा नहीं थी। बस इतनी कि उसकी एक सहेली सईदा को भीड़ ने पकड़ लिया था। बस इतनी कि उसके पेट को फाड़कर उसमें जलते हुए चीथड़े भर दिये गये थे। बस इतनी कि मरने के बाद उसके माथे पर किसी ने 'ओम' गोद दिया था।[1]

आख़िर कौन-सा हिन्दू धर्म-ग्रन्थ ऐसा करने का उपदेश देता है?

प्रधानमंत्री अटल बिहारी वाजपेयी ने गुजरात की बर्बरता को यह कहकर न्यायोचित ठहराया कि यह गोधरा में साबरमती एक्सप्रेस के 58 हिन्दू यात्रियों को ज़िन्दा जला देने वाले मुस्लिम 'आतंकवादियों' के ख़िलाफ़ भड़के हिन्दुओं की बदले की कार्रवाई का हिस्सा था।[2] जो लोग गोधरा में वैसी भयावह मौत मरे, उनमें से हरेक किसी का भाई, किसी की माँ, किसी का बच्चा था। यक़ीनन था। क़ुरान की किस आयत में लिखा है कि उन्हें ज़िन्दा भून दिया जाना चाहिए था?

दोनों पक्ष एक-दूसरे का क़त्ल करके जितना अधिक अपने धार्मिक मतभेदों की ओर ध्यान आकर्षित करने की कोशिश करते हैं, उतना ही उनके बीच अन्तर करना मुश्किल होता जाता है। वे एक ही वेदी की पूजा करते हैं। दोनों एक ही हत्यारे देवता के उपासक हैं, वह चाहे जो भी हो। जो माहौल इतना ज़हरीला बना दिया गया हो, उसमें किसी भी व्यक्ति—ख़ासकर प्रधानमंत्री—के लिए, मनमाने ढंग से यह घोषणा करना कि यह कुचक्र ठीक-ठीक कहाँ से शुरू हुआ, दुर्भावनापूर्ण और ग़ैर-ज़िम्मेदाराना है।

इस वक़्त हम एक ज़हर-घुला प्याला पी रहे हैं—एक खोटा लोकतंत्र जिसमें धार्मिक फ़ासीवाद मिला हुआ है। शुद्ध हलाहल!

हम क्या करें? हम क्या कर सकते हैं?

हमारी सत्ताधारी पार्टी रक्तस्राव से पीड़ित है। आतंकवाद के ख़िलाफ़ उसकी लफ़्फ़ाज़ी, पोटा पास कराना, पाकिस्तान के ख़िलाफ़ हुंकारे भरना (जिनमें परमाणु हथियार

इस्तेमाल करने की धमकी छिपी है), सीमा पर इशारे के इन्तज़ार में खड़ी दस लाख की फ़ौज और सबसे ख़तरनाक–स्कूली पाठ्यक्रम में इतिहास की किताबों को साम्प्रदायिक रंग देने और उनमें झूठी बातें भरने की कोशिश–इनमें कोई भी जुगत उसे एक के बाद दूसरे चुनाव में मात खाने से नहीं बचा सकी है।[3] यहाँ तक कि उसकी पुरानी चाल–अयोध्या में राम मन्दिर योजना को नये सिरे से शुरू करना–भी किसी काम नहीं आयी है। हर तरफ़ से हताश भाजपा ने इस गाढ़े समय में गुजरात का रुख़ किया है।

गुजरात देश का अकेला बड़ा राज्य है, जहाँ भाजपा की सरकार है और जो पिछले कुछ वर्षों से ऐसी पेट्री तश्तरी (बैक्टीरिया सम्बन्धी प्रयोग के लिए काम आने वाली आधी ढँकी तश्तरी) बन गया है, जिसमें हिन्दू फ़ासीवाद व्यापक राजनैतिक प्रयोग साधने में जुटा हुआ है। मार्च 2002 में प्रारम्भिक नतीजों का सार्वजनिक प्रदर्शन किया गया।

गोधरा की हिंसा के कुछ ही घंटों के भीतर मुस्लिम समुदाय के ख़िलाफ़ बहुत सावधानी से नियोजित सफ़ाया-अभियान (pogrom) शुरू किया गया। इसकी अगुवाई हिन्दू राष्ट्रवादी विश्व हिन्दू परिषद् (वी.एच.पी.) और बजरंग दल कर रहा था। सरकारी तौर पर मृतकों की संख्या 800 है, लेकिन निष्पक्ष रिपोर्टों के मुताबिक, यह संख्या 2000 से ज़्यादा हो सकती है।[4]

घरों से खदेड़ दिये गये डेढ़ लाख से ज़्यादा लोग अब शरणार्थी शिविरों में रह रहे हैं। औरतों को नंगा करके उनके साथ सामूहिक बलात्कार किया गया, बच्चों के सामने उनके माँ-बाप को पीट-पीट कर मार डाला गया। 240 दरगाहें और 180 मस्जिदें तबाह कर दी गयीं। अहमदाबाद में आधुनिक उर्दू शायरी के संस्थापक वली दकनी के मक़बरे को ध्वस्त करके रातो-रात पाट दिया गया। मशहूर संगीतकार उस्ताद फ़ैयाज़ अली ख़ाँ के मक़बरे को अपवित्र कर, उस पर जलते हुए टायर टाँग दिये गये। दंगाइयों ने मुसलमानों की दुकानों, घरों, होटलों, कपड़ा-मिलों, बसों और निजी कारों को लूटा और उनमें आग लगा दी। लाखों लोग बेरोज़गार हो गये हैं।[5]

अहमदाबाद में भीड़ ने कांग्रेस के पूर्व सांसद एहसान जाफ़री का घर घेर लिया। पुलिस महानिदेशक, पुलिस आयुक्त, मुख्य सचिव और अतिरिक्त मुख्य सचिव (गृह) को किये गये उनके फ़ोन अनसुने कर दिये गये। उनके घर के गिर्द पुलिस की गश्ती गाड़ियों ने कोई हस्तक्षेप नहीं किया। भीड़ ने एहसान जाफ़री को उनके घर से बाहर घसीटकर उनके टुकड़े-टुकड़े कर दिये।[6]

अलबत्ता, यह महज़ इत्तफ़ाक़ है कि फ़रवरी में हुए राजकोट विधानसभा उपचुनाव में एहसान जाफ़री प्रचार-अभियान के दौरान मुख्यमंत्री नरेन्द्र मोदी की तीखी आलोचना करते रहे थे।

पूरे गुजरात में हज़ारों लोग इन दंगाइयों में शामिल थे। वे पेट्रोल बमों, बन्दूकों, चाकुओं, तलवारों और त्रिशूलों से लैस थे।[7] विहिप और बजरंग दल के आम लम्पटों के अलावा लूट-मार में दलित और आदिवासी भी शामिल थे जो बसों और ट्रकों में भर-भर कर लाये गये थे।[8] लूटपाट में मध्यम वर्ग के लोग भी शरीक हुए (एक स्मरणीय मौक़े पर एक परिवार मित्सुबिशी लांसर पर चढ़कर पहुँचा था।[9])। मुस्लिम समुदाय के आर्थिक आधार को नष्ट करने की सोची-समझी, योजनाबद्ध कोशिश की गयी। दंगाइयों के सरग़नाओं के पास कम्प्यूटर से तैयार की गयीं ब्योरेवार सूचियाँ थीं, जिनमें मुस्लिम घरों, दुकानों, कारोबारों, यहाँ तक कि उनकी साझेदारियों तक को चिह्नित किया हुआ था। अपनी कार्रवाई में ताल-मेल बैठाने के लिए उनके पास मोबाइल फ़ोन थे। उनके पास ट्रकों में लदे हज़ारों गैस सिलेंडर थे, जिन्हें हफ़्तों पहले जमा कर लिया गया था और जिन्हें उन्होंने मुस्लिम व्यापारिक प्रतिष्ठानों को उड़ाने में इस्तेमाल किया। उन्हें न सिर्फ़ पुलिस की सुरक्षा हासिल थी, बल्कि उनके साथ पुलिस की मिलीभगत भी थी, जो गोलियों की आड़ में उन्हें आगे बढ़ने में मदद कर रही थी।[10]

एक ओर गुजरात जल रहा था, दूसरी ओर हमारे प्रधानमंत्री एमटीवी पर अपनी नयी कविताओं का प्रचार कर रहे थे[11] (ख़बरों के मुताबिक उनकी कविताओं के एक लाख कैसेट बिक गये हैं।)। उन्हें गुजरात का दौरा करने में एक महीना लग गया जिस बीच वे तफ़रीह के लिए दो बार पहाड़ भी गये।[12] आख़िरकार जब वे गुजरात पहुँचे तो नरेन्द्र मोदी के दिल दहलाने वाले साये में उन्होंने शाह आलम राहत शिविर में भाषण दिया।[13] उनके होंठ हिले, उन्होंने चिन्ता प्रकट करने का प्रयास किया, लेकिन उस जली-झुलसी, ख़ून-सनी और चकनाचूर दुनिया से होकर गुज़रती हवा की उपहास-भरी साँय-साँय के सिवा कुछ नहीं सुनाई दिया। अगले दृश्य में हमने देखा, वे सिंगापुर में गोल्फ़ की छोटी-सी गाड़ी में घूमते, वाणिज्य-व्यापार सम्बन्धी क़रार कर रहे थे।[14]

हत्यारे आज भी गुजरात की सड़कों पर मँडरा रहे हैं। हफ़्तों तक दंगाई रोज़मर्रा की ज़िन्दगी के निर्णायक बने रहे। कौन क्या कह सकता है, कौन किससे मिल सकता है और कब और कहाँ! उनकी सत्ता तेज़ी से फैली और उसने धार्मिक मामलों से आगे बढ़कर ज़मीन-जायदाद सम्बन्धी विवादों, पारिवारिक झगड़ों और जल संसाधनों की योजना और आवंटन को भी अपने चंगुलों में ले लिया है (यही कारण है कि नर्मदा बचाओ आन्दोलन की मेधा पाटकर पर हमला किया गया)।[15] मुसलमानों के कारोबार बन्द करा दिये गये हैं। रेस्तराओं में मुसलमानों को कुछ नहीं परोसा जाता। स्कूलों में मुसलमान बच्चों को पसन्द नहीं किया जाता। मुस्लिम छात्र इतने डरे हुए हैं कि इम्तहान नहीं दे सकते।[16] मुस्लिम माता-पिता लगातार इस ख़ौफ़ में जीते हैं कि उनके बच्चे, उनकी नसीहत भूलकर लोगों के बीच 'अम्मी' या 'अब्बा' कह बैठेंगे और कहर-भरी मौत को अचानक न्योता दे डालेंगे।

ऐलान हो चुका है कि यह तो महज़ शुरुआत है।

क्या यही वह हिन्दू राष्ट्र है, जिसके सपने हम सबको दिखाये गये हैं? एक बार मुसलमानों को 'उनकी औक़ात बता दिये जाने' के बाद क्या देश भर में दूध और कोका-कोला की नदियाँ बहने लगेंगी? क्या राम मन्दिर बन जाने के बाद हर आदमी के बदन पर कमीज़ होगी और पेट में रोटी?[17] क्या हर आँख का हर आँसू पोंछ दिया जायेगा? क्या हम अगले साल इसकी वर्षगाँठ मनाने की उम्मीद करें? या फिर तब तक नफ़रत का कोई और निशाना ढूँढ़ लिया जायेगा? अकारादि क्रम में आदिवासी, ईसाई, दलित, पारसी, सिख—इनमें से कौन होगा अगला निशाना? जो लोग जीन्स पहनते हैं या अंग्रेज़ी बोलते हैं, या जिनके होंठ मोटे हैं और बाल घुँघराले हैं? हमें ज़्यादा इन्तज़ार नहीं करना पड़ेगा। यह शुरू हो चुका है। क्या तयशुदा रस्में जारी रहेंगी? क्या लोगों के सिर क़लम होंगे, उनके जिस्म के टुकड़े-टुकड़े करके उन पर मूता जायेगा? भ्रूणों को उनकी माँओं की कोख से फाड़ निकाला जायेगा?[18]

कितना खोट होगा उस आँख में जो भारत की कल्पना इन सारी संस्कृतियों की विविधता और सुन्दरता और दर्शनीय अराजकता के बिना करेगी? इसके बग़ैर तो भारत मक़बरा बन जायेगा और उससे श्मशान की-सी चिरायँध आने लगेगी।

इससे कोई फ़र्क़ नहीं पड़ता कि वे कौन थे और किस तरह मारे गये, गुजरात में पिछले हफ़्तों के दौरान मारा गया हर आदमी मातम का हक़दार है। पत्र-पत्रिकाओं में सैकड़ों नाराज़गी-भरी चिट्ठियों में पूछा गया है कि 'छद्म धर्मनिरपेक्षतावादी' गोधरा में 'साबरमती एक्सप्रेस' को जलाने की घटना की निन्दा उतने ही रोष के साथ क्यों नहीं करते, जितना आक्रोश वे बाक़ी गुजरात में हुई हत्याओं की भर्त्सना करते हुए ज़ाहिर करते हैं। जो बात ये पत्र लेखक नहीं समझ पाते वह यह कि फ़िलहाल गुजरात में जिस तरह का सरकार-समर्थित सफ़ाया-अभियान जारी है, उसमें और गोधरा में साबरमती एक्सप्रेस को जलाने की घटना के बीच एक बुनियादी फ़र्क़ है। हमें अब भी पक्का पता नहीं है कि गोधरा के ख़ून-ख़राबे के लिए वास्तव में कौन ज़िम्मेदार था। गृहमंत्री लाल कृष्ण आडवाणी ने एक सार्वजनिक बयान में दावा किया कि ट्रेन का अग्नि-कांड पाकिस्तान की ख़ुफ़िया एजेन्सी आईएसआई की साज़िश थी।[19] महीनों बाद भी पुलिस को इस दावे की पुष्टि में सबूत का एक रेशा तक हासिल नहीं हुआ है। गुजरात सरकार की फ़ोरेन्सिक रिपोर्ट के अनुसार डिब्बे के फ़र्श पर किसी ने, जो डिब्बे के भीतर ही था, 60 लीटर पेट्रोल उँड़ेल दिया था। दरवाज़े बन्द थे सम्भवतः अन्दर से। सवारियों के जले हुए शव डिब्बे के बीचोबीच ढेरी की शक्ल में पाये गये। अभी तक किसी को वाक़ई पता नहीं है कि आग किसने लगायी थी।

हर तरह के राजनैतिक नज़रिये और पहलू को जँचने वाली अटकलें और अनुमान हैं : यह पाकिस्तानी साज़िश थी; यह मुस्लिम आतंकवादियों की करतूत थी, जो गाड़ी के भीतर पहुँचने में कामयाब हो गये थे; यह ग़ुस्सायी भीड़ का कारनामा था; यह

विहिप/बजरंग दल की सोची-समझी चाल थी ताकि बाद के हौलनाक मंज़र के लिए मैदान तैयार किया जा सके। सच किसी को पता नहीं।[20]

जिन्होंने भी किया–उनकी राजनैतिक या धार्मिक प्रतिबद्धता चाहे जो भी हो–उन्होंने भयंकर अपराध किया। लेकिन प्रत्येक स्वतंत्र रिपोर्ट में कहा गया है कि गुजरात में मुस्लिम समुदाय का सफ़ाया-अभियान–जिसे सरकार ने स्वतःस्फूर्त 'प्रतिक्रिया' क़रार दिया है–अगर कम करके कहा जाये तो राज्य की कृपालु छत्रच्छाया में अंजाम दिया गया, और अगर बढ़ा-चढ़ाकर कहा जाये तो इसके पीछे राज्य सरकार की सक्रिय हिस्सेदारी थी।[21] जिस पहलू से देखें, राज्य इस अपराध का दोषी है। और राज्य अपने नागरिकों के नाम पर कार्रवाई करता है। इसलिए, नागरिकों के नाते हमें यह मानना पड़ेगा कि गुजरात के इस सफ़ाया-अभियान में हमें भी किसी-न-किसी रूप में साझीदार बनाया जा रहा है। यही बात दोनों जनसंहारों को एक-दूसरे से बिलकुल अलग रंग में रँग देती है।

गुजरात के क़त्लेआम के बाद, भाजपा की नैतिक और सांस्कृतिक बिरादरी, राष्ट्रीय स्वयंसेवक संघ (आरएसएस) ने, जिसके सदस्य ख़ुद प्रधानमंत्री, गृहमंत्री और मोदी हैं, अपने बंगलूरु सम्मेलन में मुसलमानों से आह्वान किया कि वे बहुसंख्यक समुदाय की 'सदाशयता' हासिल करें।[22]

गोवा में भाजपा की राष्ट्रीय कार्यकारिणी की बैठक में नरेन्द्र मोदी का स्वागत नायक के रूप में किया गया। मुख्यमंत्री पद से इस्तीफ़े की जो बनावटी पेशकश उन्होंने खीसें निपोर कर की, उसे आम सहमति से ठुकरा दिया गया।[23] हाल के एक सार्वजनिक भाषण में मोदी ने गुजरात की पिछले कुछ हफ़्तों की घटनाओं की तुलना गाँधीजी की दाँडी यात्रा से की है–उनके मुताबिक दोनों घटनाएँ 'स्वाधीनता के लिए संघर्ष' के महत्वपूर्ण पल हैं।

हालाँकि मौजूदा भारत और युद्धपूर्व जर्मनी के बीच समानताएँ रोंगटे खड़े करने वाली हैं, वे हैरत नहीं पैदा करतीं। (आरएसएस के संस्थापकों ने अपने लेखों में हिटलर और उसके तरीक़ों को खुलकर सराहा है।)[24] बस, एक अन्तर है कि यहाँ हिन्दुस्तान में हमारे पास कोई हिटलर नहीं है। उसके बजाय, हमारे यहाँ एक शोभायात्रा है, एक सचल वाद्य-वृन्द। अनेक फनों, अनेक भुजाओं वाला संघ परिवार–हिन्दू राजनैतिक और सांस्कृतिक संगठनों का 'सम्मिलित कुनबा'–जिसमें भाजपा, आरएसएस, विहिप और बजरंग दल, सब अलग-अलग साज़ बजाते हैं। इसकी बेजोड़ प्रतिभा बस इस बात में निहित है कि यह ज़ाहिरा तौर पर हर आदमी के लिए, हर समय, हर मर्ज़ की दवा है।

संघ परिवार के लिए हर मौक़े के लिए एक उपयुक्त चेहरा है। हर मौसम के लिए मुनासिब लफ़्फ़ाज़ी से लैस, पुराने तुकबन्दी करने वाले अटल बिहारी वाजपेयी; गृह मंत्रालय में भीड़ जमा करने वाले कट्टरपन्थी, लालकृष्ण आडवाणी; विदेशी मामलों के लिए एक

तहज़ीबदार शख़्सियत, जसवन्त सिंह; टीवी पर बहस करने के लिए एक चिकने-चुपड़े, अंग्रेज़ी-भाषी वकील, अरुण जेटली; मुख्यमंत्री पर निर्मम, हृदयहीन नरेन्द्र मोदी; और जनसंहार के धन्धे के लिए ज़रूरी शारीरिक मशक्कत के लिए बजरंग दल और विहिप के ज़मीनी कार्यकर्ता। और अन्त में, अनेक सिरों वाली शोभायात्रा के पास एक छिपकली की पूँछ भी है जो संकट के वक़्त गिर पड़ती है और उसके गुज़र जाने के बाद फिर उग आती है—रक्षामंत्री का जामा पहने सजावटी समाजवादी जॉर्ज फ़र्नांडीज़—जिन्हें यह शोभायात्रा अपने क्षति-नियंत्रण के दूत-कार्य—युद्ध, तूफ़ान, जनसंहार—पर भेजती रहती है। उन्हें भरोसा है कि वे सही बटन दबायेंगे और सही सुर निकालेंगे।

संघ परिवार उतनी ज़बानों में बात करता है जितनी त्रिशूलों के एक गट्ठर में नोकें होती हैं। वह एक साथ कई परस्पर विरोधी बातें कह सकता है। एक ओर जहाँ उसका एक सरदार (विहिप) अपने लाखों सिपाहियों को 'अन्तिम समाधान' की तैयारी के लिए खुलेआम उकसाता है, वहीं उसका प्रतीकात्मक प्रमुख (प्रधानमंत्री) राष्ट्र को आश्वस्त करता है कि सभी नागरिकों के साथ, चाहे उनका कोई भी धर्म हो, समानता का व्यवहार किया जायेगा। यह किताबों और फ़िल्मों पर प्रतिबन्ध लगा सकता है, 'भारतीय संस्कृति को अपमानित करने के लिए' चित्र जला सकता है। साथ ही, वह पूरे देश के ग्रामीण विकास के बजट का 60 फ़ीसदी हिस्सा 'एनरॉन' के हाथ उस कम्पनी के लाभ के तौर पर गिरवी रख सकता है।[25] उसके भीतर राजनैतिक मान्यताओं की इन्द्रधनुषी छटा है, लिहाज़ा जो अमूमन दो विरोधी राजनैतिक पार्टियों के बीच की खुल्लम-खुल्ला लड़ाई होती, वह अब महज़ परिवार का अन्दरूनी मामला बन जाता है। तक़रार चाहे जितनी कटु हो, हमेशा खुलेआम होती है, हमेशा सौहार्द्र के साथ सुलझा ली जाती है, और दर्शक हमेशा सन्तुष्ट होकर जाते हैं कि ग़ुस्सा, ऐक्शन, बदला, साज़िश, पश्चात्ताप, गीत-गाने, और ढेर सारा ख़ून-ख़राबा—सब कुछ देखने के बाद उनका पैसा वसूल हो गया। यह 'चौतरफ़ा प्रभुत्व' (फ़ुल स्पेक्ट्रम डॉमिनेन्स) का हमारा अपना देसी संस्करण है।

लेकिन जब सिर-धड़ की बाज़ी लगती है, तो झगड़े-टंटे करने वाले सरदार ख़ामोश हो जाते हैं और यह भयावह तरीक़े से ज़ाहिर हो जाता है कि तमाम ऊपरी कोलाहल और चीख़-पुकार के नीचे दिल तो एक ही धड़कता है। और केसरिया में रचा-बसा, सिर्फ़ मछली की आँख पर नज़र गड़ाये, एक क्षमारहित दिमाग़ दिन-रात काम करता है।

भारत में पहले भी सफ़ाया-अभियान हुए हैं, हर तरह के सफ़ाया-अभियान—जिनका निशाना जातियाँ, क़बीले और धार्मिक मतावलम्बी बने हैं। 1984 में इन्दिरा गाँधी की हत्या के बाद दिल्ली में कांग्रेस पार्टी की निगरानी में तीन हज़ार से ज़्यादा सिखों का क़त्लेआम हुआ, जो हर तरह से गुजरात के जनसंहार जितना ही बीभत्स था।[26] उस समय राजीव गाँधी ने, जो कभी सुरुचिपूर्ण जुमले के लिए नहीं जाने जाते थे, कहा था, 'जब कोई बड़ा पेड़ गिरता है तो ज़मीन हिलती है।' 1985 के चुनावों

में कांग्रेस ने सूपड़ा साफ़ कर दिया। सहानुभूति की लहर का फ़ायदा उठाकर। अट्ठारह साल बीत चुके हैं और लगभग किसी को सज़ा नहीं मिली है।

राजनैतिक दृष्टि से संवेदनशील किसी भी मुद्दे को लीजिए—परमाणु परीक्षण, बाबरी मस्जिद, 'तहलका' घोटाला, चुनावी फ़ायदे के लिए फ़िरक़ापरस्ती के पिटारे खोलना—और आप पायेंगे कि कांग्रेस पार्टी वहाँ पहले ही ढैया छू आयी है। हर मामले में बीज कांग्रेस ने बोये हैं और भाजपा उस घिनौनी फ़सल को काटने के लिए झपट कर आयी है। लिहाज़ा जब हमारे सामने वोट डालने का सवाल उठता है तो क्या इन दोनों में कोई अन्तर रह जाता है? इसका जवाब कुछ हिचकिचाहट के बावजूद साफ़-साफ़ 'हाँ' में है। सुनिए क्यों : यह सही है कि कांग्रेस पार्टी दशकों से पाप करती रही है, गम्भीर पाप, लेकिन उसने रात में वह किया है जिसे भाजपा दिन-दहाड़े करती है। कांग्रेस ने वह काम पोशीदा तरीक़े से, गुप-चुप, पाखंडीपन के साथ और शर्म से आँखें चुराते हुए किया, जिसे भाजपा गर्व के साथ करती है। और यह एक बेहद महत्वपूर्ण अन्तर है।

साम्प्रदायिक घृणा को हवा देना संघ परिवार के फ़रमान का एक हिस्सा है। उसकी योजना वर्षों से बनती रही है। वह धीरे-धीरे घुलने वाले ज़हर की सुई सीधे सभ्य समाज की धमनियों में लगा रहा है। देश भर में आरएसएस की सैकड़ों शाखाएँ और शिशु मन्दिर लाखों बच्चों और युवा लोगों को दीक्षित-प्रशिक्षित करके धार्मिक घृणा और झूठे इतिहास से उनके दिमाग़ों को कुन्द करने में जुटे हुए हैं। इसमें अंग्रेज़ी राज से पहले के काल में मुसलमान शासकों द्वारा हिन्दू महिलाओं की इज़्ज़त लूटने और हिन्दू मन्दिरों को ध्वस्त करने के अतिरंजित विवरण शामिल हैं। वे पाकिस्तान और अफ़ग़ानिस्तान में फैले उन मदरसों से किसी तरह भिन्न और कम ख़तरनाक नहीं हैं जिन्होंने तालिबान को जन्म दिया। गुजरात जैसे राज्यों में पुलिस प्रशासन और हर स्तर के राजनैतिक कार्यकर्ताओं को योजनाबद्ध तरीक़े से चपेट में ले लिया गया है।[27]

इस सारे उपक्रम में प्रचंड लोकप्रियता है जिसे कम करके आँकना या जिसके बारे में कोई मुग़ालता रखना मूर्खता होगी। इसका भारी धार्मिक, राजनैतिक, वैचारिक और प्रशासनिक आधार है। इस प्रकार की शक्ति, इस प्रकार की पहुँच, केवल राज्य मशीनरी के समर्थन से ही हासिल की जा सकती है।

कुछ मदरसे, धार्मिक घृणा फैलाने की मुस्लिम नर्सरियाँ, राज्य के समर्थन के अभाव में जो हासिल नहीं कर पाते, उसे अपनी पगलायी उग्रता और विदेशी चन्दों से पूरा करने की कोशिश करते हैं। वे हिन्दू साम्प्रदायिकतावादियों को अपने सामूहिक उन्माद और नफ़रत का नंगा नाच करने के लिए माक़ूल आधार मुहैया करा देते हैं (दरअसल, वे इस उद्देश्य को इस ख़ूबी से पूरा करते हैं मानो वे एक ही टीम का हिस्सा हों।)।

इस सतत दबाव से इस बात की बहुत सम्भावना है कि अधिसंख्य मुस्लिम समुदाय अपने निजी बन्द टोलों में दोयम दर्जे के नागरिक की हैसियत में, लगातार डरा

हुआ और किसी क़िस्म के नागरिक अधिकार और इन्साफ़ की उम्मीद के बिना जीने को मजबूर हो जायेगा। इनकी रोज़मर्रा की ज़िन्दगी कैसी होगी? हर छोटी-मोटी झड़प, चाहे वह सिनेमा की क़तार में हुई तू-तू, मैं-मैं हो या चौराहे की लाइट पर कोई विवाद, घातक रूप ले लेगा। लिहाज़ा, वे ख़ामोश रहना, अपने हालात को स्वीकार करके, जिस समाज में वे रहते हैं, उसके हाशिये में ही रेंगते हुए जीना सीख जायेंगे। उनका ख़ौफ़ दूसरे अल्पसंख्यकों तक सम्प्रेषित हो जायेगा। उनमें से कई, ख़ासकर नवयुवक, शायद दहशतगर्दी का रास्ता पकड़ेंगे। वे कई भयावह कांड कर डालेंगे। सभ्य समाज को उनकी निन्दा करने को कहा जायेगा। तब राष्ट्रपति बुश का आप्त वाक्य हमारे सामने आ खड़ा होगा–'आप या तो हमारे साथ हैं या आतंकवादियों के साथ।'

ये शब्द बर्फ़ की तरह समय में जम कर ठहर गये हैं। भविष्य में वर्षों तक हत्यारे और जनसंहारी अपने हत्याकांडों का जायज़ ठहराने के लिए, अपने घिनौने होंठों को इन शब्दों के साथ-साथ हिलायेंगे (फ़िल्मकार इसे 'लिप-सिंक' कहते हैं।)

शिवसेना के बाल ठाकरे के पास, जो इधर महसूस कर रहे हैं कि मोदी ने उन्हें कुछ पीछे छोड़ दिया है, इसका स्थायी समाधान है। उन्होंने गृहयुद्ध का आह्वान किया है। क्या यह बेजोड़ नहीं है? तब पाकिस्तान को हम पर बमबारी नहीं करनी पड़ेगी, हम ख़ुद ही अपने ऊपर बमबारी करेंगे। आइए, पूरे हिन्दुस्तान को ही कश्मीर या बोस्निया या फ़िलिस्तीन या रवांडा में तब्दील कर लें। हम सब सदा यातना झेलते रहें। एक-दूसरे की हत्या करने के लिए महँगी बन्दूकें और विस्फोटक ख़रीदें। असलहों के अंग्रेज़ सौदागर और हथियारों के अमरीकी निर्माता हमारे ख़ून पर फलें-फूलें।[28] हम कार्लाइल समूह से–दोनों बुश और बिन लादेन परिवार जिसके शेयर होल्डर हैं–थोक छूट की माँग कर सकते हैं।[29]

अगर सब कुछ ठीक-ठाक चले तो हो सकता है हम अफ़ग़ानिस्तान जैसे बन जायें। (और यह तो देखिए कि उन्होंने कितना नाम कमाया है।) जब हमारे सभी खेतों में सुरंगें बिछ जायेंगी, हमारे मकान ढह जायेंगे, हमारी सारी व्यवस्था मलबे में तब्दील हो जायेगी, हमारे बच्चे शरीर से अपंग और दिमाग़ी खँडहर हो जायेंगे, जब हम ख़ुद को अपनी बनायी घृणा से लगभग बर्बाद कर चुके होंगे, तब हम चाहें तो अमरीकियों से मदद की अपील कर सकते हैं। चाहिए किसी को हवाई जहाज़ से गिराया हुआ एयर लाइन्स वाला खाना?[30]

हम आत्म-विनाश के कितना क़रीब पहुँच गये हैं। एक क़दम और, फिर हमें नष्ट होने से कोई रोक नहीं सकता। इसके बावजूद सरकार अड़ी हुई है। गोवा में भाजपा की राष्ट्रीय कार्यकारिणी की बैठक में धर्मनिरपेक्ष, लोकतांत्रिक भारत के प्रधानमंत्री वाजपेयी ने इतिहास रच दिया। वे भारत के पहले प्रधानमंत्री बन गये हैं जिसने मर्यादाओं को तोड़कर सार्वजनिक तौर पर मुसलमानों के ख़िलाफ़ ऐसी धर्मान्धता का प्रदर्शन किया जिससे जॉर्ज बुश और डॉनल्ड रम्सफ़ेल्ड भी शरमायें। उन्होंने कहा, 'मुसलमान जहाँ कहीं भी हों, वे शान्ति से नहीं रहना चाहते।'[31]

गुजरात के जनसंहार के बाद, अपने 'प्रयोग' की कामयाबी से आश्वस्त भाजपा तत्काल चुनाव कराना चाहती है। वडोदरा से मेरी मित्र ने कहा, "निहायत ही शरीफ़ लोग, निहायत ही शाइस्तगी के साथ कहते हैं, 'मोदी हमारे हीरो हैं'।"

हममें से कुछ लोग इस मुग़ालते में थे कि पिछले कुछ हफ़्तों की भयावह घटनाओं से धर्मनिरपेक्ष पार्टियाँ, चाहे जितनी स्वार्थी हों, ग़ुस्से में एकजुट हो जायेंगी। अकेले भाजपा को भारत के लोगों ने बहुमत नहीं दिया है। उसके पास हिन्दुत्व को लागू करने का जनादेश नहीं है। हमें उम्मीद थी कि केन्द्र में भाजपा के नेतृत्व वाले गठबन्धन के 27 साझीदार अपना समर्थन वापस ले लेंगे। मूर्ख थे हम कि हमने सोचा वे देखेंगे उनकी नैतिक दृढ़ता, धर्मनिरपेक्षता के सिद्धान्तों के प्रति उनकी घोषित प्रतिबद्धता की इससे बड़ी परीक्षा नहीं हो सकती।

यह युग का लक्षण है कि भाजपा के एक भी सहयोगी दल ने समर्थन वापस नहीं लिया। काँइयेपन से भरी हर आँख में आप दूर देखने वाली नज़र को दिमाग़ी गणित बैठाते देखेंगे कि समर्थन वापस लेने पर कौन-कौन सा चुनाव-क्षेत्र और कौन-कौन सा मंत्रालय बचा रहेगा और कौन-कौन सा वे गँवा बैठेंगे। भारत के वाणिज्य-व्यापार जगत के दीपक पारिख अकेले प्रमुख कार्याधिकारी हैं जिन्होंने घटनाओं की निन्दा की है।[32] जम्मू और कश्मीर के मुख्यमंत्री और भारत के अब इकलौते प्रमुख मुस्लिम राजनीतिज्ञ, फ़ारूख़ अब्दुल्ला, मोदी का समर्थन करके सरकार की कृपा हासिल करने में लगे हैं, क्योंकि उन्हें धुँधली-सी आशा है कि वे जल्दी ही भारत के उपराष्ट्रपति बन जायेंगे।[33] और सबसे ख़राब यह है कि दलितों की महान उम्मीद, बसपा नेता मायावती ने उत्तर प्रदेश में भाजपा से गठजोड़ कर लिया है।[34] कांग्रेस और वामपन्थी दलों ने मोदी के इस्तीफे की माँग करते हुए जनान्दोलन छेड़ा है।[35]

इस्तीफ़ा? क्या हम अपना विवेक खो चुके हैं? अपराधियों से इस्तीफ़ा माँगने का कोई मतलब नहीं होता। उन पर आरोप लगाकर मुक़दमा चलाया जाता है और सज़ा दी जाती है। जिस तरह से गोधरा में ट्रेन जलाने वालों के साथ होना चाहिए। जिस तरह से भीड़ और पुलिस और प्रशासन के उन लोगों के साथ होना चाहिए जिन्होंने बाक़ी गुजरात में सुनियोजित जनसंहार किया। जिस तरह से उन्माद को चरम पर पहुँचाने वालों के साथ होना चाहिए। सर्वोच्च न्यायालय के पास मोदी और बजरंग दल तथा विहिप के विरुद्ध 'सुओ मोटू'—अपने संज्ञान पर—कार्रवाई का विकल्प है।[36] सैकड़ों गवाहियाँ हैं। ढेर सारे सबूत हैं।

लेकिन भारत में अगर ऐसे हत्यारे या जनसंहारी हैं, जो संयोग से राजनैतिक व्यक्ति हैं तो आपके लिए आशावादी होने की तमाम वजहें हैं। कोई अपेक्षा तक नहीं करता कि राजनीतिज्ञों पर मुक़दमा चलाया जायेगा। मोदी और उनके सहयोगियों के ख़िलाफ़ आरोप लगाकर उन्हें बन्द करने की माँग से दूसरे राजनीतिज्ञों की अपनी

पोलें, उनके अपने घिनौने अतीत की सच्चाइयाँ खुलने लगेंगी। लिहाज़ा इसके बजाय वे संसद की कार्रवाई ठप कर देते हैं, चीख़ते-चिल्लाते हैं। आख़िरकार जो सत्ता में होते हैं वे जाँच के आयोग गठित करते हैं, उनके नतीजों की अनदेखी कर देते हैं और आपस में यह सुनिश्चित कर लेते हैं कि तंत्र का बुलडोज़र चलता रहे।

अभी से इस मुद्दे ने रूप बदलना शुरू कर दिया है। क्या चुनाव की इजाज़त दी जाय या नहीं? क्या यह फ़ैसला चुनाव आयोग को करना चाहिए या सुप्रीम कोर्ट को? दोनों हालात में–चुनाव कराये जायें या टाल दिये जायें–मोदी को छुट्टा निकल जाने देकर, उन्हें अपना राजनैतिक कैरियर जारी रखने देकर, लोकतंत्र के आधारभूत, निदेशक सिद्धान्तों को न केवल कमज़ोर किया जा रहा है, बल्कि उनके साथ जान-बूझकर भितरघात किया जा रहा है। इस तरह का लोकतंत्र समाधान नहीं, समस्या है। हमारे समाज की सबसे बड़ी ताक़त को उसी के सबसे घातक दुश्मन के रूप में तैयार किया जा रहा है। 'लोकतंत्र को और गहरा' करने की हमारी तमाम बातों का क्या मतलब है जब उसे यों तोड़ा-मरोड़ा जा रहा है कि वह पहचान ही में न आये।

अगर भाजपा चुनाव जीत गयी तो क्या होगा? आख़िरकार, जॉर्ज बुश को आतंक के ख़िलाफ़ अपने युद्ध में 60 फ़ीसदी जनसमर्थन हासिल था, और एरिअल शेरॉन को फ़िलिस्तीन पर अपने पाशविक हमले के लिए इससे भी अधिक जनादेश हासिल है।[37] क्या इसी से सब कुछ जायज़ हो जाता है? क़ानून-व्यवस्था, संविधान, प्रेस–सारे ताम-झाम–को तिलांजलि क्यों नहीं दे दी जाती, और नैतिकता को भी कूड़ेदान में फेंककर हर चीज़ को मतदान के हवाले क्यों नहीं कर दिया जाता? जनसंहार जनमत संग्रह का विषय बन सकता है और क़त्लेआम के लिए मार्केटिंग अभियान छेड़े जा सकते हैं।

भारत में फ़ासीवाद के पदचिह्न साफ़-साफ़ दिखने लगे हैं। इसकी तारीख़ भी नोट कर लें : 2002 का वसन्त। भले ही हम अमरीकी राष्ट्रपति और 'आतंक के ख़िलाफ़ गठबन्धन' को इसकी भयावह शुरुआत के लिए दुनिया भर में उपयुक्त माहौल बनाने का श्रेय दे सकते हैं, पर वर्षों से हमारे सार्वजनिक और निजी जीवन में पनप रहे फ़ासीवाद का श्रेय उन्हें नहीं दिया जा सकता।

इसका झोका 1998 में पोखरण में परमाणु विस्फोट के समय आया था।[38] तब से ख़ूँख़ार देश-भक्ति खुलेआम राजनैतिक चलन में आ गयी। 'शान्ति के हथियारों' ने भारत और पाकिस्तान को युद्ध के कगार पर ला खड़ा किया है–धमकी और जवाबी धमकी, तंज़ और जवाबी तंज़।[39] और अब, एक युद्ध और सैकड़ों लोगों के मौत के बाद, दोनों देशों के दस लाख से अधिक फ़ौजी एक-दूसरे के आमने-सामने सीमा पर तैनात हैं, आँख से आँख मिलाये, एक निरर्थक परमाणु साँप-छछूँदर की हालत में।[40]

पाकिस्तान के ख़िलाफ़ बढ़ती आक्रामकता सीमा से टप्पा खाकर हमारी राजनीति में इस तरह से घुस गयी है जैसे किसी तेज़ नश्तर ने हिन्दू और मुस्लिम समुदायों के बीच साम्प्रदायिक सौहार्द और सहिष्णुता के अवशेष को काटकर अलग कर दिया हो। देखते-ही-देखते ज़हर उगलने वाले नारकीय भगवद्‌भक्तों की भीड़ ने लोगों की कल्पना पर क़ब्ज़ा कर लिया है। और हमने ऐसा होने दिया है। पाकिस्तान के ख़िलाफ़ जंग के हर खोखले नारे के साथ हम ख़ुद पर, अपनी जीवन-शैली पर, अपनी अद्‌भुत विविधता-सम्पन्न और प्राचीन सभ्यता पर, उन सारी चीज़ों पर चोट करते हैं जो हिन्दुस्तान को पाकिस्तान से भिन्न बनाती हैं।

भारतीय राष्ट्रवाद का मतलब उत्तरोत्तर बढ़ती हुई मात्रा में हिन्दू राष्ट्रवाद बनता चला गया है, जो ख़ुद को अपने सम्मान और अपनी क़दर से परिभाषित नहीं करता, बल्कि 'दूसरे' के प्रति घृणा से। और फ़िलहाल यह 'दूसरा', सिर्फ़ पाकिस्तान ही नहीं, बल्कि मुसलमान हैं। राष्ट्रवाद किस तरह फ़ासीवाद के साथ घी-शक्कर हो जाता है, इसे देखकर मन विचलित होता है। हमें फ़ासीवादियों को यह छूट नहीं देनी चाहिए कि वे यह परिभाषित करें कि राष्ट्र क्या है और किसका है। यह याद रखना ज़रूरी है कि राष्ट्रवाद, अपने सभी अवतारों—साम्यवाद, पूँजीवाद या फिर फ़ासीवाद—में बीसवीं सदी के लगभग सभी जनसंहारों की जड़ रहा है। राष्ट्रवाद के मुद्‌दे पर फ़ूँक-फ़ूँककर क़दम रखने में ही समझदारी है।

क्या हमारे अन्दर सिर्फ़ हाल में बना राष्ट्र होने के बजाय एक पुरातन सभ्यता का हिस्सा होने का माद्‌दा नहीं है? सिर्फ़ इलाक़े की पहरेदारी करने के बजाय देश से मोहब्बत करने का? सभ्यता का अर्थ क्या होता है, यह संघ परिवार को रत्ती भर नहीं मालूम। हम कौन थे, इसकी स्मृति, हम कौन हैं, इसकी समझ और हम क्या बनना चाहते हैं, इसके सपनों को वे सीमित करके, घटा कर, परिभाषित करके खंडित और अपवित्र करना चाहते हैं। उन्हें कैसा भारत चाहिए? हाथ-पैर-सिर और आत्माविहीन एक धड़, जिसके घायल हृदय में झंडा भोंककर कसाई के चापड़ के नीचे रिसते हुए ख़ून के साथ छोड़ दिया गया हो। क्या हम ऐसा होने दे सकते हैं? क्या हमने ऐसा होने दिया है?

पिछले कुछ वर्ष से आहिस्ता-आहिस्ता पाँव पसारते फ़ासीवाद को हमारी कई 'लोकतांत्रिक' संस्थाओं ने तैयार किया है। सबने—संसद, अदालत, प्रेस, पुलिस, प्रशासन, जनता ने—इसके साथ प्यार जताया है। यहाँ तक कि 'सेकुलरिस्ट' भी इसके लिए सही माहौल बनाने में मदद देने के दोषी हैं। जब भी आप किसी संस्था—(सुप्रीम कोर्ट समेत) किसी भी संस्था—के सिलसिले में ऐसे अधिकारों की वकालत करते हैं जिनके बल पर वह निरंकुश ताक़त से काम ले सकती है, जिसके लिए उसकी कोई जवाबदेही न हो और जिसे कभी चुनौती न दी जा सके, तब आप फ़ासीवाद की तरफ़ क़दम बढ़ा रहे होते हैं।

राष्ट्रीय प्रेस ने पिछले कुछ हफ़्तों की घटनाओं की भर्त्सना करके आश्चर्यजनक साहस दिखाया है। भाजपा के बहुत-से हमराही, जो उसके साथ सफ़र करके कगार तक पहुँचे हैं, अब नीचे गर्त में झाँककर उस नरक को देख रहे हैं जो कभी गुजरात था, और सच्ची हताशा से मुख मोड़ रहे हैं। लेकिन कितनी कड़ी और कितनी लम्बी लड़ाई वे लड़ेंगे? यह किसी नये क्रिकेट के दौरे के लिए किये गये प्रचार-अभियान की तरह नहीं होगा। और रिपोर्ट करने के लिए हमेशा कोई चौंकाने वाला क़त्लेआम नहीं होगा। फ़ासीवाद में राज्य की सत्ता के सभी अंगों में धीरे-धीरे घुसपैठ करना भी शामिल है। इसका ताल्लुक़ धीरे-धीरे क्षरित होती नागरिक स्वतंत्रताओं से भी है; रोज़मर्रा की मामूली नाइन्साफ़ियों से, जो दर्शनीय नहीं होतीं। इससे लड़ने का मतलब है लोगों के दिलों और दिमाग़ों को फिर से जीतना। इससे लड़ने का मतलब यह नहीं है कि आरएसएस की शाखाओं और खुल्लमखुल्ला फ़िरक़ापरस्त मदरसों पर पाबन्दी लगाने की माँग की जाय। इसका मतलब है उस दिन तक पहुँचने के लिए काम करना जब उन्हें ख़राब विचार मानकर स्वेच्छा से त्याग दिया जाये। इसका मतलब सार्वजनिक संस्थाओं पर कड़ी नज़र रखना और उनसे जवाबदेही की माँग करना है। इसका मतलब है ज़मीन से कान लगाकर सचमुच शक्तिहीन लोगों की दबी-दबी आवाज़ों को सुनना। इसका मतलब है देश भर के सैकड़ों प्रतिरोध-आन्दोलनों से उठने वाली उन अनगिनत आवाज़ों को मंच प्रदान करना जो असली चीज़ों के बारे में बात कर रही हैं—बँधुआ मज़दूरी, वैवाहिक बलात्कार, यौन रुचियाँ, महिलाओं का मेहनताना, यूरेनियम कचरे के घूरे, हानिकारक खनन, बुनकरों के दुखड़े, किसानों की आत्महत्याएँ। इसका मतलब है विस्थापन और बेदख़ली और रोज़-रोज़ की घोर निर्धनताजनित निष्करुण हिंसा से लड़ना।

इससे लड़ने का यह भी मतलब है कि अपने अख़बार के स्तम्भों और टीवी के प्राइम-टाइम कार्यक्रमों पर उनके झूठे जज़्बों और नाटकीय स्वाँगों को क़ाबिज़ न होने देना जिन्हें वे बाक़ी हर चीज़ से ध्यान बँटाने के लिए तैयार करते हैं।

देश में ज़्यादातर लोग गुजरात की घटनाओं से भले ही सहम गये हों, पर लाखों मतान्ध लोग, पट्टी पढ़ाये जाने के बाद, उसी आतंक के हृदय में और गहरे उतरने की तैयारी कर रहे हैं। अपने इर्द-गिर्द देखिए और आप पायेंगे कि छोटे-छोटे पार्कों, ख़ाली पड़ी जगहों, गाँवों के मैदानों में आरएसएस अपना केसरिया झंडा फहराकर मार्च कर रहा है। अचानक वे चारों ओर छा गये हैं—ख़ाकी निक्करें पहने बड़े-बालिग़ लोग मार्च कर रहे हैं, लगातार, लगातार मार्च कर रहे हैं। किधर जा रहे हैं वे? काहे के लिए?

इतिहास के प्रति अपनी उपेक्षा के कारण वे इस ज्ञान से वंचित रह जाते हैं कि फ़ासीवाद कुछ ही समय तक फलता-फूलता है और फिर अपने ही हाथों अपने को नष्ट कर लेता है। लेकिन दुर्भाग्यवश, किसी परमाणु हमले के परिणामस्वरूप होने वाले विकिरण की तरह उसकी भी आधी ज़िन्दगी होती है जो आने वाली नस्लों का बर्बाद

कर देगी। यह उम्मीद रखना बेकार है कि इस दर्जा ग़ुस्से और नफ़रत को सार्वजनिक निन्दा-भर्त्सना से रोका या दबाया जा सकेगा। भाई-चारे और प्यार के भजन अच्छे होते हैं, पर इतना काफ़ी नहीं है।

ऐतिहासिक तौर पर फ़ासीवादी आन्दोलन राष्ट्रीय मोहभंग की भावना से तेज़ हुए हैं। भारत में फ़ासीवाद तब आया जब आज़ादी के संघर्ष को एड़ लगाने वाले सपने रेज़गारी की तरह बिखर गये।

ख़ुद आज़ादी, जैसा कि गाँधीजी ने कहा था, 'लकड़ी की रोटी' की तरह हमें मिली–एक काल्पनिक स्वतंत्रता–बँटवारे के दौरान मारे गये लाखों लोगों के ख़ून से सनी।[41]

आधी सदी से ज़्यादा समय तक राजनीतिज्ञों ने, इन्दिरा गाँधी की अगुआई में उस नफ़रत और परस्पर अविश्वास को और भड़काया है, उसके साथ खिलवाड़ किया है, और उस घाव को कभी भरने नहीं दिया। सभी राजनैतिक पार्टियों ने अपने-अपने चुनावी फ़ायदों के लिए हमारे धर्मनिरपेक्ष संसदीय लोकतंत्र की मज्जा का उत्खनन किया है। मिट्टी के ढेर को खोदने वाले दीमकों की तरह उन्होंने 'धर्मनिरपेक्षता' के अर्थ का लगातार अवमूल्यन करते हुए, अन्दर-ही-अन्दर रास्ते और सुरंगें बना ली हैं और नौबत यहाँ तक आ गयी है कि वह एक खोखला ढाँचा बनकर रह गया है जो किसी भी समय धँस सकता है। उनके उत्खनन ने उस ढाँचे की बुनियाद को कमज़ोर कर दिया है जो संविधान, संसद और अदालतों को एक-दूसरे से जोड़ता है–पाबन्दियों और सन्तुलन का वह हिसाब जो किसी भी लोकतंत्र की रीढ़ होता है। ऐसी परिस्थिति में राजनीतिज्ञों पर दोष मढ़ना और उनसे उस नैतिकता की माँग करना बेकार है जिसे वे देने के क़ाबिल नहीं हैं। वह जनता कुछ दयनीय-सी जान पड़ती है जो निरन्तर अपने नेताओं का रोना रोती रहती है। अगर नेता हमारी अपेक्षाओं पर खरे नहीं उतरे तो इसीलिए कि हमने उन्हें इसकी छूट दी है। यह दलील भी दी जा सकती है कि जिस हद तक नेता जनता की उम्मीदों पर खरे नहीं उतरे, उसी हद तक समाज भी अपने नेताओं की उम्मीदों पर खरा नहीं उतरा है। हमें यह मानना होगा कि हमारे संसदीय लोकतंत्र में व्यवस्था सम्बन्धी ख़तरनाक गड़बड़ी है जिसका दुरुपयोग राजनेता करेंगे ही। और इसी का नतीजा है वह दावानल जिसे हमने गुजरात में भड़कते देखा है। इस लोकतंत्र की नाड़ियों में ही आग है। हमें इस मुद्दे को हाथ में लेना होगा और व्यवस्था के स्तर पर इसका समाधान तैयार करना होगा।

लेकिन ऐसा नहीं है कि महज़ राजनैतिकों द्वारा साम्प्रदायिक अलगाव का फ़ायदा उठाने की वजह से ही फ़ासीवाद हमारी दहलीज़ पर आ खड़ा हुआ है। पिछले पचास वर्षों से आम नागरिकों के मन में सम्मान और सुरक्षा के साथ जीने, और घोर निर्धनता से राहत पाने के छोटे-छोटे सपने योजनाबद्ध तरीक़े से चूर-चूर कर दिये गये हैं। इस देश की सभी 'लोकतांत्रिक' संस्थाएँ जवाबदेही से परे और आम आदमी की पहुँच

से दूर रही हैं, और सच्चे सामाजिक न्याय के हित में काम करने की अनिच्छा या अक्षमता दिखाती रही हैं। भूमि सुधार, शिक्षा, सार्वजनिक स्वास्थ्य, प्राकृतिक संसाधनों का बराबर बँटवारा, सकारात्मक भेदभाव लागू करना—असली सामाजिक परिवर्तन की सारी रणनीति को उन जातियों और वर्गों के लोग बड़ी चतुराई, काँइयेपन और नियमित ढंग से हथियाकर निष्फल करते रहे हैं, राजनैतिक प्रक्रिया पर जिनकी ज़बरदस्त पकड़ है। और अब एक मूलतः सामन्तवादी समाज के जटिल, श्रेणीबद्ध, सामाजिक ताने-बाने को चीरते हुए, उसे सांस्कृतिक और आर्थिक रूप से बाँटते हुए, उस पर लगातार और मनमाने ढंग से कॉरपोरेट वैश्वीकरण थोपा जा रहा है। ।

ये दुखड़े असली और जायज़ हैं। और फ़ासीवाद इन दुखड़ों का सबब नहीं है। लेकिन उसने इन पर क़ब्ज़ा करके इन्हें पलट दिया है और इनसे एक बीभत्स और झूठे गौरव की भावना पैदा कर दी है। फ़ासीवाद ने न्यूनतम समान विशेषता—धर्म—का इस्तेमाल कर लोगों को एकजुट कर लिया है। ऐसे लोग जिनका अपने जीवन पर कोई बस नहीं रह गया है, ऐसे लोग जिन्हें अपने घरों और बिरादरियों से उजाड़ दिया गया है, जिन्होंने अपनी संस्कृति और भाषा गँवा दी है, उन्हें किसी चीज़ पर गर्व कराया जा रहा है। ऐसी चीज़ नहीं है जिसे उन्होंने मेहनत-मशक़्क़त के बाद हासिल किया हो, या जिसे वे अपनी निजी उपलब्धि मान सकते हों, बल्कि ऐसी जो संयोग से पे ख़ुद हैं। बल्कि ज़्यादा सटी तौर पर ऐसी जो ते संयोग से नहीं हैं। और यह झूठ, यह खोखलापन उस लड़ाकू ग़ुस्से को भड़का रहा है जिसे फिर अखाड़े में ले आये गये एक नक़ली निशाने की ओर मोड़ दिया जाता है।

देश के निर्धनतम लोगों (दलितों और आदिवासियों) को पदातियों के रूप में इस्तेमाल करके, दूसरे सबसे ग़रीब समुदाय से उसके वोट के अधिकार छीनने, उसे मार भगाने या ख़त्म करने की परियोजना को और भला कैसे जायज़ ठहराया जा सकता है! आख़िर इसे और कैसे समझा या समझाया जा सकता है कि गुजरात में जिन दलितों को हज़ारों वर्षों से ऊँची जातियाँ तुच्छ समझती रही हैं, उनका दमन-शोषण करती रही हैं और उनके साथ कचरे से भी बदतर व्यवहार करती रही हैं, उन्होंने अपने से कुछ ही कम दुर्भाग्यशाली लोगों के ख़िलाफ़ अपने ही शोषकों के साथ कैसे हाथ मिला लिया? क्या वे महज़ दिहाड़ी के ग़ुलाम हैं, भाड़े के सिपाही? क्या उनकी सरपरस्ती करना और उनकी करतूतों की ज़िम्मेदारी से उन्हें बरी कर देना सही है? या क्या मैं मोटी बुद्धि से काम ले रही हूँ?

बदनसीबों के लिए अपने से कम बदनसीब लोगों पर अपना ग़ुस्सा और घृणा निकालना शायद आम चलन है, क्योंकि उनके असली दुश्मन पहुँच से बाहर, दुर्जेय जान पड़ने वाले और मार की हद से पूरी तरह बाहर होते हैं। क्योंकि उनके अपने नेता उनसे कटकर, उन्हें वीराने में बेसहारा भटकने के लिए छोड़कर, ऊँचे लोगों

के साथ दावत उड़ाते हुए, हिन्दू धर्म में वापसी की बेतुकी लफ़्फ़ाज़ी कर रहे हैं (यह सम्भवतः एक विश्वव्यापी हिन्दू साम्राज्य बनाने की दिशा में पहला क़दम है– उतना ही यथार्थवादी लक्ष्य जितना अतीत में विफल हुई फ़ासीवादी योजनाएँ, जैसे रोम की शानो-शौकत की बहाली, जर्मन नस्ल का शुद्धीकरण या इस्लामी सल्तनत की स्थापना।)।

भारत में 15 करोड़ मुसलमान रहते हैं। हिन्दू फ़ासीवादी उन्हें जायज़ शिकार मानते हैं। क्या मोदी और बाल ठाकरे जैसे लोग सोचते हैं कि एक 'गृहयुद्ध' में मुसलमानों का सफ़ाया कर दिया जायेगा और दुनिया खड़ी देखती रहेगी? अख़बारों की ख़बरों के मुताबिक यूरोपीय संघ और दूसरे कई देशों ने गुजरात में जो हुआ उसकी भर्त्सना करते हुए उसकी तुलना नाज़ियों के शासन से की है।[42] भारत सरकार की अनिष्टसूचक प्रतिक्रिया है कि जो एक 'अन्दरूनी मामला' है उस पर टीका-टिप्पणी करने के लिए विदेशियों को भारतीय मीडिया का प्रयोग नहीं करना चाहिए[43] (मसलन, कश्मीर में चल रही दिल दहलानेवाली घटनाओं का सिलसिला?)।

अब आगे क्या होगा? सेंसरशिप? इंटरनेट पर प्रतिबन्ध? अन्तर्राष्ट्रीय फ़ोनकॉल पर पाबन्दी? ग़लत 'आतंकवादियों' को मारना और डीएनए के झूठे नमूने तैयार करना?[44] कोई आतंकवाद सरकारी आतंकवाद की बराबरी नहीं कर सकता।

लेकिन उनसे दो-दो हाथ कौन करेगा? उनके फ़ासीवादी शब्दजाल पर शायद विपक्ष की ओर से कोई घन-गरज ही चोट कर सकती है। अभी तक सिर्फ़ राष्ट्रीय जनता दल के लालू प्रसाद यादव ने ही इस मामले पर अपनी भावना और ग़ुस्सा ज़ाहिर किया है : 'कौन माई का लाल कहता है कि यह हिन्दू राष्ट्र है? उसको यहाँ भेज दो, छाती फाड़ दूँगा।'[45]

दुर्भाग्यवश, इस मामले का कोई तुरती समाधान नहीं है। फ़ासीवाद को तभी रोका जा सकता है जब उससे विचलित होने वाले लोग सामाजिक न्याय को लेकर उतनी ही दृढ़ प्रतिबद्धता दिखायें, जो साम्प्रदायिकता के प्रति उनके आक्रोश के बराबर हो।

क्या हम इस दौड़ पर चल पड़ने के लिए तैयार हैं? क्या हममें से कई लाख लोग न सिर्फ़ सड़कों पर प्रदर्शनों में, बल्कि अपने-अपने काम की जगहों पर, दफ़्तरों में, स्कूलों में, घरों में, अपने हर निर्णय और चुनाव में एकजुट होने को तैयार हैं?

या अभी नहीं...?

अगर नहीं तो अब से वर्षों बाद जब सारी दुनिया हमसे कन्नी काट लेगी (जो उसे करना ही चाहिए), तब हम भी अपने साथी मनुष्यों की आँखों से झलकती नफ़रत पहचानना सीखेंगे, जैसे हिटलर की जर्मनी के आम नागरिकों ने सीखा था। हम भी अपने किये (और अनकिये) पर, जो हमने होने दिया उस पर, शर्मिन्दगी के चलते अपने बच्चों की नज़रों से नज़रें नहीं मिला पायेंगे।

यही हैं हम । भारत में। ऊपर वाला हमें इस काली रात से उबरने में मदद करे।

सात परदे के भीतर

यह अलीगढ़ मुस्लिम विश्वविद्यालय में 6 अप्रैल, 2004 को दिये गये आई.जी. ख़ान स्मृति व्याख्यान का सम्पूर्ण आलेख है।[1] यह पहले हिन्दी में 23-24 अप्रैल, 2004 को 'हिन्दुस्तान' में प्रकाशित हुआ, और फिर अंग्रेज़ी में 25 अप्रैल, 2004 को 'द हिन्दू' में।

हाल ही में एक नौजवान कश्मीरी दोस्त मुझसे कश्मीर की ज़िन्दगी के बारे में बात कर रहा था। राजनैतिक भ्रष्टाचार और अवसरवाद के दलदल, सुरक्षा-बलों के बेरहम वहशीपन और हिंसा में डूबे समाज की झीनी, अविकसित सीमाओं के बारे में बता रहा था, जहाँ आतंकवादी, पुलिस, ख़ुफ़िया अधिकारी, सरकारी कर्मचारी, व्यवसायी और पत्रकार भी एक-दूसरे के रू-ब-रू होते हैं और आहिस्ता-आहिस्ता एक-दूसरे में तब्दील हो जाते हैं। वह अन्तहीन ख़ून-ख़राबे और लोगों के लगातार 'लापता' होने के बीच जीने के बारे में, फ़ुसफ़ुसाहटों, भय, अनसुलझी अफ़वाहों के बीच जीने के बारे में और जो सचमुच हो रहा है, जो कश्मीरी जानते हैं कि हो रहा है और जो हम बाक़ियों को बताया जाता है कि हो रहा है, इसकी आपसी असम्बद्धता के बीच जीने के बारे में बता रहा था। उसने कहा, 'पहले कश्मीर एक धन्धा था, अब वह पागलख़ाना बन चुका है।'

जितना अधिक मैं उसकी टिप्पणी के बारे में सोचती हूँ, उतना ही ज़्यादा मुझे यह टिप्पणी पूरे हिन्दुस्तान के लिए उपयुक्त जान पड़ती है। बेशक, कश्मीर और–मणिपुर, नगालैंड और मिज़ोरम के उत्तर-पूर्वी राज्य–उस पागलख़ाने के दो अलग-अलग खंड हैं जिनमें इस पागलख़ाने के ज़्यादा ख़तरनाक वार्ड हैं। लेकिन, हिन्दुस्तान के हृदय-प्रदेश में भी, जानकारी और सूचना के बीच, जो हम जानते हैं और जो हमें बताया जाता है उसके बीच, जो अज्ञात है और जिसका दावा किया जाता है उसके बीच, जिस पर पर्दा डाला जाता है और जिसका उद्घाटन किया जाता है उसके बीच, तथ्य और अनुमान के बीच, 'वास्तविक' दुनिया और आभासी दुनिया के बीच जो गहरी खाई है, वह ऐसी जगह बन गयी है जहाँ अन्तहीन अटकलों और सम्भावित पागलपन का साम्राज्य फैला हुआ है। एक ज़हरीला घोल है जिसे हिला-हिलाकर खौलाया गया है और सबसे ज़्यादा घिनौने, विध्वंसक राजनैतिक उद्देश्य के लिए इस्तेमाल किया गया है।

हर बार जब कोई तथाकथित आतंकवादी हमला होता है, सरकार थोड़ी-बहुत या बिना किसी छानबीन के, इसकी ज़िम्मेवारी किसी के सर पर मढ़ने के लिए दौड़ पड़ती है। गोधरा में साबरमती एक्सप्रेस में आगज़नी, संसद भवन पर 13 दिसम्बर, 2001 का हमला या छत्तीसिंहपुरा (कश्मीर) में मार्च 2000 में तथाकथित आतंकवादियों द्वारा सिखों का जनसंहार इसकी कुछ बड़ी-बड़ी मिसालें हैं (वे 'आतंकवादी', जिन्हें बाद में सुरक्षा-बलों ने मार गिराया, आगे चलकर निर्दोष गाँववाले साबित हुए। बाद में राज्य सरकार ने स्वीकार किया कि ख़ून के फ़र्ज़ी नमूने डीएनए जाँच के लिए पेश किये गये थे।[2])। इनमें से हर मामले में जो साक्ष्य सामने आये, उनसे बेहद बेचैन कर देने वाले सवाल उभरे और इसलिए मामले को फ़ौरन ताक पर धर दिया गया। गोधरा का मामला लीजिए—जैसे ही घटना घटी, गृहमंत्री ने घोषणा की कि यह आई.एस.आई. का षडयंत्र है। विश्व हिन्दू परिषद का कहना है कि यह पेट्रोल बम फेंक रहे मुसलमानों की भीड़ का काम था।[3] गम्भीर सवाल अनसुलझे रह जाते हैं। अटकलों का कोई अन्त नहीं है। हर आदमी जो जी चाहे मानता है, लेकिन घटना का इस्तेमाल संगठित साम्प्रदायिक उन्माद भड़काने के लिए किया जाता है।

11 सितम्बर के हमले की घटना के इर्द-गिर्द बुने गये झूठ और प्रपंच का उपयोग अमरीकी सरकार ने एक नहीं, बल्कि दो देशों पर हमला करने के लिए किया—और ऊपर वाला ही जाने आगे-आगे होता है क्या? भारत सरकार इसी रणनीति का इस्तेमाल करती है—दूसरे देशों के साथ नहीं, बल्कि अपने ही लोगों के ख़िलाफ़।

पिछले एक दशक के अरसे में पुलिस और सुरक्षा-बलों द्वारा मारे गये लोगों की गिनती हज़ारों में है। हाल में मुम्बई के कई पुलिसवालों ने अख़बार वालों के सामने खुलेतौर पर स्वीकार किया कि अपने ऊँचे अधिकारियों के 'आदेश' पर उन्होंने कितने 'गैंगस्टरों' का सफ़ाया किया।[4] आन्ध्र प्रदेश में औसतन एक साल में तक़रीबन दो सौ 'चरमपन्थियों' की मौत 'मुठभेड़' में होती है।[5] कश्मीर में, जहाँ हालात लगभग जंग जैसे हैं, 1989 के बाद से अनुमानतः 80 हज़ार लोग मारे जा चुके हैं। हज़ारों लोग लापता हैं।[6] 'गुमशुदा लोगों के अभिभावक संघ' के अनुसार अकेले 2003 में तीन हज़ार से अधिक लोग मारे गये हैं, जिनमें से 463 फ़ौजी हैं।[7] 'अभिभावक संघ' के अनुसार अक्टूबर 2002 में, जब से मुफ़्ती मोहम्मद सरकार 'मरहम लगाने' के वादे के साथ सत्ता में आयी, तब से 54 लोगों की हिरासती मौत हुई है।[8] प्रखर राष्ट्रवाद के इस युग में जब तक मारे गये लोगों पर गैंगस्टर, आतंकवादी, राजद्रोही, या चरमपन्थी होने का ठप्पा लगा दिया जाता है, उनके हत्यारे राष्ट्रीय हित के धर्मयोद्धाओं के तौर पर छुट्टा घूम सकते हैं और किसी के प्रति जवाबदेह नहीं होते। अगर यह सच भी होता (जो कि निश्चय ही नहीं है) कि हर आदमी जो मारा गया है वह सचमुच गैंगस्टर, आतंकवादी, राजद्रोही, या चरमपन्थी था—तो यह बात हमें

सिर्फ़ यही बताती है कि इस समाज के साथ कोई भयंकर गड़बड़ी है जो इतने सारे लोगों को ऐसे हताशा-भरे क़दम उठाने पर मजबूर करती है।

भारतीय राज्य-व्यवस्था में लोगों को उत्पीड़ित और आतंकित करने का जो रुझान है, उसे 'आतंकवाद निरोधक अधिनियम' (पोटा) को पारित करके संस्थाबद्ध और संस्थापित कर दिया गया है, जिसे दस राज्यों ने लागू भी कर दिया है। पोटा पर सरसरी निगाह डालने से भी यह पता चल जायेगा कि वह क्रूरतापूर्ण और सर्वव्यापी है। यह ऐसा बहुमुखी और सर्वसमावेशी क़ानून है जो किसी को भी अपनी गिरफ़्त में ले सकता है—विस्फोटकों के ज़ख़ीरे के साथ पकड़े गये अल-क़ायदा के कार्यकर्ता को भी और नीम के नीचे बाँसुरी बजा रहे किसी आदिवासी को भी। यह पोटा की हुनरमन्दी है कि सरकार इसे जो बनाना चाहे, यह बन सकता है। हम जीने के लिए उनके मोहताज हैं जो हम पर राज करते हैं। तमिलनाडु में राज्य सरकार इसका इस्तेमाल अपनी आलोचना का दम घोंटने के लिए करती है।[9] झारखंड में 3200 लोगों को, जिनमें ज़्यादातर ग़रीब आदिवासी हैं और जिन पर माओवादी होने का आरोप लगाया गया है, पोटा के तहत अपराधी ठहराया गया है।[10] पूर्वी उत्तर प्रदेश में इस क़ानून का उपयोग उन लोगों के ख़िलाफ़ किया जाता है जो अपनी ज़मीन और आजीविका के अधिकार के हनन का विरोध करने की जुर्रत करते हैं।[11] गुजरात और मुम्बई में इसे लगभग पूरे तौर पर मुसलमानों के ख़िलाफ़ इस्तेमाल किया जाता है।[12] गुजरात में, 2002 के राज्य प्रायोजित जनसंहार के बाद, जिसमें अनुमानतः 2000 मुसलमान मारे गये और डेढ़ लाख बेघर कर दिये गये, 287 लोगों पर पोटा लगाया गया, जिनमें 286 मुसलमान और एक सिख है।[13] पोटा में इस बात की छूट दी गयी है कि पुलिस हिरासत में हासिल बयान क़ानूनी सबूत के तौर पर माने जा सकते हैं। हक़ीक़तन, पोटा निज़ाम के तहत, पुलिसिया छानबीन की जगह पुलिस यातना ले लेती है। यह ज़्यादा त्वरित, ज़्यादा सस्ता है और शर्तिया नतीजे पैदा करने वाला है। अब कीजिए बात सरकारी ख़र्च घटाने की।

मार्च 2004 में, मैं पोटा पर हो रही एक जनसुनवाई की सदस्य थी।[14] दो दिनों तक लगातार हमने अपने इस अद्भुत लोकतंत्र में हो रही घटनाओं की लोमहर्षक गवाहियाँ सुनीं। मैं यक़ीनन कह सकती हूँ कि हमारे पुलिस थानों में सब कुछ होता है—लोगों को पेशाब पीने पर मजबूर करने, उन्हें नंगा करने, ज़लील करने, बिजली के झटके देने, सिगरेट के जलते हुए टोटों से जलाये जाने, गुदा में लोहे की छड़ें घुसेड़ने से लेकर पीटने और ठोकरें मार-मारकर जान ले लेने तक।

देश भर में पोटा के आरोपी सैकड़ों लोग, जिनमें कुछ बहुत छोटे बच्चे भी शामिल हैं, क़ैद करके ज़मानत के बिना, विशेष पोटा अदालतों में, जो जनता की छानबीन से परे हैं, सुनवाई के इन्तज़ार में हिरासत में रखे गये हैं। पोटा के तहत धरे

गये अधिकतर लोग एक या दो अपराधों के दोषी हैं। या तो वे ग़रीब हैं–ज़्यादातर दलित और आदिवासी। या फिर वे मुसलमान हैं। पोटा आपराधिक क़ानून के उस माने हुए नियम को उलट देता है कि कोई भी व्यक्ति तब तक दोषी नहीं है, जब तक उसका अपराध सिद्ध नहीं हो जाता। पोटा के तहत आपको तब तक ज़मानत नहीं मिल सकती जब तक आप साबित नहीं कर देते कि आप निर्दोष हैं और वह भी उस अपराध के सिलसिले में जिसका औपचारिक आरोप आप पर नहीं लगाया गया है। सार यह है कि आपको यह साबित करना होगा कि आप निर्दोष हैं भले ही आपको उस अपराध का सान-गुमान भी न हो जो फ़र्ज़ी तौर पर आपने किया है। और यह हम सब पर लागू होता है। तकनीकी तौर पर हम एक ऐसा राष्ट्र हैं, जो अपराधी ठहराये जाने का इन्तज़ार कर रहा है।

यह मानना भोलापन होगा कि पोटा का 'दुरुपयोग' हो रहा है। इसके विपरीत इसका इस्तेमाल ठीक-ठीक उन्हीं कारणों से किया जा रहा है, जिसके लिए यह बनाया गया था। अलबत्ता, अगर मलिमथ समिति की सिफ़ारिशों को लागू किया जाये तो पोटा जल्दी ही बेकार हो जायेगा। मलिमथ समिति ने सिफ़ारिश की है कि किन्हीं सन्दर्भों में सामान्य आपराधिक क़ानून को पोटा के प्रावधानों के मुताबिक़ ढाला जाय।[15] इसके बाद अपराधी नहीं बचेंगे, सिर्फ़ आतंकवादी होंगे। क़िस्सा पाक, झंझट कटेगा।

जम्मू-कश्मीर और अनेक पूर्वोत्तर राज्यों में आज 'सैन्य बल विशेष अधिकार अधिनियम' न केवल सेना के अफ़सरों और कमीशन-प्राप्त जूनियर अधिकारियों को, बल्कि गैर-कमीशन-प्राप्त जूनियर अधिकारियों को भी किसी व्यक्ति पर हथियार रखने या क़ानून-व्यवस्था में गड़बड़ी फैलाने के सन्देह में बल-प्रयोग करने (यहाँ तक कि उसे मार भी डालने) की इजाज़त देता है।[16] सन्देह में! किसी भी भारतवासी को इस बारे में कोई भ्रम नहीं हो सकता कि इसका क्या मतलब होता है। सुरक्षा बलों द्वारा यातना, गुमशुदगी, हिरासत में मौत, बलात्कार और सामूहिक बलात्कार की जो घटनाएँ दर्ज की गयी हैं, वे आपका ख़ून जमा देने के लिए पर्याप्त हैं। इस सबके बावजूद, अगर हिन्दुस्तान अन्तर्राष्ट्रीय बिरादरी और ख़ुद अपने मध्यवर्ग के बीच एक वैध लोकतंत्र की छवि बनाये रखने में सफल है, तो यह एक जीत ही है।

'सैन्य बल विशेष अधिकार अधिनियम' उस अधिनियम का और भी कठोर प्रारूप है, जिसे लॉर्ड लिनलिथगो ने 'भारत छोड़ो' आन्दोलन से निपटने के लिए 15 अगस्त, 1942 को पारित किया था। 1958 में इसे मणिपुर के कुछ हिस्सों में लागू किया गया, जिन्हें 'अशान्त क्षेत्र' घोषित किया गया था। 1965 में पूरा मिज़ोरम, जो तब असम का हिस्सा था, 'अशान्त' घोषित कर दिया गया। 1972 में इस अधिनियम के तहत त्रिपुरा भी आ गया। और 1980 के आते-आते पूरे मणिपुर को 'अशान्त'

घोषित कर दिया गया।[17] इससे ज़्यादा और कौन-से सबूत चाहिए कि दमनकारी क़दम उल्टा नतीजा देते हैं और समस्या को सुलझाने के बजाय उलझाने का ही काम करते हैं?

लोगों का उत्पीड़न करने और उनका सफ़ाया कर देने की इस अशोभन उत्सुकता के साथ-साथ भारतीय राज्य-व्यवस्था में उन मामलों की छानबीन करके उन्हें सुनवाई के लिए अदालतों तक लाने की लगभग प्रकट अनिच्छा भी दिखाई देती है, जिनमें भरपूर साक्ष्य मौजूद हैं : 1984 में दिल्ली में तीन हज़ार सिखों का संहार, 1993 में मुम्बई में और 2002 में गुजरात में मुसलमानों का संहार (आज तक किसी को सज़ा नहीं), कुछ साल पहले जवाहरलाल नेहरू विश्वविद्यालय छात्रसंघ के पूर्व अध्यक्ष चन्द्रशेखर की हत्या, बारह बरस पहले छत्तीसगढ़ मुक्ति मोर्चा के शंकर गुहा नियोगी की हत्या—इसके चन्द उदाहरण हैं।[18] जब पूरी राज्य मशीनरी ही आपके ख़िलाफ़ खड़ी हो, तो चश्मदीद गवाहियाँ और ढेर सारे प्रामाणिक सबूत तक नाकाफ़ी हो जाते हैं।

इस बीच, पूँजीपति घरानों से निकलने वाले अख़बारों में उल्लसित अर्थशास्त्री हमें बताते हैं कि सकल घरेलू उत्पाद की वृद्धि-दर अभूतपूर्व है, अप्रत्याशित है। दुकानें सामानों से अटी पड़ी हैं। सरकारी गोदाम अनाज से भरे हुए हैं। इस चकाचौंध से बाहर क़र्ज़ में डूबे किसान सैकड़ों की तादाद में आत्महत्या कर रहे हैं।[19] देश भर से भुखमरी और कुपोषण की ख़बरें आ रही हैं, फिर भी सरकार ने अपने गोदामों में 6 करोड़, 30 लाख टन अनाज सड़ने दिया।[20] एक करोड़ 20 लाख टन अनाज निर्यात करके घटायी गयी दरों पर बेचा गया, जिन दरों पर भारत सरकार यह अनाज भारत के ग़रीब लोगों को नहीं देना चाहती थी।[21] सुप्रसिद्ध कृषि अर्थशास्त्री उत्सा पटनायक ने सरकारी आँकड़ों के आधार पर भारत में तक़रीबन सौ वर्षों की अन्न उपलब्धता और अन्न की खपत की गणना की है। उन्होंने हिसाब लगाया है कि 1990 के दशक के शुरुआती वर्षों और 2001 के बीच वार्षिक अन्न उपलब्धता घट कर द्वितीय विश्वयुद्ध के वर्षों से भी कम हो गयी है, जिनमें बंगाल के अकाल वाले वर्ष शामिल हैं, जिनमें 30 लाख लोगों ने भुखमरी से जानें गँवा दी थीं।[22] जैसा कि हम प्रोफ़ेसर अमर्त्य सेन की कृतियों से जानते हैं, लोकतांत्रिक व्यवस्थाएँ भूख से हुई मौतों को अच्छी नज़र से नहीं देखतीं। ऐसी मौतों पर 'स्वतंत्र समाचार माध्यमों' में बहुत अधिक नकारात्मक टीका-टिप्पणी और आलोचना होने लगती है।[23]

लिहाज़ा, कुपोषण और स्थायी भुखमरी के ख़तरनाक स्तर आजकल पसन्दीदा आदर्श हैं। तीन साल से कम उम्र के 47 फ़ीसदी हिन्दुस्तानी बच्चे कुपोषण के शिकार हैं और 46 फ़ीसदी का विकास रुक गया है।[24] उत्सा पटनायक अपने अध्ययन में बतलाती हैं कि भारत के लगभग 40 फ़ीसदी ग्रामवासियों की अन्न की खपज उतनी

ही है जितनी कि अफ़्रीका के सहारा मरुस्थल के निचले छोर पर रहने वाले लोगों की।[25] आज ग्रामीण भारत में एक औसत परिवार हर साल 1990 के दशक के आरम्भिक वर्षों की तुलना में 100 किग्रा कम अनाज खाता है।[26]

लेकिन भारत के शहरों में, जहाँ कहीं भी आप जायें–दुकान, रेस्टोरेंट, रेलवे स्टेशन, एयरपोर्ट, जिम्नेज़ियम, अस्पताल–हर जगह आपके सामने टीवी के पर्दे होंगे, जिन पर दिखेगा कि चुनावी वादे पूरे हो चुके हैं। भारत चमक रहा है, 'फ़ील गुड' कर रहा है। आपको किसी की पसलियों पर पुलिस वाले के बूटों की जी घबराने वाली धमक पर बस अपने कान बन्द करने हैं, गन्दगी, झोंपड़-पट्टियों, सड़कों पर चीथड़ों में जर्जर टूटे हुए लोगों से महज़ अपनी निगाहें हटानी हैं और टीवी के किसी दोस्ताना पर्दे पर डालनी हैं, और आप उस दूसरी ख़ूबसूरत दुनिया में दाख़िल हो जायेंगे। बॉलीवुड की हरदम ठुमके लगाती, कमर मटकाती, नाचती-गाती दुनिया, तिरंगा फहराते और 'फ़ील गुड' करते, स्थायी रूप से साधन-सम्पन्न और हरदम ख़ुश हिन्दुस्तानियों की दुनिया। दिनोदिन यह कहना मुश्किल होता जा रहा है कि कौन-सी दुनिया असली है और कौन-सी दुनिया आभासी। पोटा जैसे क़ानून टेलीविजन स्विच के मानिन्द हैं। आप इनका प्रयोग ग़रीब, तंग करने वाले, अवांछित लोगों को पर्दे पर से हटाने के लिए कर सकते हैं।

भारत में एक नये तरह का अलगाववादी आन्दोलन चल रहा है। क्या इसे हम 'नव-अलगाववाद' कहें? यह 'पुराने अलगाववाद' का विलोम है। इसमें वे लोग जो वास्तव में एक बिलकुल दूसरी अर्थव्यवस्था, बिलकुल दूसरे देश, बिलकुल दूसरे ग्रह के वासी हैं, यह दिखावा करते हैं कि वे इस दुनिया का हिस्सा हैं। यह ऐसा अलगाव है जिसमें लोगों का अपेक्षाकृत छोटा तबक़ा लोगों के एक बड़े समुदाय से सब कुछ–ज़मीन, नदियाँ, पानी, स्वाधीनता, सुरक्षा, गरिमा, विरोध के अधिकार समेत बुनियादी अधिकार–छीनकर अत्यन्त समृद्ध हो जाता है। यह रेखीय, क्षेत्रीय अलगाव नहीं है, बल्कि ऊपर से नीचे को खड़ा अलगाव है। यह असली ढाँचागत फेर-बदल है जो 'इंडिया शाइनिंग', 'भारत उदय' को भारत से अलग कर देती है। यह इंडिया प्राइवेट लिमिटेड को सार्वजनिक उद्यम वाले भारत से अलग कर देता है।

यह ऐसा अलगाव है जिसमें सार्वजनिक तंत्र, उत्पादक सार्वजनिक सम्पदा, पानी, बिजली, परिवहन, दूरसंचार, स्वास्थ्य-सेवाएँ, शिक्षा, प्राकृतिक संसाधन–वह सारी सम्पदा जिसे, यह माना जाता है कि, जनता की नुमाइन्दगी करने वाले भारतीय राज्य को धरोहर की तरह सँजोकर रखना चाहिए, वह सम्पदा जिसे दशकों के अरसे में जनता के पैसे से निर्मित किया और सुरक्षित रखा गया है–उसे भारतीय राज्य निजी निगमों को बेच देता है। भारत में 70 प्रतिशत आबादी–70 करोड़ लोग–ग्रामीण क्षेत्रों

में रहते हैं।[27] उनकी आजीविका प्राकृतिक संसाधनों पर निर्भर है। इन्हें उनसे छीन लेना और थोक में निजी कम्पनियों को बेचना बर्बर पैमाने पर बेदख़ल करने और कंगाल बना देने की शुरुआत है।

इंडिया प्राइवेट लिमिटेड कुछेक व्यापारिक घरानों और बड़ी बहुराष्ट्रीय कम्पनियों की जागीर बनने की ओर बढ़ रहा है। इन कम्पनियों के प्रमुख कार्याधिकारी इस देश के, इसके तंत्र और इसके संसाधनों, इसके संचार माध्यमों और पत्रकारों के नियन्ता होंगे। लेकिन जनता के प्रति उनकी देनदारी शून्य होगी। वे पूरी तरह से–क़ानूनी, सामाजिक, नैतिक, राजनैतिक रूप से–जवाबदेही से बरी होंगे। जो लोग कहते हैं कि भारत में कुछ प्रमुख कार्याधिकारी प्रधानमंत्री से ज़्यादा ताक़तवर हैं, वे सही-सही जानते हैं कि वे क्या कह रहे हैं।

इस सबके आर्थिक आशयों से बिलकुल अलग, भले ही यह वह सब हो (जो कि यह नहीं है) जिसका गुण-गान होता है–चामत्कारिक, कार्यकुशल, अद्भुत–क्या इसकी राजनीति हमें स्वीकार है? अगर भारतीय राज्य अपनी ज़िम्मेदारियों को मुट्ठी भर निगमों के यहाँ गिरवी रखने का फ़ैसला करता है तो क्या इसका मतलब यह है कि चुनावी लोकतंत्र की रंगभूमि पूरी तरह अर्थहीन है? या अब भी इसकी कोई भूमिका रह गयी है?

'मुक्त बाज़ार' (जो दरअसल मुक्त होने से कोसों दूर है) को राज्य की ज़रूरत है और बेतरह ज़रूरत है। ग़रीब देशों में जैसे-जैसे अमीर और ग़रीब लोगों के बीच विषमता बढ़ती जाती है, राज्य का काम भी बढ़ता जाता है। अकूत मुनाफ़ा देने वाले 'प्यारे सौदों' की गश्त पर निकली बहुराष्ट्रीय कम्पनियाँ विकासशील देशों में राज्य मशीनरी की साँठ-गाँठ के बिना इन सौदों को नक्की नहीं कर सकतीं, न इन परियोजनाओं को चला सकती हैं। आज कॉरपोरेट भूमंडलीकरण को ग़रीब देशों में वफ़ादार, भ्रष्ट, सम्भव हो तो निरंकुश सरकारों के अन्तर्राष्ट्रीय संघ की ज़रूरत है ताकि अलोकप्रिय सुधार लागू किये जा सकें और विद्रोह कुचले जा सकें। इसे कहा जाता है 'निवेश का अच्छा माहौल बनाना।'

जब हम वोट डालते हैं, तब हम चुनते हैं कि राज्य की उत्पीड़नकारी, दमनकारी शक्तियाँ हम किस पार्टी के हवाले करना चाहेंगे।

फ़िलहाल भारत में हमें नव-उदारवादी पूँजीवाद और साम्प्रदायिक नव-फ़ासीवाद की, एक-दूसरी को काटती, ख़तरनाक धाराओं के बीच से रास्ता बनाना है। जहाँ एक ओर 'पूँजीवाद' शब्द की चमक अभी फीकी नहीं पड़ी है, वहीं दूसरी ओर 'फ़ासीवाद' शब्द का इस्तेमाल अक्सर लोगों को खिझा देता है। हमें अपने आपसे पूछना होगा : क्या हम इस शब्द का सटीक प्रयोग कर रहे हैं? क्या हम परिस्थिति को बढ़ा-चढ़ाकर देख रहे हैं? क्या हमारे रोज़मर्रा के अनुभव फ़ासीवाद सरीखे हैं?

जब कोई सरकार कमोबेश खुलेआम ऐसे जनसंहार का समर्थन करती है जिसमें किसी एक अल्पसंख्यक समुदाय के दो हज़ार लोग बर्बरतापूर्वक मार दिये जाते हैं, तो क्या यह फ़ासीवाद है? जब उस समुदाय की औरतों के साथ सरेआम बलात्कार होता है और उन्हें ज़िन्दा जला दिया जाता है, तो क्या यह फ़ासीवाद है? जब सर्वोच्च सत्ता इस बात की गारंटी करती है कि किसी को इन अपराधों की सज़ा न मिले, तो क्या यह फ़ासीवाद है? जब डेढ़ लाख लोग अपने घरों से खदेड़ दिये जाते हैं, दड़बों में बन्द कर दिये जाते हैं और आर्थिक और सामाजिक रूप से बहिष्कृत कर दिये जाते हैं, तो क्या यह फ़ासीवाद है? जब देश भर में नफ़रत के शिविर चलाने वाला सांस्कृतिक गिरोह, प्रधानमंत्री, गृह मंत्री, क़ानून मंत्री, विनिवेश मंत्री की प्रशंसा और सम्मान का पात्र बन जाता है, तो क्या यह फ़ासीवाद है? जब विरोध करने वाले चित्रकारों, लेखकों, विद्वानों और फ़िल्म-निर्माताओं को गाली दी जाती है, उन्हें धमकाया जाता है और उनकी कृतियों को जलाया, प्रतिबन्धित और नष्ट किया जाता है, तो क्या यह फ़ासीवाद है?[28] जब सरकार एक फ़रमान जारी करके स्कूलों की इतिहास की पाठ्य-पुस्तकों में मनमाने परिवर्तन कराती है, तो क्या यह फ़ासीवाद है? जब भीड़ प्राचीन ऐतिहासिक दस्तावेज़ों के अभिलेखागार पर आक्रमण करती है और उसमें आग लगा देती है, जब हर छुटभैया नेता पेशेवर मध्यकालीन इतिहासकार और पुरातत्ववेत्ता होने का दावा करता है, जब कष्टसाध्य विद्वत्ता को आधारहीन लोकप्रिय दावेदारी के बल पर ख़ारिज कर दिया जाता है, तो क्या यह फ़ासीवाद है?[29] जब हत्या, बलात्कार, आगज़नी और भीड़ के न्याय को सत्ताधारी पार्टी और उससे दाना-पानी पाने वाले बौद्धिकों का अस्तबल सदियों पहले की गयी वास्तविक या झूठी ऐतिहासिक ग़लतियों का समुचित प्रतिकार कहकर जायज़ ठहराता है, तो क्या यह फ़ासीवाद है? जब मध्यवर्ग और ऊँचे तबक़े के लोग एक क्षण को रुककर च्च-च्च करते हैं और मज़े से फिर अपनी ज़िन्दगी में रम जाते हैं, तो क्या यह फ़ासीवाद है? जब इस सबकी सरपरस्ती करनेवाले प्रधानमंत्री को राजनीतिज्ञ और भविष्य-द्रष्टा कहकर उसकी जय-जयकार की जाती है तब क्या हम भरे-पूरे फ़ासीवाद की बुनियाद नहीं रख रहे होते?

उत्पीड़ित और पराजित लोगों का इतिहास बहुत हद तक अनलिखा रह जाता है—यह सच्चाई सिर्फ़ सवर्ण हिन्दुओं पर लागू नहीं होती। अगर ऐतिहासिक भूलों को सुधारने के राजनैतिक रास्ते पर चलना ही हमारा चुना हुआ रास्ता है तो निश्चय ही भारत के दलितों और आदिवासियों को हत्या, आगज़नी और बेलगाम क़हर बरपा करने का अधिकार है?

रूस में कहा जाता है कि अतीत अनुमान से परे है। भारत में, स्कूली पाठ्य-पुस्तकों के साथ हुई छेड़छाड़ के अनुभव से हम जानते हैं कि यह बात कितनी

सच है। अब सभी 'छद्म धर्मनिरपेक्षतावादी' बस यही उम्मीद लगाये रखने की हालत में पहुँचा दिये गये हैं कि बाबरी मस्जिद ख़ुदाई में पुरातत्वविदों को राम मन्दिर का कोई अवशेष नहीं मिलेगा। अगर यह सच भी हो कि भारत की हर मस्जिद के नीचे कोई-न-कोई मन्दिर है तो फिर मन्दिर के नीचे क्या था? शायद किसी और देवी-देवता का कोई और हिन्दू मन्दिर। शायद कोई बौद्ध स्तूप। बहुत करके कोई आदिवासी समाधि। इतिहास सवर्ण हिन्दूवाद से शुरू नहीं हुआ, हुआ क्या? कितना गहरे हम खोदेंगे? कितना उलटेंगे-पलटेंगे। ऐसा क्यों हुआ कि एक तरफ़ मुसलमान जो सामाजिक, आर्थिक और सांस्कृतिक रूप से इस देश का अटूट अंग हैं, बाहरी और आक्रमणकारी कहे जाते हैं और क्रूरता से निशाना बनाये जाते हैं, जबकि सरकार विकास अनुदान के लिए ठेकों और कॉरपोरेट सौदों पर उस हुकूमत के साथ क़रार करने में व्यस्त है जिसने सदियों तक हमें ग़ुलाम बनाये रखा। 1876 से 1902 के बीच, भयंकर अकालों के दौरान लाखों हिन्दुस्तानी भूख से मर गये, जबकि अंग्रेज़ सरकार राशन और कच्चे माल का निर्यात करके इंग्लैंड भेजती रही। ऐतिहासिक तथ्य मरने वालों की संख्या लगभग सवा करोड़ से तीन करोड़ के बीच बताते हैं।[30] बदला लेने की राजनीति में इस संख्या की भी तो कोई जगह होनी चाहिए। नहीं होनी चाहिए क्या? या फिर प्रतिशोध का मज़ा तभी आता है जब उसके शिकार कमज़ोर और अशक्त हों और आसानी से निशाना बनाये जा सकते हों?

फ़ासीवाद को सफल बनाने के लिए कड़ी मेहनत करनी पड़ती है। और इतनी ही कड़ी मेहनत 'निवेश का बेहतर माहौल बनाने' के लिए करनी पड़ती है। क्या दोनों साथ-साथ बेहतर काम करते हैं? ऐतिहासिक रूप से, कॉरपोरेशनों को फ़ासीवाद से किसी तरह का गुरेज़ नहीं रहा है। सीमेन्स, आई.जी. फ़ारबेन, बेयर, आईबीएम और फ़ोर्ड ने नाज़ियों के साथ व्यापार किया था।[31] हमारे पास भी बिलकुल हाल का उदाहरण है—सीआईआई (कनफ़ेडेरेशन ऑफ़ इंडियन इंडस्ट्री, भारतीय उद्योग संघ) का, जिसने 2002 के गुजरात जनसंहार के बाद राज्य सरकार के आगे घुटने टेक दिये थे।[32] जब तक हमारे बाज़ार खुले हैं, एक छोटा-सा घरेलू फ़ासीवाद अच्छे सौदे के रास्ते में रुकावट नहीं बनेगा।

यह दिलचस्प है कि जिस समय तत्कालीन वित्तमंत्री मनमोहन सिंह भारत के बाज़ार को नव-उदारवाद के लिए तैयार कर रहे थे, लगभग उसी समय लालकृष्ण आडवानी साम्प्रदायिक उन्माद को हवा देते हुए और हमें नव-फ़ासीवाद के लिए तैयार करते हुए अपनी पहली रथ-यात्रा पर निकले हुए थे।[33] दिसम्बर 1992 में उन्मादी भीड़ ने बाबरी मस्जिद को तहस-नहस कर दिया। 1993 में महाराष्ट्र की कांग्रेसी सरकार ने 'एनरॉन' के साथ बिजली ख़रीद के सौदे पर हस्ताक्षर किये। यह भारत में पहली निजी बिजली परियोजना थी। 'एनरॉन' समझौता विध्वसंक साबित होने के बावजूद भारत में

निजीकरण के युग की शुरुआत कर गया।[34] अब जब कांग्रेस चारदीवारी पर बैठकर रिरिया रही है, भारतीय जनता पार्टी ने उसके हाथ से मशाल छीन ली है। सरकार के दोनों हाथ मिलकर अभूतपूर्व जुगलबन्दी कर रहे हैं। एक थोक के भाव देश बेचने में व्यस्त है, जबकि दूसरा ध्यान बँटाने के लिए सांस्कृतिक राष्ट्रवाद का कर्कश, बेसुरा राग अलाप रहा है। पहली प्रक्रिया की भयावह निर्ममता दूसरी प्रक्रिया के पागलपन में सीधे जा मिलती है।

आर्थिक रूप से भी यह जुगलबन्दी एक कारगर नमूना है। मनमाने निजीकरण से पैदा होनेवाले अकूत मुनाफ़ों (और 'इंडिया शाइनिंग' की कमाई) का एक हिस्सा हिन्दुत्व की विशाल सेना–आरएसएस, विहिप, बजरंग दल और बेशुमार दूसरी ख़ैराती संस्थाओं और ट्रस्टों को मदद पहुँचाता है जो स्कूल, अस्पताल और सामाजिक सेवाएँ चलाते हैं। देश भर में इन संगठनों की दसियों हज़ार शाखाएँ फैली हुई हैं। जिस नफ़रत का उपदेश ये वहाँ देते हैं, वह पूँजीवादी भूमंडलीकरण के हाथों निरन्तर बेदख़ली और दरिद्रता का शिकार लोगों की अनियंत्रित कुण्ठा से मिलकर ग़रीबों द्वारा ग़रीबों के विरुद्ध हिंसा को जन्म देती है। यह इतना कारगर पर्दा है जो सत्ता के तंत्र को सुरक्षित और चुनौती रहित बनाये रखता है।

बहरहाल, जनता की हताशा को हिंसा में बदल देना ही हमेशा काफ़ी नहीं होता। 'निवेश का अच्छा माहौल' बनाने के लिए राज्य को अक्सर सीधा हस्तक्षेप भी करना पड़ता है। हाल के वर्षों में, पुलिस ने शान्तिपूर्ण प्रदर्शनों में शामिल लोगों पर, जिनमें ज़्यादातर आदिवासी थे, कई बार गोलियाँ चलायी हैं। झारखंड में नगरनार; मध्य प्रदेश में मेंहदी खेड़ा; गुजरात में उमरगाँव; उड़ीसा में रायगढ़ और चिलका और केरल में मुतंगा में लोग मारे गये हैं। लोग वन भूमि में अतिक्रमण करने के लिए मारे जाते हैं और उस समय भी जब वे बाँधों, खदान खोदने वालों और इस्पात के कारख़ानों से वनों की रक्षा कर रहे होते हैं। दमन-उत्पीड़न चलता ही रहता है, चलता ही रहता है। जम्बूद्वीप टापू, बंगाल; मैकंज ग्राम, उड़ीसा। पुलिस द्वारा गोली चलाने की लगभग हर घटना में जिन पर गोली चलायी गयी होती है उन्हें फ़ौरन उग्रवादी घोषित कर दिया जाता है।[35]

जब उत्पीड़ित जन उत्पीड़ित होने से इनकार कर देते हैं तब उन्हें आतंकवादी कह दिया जाता है और उनके साथ वैसा ही सलूक़ होता है। आतंक के विरुद्ध युद्ध के इस युग में मानवाधिकारों की रक्षा के लिए संयुक्त राष्ट्र संघ में 181 देशों ने इस साल मतदान किया। अमरीका तक ने प्रस्ताव के पक्ष में मत दिया। भारत मतदान से बाहर रहा।[36] मानवाधिकारों पर चौतरफ़ा हमले के लिए मंच तैयार किया जा रहा है।

इस हालत में, आम लोग ऐसे राज्य के हमलों का मुक़ाबला कैसे करें जो अधिकाधिक हिंसक होता जा रहा है?

अहिंसक सिविल नाफ़रमानी की जगह सिकुड़ गयी है। अनेक वर्षों तक संघर्ष करने के बाद कई जन-प्रतिरोध आन्दोलनों की राह बन्द हो गयी है और वे अब ठीक ही महसूस कर रहे हैं कि दिशा बदलने का वक़्त आ गया है। वह दिशा क्या होगी, इस पर गहरे मतभेद हैं। कुछ लोगों का मानना है कि हथियारबन्द संघर्ष ही एकमात्र रास्ता बचा है। कश्मीर और पूर्वोत्तर को छोड़कर, ज़मीन की विशाल पट्टियाँ, झारखंड, बिहार, छत्तीसगढ़, उड़ीसा और मध्य प्रदेश के पूरे-पूरे ज़िले उन लोगों के नियंत्रण में हैं जो इस विचार के हामी हैं।[37] दूसरों ने अधिकाधिक मात्रा में यह मानना शुरू कर दिया है कि उन्हें चुनावी राजनीति में हिस्सा लेना चाहिए—व्यवस्था के भीतर घुसकर अन्दर से उसको बदलने की कोशिश करनी चाहिए (क्या यह कश्मीरी अवाम के सामने मौजूद विकल्पों जैसी नहीं है?)। याद रखने की बात यह है कि जहाँ दोनों के तरीक़े मूल रूप से अलग-अलग हैं, वहीं दोनों एक बात पर सहमत हैं कि, मोटे लफ़्ज़ों में कहें तो, बहुत हुआ। या बास्ता।

भारत में इस समय ऐसी कोई बहस नहीं हो रही, जो इससे ज़्यादा महत्वपूर्ण है। इसका नतीजा देश के जीवन को बदलकर रख देगा—चाहे बेहतरी की तरफ़ बदले, चाहे बदतरी की तरफ़। अमीर, ग़रीब, शहरी, ग्रामीण—हरेक के लिए।

हथियारबन्द संघर्ष राज्य की ओर से की गयी हिंसा को बड़े पैमाने पर उकसा देता है। कश्मीर और समूचे पूर्वोत्तर राज्यों को इसने जिस दलदल की ओर धकेल दिया है, उसे हमने देख लिया है। तो हम क्या वही करें, जो प्रधानमंत्री की सलाह है कि हमें करना चाहिए? विरोध छोड़ दें और चुनावी राजनीति के अखाड़े में दाख़िल हो जायें? रोड शो में शामिल हो जायें? निरर्थक गाली-गलौज के कर्कश आदान-प्रदान में भाग लें, जिसका एकमात्र उद्देश्य उस मिलीभगत और सम्पूर्ण सहमति पर पर्दा डालना है जो तकरार में जुटे इन लोगों के बीच वैसे पहले से ही लगभग पूरी तरह मौजूद है? हमें भूलना नहीं चाहिए कि हर महत्वपूर्ण मुद्दे—परमाणु बम, बड़े बाँध, बाबरी मस्जिद विवाद और निजीकरण—पर बीज कांग्रेस ने बोये और फिर भाजपा ने उसकी घिनौनी फ़सल काटने के लिए सत्ता सँभाली।

इसका यह मतलब नहीं है कि संसद का कोई महत्व नहीं है और चुनावों को नज़रअन्दाज़ कर देना चाहिए। अलबत्ता, एक फ़ासीवादी प्रवृत्ति वाली खुल्लमखुल्ला साम्प्रदायिक पार्टी और एक अवसरवादी साम्प्रदायिक पार्टी के बीच सचमुच अन्तर है। निश्चय ही, जो राजनीति खुलेतौर पर गर्व के साथ नफ़रत का प्रचार करती है, उसमें और काँइयेपन से लोगों को आपस में लड़ाने वाली राजनीति में सचमुच अन्तर है।

लेकिन यह सही है कि एक की विरासत ने ही हमें दूसरी की भयावहता तक पहुँचाया है। इन दोनों ने मिलकर उस वास्तविक विकल्प को क्षरित कर दिया है जो संसदीय लोकतंत्र में मिलना चाहिए। चुनावों के गिर्द रचा गया उन्माद और मेले-ठेले का माहौल संचार माध्यमों में केन्द्रीय स्थान इसलिए ले लेता है, क्योंकि हर आदमी पक्के तौर पर जानता है कि चाहे कोई भी जीते, यथास्थिति मूल रूप से क़तई नहीं बदलने जा रही है (संसद में ज़ोरदार बहस-मुबाहिसे और आवेग-भरे भाषणों के बाद भी पोटा को हटाने की प्राथमिकता किसी पार्टी के चुनाव अभियान का हिस्सा नहीं बनी। वे सभी यह जानते हैं कि उन्हें इसकी ज़रूरत है, इस रूप में या उस रूप में)।[38] चुनाव के दौरान या विपक्ष में रहते हुए वे जो भी कहें, केन्द्र या राज्य की कोई भी सरकार, कोई भी राजनैतिक दल–दक्षिणपन्थी, वामपन्थी, मध्यमार्गी या हाशिये का–नव-उदारवाद के अश्वमेध के घोड़े को नहीं पकड़ सका है। 'भीतर' से कोई क्रान्तिकारी बदलाव नहीं आयेगा।

व्यक्तिगत रूप से मैं नहीं मानती कि चुनावी अखाड़े में उतरना वैकल्पिक राजनीति का रास्ता है। ऐसा किसी क़िस्म के मध्यवर्गीय नकचढ़ेपन के कारण नहीं–कि 'राजनीति गन्दी चीज़ है' या 'सभी नेता भ्रष्ट हैं'–बल्कि इसलिए कि मेरा मानना है कि रणनीति के लिहाज़ से लड़ाइयाँ कमज़ोर जगहों से नहीं, बल्कि मज़बूत जगहों से लड़ी जानी चाहिए।

नव-उदारवाद और साम्प्रदायिक फ़ासीवाद के दोहरे हमले का निशाना ग़रीब और अल्पसंख्यक समुदाय बन रहे हैं। जैसे-जैसे नव-उदारवाद ग़रीब और अमीर के बीच, 'इंडिया शाइनिंग' और भारत के बीच खाई को चौड़ा करता जा रहा है, वैसे-वैसे मुख्यधारा की किसी भी राजनैतिक पार्टी के लिए ग़रीब और अमीर दोनों के हितों का प्रतिनिधित्व करने का नाटक करना अधिकाधिक हास्यास्पद होता जा रहा है, क्योंकि एक के हितों का प्रतिनिधित्व दूसरे की क़ीमत पर ही किया जा सकता है। सम्पन्न भारतीय के नाते मेरे 'हित' (अगर मैं साधने की सोचूँ तो) आन्ध्र प्रदेश के ग़रीब किसानों के हितों से बमुश्किल ही मेल खायेंगे।

ग़रीबों के हितों का प्रतिनिधित्व करने वाली राजनैतिक पार्टी ग़रीब पार्टी होगी। उसके पास धन की बहुत कमी होगी। आज बिना धन के चुनाव लड़ना सम्भव नहीं है। कुछेक मशहूर सामाजिक कार्यकर्ताओं को संसद में भेज देना तो दिलचस्प है, लेकिन राजनैतिक रूप से सार्थक नहीं है। यह प्रक्रिया इस लायक़ नहीं है कि उसमें अपनी सारी ऊर्जा खपा दी जाय। व्यक्तिगत करिश्मा, व्यक्तित्व की राजनीति, क्रान्तिकारी परिवर्तन नहीं ला सकती।

लेकिन ग़रीब होना कमज़ोर होना नहीं है। ग़रीबों की ताक़त सरकारी इमारतों या अदालती दरवाजों के भीतर नहीं है। वह तो बाहर, खेतों, पहाड़ों, घाटियों, सड़कों

और इस देश के विश्वविद्यालयों के परिसरों में है। वहीं बातचीत करनी चाहिए। वहीं लड़ाई छेड़ी जानी चाहिए।

अभी तो ये जगहें दक्षिणपन्थी हिन्दू राजनीति के हवाले कर दी गयी हैं। उनकी राजनीति के बारे में आपके विचार जो भी हों, इससे इनकार नहीं किया जा सकता कि वे इन जगहों पर मौजूद हैं और कड़ी मेहनत कर रहे हैं। जैसे-जैसे राज्य अपनी ज़िम्मेवारियों से मुँह मोड़कर स्वास्थ्य, शिक्षा और आवश्यक सार्वजनिक सेवाओं को आर्थिक संसाधन देना बन्द करता जा रहा है, वैसे-वैसे संघ परिवार के सिपाही उन क्षेत्रों में दाख़िल होते गये हैं। घातक प्रचार करती अपनी हज़ारों शाखाओं के साथ-साथ वे स्कूल, अस्पताल, दवाख़ाने, एम्बुलेन्स सेवाएँ, विपदा राहत इकाइयाँ भी संचालित करते हैं। वे शक्तिहीनता के बारे में जानते हैं। वे यह भी जानते हैं कि लोगों, ख़ासकर शक्तिहीन लोगों की न सिर्फ़ रोज़मर्रा की, सीधी-साधी व्यावहारिक ज़रूरतें होती हैं, बल्कि उनकी भावनात्मक, आध्यात्मिक, मनोरंजनपरक आवश्यकताएँ और इच्छाएँ भी होती हैं। उन्होंने ऐसी घिनौनी कुठाली बनायी है जिसमें ग़ुस्सा, हताशा, रोज़मर्रा की ज़िल्लत—और बेहतर भविष्य के सपने—सब एक साथ पसाये जा सकते हैं और ख़तरनाक उद्देश्यों के लिए इस्तेमाल किये जा सकते हैं। इस बीच, परम्परागत मुख्यधारा का वामपन्थ अब भी 'सत्ता हथियाने' के सपने देख रहा है, लेकिन समय की पुकार को सुनने और क़दम उठाने के सिलसिले में अजीब कड़ापन और अनिच्छा प्रदर्शित कर रहा है। वह अपनी ही घेरेबन्दी का शिकार हो गया है और पहुँच से बाहर ऐसे बौद्धिक स्थान में सिमट गया है जहाँ प्राचीन बहसें ऐसी आदिकालीन भाषा में चलायी जा रही हैं, जिसे नाममात्र के लोग ही समझ सकते हैं।

संघ परिवार के हमले के सामने चुनौती का थोड़ा-बहुत आभास पेश करने वाली एकमात्र ताक़त वह ज़मीनी प्रतिरोध आन्दोलन हैं, जो छिटपुट तौर पर पूरे देश में चल रहे हैं और 'विकास' के प्रचलित नमूने के कारण हो रही बेदख़ली और मौलिक अधिकारों के हनन के ख़िलाफ़ लड़ रहे हैं। इनमें से अधिकांश आन्दोलन एक-दूसरे से अलग-थलग हैं और 'विदेशी पैसे पानेवाले एजेंट' होने के निरन्तर आरोप के बावजूद, उनके पास पैसे या संसाधन नहीं हैं। वे आग से जूझने वाले महान योद्धा हैं। उनकी पीठ दीवार से सटी हुई है; लेकिन उनके कान धरती की धड़कन सुनते हैं; वे ज़मीनी हक़ीक़त से वाक़िफ़ हैं। अगर वे इकट्ठा हो जायें, अगर उनकी मदद की जाये, तो वे बड़ी ताक़त बन सकते हैं। उनकी लड़ाई को, जब भी वह लड़ी जायेगी, आदर्शवादी लड़ाई होना होगा, कठोर विचारधारात्मक नहीं।

ऐसे समय, जब अवसरवाद की तूती बोल रही है, जब आशा दम तोड़ती लग रही है, जब हर चीज़ रूखी-सूखी सौदेबाज़ी हो गयी है, हमें सपने देखने का साहस जुटाना होगा। रोमांस पर फिर से दावेदारी करनी होगी। न्याय में, स्वतंत्रता में और गरिमा में

विश्वास का रोमांस। सबके लिए। हमें एकजुट होकर लड़ाई लड़नी होगी और उसके लिए हमें समझना होगा कि यह दैत्याकार पुरानी मशीन कैसे काम करती है। कौन क़ीमत चुकाता है, किसे फ़ायदा होता है।

देश भर में छिटपुट चलने वाले और अलग-अलग मुद्दों की लड़ाई अकेले लड़ने वाले अनेक अहिंसक प्रतिरोध आन्दोलनों ने समझ लिया है कि उनकी क़िस्म की विशेष हित वाली राजनीति, जिसका कभी समय और जगह थी, अब काफ़ी नहीं है। वे ख़ुद को हाशिये पर और बेअसर महसूस कर रहे हैं, यह अहिंसक प्रतिरोध की रणनीति से मुँह मोड़ लेने के लिए मुनासिब वजह नहीं है। लेकिन यह स्थिति गम्भीर आत्म-निरीक्षण करने की ज़रूरत की तरफ़ इशारा करती है। हमें यह सुनिश्चित करना होगा कि हममें से जो लोग लोकतंत्र को फिर से हासिल करना चाहते हैं, वे अपने चाल-चलन और काम करने के तरीक़ों में समतावादी और जनतांत्रिक हैं। अगर हमारे संघर्ष को उन आदर्शों पर खरा उतरना है तो हमें उन अन्दरूनी नाइन्साफ़ियों को ख़त्म करना होगा जो हम एक-दूसरे पर, महिलाओं पर, बच्चों पर ढाते हैं। मिसाल के लिए जो साम्प्रदायिकता से लड़ रहे हैं, उन्हें आर्थिक अन्याय पर आँख नहीं बन्द करनी चाहिए। जो लोग बड़े बाँध या विकास की परियोजनाओं के ख़िलाफ़ लड़ रहे हैं, उन्हें साम्प्रदायिकता से या अपने क्षेत्र में जातीय दमन से मुँह नहीं मोड़ना चाहिए, भले ही तात्कालिक रूप से उन्हें अपनी फ़ौरी मुहिम में कुछ नुक़सान उठाना पड़े। अगर तदबीर के तक़ाज़े और मौक़ापरस्ती हमारी आस्था के आड़े आ रही है, तब हममें और मुख्यधारा के नेताओं में कोई अन्तर नहीं रह जायेगा। अगर हम न्याय चाहते हैं तो यह न्याय और समानता सबके लिए होनी चाहिए, न कि कुछ ख़ास समुदायों के लोगों के लिए, जिनके पास हितों को लेकर कुछ पूर्वग्रह हैं। इस पर कोई समझौता नहीं हो सकता। हमने अहिंसक प्रतिरोध को सूखकर 'फ़ील गुड' का राजनैतिक अखाड़ा बन जाने दिया है, जिसकी सबसे बड़ी सफलता है संचार माध्यमों के लिए फ़ोटो खिंचाने के मौक़े और सबसे कम सफलता है नज़रअन्दाज़ कर दिया जाना है।

हमें प्रतिरोध की रणनीति का मूल्यांकन करके उस पर तुरन्त विचार करना होगा, वास्तविक लड़ाइयाँ छेड़नी होंगी और असली नुक़सान पहुँचाना होगा। हमें याद रखना है कि दांडी मार्च महज़ उम्दा राजनैतिक नाटक ही नहीं था। वह ब्रिटिश साम्राज्य के आर्थिक आधार पर एक वार था।

हमें राजनीति के अर्थ की पुनर्व्याख्या करनी होगी। 'नागरिक समाज' की पहलक़दमियों का 'एनजीओकरण' हमें विपरीत दिशा में ले जा रहा है।[39] वह हमें अराजनैतिक बना रहा है। हमें 'फ़ंड' और 'चन्दे' का मोहताज बना रहा है। हमें सिविल नाफ़रमानी के अर्थ की पुनः कल्पना करनी होगी।

शायद हमें ज़रूरत है लोकसभा के बाहर एक चुनी हुई छाया-संसद की, जिसके समर्थन और अनुमोदन के बग़ैर संसद आसानी से नहीं चल सकती। ऐसी संसद जो एक ज़मींदोज़ नगाड़ा बजाती रहती है, जो समझ और सूचना में साझेदारी करती है (जो सबका सब मुख्यधारा के समाचार-माध्यमों में उत्तरोत्तर अनुपलब्ध हो रहा है)। निडरता से, लेकिन अहिंसात्मक तरीक़े से हमें इस मशीन के पुर्ज़ों को बेकार बनाना होगा, जो हमें खाये जा रही है।

हमारे पास समय बहुत कम है। हमारे बोलने के दौरान भी हिंसा का घेरा कसता जा रहा है। हर हाल में बदलाव तो आएगा ही। वह रक्त-रंजित भी हो सकता है या ख़ूबसूरती में नहाया हुआ भी। यह हम पर निर्भर है।

और उसकी ज़िन्दगी का चिराग़ बुझना ही चाहिए

भारतीय संसद पर हमले की अजीबो-ग़रीब दास्तान

यह लेख सबसे पहले 30 अक्तूबर, 2006 को 'आउटलुक' पत्रिका (भारत) में प्रकाशित हुआ था।

इतना भर हम जानते हैं : 13 दिसम्बर, 2001 को भारतीय संसद का शीतकालीन सत्र चल रहा था। (राष्ट्रीय जनतांत्रिक गठबन्धन (एनडीए) सरकार पर एक और भ्रष्टाचार के प्रवाद को लेकर हमले हो रहे थे।) सुबह के साढ़े ग्यारह बजे पाँच हथियारबन्द आदमी एक सफ़ेद अम्बैसेडर कार में, जिसमें कामचलाऊ विस्फोटक उपकरण (इम्प्रोवाइज़्ड एक्सप्लोज़िव डिवाइस) लगा हुआ था, नयी दिल्ली में संसद भवन के फाटक से होकर बढ़े। जब उनको रोका गया तो वे कार से कूदे और उन्होंने गोलियाँ बरसानी शुरू कर दीं। इसके बाद की गोलीबारी में सारे-के-सारे हमलावर मार गिराये गये। आठ सुरक्षाकर्मी और एक माली भी मारा गया। पुलिस ने कहा कि मारे गये आतंकवादियों के पास संसद भवन को उड़ाने के लिए काफ़ी विस्फोटक पदार्थ और एक पूरी बटालियन का सामना करने के लिए गोला-बारूद था।[1] अधिकतर आतंकवादियों के विपरीत, ये पाँच अपने पीछे सुराग़ों की ज़बर्दस्त शृंखला छोड़ गये—हथियार, मोबाइल फ़ोन, फ़ोन नम्बर, पहचान-पत्र, फ़ोटो, सूखे मेवों के पैकेट, यहाँ तक कि एक प्रेम-पत्र भी।[2]

आश्चर्य नहीं कि प्रधानमंत्री अटल बिहारी वाजपेयी ने मौक़े का फ़ायदा उठाते हुए हमले की तुलना अमरीका के 11 सितम्बर के आक्रमण से की, जो सिर्फ़ तीन महीने पहले की घटना थी।

संसद पर आक्रमण के दूसरे दिन, 14 दिसम्बर, 2001 को दिल्ली पुलिस के स्पेशल सेल ने दावा किया कि उसने ऐसे कई लोगों का पता लगा लिया है, जिन पर इस षड्यंत्र में शामिल होने का सन्देह है। एक दिन बाद, 15 दिसम्बर को उसने घोषणा की कि उसने 'मामले को सुलझा लिया था' : पुलिस ने दावा किया कि हमला पाकिस्तान आधारित दो आतंकवादी गुटों, लश्कर-ए-तैयबा और जैश-ए-मोहम्मद का संयुक्त अभियान था। इस षड्यंत्र में 12 लोगों के शामिल होने की बात कही गयी। जैश-ए-मोहम्मद का ग़ाज़ी बाबा (आरोपी नम्बर-1), जैश-ए-मोहम्मद का ही मौलाना

मसूद अज़हर (आरोपी नम्बर-2), तरीक़ अहमद (पाकिस्तानी नागरिक), पाँच मारे गये 'पाकिस्तानी आतंकवादी' (आज तक हम नहीं जानते कि वे कौन थे) और तीन कश्मीरी मर्द एस.ए.आर. गिलानी, शौकत गुरु और मोहम्मद अफ़ज़ल। इसके अलावा शौकत की बीबी अफ़सान गुरु। सिर्फ़ यही चार गिरफ़्तार हुए।[3]

उसके बाद के तनाव-भरे दिनों में संसद को स्थगित कर दिया गया। 21 दिसम्बर को भारत ने अपने राजदूत को पाकिस्तान से वापस बुला लिया, हवाई, रेल और बस सम्पर्क रोक दिये गये और हमारी वायु-सीमा से गुज़रने वाली पाकिस्तानी उड़ानों पर रोक लगा दी गयी। भारत ने युद्ध की ज़बर्दस्त तैयारी शुरू कर दी और पाँच लाख से ज़्यादा सैनिकों को पाकिस्तान की सीमा पर भेज दिया गया। विदेशी दूतावासों ने अपने कर्मचारियों को हटाना शुरू कर दिया और भारत आने वाले पर्यटकों को यात्रा की चेतावनी वाली सलाह जारी कर दी। परमाणु युद्ध के कगार की ओर बढ़ते उपमहाद्वीप को दुनिया साँस रोककर देखने लगी।[4] भारत को इस सबकी क़ीमत जनता के दस हज़ार करोड़ रुपये ख़र्च करके चुकानी पड़ी। कुछ सौ सैनिक तो हड़बड़ाहट-भरी तैनाती की प्रक्रिया में ही जान से हाथ धो बैठे।

लगभग साढ़े तीन साल बाद, 4 अगस्त, 2005 को इस मामले में सर्वोच्च न्यायालय ने अपना अन्तिम फ़ैसला सुना दिया। उसने इस दृष्टिकोण की पुष्टि की कि संसद पर हमले को जंगी कार्रवाई के तौर पर लिया जाना चाहिए। उसने कहा 'संसद पर आक्रमण की कोशिश निःसन्देह भारतीय राज्य और सरकार की, जो उसकी ही प्रतिरूप है, प्रभुसत्ता का अतिक्रमण है...मृत आतंकवादियों को ज़बर्दस्त भारत विरोधी भावनाओं से भड़काकर यह कार्रवाई करने के लिए प्रेरित किया गया जैसा कि कार (एक्स.पी डब्लू 1-8) पर पाये गये गृहमंत्रालय के नक़ली स्टिकर में लिखे हुए शब्दों से भी साबित होता है।' न्यायालय ने आगे कहा, 'कट्टर फ़िदायीनों ने जो तरीक़े अपनाये वे सब भारत सरकार के ख़िलाफ़ जंग छेड़ने की मंशा दर्शाते हैं।'

गृहमंत्रालय के नक़ली स्टिकर पर जो लिखा था, वह यह है :

> 'हिन्दुस्तान बहुत ख़राब मुल्क है और हम हिन्दुस्तान से नफ़रत करते हैं, हम हिन्दुस्तान को बर्बाद कर देना चाहते हैं और अल्लाह के करम से हम ऐसा करेंगे अल्लाह हमारे साथ है और हम भरसक कोशिश करेंगे। यह मूरख वाजपेयी और आडवाणी हम उन्हें मार देंगे। इन्होंने बहुत से मासूम लोगों की जानें ली हैं और वे बेइन्तहा ख़राब इन्सान हैं, उनका भाई बुश भी बहुत ख़राब आदमी है, वह अगला निशाना होगा। वह भी बेकुसूर लोगों का हत्यारा है उसे भी मरना ही है और हम यह कर देंगे।'[5]

चतुराई-भरे शब्दों में लिखी गयी यह स्टिकर-घोषणा संसद की ओर जाते कार-बम के अगले शीशे पर लगा हुआ था। (इस पाठ में जितने शब्द हैं उन्हें देखते हुए यह हैरत

की बात है कि ड्राइवर कुछ देखने की स्थिति में रहा भी होगा। शायद यही कारण है कि वह उप-राष्ट्रपति की कारों के काफ़िले से टकरा गया था?)

पुलिस ने अपना आरोप-पत्र एक त्वरित-सुनवाई अदालत में दायर किया जो कि 'आतंकवाद निरोधक अधिनियम' (पोटा) के मामलों को निपटाने के लिए स्थापित की गयी थी। निचली अदालत (ट्रायल कोर्ट) ने 16 दिसम्बर, 2002 को गिलानी, शौकत और अफ़ज़ल को मौत की सज़ा सुनायी। अफ़सान गुरु को पाँच वर्ष की कड़ी क़ैद की सज़ा दी गयी। साल भर बाद उच्च न्यायालय ने गिलानी और अफ़सान गुरु को बरी कर दिया। लेकिन शौकत और अफ़ज़ल की मौत की सज़ा को बरक़रार रखा। इसके बाद सर्वोच्च न्यायालय ने भी रिहाइयों को यथावत् रखा और शौकत की सज़ा को 10 वर्ष की कड़ी सज़ा में तब्दील कर दिया। लेकिन उसने न केवल मोहम्मद अफ़ज़ल की सज़ा को बरक़रार रखा, बल्कि बढ़ा दिया। उसे तीन आजीवन कारावास और दोहरे मृत्युदंड की सज़ा दी गयी।

4 अगस्त, 2005 के अपने फ़ैसले में सर्वोच्च न्यायालय ने साफ़-साफ़ कहा है कि इस बात का कोई प्रमाण नहीं है कि मोहम्मद अफ़ज़ल किसी आतंकवादी गुट या संगठन का सदस्य है। लेकिन न्यायालय ने यह भी कहा है : 'जैसा कि अधिकांश षड्यंत्रों के मामले में होता है, उस साँठ-गाँठ का सीधा प्रमाण नहीं हो सकता और न है जो आपराधिक षड्यंत्र ठहरती हो। फिर भी, कुल मिलाकर आँके जाने पर परिस्थितियाँ अचूक ढंग से अफ़ज़ल और मारे गये 'फ़िदायीन' आतंकवादियों के बीच सहयोग की ओर इशारा करती है।'

यानी सीधा कोई प्रमाण नहीं है, लेकिन परिस्थितिजन्य प्रमाण हैं।

फ़ैसले के एक विवादास्पद पैरे में कहा गया है : 'इस घटना ने, जिसके कारण कई मौतें हुईं, पूरे राष्ट्र को हिला दिया था और समाज का सामूहिक अन्तःकरण तभी सन्तुष्ट होगा जब अपराधी को मृत्युदंड दिया जायेगा।'[6]

हत्या के अनुष्ठान को, जो कि मृत्युदंड वास्तव में है, सही साबित करने की ख़ातिर 'समाज के सामूहिक अन्तःकरण' का आह्वान करना भीड़ द्वारा हत्या करने के क़ानून को मानक बनाने के बहुत नज़दीक आ जाता है। यह सोचकर रोंगटे खड़े हो जाते हैं कि यह हमारे ऊपर शिकारी राजनेताओं या सनसनी तलाशते पत्रकारों की ओर से नहीं आया (हालाँकि उन्होंने भी ऐसा किया है), बल्कि देश की सबसे बड़ी अदालत की ओर से एक फ़रमान की तरह जारी हुआ है।

अफ़ज़ल को फाँसी की सज़ा देने के कारणों को स्पष्ट करते हुए फ़ैसले में आगे कहा गया है, 'अपील करने वाला, जो हथियार डाल चुका उग्रवादी है और जो राष्ट्रद्रोही कार्यों को दोहराने पर आमादा था, समाज के लिए एक ख़तरा है और उसकी ज़िन्दगी का चिराग बुझना ही चाहिए।'

यह वाक्य ग़लत तर्क और इस तथ्य के निपट अज्ञान का मिश्रण है कि आज के कश्मीर में 'हथियार डाल चुका उग्रवादी' होने का क्या मतलब होता है।

सो : क्या मोहम्मद अफ़ज़ल की ज़िन्दगी का चिराग़ बुझना ही चाहिए?

बुद्धिजीवियों, कार्यकर्ताओं, सम्पादकों, वकीलों और सार्वजनिक क्षेत्र के महत्वपूर्ण लोगों के एक छोटे-से, लेकिन प्रभावशाली समूह ने नैतिक सिद्धान्त के आधार पर मृत्युदंड का विरोध किया है। उनका यह भी तर्क है कि ऐसा कोई व्यावहारिक प्रमाण नहीं है जो सुझाता हो कि मौत की सज़ा आतंकवादियों के लिए अवरोधक का काम करती है। (कैसे कर सकती है, जब फ़िदायीनों और आत्मघाती बमबारों के इस दौर में मौत सबसे बड़ा आकर्षण बन गयी जान पड़ती हो?)

अगर जनमत-संग्रह (ओपिनियन पोल), सम्पादक के नाम पत्र और टीवी स्टूडियो के सीधे प्रसारण में भाग ले रहे दर्शक भारत में जनता की राय का सही पैमाना हैं तो हत्यारी भीड़ (लिंच मॉब) में घंटे-दर-घंटे इज़ाफ़ा हो रहा है। ऐसा लगता है मानो भारतीय नागरिकों की बहुसंख्यक आबादी मोहम्मद अफ़ज़ल को अगले कुछ वर्षों तक हर दिन फाँसी पर चढ़ाये जाते हुए देखना चाहेगी, जिनमें सप्ताहान्त की छुट्टियाँ भी शामिल हैं। विपक्ष के नेता लालकृष्ण आडवाणी, अशोभनीय हड़बड़ी प्रदर्शित करते हुए, चाहते हैं कि उसे फ़ौरन से पेश्तर फाँसी दे दी जाये, एक मिनट की भी देर किये बिना।[7]

इस बीच कश्मीर में भी लोकमत उतना ही प्रबल है। ग़ुस्से से भरे बड़े-बड़े प्रदर्शन बढ़ती हुई मात्रा में यह स्पष्ट करते जा रहे हैं कि अगर अफ़ज़ल को फाँसी दी गयी तो इसके राजनैतिक परिणाम होंगे। कुछ इसे न्याय का विचलन मानकर इसका विरोध कर रहे हैं, लेकिन विरोध करते हुए भी वे भारतीय न्यायालयों से न्याय की अपेक्षा नहीं करते। वे इतनी ज़्यादा बर्बरता से गुज़र चुके हैं कि अदालतों, हलफ़नामों और इन्साफ़ पर उनका अब कोई विश्वास नहीं रह गया है। कुछ दूसरे लोग भी हैं जो चाहते हैं कि मोहम्मद अफ़ज़ल मक़बूल बट्ट की तरह फाँसी चढ़ जाये—कश्मीर के स्वतंत्रता-संघर्ष के एक गर्वीले शहीद के रूप में।[8] कुल मिलाकर, ज़्यादातर कश्मीरी मोहम्मद अफ़ज़ल को एक युद्धबन्दी की तरह देखते हैं, जिस पर क़ब्ज़ा करने वाली ताक़त की अदालत में मुक़दमा चल रहा है। (जो निस्सन्देह सच है)। स्वाभाविक रूप से राजनैतिक दलों ने भारत में भी और कश्मीर में भी हवा को सूँघ लिया है और बेमुरव्वती से जस्त लगाये, शिकार पर झपट पड़ने के लिए बढ़ रहे हैं।

दुखद यह है कि इस पागलपन में लगता है अफ़ज़ल ने व्यक्ति होने का अधिकार गँवा दिया है। वह राष्ट्रवादियों, पृथकतावादियों और मृत्युदंड विरोधी कार्यकर्ताओं—सबकी कपोल-कल्पनाओं का माध्यम बन गया है। वह भारत का महा-खलनायक बन गया है और कश्मीर का महानायक—महज़ यह सिद्ध करते हुए कि हमारे विद्वज्जन, नीति-निर्धारक और शान्ति के गुरु चाहे जो कहें, इतने साल बाद भी कश्मीर में युद्ध को किसी भी तरह ख़त्म हुआ नहीं कहा जा सकता।

ऐसी परिस्थिति में, जो इतनी आशंका-भरी हो और जिसका इस हद तक राजनीतीकरण कर दिया गया हो, यह मानने का लालच होता है कि हस्तक्षेप का समय आकर चला गया है। आख़िरकार, क़ानूनी प्रक्रिया चालीस महीने चली और सर्वोच्च न्यायालय ने उन साक्ष्यों को जाँचा है जो उसके सामने मौजूद थे। उसने आरोपियों में से दो को सज़ा सुना दी और दो को बरी कर दिया। निश्चय ही यह अपने आपमें न्याय की वस्तुपरकता का प्रमाण है? इसके बाद कहने को क्या रह जाता है? इसे देखने का एक और तरीक़ा भी है। क्या यह अजीब नहीं है कि अभियोजन पक्ष आधे मामले में इतने विलक्षण ढंग से ग़लत साबित हुआ और आधे में इतने शानदार तरीक़े से सही?

मोहम्मद अफ़ज़ल की कहानी इसीलिए हृदयग्राही है क्योंकि वह मक़बूल बट्ट नहीं है। ताहम, उसकी कहानी भी कश्मीर घाटी की कहानी से अविच्छिन्न रूप से जुड़ी हुई है। यह ऐसी कहानी है जिसके नियामक तत्व न्यायालय की चारदीवारी से और ऐसे लोगों की सीमित कल्पना से, जो स्वघोषित 'महाशक्ति' के सुरक्षित केन्द्र में रहते हैं, बहुत आगे तक फैले हुए हैं। मोहम्मद अफ़ज़ल की कहानी का उत्स ऐसे युद्ध-क्षेत्र में है जिसके नियम सामान्य न्याय-व्यवस्था के सूक्ष्म तर्कों और नाज़ुक सम्वेदनाओं से परे हैं।

इन सभी कारणों से यह महत्वपूर्ण है कि हम संसद पर 13 दिसम्बर की अजीब, दुखद और पूरी तरह अमंगलसूचक कहानी को सावधानी से जाँचें-परखें। यह दरअसल हमें इस बारे में ढेर सारी बातें बतलाती है कि दुनिया का सबसे बड़ा 'लोकतंत्र' किस तरह काम करता है। यह सबसे बड़ी चीज़ों को सबसे छोटी चीज़ों से जोड़ती है। यह उन गलियों-पगडंडियों को चिह्नित करती है जो उस सबको जो हमारे पुलिस थानों की अँधेरी कोठरियों में होता है, उस सबसे जोड़ती हैं जो धरती के स्वर्ग की सर्द, बर्फ़ीली सड़कों पर हो रहा है; और वहाँ से उस निस्संग दुर्भावनापूर्ण रोष तक, जो राष्ट्रों को परमाणु युद्ध के कगार पर पहुँचा देता है। यह ऐसे स्पष्ट, सुनिश्चित सवाल उठाती है जिन्हें विचारधारा से जुड़े अथवा वाग्मितापूर्ण उत्तरों की नहीं, बल्कि स्पष्ट, सुनिश्चित उत्तरों की दरकार है।

इस साल 4 अक्टूबर को मैं भी उस छोटे-से समूह में शामिल थी जो मोहम्मद अफ़ज़ल को फाँसी की सज़ा दिये जाने के ख़िलाफ़ नयी दिल्ली में जन्तर-मन्तर पर इकट्ठा हुआ था। मैं वहाँ इसलिए थी कि मैं मानती हूँ कि मोहम्मद अफ़ज़ल एक बहुत ही शातिराना शैतानी खेल का महज़ एक मोहरा है। अफ़ज़ल वह राक्षस नहीं है जो कि उसे बनाया जा रहा है। वह तो राक्षस के पंजे का निशान भर है और अगर पंजे के निशान को ही 'मिटा' दिया जाता है तो हम कभी नहीं जान पायेंगे कि राक्षस कौन था। और है।

कोई आश्चर्य की बात नहीं थी कि उस दोपहर वहाँ विरोध करने वालों से ज़्यादा पत्रकार और टीवी के लोग थे। सबसे अधिक ध्यान फ़रिश्ते की तरह सुन्दर अफ़ज़ल

के बेटे ग़ालिब पर था। भले दिल वाले लोग, जो यह नहीं समझ पा रहे थे कि उस लड़के का क्या करें जिसका बाप फाँसी के तख़्ते की तरफ़ जा रहा था, उसे आइसक्रीम और कोल्ड ड्रिंक दिये जा रहे थे। वहाँ जमा लोगों की ओर देखते हुए मेरा ध्यान एक छोटे-से उदास ब्योरे पर गया। इस विरोध-प्रदर्शन का संयोजक दिल्ली विश्वविद्यालय में अरबी का प्राध्यापक, एस.ए.आर. गिलानी था, छोटे क़द का गठीला आदमी जो थोड़े घबराये-से अन्दाज़ में वक्ताओं का परिचय दे रहा था और घोषणाएँ कर रहा था। संसद पर आक्रमण के मामले में आरोपी नम्बर तीन। उसे आक्रमण के एक दिन बाद, 14 दिसम्बर, 2001 को दिल्ली पुलिस के स्पेशल सेल द्वारा गिरफ़्तार किया गया था। हालाँकि गिलानी को गिरफ़्तारी के दौरान बर्बर यातनाएँ दी गयी थीं, हालाँकि उसके परिवार को–पत्नी, छोटे बच्चे और भाई–को ग़ैर-क़ानूनी तरीक़े से हवालात में रखा गया था, फिर भी उसने उस अपराध को स्वीकार करने से मना कर दिया था, जो उसने किया नहीं था। निश्चय ही उसकी गिरफ़्तारी के बाद के दिनों में अगर आपने अख़बार पढ़े होंगे तो आप यह सब जान नहीं पाये होंगे। उन्होंने एक सर्वथा काल्पनिक, अस्तित्वहीन स्वीकारोक्ति के विस्तृत विवरण छापे थे। दिल्ली पुलिस ने गिलानी को साज़िश के भारतीय पक्ष का दुष्ट सरग़ना (मास्टर माइंड) कहा था। इसके पटकथा लेखकों ने उसके ख़िलाफ़ नफ़रत-भरा प्रचार-अभियान छेड़ रखा था जिसे अति-राष्ट्रवादी, सनसनी-खोजू मीडिया ने बढ़ा-चढ़ाकर और नमक-मिर्च लगाकर पेश किया था। पुलिस अच्छी तरह जानती थी कि फ़ौजदारी मामलों में यह फ़र्ज़ किया जाता है कि जज मीडिया रिपोर्टों का नोटिस नहीं लेते। इसलिए पुलिस को पता था कि उसके द्वारा इन 'आतंकवादियों' का निर्मम मनगढ़न्त चरित्र-चित्रण जनमत तैयार करेगा और मुक़दमे के लिए माहौल तैयार कर देगा। लेकिन पुलिस क़ानूनी जाँच-परख के दायरे से बाहर रहेगी।

यहाँ प्रस्तुत हैं कुछ विद्वेषपूर्ण, कोरे झूठ जो मुख्यधारा के समाचार-पत्रों में छपे :

> 'गुत्थी सुलझी : आक्रमण के पीछे जैश', नीता शर्मा और अरुण जोशी : द हिन्दुस्तान टाइम्स, 16 दिसम्बर, 2001 :
>
> > 'दिल्ली में स्पेशल सेल के गुप्तचरों ने अरबी के एक अध्यापक को गिरफ़्तार किया है जो कि ज़ाकिर हुसैन कॉलेज (सान्ध्यकालीन) में पढ़ाता है...इस बात के साबित हो जाने के बाद कि उसके मोबाइल फ़ोन पर उग्रवादियों द्वारा किया गया फ़ोन आया था।'
>
> 'दिल्ली विश्वविद्यालय का अध्यापक आतंकवादी योजना की धुरी था', द टाइम्स ऑफ़ इंडिया, 17 दिसम्बर, 2001 :
>
> > 'संसद पर 13 दिसम्बर का आक्रमण आतंकवादी संगठन जैश-ए-मोहम्मद और लश्कर-ए-तैयबा की संयुक्त कार्रवाई था जिसमें दिल्ली विश्वविद्यालय

का अध्यापक सैयद ए.आर. गिलानी दिल्ली में सुविधाएँ जुटाने वाले (फ़ैसिलिटेटर) प्रमुख लोगों में से एक था। यह बात पुलिस कमिश्नर अजय राज शर्मा ने रविवार को कही।'

'प्रोफ़ेसर ने ''फ़िदायीन'' का मार्गदर्शन किया,' देवेश के.पांडे, द हिन्दू, 17 दिसम्बर, 2001 :

'पूछताछ के दौरान गिलानी ने यह राज़ खोला कि वह षड्यंत्र के बारे में उस दिन से जानता था जब ''फ़िदायीन'' हमले की योजना बनी थी।'

'डॉन ख़ाली समय में आतंकवाद सिखाता था', सुतीर्थो पत्रनवीस, द हिन्दुस्तान टाइम्स, 17 दिसम्बर, 2001 :

'जाँच से यह बात सामने आयी है कि साँझ होने तक वह कॉलेज पहुँचकर अरबी साहित्य पढ़ा रहा होता था। ख़ाली समय में, बन्द दरवाज़ों के पीछे, अपने या फिर सन्देह में गिरफ़्तार किये गये दूसरे आरोपी शौकत हुसैन के घर पर वह आतंकवाद का पाठ पढ़ता और पढ़ाता था।'

'प्रोफेसर की आय' द हिन्दुस्तान टाइम्स, 17 दिसम्बर, 2001 :

'गिलानी ने हाल ही में पश्चिमी दिल्ली में 22 लाख का एक मकान ख़रीदा था। दिल्ली पुलिस इस बात की जाँच कर रही है कि उसे इतना पैसा किस छप्पर के फटने से मिला।'

'अलीगढ़ से इंग्लैंड तक छात्रों में आतंकवाद के बीज बो रहा था गिलानी', सुजीत ठाकुर, राष्ट्रीय सहारा, 18 दिसम्बर, 2001 :

'जाँच कर रही एजेंसियों के सूत्रों और उनके द्वारा इकट्ठा की गयी सूचनाओं के अनुसार गिलानी ने पुलिस को एक बयान में कहा है कि वह लम्बे समय से जैश-ए-मोहम्मद का एजेंट था...गिलानी की वाग्विदग्धता, काम करने की शैली और अचूक आयोजन क्षमता के कारण ही 2000 में जैश-ए-मोहम्मद ने उसे बौद्धिक आतंकवाद फैलाने की ज़िम्मेदारी सौंपी थी।'

'आतंकवाद का आरोपी पाकिस्तानी दूतावास में जाता रहता था', स्वाति चतुर्वेदी, द हिन्दुस्तान टाइम्स, 21 दिसम्बर, 2001 :

'पूछताछ के दौरान गिलानी ने स्वीकार किया कि उसने पाकिस्तान को कई फ़ोन किये थे और वह जैश-ए-मोहम्मद से सम्बन्ध रखनेवाले आतंकवादियों के सम्पर्क में था...। गिलानी ने कहा कि जैश के कुछ सदस्यों ने उसे पैसे दिये और दो फ़्लैट ख़रीदने को कहा जिन्हें आतंकवादी कार्रवाई के लिए इस्तेमाल किया जा सके।'

'सप्ताह का व्यक्ति', संडे टाइम्स ऑफ़ इंडिया, 23 दिसम्बर, 2001 :
'एक सेलफ़ोन उसका दुश्मन साबित हुआ। दिल्ली विश्वविद्यालय का सैयद ए.आर. गिलानी 13 दिसम्बर के मामले में गिरफ़्तार किया जाने वाला पहला व्यक्ति था—एक स्तब्ध करने वाली चेतावनी कि आतंकवाद की जड़ें दूर तक और गहरे उतरती हैं।'

ज़ी टीवी ने इन सबको मात कर दिया। उसने '13 दिसम्बर' नाम की एक फ़िल्म बनायी, एक डॉक्यूड्रामा जिसमें यह दावा किया गया कि वह 'पुलिस की चार्जशीट पर आधारित सत्य' है। (इसे क्या शब्दावली में अन्तर्विरोध नहीं कहा जायेगा?) फ़िल्म को निजी तौर पर प्रधानमंत्री अटल बिहारी वाजपेयी और लाल कृष्ण आडवाणी को दिखलाया गया। दोनों ने फ़िल्म की तारीफ़ की। उनके इस अनुमोदन को मीडिया ने व्यापक स्तर पर प्रचारित-प्रसारित किया।[9]

सर्वोच्च न्यायालय ने इस फ़िल्म के प्रसारण पर पाबन्दी लगाने की अपील को यह कहते हुए ख़ारिज कर दिया कि न्यायाधीश मीडिया से प्रभावित नहीं होते।[10] (क्या सर्वोच्च न्यायालय यह मानेगा कि भले ही न्यायाधीश मीडिया की रिपोर्टों से प्रभावित नहीं होते, क्या 'समाज का सामूहिक अन्तःकरण' प्रभावित नहीं हो सकता?) '13 दिसम्बर' नामक फ़िल्म त्वरित-सुनवाई अदालत द्वारा गिलानी, अफ़ज़ल और शौकत को मृत्युदंड दिये जाने से कुछ दिन पहले ज़ी टीवी के राष्ट्रीय नेटवर्क पर दिखलायी गयी। गिलानी ने इसके बाद 18 महीने जेल में काटे; कई महीने फाँसीवालों के लिए निर्धारित क़ैदे-तन्हाई में।

उच्च न्यायालय द्वारा उसे और अफ़सान गुरु को निर्दोष पाये जाने पर छोड़ा गया। (अफ़सान गिरफ़्तारी के दौरान गर्भवती थी। उसके बच्चे का जन्म जेल में ही हुआ। उस अनुभव ने उसे पूरी तरह तोड़ दिया। अब वह गम्भीर मानसिक विकार से पीड़ित है।) सर्वोच्च न्यायालय ने रिहाई के आदेश को बरक़रार रखा। उसने संसद पर आक्रमण के मामले से गिलानी को जोड़ने या किसी आतंकवादी संगठन से उसका सम्बन्ध होने का कोई प्रमाण नहीं पाया। एक भी अख़बार या पत्रकार या टीवी चैनल ने अपने झूठों के लिए उससे (या किसी और से) माफ़ी माँगने की ज़रूरत महसूस नहीं की। लेकिन एस.ए.आर. गिलानी की परेशानियों का अन्त यहीं नहीं हुआ।

उसकी रिहाई के बाद स्पेशल सेल के पास साज़िश तो रह गयी पर कोई 'सरग़ना' (मास्टर माइंड) नहीं बचा। जैसा कि हम देखेंगे, यह एक समस्या बन गयी।

इससे भी ज़्यादा महत्वपूर्ण बात यह थी कि गिलानी अब एक आज़ाद इन्सान था–प्रेस से मिलने, वकीलों से बात करने और अपने ऊपर लगे आरोपों का जवाब देने के लिए आज़ाद। सर्वोच्च न्यायालय की अन्तिम सुनवाई के दौरान 8 फ़रवरी, 2005 की शाम को गिलानी अपने वकील से मिलने उसके घर जा रहा था। नीम-अँधेरे से एक रहस्यमय बन्दूकधारी प्रकट हुआ और उसने गिलानी पर पाँच गोलियाँ दाग़ीं।[11] चामत्कारिक ढंग से वह बच गया। कहानी में यह नया अविश्वसनीय मोड़ था। साफ़ तौर पर कोई इस बात को लेकर चिन्तित था कि गिलानी क्या जानता था और क्या कहने वाला था। कोई भी सोच सकता था कि पुलिस इस उम्मीद में इस मामले की जाँच को सर्वोच्च प्राथमिकता देगी कि इससे संसद पर हुए आक्रमण के मामले में नये महत्वपूर्ण सुराग़ मिलेंगे। उलटे स्पेशल सेल ने गिलानी से इस तरह व्यवहार किया मानो अपनी हत्या के प्रयत्न का मुख्य सन्देहास्पद व्यक्ति वह ख़ुद ही हो। उन्होंने उसका कम्प्यूटर ज़ब्त कर लिया और उसकी कार ले गये। सैकड़ों कार्यकर्ता अस्पताल के बाहर जमा हुए और उन्होंने हत्या के प्रयास की जाँच की माँग की, जिसमें कि स्पेशल सेल पर भी जाँच की माँग शामिल थी। (बेशक, वह कभी नहीं हुई। साल भर से ज़्यादा गुज़र चुका है, कोई भी इस मामले की जाँच में रुचि नहीं ले रहा है। अजीब बात है।)

सो अब यहाँ था वह, एस.ए.आर. गिलानी। इस भयावह विपदा के उबर आने के बाद, जन्तर-मन्तर में जनता के साथ खड़ा, यह कहता हुआ कि मोहम्मद अफ़ज़ल को फाँसी नहीं लगनी चाहिए। उसके लिए कितना आसान रहा होता घर में दुबककर बैठे रहना। साहस के इस शान्त प्रदर्शन से मैं बहुत गहराई तक प्रभावित हुई, जीत ली गयी।

एस.ए.आर. गिलानी की दूसरी ओर, पत्रकारों और फ़ोटोग्राफ़रों की भीड़ में, हाथ में छोटा टेप रिकॉर्डर लिये, नींबू के रंग की टी-शर्ट और गैबर्डीन की पतलून में पूरी तरह सामान्य दिखने की कोशिश करता हुआ एक और गिलानी था। इफ़्तेख़ार गिलानी। वह भी क़ैद भुगत चुका था। उसे 9 जून, 2002 को गिरफ़्तार किया गया था और पुलिस हिरासत में रखा गया था। उस समय वह जम्मू के दैनिक 'कश्मीर टाइम्स' का संवाददाता था। उस पर 'सरकारी गोपनीयता अधिनियम' (ऑफ़िशियल सीक्रेट्स ऐक्ट) के तहत आरोप लगाया गया था।[12] उसका 'अपराध' यह था कि उसके पास 'भारत-अधिकृत कश्मीर' में भारतीय सेना की तैनाती को लेकर कुछ पुरानी सूचनाएँ थीं। (ये सूचनाएँ, बाद में पता चला, एक पाकिस्तानी शोध संस्थान द्वारा प्रकाशित आलेख था जो इंटरनेट पर खुल्लम-खुल्ला उपलब्ध था।) इफ़्तेख़ार गिलानी के कम्प्यूटर को ज़ब्त कर लिया गया। इंटेलिजेंस ब्यूरो के अधिकारियों ने उसकी हार्ड डिस्क के साथ छेड़-छाड़ की, डाउन लोड फ़ाइलों को उलट-पलट किया।

यह एक भारतीय दस्तावेज़-सा लगे इसके लिए 'भारत-अधिकृत कश्मीर' को बदल कर 'जम्मू और कश्मीर' किया गया और 'केवल सन्दर्भ के लिए। प्रसार के लिए पूरी तरह निषिद्ध।'—ये शब्द जोड़ दिये गये, जिससे यह ऐसा गुप्त दस्तावेज़ लगे जिसे गृहमंत्रालय से उड़ाया गया हो। सैन्य गुप्तचर विभाग के महानिदेशालय ने—हालाँकि उसे इस आलेख की एक प्रति उपलब्ध करवा दी गयी थी—इफ़्तेख़ार गिलानी के वकील द्वारा बार-बार किये गये अनुरोधों की अनदेखी कर पूरे छह महीने तक इस मामले को निपटाने की कोशिश ही नहीं की।

एक बार फिर स्पेशल सेल के विद्वेषपूर्ण झूठों को अख़बारों ने पूरी फ़र्माबरदारी से छाप दिया। उन्होंने जो लिखा, उसमें से कुछ पंक्तियाँ यहाँ दी जा रही हैं—

> 'हुर्रियत के कट्टरपन्थी नेता सैयद अली शाह गिलानी के 35 वर्षीय दामाद, इफ़्तिख़ार गिलानी ने, ऐसा विश्वास है कि शहर की एक अदालत में यह मान लिया है कि वह पाकिस्तानी गुप्तचर एजेंसी का एजेंट था।'
>
> —*नीता शर्मा, द हिन्दुस्तान टाइम्स, 11 जून, 2002*
>
> 'इफ़्तिख़ार गिलानी हिजबुल मुजाहिदीन के सैयद सलाहुद्दीन का ख़ास आदमी था। जाँच से पता चला है कि इफ़्तिख़ार भारतीय सुरक्षा एजेंसियों की गतिविधियों के बारे में सलाहुद्दीन को सूचना देता था। जानकार सूत्रों ने कहा कि उसने अपने असली इरादों को अपने पत्रकार होने की आड़ में इतनी सफ़ाई से छिपा रखा था कि उसका पर्दाफ़ाश करने में कई वर्ष लग गये।'
>
> —*प्रमोद कुमार सिंह, द पायनियर, जून 2002*
>
> 'गिलानी के दामाद के घर आयकर के छापों में बेहिसाब सम्पत्ति और सम्वेदनशील दस्तावेज़ बरामद'
>
> —*हिन्दुस्तान, 10 जून, 2002*

इस बात से कोई फ़र्क़ नहीं पड़ता था कि पुलिस की चार्जशीट में उसके घर से मात्र 3450 रुपये बरामद होने की बात दर्ज थी। इस बीच दूसरी मीडिया रिपोर्टों में कहा गया कि उसका एक तीन कमरों वाला फ़्लैट है, 22 लाख रुपये की अघोषित आय है, उसने 79 लाख रुपये के आयकर की चोरी की है और वह और उसकी पत्नी गिरफ़्तारी से बचने के लिए घर से भागे हुए हैं।

लेकिन वह गिरफ़्तार था। जेल में इफ़्तिख़ार गिलानी को पीटा गया, बुरी तरह ज़लील किया गया। अपनी किताब 'जेल में कटे दिन' में उसने लिखा है कि किस तरह अन्य बातों के अलावा उससे अपनी कमीज़ से शौचालय साफ़ करवाया गया और फिर उसी कमीज़ को कई दिन तक पहनने के लिए मजबूर किया गया।[13] छह महीने की अदालती

जिरह और उसके मित्रों द्वारा दबाव बनाने के बाद जब यह स्पष्ट हो गया कि अगर उसके ख़िलाफ़ मामला चला तो इससे ज़बर्दस्त भद्द पिटने का ख़तरा है, उसे छोड़ दिया गया।[14]

अब वह वहाँ था। एक स्वतंत्र व्यक्ति, एक रिपोर्टर जो जन्तर-मन्तर पर एक आयोजन की ख़बरें इकट्ठी करने के लिए आया था। मुझे लगा कि एस.ए.आर. गिलानी, इफ़्तिख़ार गिलानी और मोहम्मद अफ़ज़ल—तीनों ही, एक साथ, एक ही समय पर तिहाड़ जेल में रहे होंगे (दूसरे कई कम जाने-पहचाने कश्मीरियों के साथ, जिनकी कहानियाँ हम कभी नहीं जान पायेंगे।)।

कहा जा सकता है और कहा भी जायेगा कि एस.ए.आर. गिलानी और इफ़्तिख़ार गिलानी, दोनों के मसले भारतीय न्याय-व्यवस्था की वस्तुपरकता और उसकी आत्म-संशोधन की क्षमता दिखलाते हैं, वे उसकी साख पर बट्टा नहीं लगाते। यह आंशिक रूप से ही सही है। एस.ए.आर. गिलानी और इफ़्तिख़ार गिलानी दोनों इस मामले में सौभाग्यशाली हैं कि वे दिल्ली में रहने वाले कश्मीरी हैं और उनके साथ मध्यवर्ग के मुखर संगी-साथी हैं; पत्रकार और विश्वविद्यालय के अध्यापक, जो उन्हें अच्छी तरह जानते थे और संकट की घड़ी में उनके साथ खड़े हो गये थे। एस.ए.आर. गिलानी की वकील नन्दिता हक्सर ने एक 'अखिल भारतीय एस.ए.आर. गिलानी बचाव समिति' बनायी (जिसकी एक सदस्य मैं भी थी)।[15] गिलानी के पक्ष में खड़े होने के लिए कार्यकर्ताओं, वकीलों और पत्रकारों ने एकजुट होकर अभियान चलाया। जाने-माने वकील राम जेठमलानी, के.जी. कन्नाबिरन और वृन्दा ग्रोवर अदालत में उसकी तरफ़ से पेश हुए। उन्होंने मुक़दमे की असली सूरत उजागर कर दी—गढ़े गये सबूतों से खड़ा किया गया बेहूदा अटकलों, फ़र्ज़ी बातों और कोरे झूठों का पुलिन्दा। सो बेशक, न्यायिक वस्तुनिष्ठता मौजूद है। लेकिन वह एक शर्मीला जन्तु है जो हमारी क़ानूनी व्यवस्था की भूल-भुलैया में कहीं गहरे में रहता है। बिरले ही नज़र आता है। इसे इसकी माँद से बाहर लाने और करतब दिखाने के लिए नामी वकीलों की पूरी टोली की ज़रूरत होती है। अख़बारों की भाषा में कहें तो यह भगीरथ प्रयत्न था। मोहम्मद अफ़ज़ल के साथ कोई भगीरथ नहीं था।

पाँच महीने तक, उसकी गिरफ़्तारी से लेकर उस समय तक जब पुलिस ने उसके ख़िलाफ़ आरोप-पत्र दाख़िल किया, एक उच्च्व सुरक्षा जेल (हाई सिक्योरिटी प्रिज़न) में बन्द मोहम्मद अफ़ज़ल को किसी क़िस्म की क़ानूनी सहायता या क़ानूनी सलाह उपलब्ध नहीं थी। कोई नामी वकील नहीं, कोई बचाव समिति नहीं (न भारत में, न कश्मीर में) और कोई अभियान नहीं। चारों आरोपियों में उसकी स्थिति सबसे कमज़ोर थी, उसका मामला गिलानी के मामले से कहीं ज़्यादा जटिल था। महत्वपूर्ण बात यह है कि इस दौरान ज़्यादातर वक़्त अफ़ज़ल के छोटे भाई हिलाल को कश्मीर में स्पेशल ऑपरेशन्स ग्रुप (एस.ओ.जी.) ने ग़ैरक़ानूनी तरीक़े से हिरासत में रखा हुआ

था। उसे आरोप-पत्र दाख़िल करने के बाद ही छोड़ा गया (यह इस पहेली का एक सिरा है जो कहानी के आगे बढ़ने के साथ ही पकड़ में आयेगा)।

प्रक्रिया की एक गम्भीर अवहेलना करते हुए 20 दिसम्बर, 2001 को जाँच अधिकारी, सहायक आयुक्त पुलिस राजबीर सिंह ने (जिसे इतनी तादाद में 'आतंकवादियों' को एनकाउंटरों—मुठभेड़ों—में मारने के कारण प्रेम से 'एनकाउंटर स्पेशलिस्ट'—मुठभेड़ विशेषज्ञ—कहा जाता है) स्पेशल सेल में एक पत्रकार सम्मेलन बुलाया।[16] मोहम्मद अफ़ज़ल को मीडिया के सामने अपना 'अपराध स्वीकार' करने के लिए मजबूर किया गया। पुलिस आयुक्त अशोक चन्द ने प्रेस से कहा कि अफ़ज़ल ने पुलिस के सामने पहले ही अपना अपराध मान लिया है। यह बात सच्ची साबित नहीं हुई। पुलिस के सामने अफ़ज़ल की औपचारिक स्वीकारोक्ति अगले दिन जाकर ही हुई (जिसके बाद वह लगातार पुलिस हिरासत में रहा—यंत्रणा के आगे बेबस—जो कि एक और गम्भीर प्रक्रियागत चूक थी) मीडिया के सामने की गयी अपनी 'स्वीकारोक्ति' में अफ़ज़ल ने पूरी तरह से अपने को संसद पर आक्रमण में शामिल होने का दोषी मान लिया था।[17]

मीडिया के सामने की गयी इस स्वीकारोक्ति के दौरान एक अजीब बात हुई। एक सीधे प्रश्न के उत्तर में अफ़ज़ल ने कहा कि गिलानी का आक्रमण से कोई लेना-देना नहीं है, वह पूरी तरह से बेक़सूर है। इस पर एसीपी राजबीर सिंह ने चीख़कर उसे जबरन चुप करवा दिया और मीडिया से गुज़ारिश की कि अफ़ज़ल की स्वीकारोक्ति के इस हिस्से को नज़रअन्दाज़ कर दें। और उन्होंने मान भी लिया। यह कहानी, तीन महीने के बाद उस समय सामने आयी जब टीवी चैनल 'आज तक' ने स्वीकारोक्ति को 'हमले के सौ दिन' नामक कार्यक्रम में दुबारा प्रसारित किया और जाने कैसे इस हिस्से को भी बना रहने दिया। इस बीच सामान्य जनता की नज़रों में—जो क़ानून और दंड प्रक्रिया के बारे में बहुत कम जानती है—अफ़ज़ल की सार्वजनिक 'स्वीकारोक्ति' ने उसके अपराध की ही पुष्टि की। 'समाज के सामूहिक अन्तःकरण के फ़ैसले' के बारे में कोई दूसरा अनुमान लगाना मुश्किल नहीं रहा होगा।

इस मीडिया स्वीकारोक्ति के अगले दिन, अफ़ज़ल की आधिकारिक स्वीकारोक्ति करवायी गयी। परिनिष्ठित अंग्रेज़ी में, डीसीपी अशोक चन्द को बोलकर लिखवाये गये (डीसीपी के शब्दों में 'वह बतलाता गया और मैं लिखता गया') निर्दोष ढंग से रचे, एकदम प्रवहमान वक्तव्य को एक सीलबन्द लिफ़ाफ़े में न्यायिक मैजिस्ट्रेट को दिया गया। अफ़ज़ल इस स्वीकारोक्ति में, जो अब अभियोजन पक्ष के मुक़दमे की रीढ़ हो गयी है, एक ग़ज़ब का क़िस्सा बुनता है जो ग़ाज़ी बाबा, मौलाना मसूद, अज़हर, तारिक़ नाम के एक आदमी और पाँच मारे गये आतंकवादियों को जोड़ता है; उनका साज़-सामान, हथियार और गोला-बारूद, गृहमंत्रालय के अनुमति-पत्र, एक लैपटॉप और नक़ली पहचान-पत्र, ठीक-ठीक कौन-सा रसायन उसने कहाँ से ख़रीदा

इसकी विस्तृत सूची, वह ठीक-ठीक अनुपात, जिसमें उन्हें मिलाकर विस्फोटक बनाया गया और ठीक-ठीक समय जब उसने किस मोबाइल नम्बर को फ़ोन किया और किस नम्बर से उसे फ़ोन आया (किसी कारणवश, तब तक अफ़ज़ल ने गिलानी के बारे में अपना दिमाग़ बदल लिया था और उसे षड्यंत्र में पूरी तरह से शामिल कर लिया था।)।

'स्वीकारोक्ति' का हर बिन्दु पुलिस द्वारा पहले ही से जमा किये गये साक्ष्य से हू-ब-हू मेल खाता था। दूसरे शब्दों में अफ़ज़ल की स्वीकारोक्ति उस प्रारूप में एकदम फ़िट बैठती थी, जो पुलिस ने कुछ दिन पहले प्रेस के सामने पेश किया था, जैसे काँच की जूती में सिंड्रेला का पैर (अगर कोई फ़िल्म होती तो आप कह सकते थे कि यह ऐसी पटकथा थी जो अपने साज़-सामान का पिटारा ख़ुद अपने साथ लायी थी। दरअसल, जैसा कि अब हम जानते हैं, इस पर एक फ़िल्म बनायी भी गयी। ज़ी टीवी अफ़ज़ल को इसके लिए कुछ रॉयल्टी का देनदार है।)।

अन्ततः, उच्च न्यायालय और सर्वोच्च न्यायालय, दोनों ने अफ़ज़ल की स्वीकारोक्ति को 'प्रक्रिया सम्बन्धी सुरक्षा उपायों में चूक और उनकी अवहेलना' के कारण ख़ारिज कर दिया। लेकिन जाने कैसे, अफ़ज़ल की स्वीकारोक्ति अब तक बची रह गयी है—अभियोजन पक्ष की किसी भुतही आधारशिला की तरह। और इससे पहले कि यह स्वीकारोक्ति तकनीकी और क़ानूनी तौर पर ख़ारिज हो, यह क़ानून से इतर एक बड़ा उद्देश्य हासिल कर चुकी थी। 21 दिसम्बर, 2001 को जब भारत सरकार ने पाकिस्तान के ख़िलाफ़ युद्ध की तैयारी शुरू की, तो उसने कहा कि हमारे पास पाकिस्तान का हाथ होने के 'स्पष्ट और अकाट्य प्रमाण' हैं।[18] अफ़ज़ल की स्वीकारोक्ति ही भारत सरकार के पास पाकिस्तान के शामिल होने का एकमात्र 'प्रमाण' थी। अफ़ज़ल की स्वीकारोक्ति। और स्टिकर घोषणा-पत्र। ज़रा सोचिए। पुलिस यंत्रणा के बल पर ली गयी इस ग़ैर-क़ानूनी स्वीकारोक्ति के आधार पर हज़ारों सैनिक जनता के ख़र्च पर पाकिस्तान सीमा की ओर रवाना कर दिये गये और उपमहाद्वीप को परमाणु युद्ध के कगार पर पहुँचाने के खेल के सुपुर्द कर दिया गया, जिसमें सारी दुनिया बन्धक बनी हुई थी।

कान में कहा गया बड़ा सवाल : क्या इसका बिलकुल उलट नहीं हुआ हो सकता था? क्या स्वीकारोक्ति ने युद्ध को उकसाया या फिर युद्ध की ज़रूरत ने स्वीकारोक्ति की ज़रूरत को उकसाया?

बाद में, जब ऊँची अदालतों ने अफ़ज़ल की स्वीकारोक्ति को ख़ारिज कर दिया तो जैश-ए-मोहम्मद और लश्कर-ए-तैयबा की सारी बातें बन्द हो गयीं। पाकिस्तान से जुड़ाव का दूसरा तार पाँच मारे गये फ़िदायीनों की पहचान का रह गया था। मोहम्मद अफ़ज़ल ने, जो अभी पुलिस हिरासत में ही था, उनकी पहचान मोहम्मद,

राना, राजा, हमज़ा और हैदर के रूप में की थी। गृहमंत्री ने कहा कि 'वे पाकिस्तानियों जैसे लगते थे', पुलिस ने कहा वे 'पाकिस्तानी थे', निचली अदालत के न्यायाधीश ने कहा कि वे पाकिस्तानी थे[19] और यही मामले की स्थिति है (अगर हमसे कहा जाता कि उनके नाम हैपी, बाउन्सी, लक्की, जॉली और किडिंगमनी थे और वे स्कैंडिनेवियाई थे, तो हमें वह भी मानना पड़ता।)।

हम अब भी नहीं जानते कि वे सचमुच कौन हैं, या वे कहाँ के हैं। क्या किसी को कोई उत्सुकता है? लगता तो नहीं। उच्च न्यायालय ने कहा, 'इस तरह मारे गये पाँच आतंकवादियों की पहचान स्थापित मानी जाती है। न भी होने की स्थिति में भी कोई फ़र्क़ नहीं पड़ता। जो बात प्रासंगिक है, वह मारे गये लोगों के साथ आरोपी का सम्बन्ध है, न कि उनके नाम।'

अपने 'आरोपी के वक्तव्य' में (जो कि स्वीकारोक्ति के विपरीत, न्यायालय में दिया जाता है, पुलिस हिरासत में नहीं) अफ़ज़ल का कहना है : 'मैंने किसी भी आतंकवादी की शिनाख़्त नहीं की थी। पुलिस ने मुझे नाम बतलाये और मजबूर किया कि मैं उनकी शिनाख़्त करूँ।'[20] लेकिन तब तक उसके लिए बहुत देर हो चुकी थी। मुक़दमे के पहले दिन, निचली अदालत द्वारा नियुक्त वकील ने 'अफ़ज़ल द्वारा पहचाने शवों की शिनाख़्त और पोस्टमॉर्टम की रिपोर्टों को बिना किसी औपचारिक प्रमाण के अविवादित साक्ष्य के रूप में स्वीकार करने' के लिए सहमति दे दी थी। अफ़ज़ल के लिए इस चकरा देने वाले क़दम के गम्भीर परिणाम होने वाले थे। सर्वोच्च न्यायालय के फ़ैसले को उद्धृत करें तो, 'आरोपी अफ़ज़ल के ख़िलाफ़ पहली परिस्थिति यह है कि अफ़ज़ल जानता था मारे गये आतंकवादी कौन थे। उसने मारे गये आतंकवादियों के शवों की शिनाख़्त की थी। इस पहलू से जुड़े साक्ष्य अकाट्य हैं।'

निश्चय ही यह सम्भव है कि मारे गये आतंकवादी विदेशी लड़ाके हों। लेकिन इतनी ही सम्भावना है कि वे न हों। लोगों को मारकर 'विदेशी आतंकवादियों' के रूप में उनकी झूठी शिनाख़्त करना, या झूठे ही मृत लोगों की शिनाख़्त 'विदेशी आतंकवादियों' के रूप में करना, या झूठे ही जीवित लोगों की शिनाख़्त आतंकवादियों के रूप में करना, पुलिस या सुरक्षा बलों के लिए आम बात है चाहे कश्मीर में हो या दिल्ली की सड़कों पर।[21]

भरपूर दस्तावेज़ी सबूतों पर आधारित कश्मीर के अनेक मामलों में सबसे ज़्यादा जाना-माना मामला छत्तीसिंहपुरा हत्याकांड के बाद हुई मार-काट का है, जो आगे चलकर अन्तर्राष्ट्रीय प्रवाद बन गया। 20 अप्रैल, 2000 की रात, अमरीकी राष्ट्रपति बिल क्लिंटन के नयी दिल्ली पहुँचने के ठीक पहले, छत्तीसिंहपुरा गाँव में 'अनजाने बन्दूकधारियों' ने, जो भारतीय सेना की वर्दियाँ पहने हुए थे, 35 सिखों की हत्या कर दी थी।[22] (कश्मीर में कई लोगों को शंका है कि इस हत्याकांड के पीछे भारतीय सुरक्षा बल थे।) पाँच

दिन बाद एस.ओ.जी. और सेना की उपद्रव निरोधक इकाई 'राष्ट्रीय राइफ़ल्स' ने एक संयुक्त अभियान में पथरीबल नामक गाँव के बाहर पाँच आदमियों को मार गिराया।[23] अगले दिन उन्होंने घोषणा कि वे पाकिस्तान के रहने वाले विदेशी आतंकवादी थे, जिन्होंने छत्तीसिंहपुरा में सिखों की हत्या की थी। शव जले हुए और शक्लें बिगाड़ी हुई थीं। अपनी (बिना जली) सैनिक वर्दियों के नीचे वे सामान्य सिविलियन कपड़े पहने हुए थे। बाद में पता चला कि वे स्थानीय लोग थे जिन्हें अनन्तनाग ज़िले में गिरफ़्तार किया गया था और निर्ममतापूर्वक मौत के घाट उतार दिया गया था।

क़िस्से और भी हैं :

20 अक्टूबर, 2003 : श्रीनगर के अख़बार 'अल-सफ़ा' ने एक पाकिस्तानी 'उग्रवादी' की तस्वीर प्रकाशित की, जिसके बारे में 18वीं राष्ट्रीय राइफ़ल्स ने दावा किया कि उन्होंने उसे तब मारा जब वह एक सैनिक शिविर पर हमले का प्रयास कर रहा था। कुपवाड़ा के एक नानबाई वली ख़ान ने तस्वीर की पहचान अपने बेटे फारूख़ अहमद ख़ान के रूप में की, जिसे सैनिक दो महीने पहले जिप्सी में उठाकर ले गये थे। अन्ततः उसका शव एक साल बाद खोदकर निकाला गया।[24]

20 अप्रैल, 2004 : लोलाब घाटी में तैनात 18वीं राष्ट्रीय राइफ़ल्स ने एक घमासान मुठभेड़ में चार विदेशी उग्रवादियों को मार गिराने का दावा किया। बाद में पता चला कि वे चारों साधारण मज़दूर थे, जिन्हें सेना जम्मू से कुपवाड़ा लायी थी। एक बेनाम चिट्‌ठी के ज़रिये मज़दूरों के परिवारवालों को उनकी जानकारी मिली, जो कुपवाड़ा गये और अन्ततः मृतकों को खोद कर निकलवाया।[25]

9 नवम्बर, 2004 : सेना ने नगरोटा, जम्मू में भारतीय सेना की 15वीं कोर के जनरल ऑफ़िसर कमांडिंग और जम्मू कश्मीर पुलिस के महानिदेशक की उपस्थिति में पत्रकारों के सामने आत्मसमर्पण करने वाले 47 'उग्रवादियों' को पेश किया। जम्मू-कश्मीर पुलिस को बाद में पता चला कि उनमें 27 लोग बेरोज़गार आदमी थे, जिन्हें झूठे नाम और झूठे उपनाम दिये गये थे और जिन्हें इस बुझौवल में अपनी भूमिका निभाने के बदले सरकारी नौकरी देने का वादा किया गया था।[26]

ये सिर्फ़ इस तथ्य को उजागर करने के लिए जल्दी में दी गयी थोड़ी-सी मिसालें हैं कि दूसरे किसी भी सबूत की ग़ैर-मौजूदगी में, पुलिस जो कहती है वह किसी भी हालत में प्र्याप्त नहीं होता।

त्वरित-सुनवाई अदालत में कार्रवाई मई, 2002 में शुरू हुई। हमें उस माहौल को नहीं भूलना चाहिए जिसमें मुक़दमा शुरू हुआ। 9/11 हमले से उपजा उन्माद अभी बरक़रार था। अमरीका अफ़ग़ानिस्तान में अपनी जीत की ख़ुशी मना रहा था। गुजरात साम्प्रदायिक आक्रोश में काँप रहा था। कुछ महीने पहले ही साबरमती

एक्सप्रेस के डिब्बे नम्बर एस-6 को आग लगा दी गयी थी और उसके भीतर मौजूद 58 हिन्दू तीर्थयात्री ज़िन्दा जल गये थे। 'प्रतिशोध' में किये गये सुनियोजित जनसंहार में 2000 से ज़्यादा मुसलमानों की सरेआम बर्बर हत्या कर दी गयी थी और डेढ़ लाख से ज़्यादा मुसलमानों को उनके घरों से भगा दिया गया था।

अफ़ज़ल के लिए हर वो चीज़ जो ग़लत हो सकती थी, ग़लत हुई। उसे उच्च सुरक्षा वाली जेल के सुपुर्द कर दिया गया। बाहरी दुनिया तक उसकी कोई पहुँच नहीं थी और न ही उसके पास अपने लिए कोई पेशेवर वकील करने का पैसा था। मुक़दमे के तीन सप्ताह बाद अदालत द्वारा नियुक्त महिला वकील ने इस केस से हटा दिये जाने की इजाज़त माँगी, क्योंकि अब उसे एस.ए.आर. गिलानी के बचाव के लिए गठित वकीलों की टोली में पेशेवराना तौर पर शामिलकर लिया गया था। अदालत ने अफ़ज़ल के लिए उसी के जूनियर, बहुत कम अनुभव वाले एक वकील को नियुक्त कर दिया। अपने मुवक्किल से बात करने के लिए वह एक बार भी जेल में उससे मिलने नहीं गया। उसने अफ़ज़ल के बचाव में एक भी गवाह प्रस्तुत नहीं किया और अभियोजन पक्ष के गवाहों से भी ज़्यादा सवाल-जवाब नहीं किये। उसकी नियुक्ति के पाँच दिन बाद 8 जुलाई को अफ़ज़ल ने अदालत से दूसरा वकील दिये जाने की दरख़्वास्त की और अदालत को वकीलों की एक सूची दी—इस उम्मीद के साथ कि अदालत उनमें से किसी को नियुक्त करेगी। उनमें से हर एक ने इनकार कर दिया। (मीडिया में आक्रोश-भरे प्रचार को देखते हुए, यह ज़रा भी हैरानी की बात नहीं थी। मुक़दमे के दौरान आगे चलकर जब वरिष्ठ अधिवक्ता राम जेठमलानी ने गिलानी की ओर से मुक़दमे में पेश होना स्वीकार किया, तो शिवसेना की भीड़ ने उनके मुम्बई के दफ़्तर में तोड़-फोड़ की।)[27] न्यायाधीश ने इस मामले में कुछ भी कर पाने में असमर्थता जतायी और अफ़ज़ल को गवाहों से सवाल-जवाब करने का अधिकार दे दिया। न्यायाधीश का यह उम्मीद करना भी हैरानी की बात है कि एक आपराधिक मुक़दमे में एक अनाड़ी नाजानकार आदमी गवाहों से सवाल-जवाब कर सकेगा। ऐसे किसी भी व्यक्ति के लिए यह असम्भव काम था जो कुछ ही समय पहले बने 'पोटा' के साथ-साथ पुराने 'साक्ष्य अधिनियम' और 'टेलिग्राफ़ क़ानून' में किये गये संशोधनों और फ़ौजदारी क़ानून की गहरी समझ न रखता हो। यहाँ तक कि अनुभवी वकीलों को भी क़ानूनों के मामले में नवीनतम जानकारियों के लिए अतिरिक्त मेहनत करनी पड़ रही थी।

अफ़ज़ल के ख़िलाफ़ निचली अदालत में अभियोजन के लगभग 80 गवाहों के बयानों की ताक़त पर मामला बनाया गया : इन गवाहों में मकान मालिक, दुकानदार, सेलफ़ोन कम्पनियों के टेक्नीशियन और ख़ुद पुलिस शामिल थी। यह मुक़दमे का नाज़ुक दौर था, जब मामले की क़ानूनी बुनियाद रखी जा रही थी। इसमें सूक्ष्म और सतर्क और कड़ी क़ानूनी मेहनत की ज़रूरत थी, जिसमें ज़रूरी सबूतों को जुटाकर

उन्हें दर्ज किया जाना था, बचाव-पक्ष के गवाहों को तलब किया जाना था और अभियोजन पक्ष के गवाहों से उनके बयानों पर जिरह करनी थी। अगर निचली अदालत का फ़ैसला अभियुक्त के ख़िलाफ़ चला ही जाता (निचली अदालतें अपनी रूढ़िवादिता के लिए कुख्यात हैं) तो भी वकील ऊपर की अदालतों में साक्ष्य पर काम कर सकते थे। इस बेहद महत्वपूर्ण अवधि के दौरान अफ़ज़ल की ओर से किसी ने पैरवी नहीं की। यह इसी चरण में हुआ कि उसके मामले की बुनियाद खिसक गयी और उसके गले में फन्दा कस गया।

इसके बावजूद, मुक़दमे के दौरान स्पेशल सेल की पोल बड़े पैमाने पर शर्मनाक ढंग से खुलने लगी। यह साफ़ हो गया कि झूठों, जालसाज़ियों, जाली काग़ज़ात और प्रक्रिया में गम्भीर लापरवाहियों का सिलसिला तफ़्तीश के पहले दिन से ही शुरू हो गया था। जहाँ उच्च न्यायालय और सर्वोच्च न्यायालय के फ़ैसलों ने इन चीज़ों को चिह्नित किया है, वहीं उन्होंने पुलिस को सिर्फ़ डपटने के अन्दाज़ में उँगली भर दिखायी है या कभी-कभी इसे 'बेचैन करने वाला पहलू' बताया है, जो अपने आप में एक बेचैन कर देने वाला पहलू है। मुक़दमे के दौरान किसी भी दौर में पुलिस को गम्भीर फटकार नहीं लगायी गयी, सज़ा देने की तो ख़ैर, बात ही छोड़िए। सच तो यह है कि हर क़दम पर स्पेशल सेल ने प्रक्रिया के नियमों की घनघोर अवहेलना की। जिस निर्लज्ज लापरवाही से तफ़्तीश की गयी उससे यह चिन्ताजनक विश्वास उजागर होता है कि उन्हें कभी 'पकड़ा' नहीं जा सकेगा और अगर वे पकड़ में आ भी गये तो इससे कोई ख़ास फ़र्क़ नहीं पड़ेगा। लगता है उनका विश्वास ग़लत भी नहीं था।

तफ़्तीश के लगभग हर हिस्से में घालमेल किया गया है।[28]

गिरफ़्तारियों और बरामदगियों के समय और स्थान पर ग़ौर करें : दिल्ली पुलिस ने कहा कि गिरफ़्तारी के बाद गिलानी द्वारा दी गयी सूचनाओं के आधार पर अफ़ज़ल और शौकत को श्रीनगर में पकड़ा गया। अदालत का रिकॉर्ड बताता है कि अफ़ज़ल और शौकत को तलाश करने का सन्देश श्रीनगर पुलिस को 15 दिसम्बर की सुबह 5.45 पर भेजा गया था। लेकिन दिल्ली पुलिस के रिकॉर्ड के मुताबिक़ गिलानी को दिल्ली में 15 दिसम्बर की सुबह 10 बजे गिरफ़्तार किया गया था—श्रीनगर में अफ़ज़ल और शौकत की तलाश शुरू करने के चार घंटे बाद। वे इस घपले के बारे में कुछ नहीं बता पाये हैं। उच्च न्यायालय का फ़ैसला यह बात दर्ज करता है कि पुलिस के विवरण में 'महत्वपूर्ण अन्तर्विरोध' है और उसे सही नहीं माना जा सकता। इसे बतौर एक 'बेचैन करने वाला पहलू' (डिस्टर्बिंग फ़ीचर) दर्ज किया गया है। दिल्ली पुलिस को झूठ बोलने की ज़रूरत क्यों पड़ी? यह सवाल न पूछा गया और न इसका जवाब दिया गया।

पुलिस जब किसी को गिरफ़्तार करती है, तो प्रक्रिया के तहत उसे गिरफ़्तारी के लिए सार्वजनिक गवाह रखने होते हैं जो पुलिस द्वारा बरामद किये गये सामान,

नक़दी, काग़ज़ात या और किसी चीज़ के लिए 'गिरफ़्तारी मेमो' और 'ज़ब्ती मेमो' पर दस्तख़त करते हैं। पुलिस यह दावा करती है कि उसने अफ़ज़ल और शौकत को श्रीनगर में एक साथ 15 दिसम्बर को सुबह 11 बजे पकड़ा था। उसका कहना है कि दोनों जिस ट्रक में भाग रहे थे (वह शौकत की बीवी के नाम पर रजिस्टर्ड था) उसे पुलिस ने 'क़ब्ज़े' में ले लिया था। वह यह भी कहती है कि उसने अफ़ज़ल से एक नोकिया मोबाइल फ़ोन, एक लैपटॉप और 10 लाख रुपये बरामद किये। बतौर अभियुक्त अपने बयान में अफ़ज़ल का कहना है कि उसे श्रीनगर में एक बस स्टॉप से पकड़ा गया और उससे कोई मोबाइल फ़ोन या पैसा नहीं बरामद किया गया।

हद तो यह है कि अफ़ज़ल और शौकत दोनों की गिरफ़्तारी से सम्बन्धित मेमो पर गिलानी के छोटे भाई बिस्मिल्लाह के दस्तख़त हैं, जो उस वक़्त लोधी रोड पुलिस स्टेशन में ग़ैरक़ानूनी हिरासत में था। इसके अलावा जिन दो गवाहों ने फ़ोन, लैपटॉप और 10 लाख रुपये के ज़ब्ती मेमो पर दस्तख़त किये थे, वे दोनों ही जम्मू-कश्मीर पुलिस के थे। उनमें से एक हेड कॉन्स्टेबल मोहम्मद अकबर (अभियोजन का गवाह संख्या 62) है जो–जैसा कि हम बाद में देखेंगे–मोहम्मद अफ़ज़ल के लिए कोई अजनबी नहीं है, और न ही वह कोई आम पुलिस वाला है जो संयोगवश उधर से गुज़र रहा था। जम्मू-कश्मीर पुलिस की अपनी स्वीकारोक्ति के अनुसार भी उन्होंने अफ़ज़ल और शौकत को पहली बार परिमपुरा फल मंडी में देखा था। पुलिस इस बात का कोई कारण नहीं बताती है कि उसने उन्हें वहीं क्यों नहीं गिरफ़्तार किया। पुलिस का कहना है कि उसने अपेक्षाकृत कम सार्वजनिक जगह तक उनका पीछा किया–जहाँ कोई सार्वजनिक गवाह नहीं थे।

लिहाज़ा, यह अभियोजन के मामले में एक और गम्भीर अन्तर्विरोध है। इसके बारे में उच्च न्यायालय का फ़ैसला कहता है, 'अभियुक्तों की गिरफ़्तारी के समय में गहरी शिकनें पड़ी हुई हैं।' हैरान करने वाली बात यह है कि गिरफ़्तारी के इसी विवादित समय और जगह पर ही पुलिस षड्यंत्र में अफ़ज़ल को फँसाने वाले सबसे महत्वपूर्ण सबूत बरामद करने का दावा करती है : यानी मोबाइल और लैपटॉप। एक बार फिर, गिरफ़्तारी के दिन और समय के मामले में और अपराधी ठहराने वाले लैपटॉप और 10 लाख रुपये की कथित बरामदगी के मामले में हमारे पास एक 'आतंकवादी' के बयान के बरअक्स सिर्फ़ पुलिस का ही बयान है।

बरामदगियाँ जारी रहीं : पुलिस का कहना है कि बरामद लैपटॉप में वे फ़ाइलें थीं जिनसे गृह मंत्रालय के प्रवेश-पत्र और नक़ली पहचान-पत्र बनाये गये। उसमें कोई और उपयोगी जानकारी नहीं थी। उन्होंने दावा किया कि अफ़ज़ल उसे ग़ाज़ी बाबा को लौटाने श्रीनगर ले जा रहा था। जाँच कर रहे अफ़सर एसीपी राजबीर सिंह ने कहा कि कम्प्यूटर की हार्डडिस्क को 16 जनवरी, 2002 को सील कर दिया

गया था (क़ब्ज़े में लेने के पूरे एक महीने बाद)। लेकिन कम्प्यूटर दिखाता है कि उसके बाद भी उसे खोला गया। अदालतों ने इस पर विचार तो किया है, लेकिन इसका कोई संज्ञान नहीं लिया।

(अगर थोड़ी अटकल का सहारा लें तो क्या यह हैरान करने वाली बात नहीं है कि कम्प्यूटर में अपराध साबित करने वाली एकमात्र सूचना नक़ली प्रवेश-पत्र और पहचान-पत्र बनाने के लिए इस्तेमाल की गयी फ़ाइलें थीं? और संसद की इमारत दिखाने वाली ज़ी टीवी की एक फ़िल्म का टुकड़ा। अगर अपराध साबित करने वाली दूसरी सूचनाओं को मिटा दिया था, तो फिर इसे क्यों छोड़ा गया? और एक अन्तर्राष्ट्रीय आतंकवादी संगठन के मुखिया ग़ाज़ी बाबा को ऐसे लैपटॉप की इतनी क्या ज़रूरत थी जिसमें सिर्फ़ एक घटिया सचित्र सामग्री थी?)

मोबाइल फ़ोन कॉलों के रिकॉर्ड को देखिए : लम्बे समय तक ग़ौर से देखने पर, स्पेशल सेल द्वारा पेश किये गये कई 'पक्के सबूत' सन्दिग्ध दिखने लगते हैं। अभियोजन की ओर से मामले की रीढ़ का सम्बन्ध मोबाइल फ़ोन, सिमकार्ड, कम्प्यूटरीकृत कॉल रिकॉर्ड और सेलफ़ोन कम्पनियों के अधिकारियों और उन दुकानदारों के बयानों से है जिन्होंने अफ़ज़ल और उसके साथियों को फ़ोन और सिमकार्ड बेचे थे। यह दिखाने के लिए कि शौकत, अफ़ज़ल, गिलानी और मोहम्मद (मारे गये आतंकवादियों में से एक) हमले के समय के बहुत पास एक-दूसरे के सम्पर्क में थे, जिन कॉल रिकॉर्डों को पेश किया गया, वे ग़ैर-सत्यापित कम्प्यूटर प्रिंट आउट थे, मूल काग़ज़ात की प्रतिलिपि भी नहीं थे। वे टेक्स्ट फ़ाइल के रूप में स्टोर किये गये बिलिंग सिस्टम के आउटपुट थे जिनसे किसी भी समय आसानी से छेड़छाड़ की जा सकती थी। उदाहरण के लिए, पेश किये गये कॉल रिकॉर्ड दिखाते हैं कि एक ही सिमकार्ड से एक ही समय में दो कॉल किये गये, लेकिन ये अलग-अलग हैंडसेट और आई.एम.ई.आई. नम्बर से किये गये थे। इसका अर्थ यह है कि या तो सिमकार्ड का क्लोन (जुड़वाँ) बना लिया गया था या कॉल रिकॉर्ड से छेड़छाड़ की गयी थी।

सिमकार्ड का मामला लें : अपनी कहानी को बढ़ा-चढ़ाकर प्रस्तुत करने के लिए अभियोजन एक ख़ास नम्बर 9811489429 पर अत्यधिक निर्भर है। पुलिस का कहना है कि यह अफ़ज़ल का नम्बर है—वह नम्बर जो अफ़ज़ल को (मारे गये आतंकवादी) मोहम्मद से, अफ़ज़ल को शौकत से और शौकत को गिलानी से जोड़ता है। पुलिस का यह भी कहना है कि यह नम्बर मारे गये आतंकवादियों से मिले पहचान-पत्रों के पीछे लिखा हुआ था। कितना सुविधाजनक है! बिल्ली का बच्चा खो गया है! मम्मी को 9811489429 पर कॉल करो।

यहाँ यह बताने लायक़ बात है कि सामान्य प्रक्रिया के तहत अपराध की जगह से लिये गये सबूतों को सील करने की ज़रूरत होती है। पहचान-पत्रों को कभी सील

नहीं किया गया और वे पुलिस के क़ब्ज़े में रहे और उनसे किसी भी समय छेड़छाड़ की गयी हो सकती थी।

पुलिस के पास एकमात्र सबूत कि 9811489429 नम्बर सचमुच अफ़ज़ल ही का नम्बर है, सिर्फ़ अफ़ज़ल की स्वीकारोक्ति है, जो, जैसा कि हम देख चुके हैं, कोई सबूत ही नहीं है। सिमकार्ड कभी नहीं मिला। पुलिस ने अभियोजन पक्ष की ओर से गवाह के रूप में कमल किशोर को ज़रूर पेश किया, जिसने अफ़ज़ल की पहचान की और बताया कि उसने 4 दिसम्बर, 2001 को एक मोटरोला फ़ोन और एक सिमकार्ड बेचा था। लेकिन अभियोजन पक्ष जिस कॉल रिकॉर्ड पर निर्भर था, वह दिखाता है कि वह ख़ास सिमकार्ड 6 नवम्बर से काम में लाया जा रहा था, अफ़ज़ल द्वारा उसकी फ़र्ज़िया ख़रीद से पूरे एक महीने पहले से। यानी या तो गवाह झूठ बोल रहा है या फिर कॉल रिकॉर्ड ही ग़लत है। उच्च न्यायालय इस गड़बड़ की लीपा-पोती यह कहते हुए करता है कि कमल किशोर ने सिर्फ़ यह कहा था कि उसने अफ़ज़ल को एक सिमकार्ड बेचा था, न कि यही वाला सिमकार्ड। सुप्रीम कोर्ट का फ़ैसला बड़ी ऊँचाई से कहता है, 'अफ़ज़ल को सिमकार्ड अनिवार्य रूप से 4 दिसम्बर, 2001 से पहले बेचा गया होना चाहिए।'

अभियुक्तों की पहचान को लें : अभियोजन पक्ष की ओर से कई गवाहों ने, जिनमें से ज़्यादातर दुकानदार हैं, अफ़ज़ल की शिनाख़्त ऐसे व्यक्ति के रूप में की है, जिसे उन्होंने कई चीज़ें बेचीं : अमोनियम नाइट्रेट, अल्यूमीनियम पाउडर, गन्धक, सुजाता मिक्सी-ग्राइंडर, मेवों का पैकेट इत्यादि। सामान्य प्रक्रिया के तहत ज़रूरी है कि पहचान परेड हो जिसमें शामिल कई लोगों में से दुकानदार अफ़ज़ल को चुनें। ऐसा नहीं हुआ। बल्कि उनके द्वारा अफ़ज़ल की पहचान तब की गयी जब पुलिस की हिरासत में रहते हुए वह पुलिस को इन दुकानों में 'ले' गया और जब उसका संसद पर हमले के अभियुक्त के रूप में परिचय करवाया गया (क्या हमें यह अन्दाज़ा लगाने की छूट है कि दुकानों में पुलिस को वह ले गया या पुलिस उसे ले गयी? आख़िरकार, वह अब भी पुलिस की हिरासत में था, अब भी यातना के आगे बेबस था। अगर इन परिस्थितियों में उसका इक़बालिया बयान क़ानूनी तौर पर शंकास्पद हो जाता है, तो बाक़ी सब क्यों नहीं हो सकता?)।

जजों ने प्रक्रिया से सम्बन्धित नियमों की इन अवहेलना पर विचार तो किया, लेकिन इसे उन्होंने पूरी गम्भीरता से नहीं लिया। उनका कहना था कि उन्हें यह नहीं समझ आता कि समाज के आम लोग एक निरपराध व्यक्ति को व्यर्थ ही क्यों दोषी ठहरायेंगे। लेकिन क्या यह बात लागू हो सकती है, इस मामले में ख़ासतौर पर, जिसमें आम नागरिकों को भीषण मीडिया प्रचार का शिकार बनाया गया था? क्या यह बात इस बात को ध्यान में रखते हुए भी लागू हो सकती है कि सामान्य दुकानदार, ख़ासकर वे जो 'ग्रे मार्केट' में बिना रसीदों के सामान बेचते हैं, पूरी तरह दिल्ली पुलिस के शिकंजे में होते हैं?

मैंने अब तक जिन अनियमितताओं की बात की है उनमें से कोई भी मेरी ओर से किसी बेमिसाल जासूसी का परिणाम नहीं है। इनमें से बहुत कुछ निर्मलांशु मुखर्जी द्वारा लिखी गयी एक शानदार किताब 'दिसम्बर 13 : टेरर ओवर डेमोक्रेसी' और पीपुल्स यूनियन फ़ॉर डेमोक्रेटिक राइट्स, दिल्ली द्वारा प्रकाशित दो रिपोर्टों (ट्रायल ऑफ़ एरर्स और बैलेंसिंग ऐक्ट) और इन सबमें सबसे महत्वपूर्ण–निचली अदालत, उच्च न्यायालय और सर्वोच्च नयायालय के फ़ैसलों के–तीन मोटे ग्रन्थों में दर्ज है।[29] ये सभी सार्वजनिक दस्तावेज़ हैं, जो मेरी मेज़ पर रखे हुए हैं। ऐसा क्यों है कि जब यह पूरा-का-पूरा धुँधला ब्रह्मांड उजागर किये जाने को बेताब है, हमारे टीवी चैनल नाजानकार लोगों और लालची नेताओं के बीच खोखली बहसें आयोजित करवा रहे हैं? ऐसा क्यों है कि कुछ स्वतंत्र टिप्पणीकारों के अलावा हमारे अख़बार अपने मुखपृष्ठों पर ऐसी फ़ालतू ख़बरें छाप रहे हैं कि जल्लाद कौन होगा और मोहम्मद अफ़ज़ल को फाँसी देने के लिए इस्तेमाल की जाने वाली रस्सी की लम्बाई (60 मीटर) और उसके वज़न (3.75 किलो) के बारे में बीभत्स ब्योरे परोस रहे हैं (इंडियन एक्सप्रेस, 16 अक्टूबर, 2006)?[30] क्या हम अपने आज़ाद प्रेस की स्तुति करने के लिए क्षण भर को रुकें?

ज़्यादातर लोगों के लिए ऐसा करना आसान नहीं है, लेकिन अगर आप कर सकते हैं तो पल भर के लिए ख़ुद को इस अवधारणा से अलग कर लें कि सिद्धान्ततः 'पुलिस अच्छी है/आतंकवादी शैतान हैं।' पेश किये गये सबूतों से अगर वैचारिक साज-सज्जा हटा दी जाये तो उनसे भयावह सम्भावनाओं के गर्त खुल जाते हैं। सबूत ऐसी दिशा की ओर इंगित करते हैं, जिधर हममें से अधिकतर लोग नहीं देखना चाहेंगे।

पूरे मामले में 'सर्वाधिक उपेक्षित क़ानूनी दस्तावेज़' का इनाम क्रिमिनल प्रोसीजर कोड (दंड प्रक्रिया संहिता) की धारा 313 के तहत लिये गये अभियुक्त मोहम्मद अफ़ज़ल के बयान को जाता है। इस दस्तावेज़ में अदालत ने सबूतों को उसके सम्मुख सवालों के रूप में रखा है। वह या तो सबूत को स्वीकार कर सकता है या उन पर आपत्ति कर सकता है और उसे अपने ही शब्दों में अपनी कहानी का पक्ष रखने की छूट भी है। अफ़ज़ल के मामले में यह देखते हुए कि उसे अपनी सुनवाई का कोई मौक़ा नहीं मिला, यह दस्तावेज़ उसकी आवाज़ में उसकी कहानी बयान करता है।

इस दस्तावेज़ में अफ़ज़ल अपने ख़िलाफ़ अभियोगी पक्ष द्वारा लगाये गये कुछ आरोप स्वीकार करता है। वह स्वीकार करता है कि वह तारिक़ नाम के एक आदमी से मिला था। वह स्वीकार करता है कि तारिक़ ने उसका परिचय मोहम्मद नाम के एक आदमी से करवाया। वह स्वीकार करता है कि उसने दिल्ली आने और एक पुरानी सफ़ेद अम्बैसेडर कार ख़रीदने में मोहम्मद की मदद की। वह स्वीकार करता है कि मोहम्मद संसद पर हमले में मारे गये पाँच फ़िदायीनों में से एक था। 'आरोपी के रूप में अफ़ज़ल के बयान' में सबसे

महत्वपूर्ण चीज़ यह है कि वह कहीं भी ख़ुद को पूरी तरह निर्दोष साबित करने की कोशिश नहीं करता। लेकिन वह अपने कार्यों को जिस सन्दर्भ में रखता है, वह ध्वस्त कर देने वाला है। अफ़ज़ल का वक्तव्य संसद पर हमले में उसके द्वारा निभायी गयी हाशिये की भूमिका का ब्योरा देता है। लेकिन वह हमें उन सम्भावित कारणों की एक समझ की ओर भी ले जाता है कि जाँच इतने ढुलमुल ढंग से क्यों करायी गयी, वह सबसे महत्वपूर्ण स्थानों पर ठिठककर खड़ी क्यों हो जाती है और यह क्यों ज़रूरी है कि इसे महज़ अक्षमता और घटिया कहकर नज़रअन्दाज़ नहीं किया जाना चाहिए। अगर हम अफ़ज़ल पर भरोसा न भी करें, तो भी मुक़दमे और स्पेशल सेल की भूमिका के बारे में हम जो जानते हैं उसे देखते हुए, अफ़ज़ल जिस दिशा की ओर संकेत कर रहा है, उस ओर न देखना अक्षम्य है। वह स्पष्ट सूचनाएँ देता है : नाम, जगहें और तारीख़ें (यह आसान नहीं रहा होगा, इस बात के मद्दे-नज़र कि उसका परिवार, उसका भाई, उसकी पत्नी और अबोध बेटा कश्मीर में रहते हैं और अफ़ज़ल ने जिनका नाम लिया है, उनका आसान शिकार बन सकते हैं।)।

अफ़ज़ल के शब्दों में :

> 'मैं जम्मू-कश्मीर में सोपोर में रहता हूँ और सन् 2000 मैं जब में वहाँ था, फ़ौज मुझे लगभग रोज़ाना परेशान करती थी...राजा मोहन राय नाम का एक आदमी मुझे उग्रवादियों के बारे में उसे सूचनाएँ देने के लिए कहता था। मैं समर्पण कर चुका उग्रवादी था और ऐसे सभी उग्रवादियों को हर इतवार आर्मी कैम्प में हाज़िरी लगाने जाना पड़ता है। मुझे शारीरिक रूप से प्रताड़ित नहीं किया जाता था। वह मुझे बस धमकाता ही था। ख़ुद को बचाने के वास्ते मैं उसे छोटी-छोटी जानकारियाँ देता था, जिन्हें मैं अख़बारों से इकट्ठा करता था। जून/जुलाई 2000 में मैं अपना गाँव छोड़कर बारामूला चला गया। मेरी सर्जिकल औज़ारों की एक दुकान थी, जिसे मैं कमीशन के आधार पर चला रहा था। एक दिन जब मैं अपने स्कूटर पर जा रहा था, एसटीएफ (स्पेशल टास्क फ़ोर्स) के लोग आये और मुझे उठा ले गये और उन्होंने पाँच दिनों तक मुझे लगातार प्रताड़ित किया। किसी ने एसटीएफ को सूचना दी थी कि मैं फिर से उग्रवादी कामों में लग गया हूँ। उस आदमी का मुझसे सामना हुआ और उसे मेरी मौजूदगी में छोड़ दिया गया। फिर मुझे उन लोगों ने क़रीब 25 दिन तक अपनी हिरासत में रखा और मैंने एक लाख रुपये देकर ख़ुद को छुड़ाया। स्पेशल सेल वालों ने इस घटना की पुष्टि की थी। उसके बाद मुझे एसटीएफ वालों ने सर्टिफ़िकेट दिया था और उन्होंने मुझे छह महीनों के लिए स्पेशल पुलिस अफ़सर बनाया। वे जानते थे कि मैं उनके लिए काम नहीं करूँगा। तारिक़ मुझसे पालहलन एसटीएफ कैम्प में मिला था जहाँ मैं एसटीएफ की हिरासत में था। तारिक़ मुझे बाद में श्रीनगर में मिला और उसने बताया कि बुनियादी रूप से वह एसटीएफ

के लिए काम कर रहा था। मैंने उसे बताया कि मैं भी एसटीएफ के लिए काम कर रहा हूँ। संसद के हमले में मारा गया मोहम्मद भी तारिक़ के साथ था। तारिक़ ने मुझे बताया कि वह कश्मीर के केरान इलाक़े का रहनेवाला था और उसने मुझे कहा कि मैं मोहम्मद को दिल्ली ले जाऊँ, क्योंकि मोहम्मद को कुछ समय बाद दिल्ली से देश के बाहर जाना है। मैं नहीं जानता कि 15 दिसम्बर, 2001 को श्रीनगर पुलिस ने मुझे क्यों पकड़ा? मैं तब श्रीनगर बस स्टॉप से घर जाने के लिए बस में चढ़ रहा था जब पुलिस ने मुझे पकड़ लिया। उस गवाह अकबर ने, जिसने कोर्ट में कहा था कि उसने शौकत और मुझे श्रीनगर में पकड़ा था, दिसम्बर 2001 से क़रीब एक साल पहले मेरी दुकान पर छापा मारा था और मुझसे कहा था कि मैं सर्जरी के नक़ली औज़ार बेच रहा था और उसने मुझसे 5000 रुपये लिये थे। मुझे स्पेशल सेल में प्रताड़ित किया गया और एक भूप सिंह ने मुझे पेशाब पीने को भी मजबूर किया और मैंने एस.ए.आर. गिलानी के परिवार को भी वहाँ देखा, गिलानी की हालत बहुत ख़राब थी। वह खड़े होने की स्थिति में नहीं था। हम जाँच के लिए डॉक्टर के पास ले जाये जाते, लेकिन हमें निर्देश था कि हमें डॉक्टर को बताना था कि सब ठीक-ठाक था। हमें धमकी दी जाती कि अगर हम ऐसा नहीं करेंगे तो हमें फिर से सताया जायेगा।'

यहाँ उसने अदालत से कुछ और जानकारी जोड़ने की इजाज़त माँगी :

'संसद पर हमले में मारा गया आतंकवादी मोहम्मद मेरे साथ कश्मीर से आया था। जिस आदमी ने उसे मुझे सौंपा, वह तारिक़ था। तारिक़ सुरक्षा बल और जम्मू-कश्मीर पुलिस की एसटीएफ के साथ काम कर रहा है। तारिक़ ने मुझसे कहा था कि अगर मोहम्मद की वजह से मैं किसी परेशानी में पड़ा तो वह मेरी मदद करेगा, क्योंकि वह सुरक्षा बलों और एसटीएफ को अच्छी तरह जानता है...तारिक़ ने कहा था कि मुझे सिर्फ़ मोहम्मद को दिल्ली छोड़ना है और कुछ नहीं करना है और अगर मैं मोहम्मद को अपने साथ दिल्ली नहीं ले गया तो मुझे किसी दूसरे मामले में फँसा दिया जायेगा। मैं इन हालात में मजबूरन मोहम्मद को दिल्ली लाया, यह जाने बग़ैर कि वह आतंकवादी है।'

तो अब हमारे सामने ऐसे आदमी की तस्वीर उभर रही है जो इस प्रकरण में मुख्य खिलाड़ी हो सकता है। 'गवाह अकबर' (अभियोजन पक्ष का गवाह 62), मोहम्मद अकबर, हेड कॉन्स्टेबल, परिमपोरा पुलिस स्टेशन, जम्मू-कश्मीर का वह पुलिसवाला जिसने अफ़ज़ल की गिरफ़्तारी के समय 'बरामदगी मेमो' पर दस्तख़त किये। अपने सर्वोच्च न्यायालय के वकील सुशील कुमार को लिखे गये एक पत्र में अफ़ज़ल मुक़दमे

के दौरान एक दहलाने वाले लम्हे का ब्योरा देता है। अदालत में गवाह अकबर, जो कश्मीर से 'बरामदगी मेमो' के बारे में बयान देने आया था, अफ़ज़ल को कश्मीरी में आश्वस्त करता है कि 'उसका परिवार ख़ैरियत से है।' अफ़ज़ल फ़ौरन समझ जाता है कि यह एक छिपी हुई धमकी है। अफ़ज़ल यह भी कहता है कि श्रीनगर में पकड़े जाने के बाद उसे परिमपोरा पुलिस स्टेशन ले जाकर पीटा गया और उससे साफ़ कहा गया कि अगर वह सहयोग नहीं देगा तो उसकी पत्नी और परिवार को गम्भीर नतीजे भुगतने होंगे (हम पहले ही जानते हैं कि अफ़ज़ल के भाई हिलाल को कुछ महत्वपूर्ण महीनों के दौरान एस.ओ.जी. द्वारा ग़ैरक़ानूनी हिरासत में रखा गया था।)।

इस पत्र में अफ़ज़ल बताता है कि उसे एसटीएफ कैम्प में किस तरह प्रताड़ित किया गया था–उसके गुप्तांगों पर बिजली की छड़ें लगाकर और गुदा में मिर्च और पेट्रोल डालकर। वह पुलिस के डिप्टी सुपरिंटेंडेंट द्रविन्दर सिंह का नाम लेता है जिसने उससे कहा था कि दिल्ली में 'एक छोटे-से काम' के लिए मुझे तुम्हारी ज़रूरत है। वह यह भी कहता है कि चार्जशीट में दिये गये कुछ नम्बर खोजे जाने पर कश्मीर में एक एसटीएफ कैम्प के साबित होंगे।

यह अफ़ज़ल की दास्तान है जो हमें कश्मीर घाटी में जीवन के असली रूप की झलक दिखाती है। यह तो उन बचकानी कथाओं में ही होता है–जो हम अपने अख़बारों में पढ़ते हैं–कि सुरक्षा बल उग्रवादियों से लड़ते हैं और निरपराध लोग दोनों तरफ़ की गोलीबारी की ज़द में फँस जाते हैं। वयस्कों के क़िस्सों में कश्मीर घाटी उग्रवादियों, भगोड़ों, ग़द्दारों, सुरक्षा बलों, दोहरे एजेंटों, मुख़बिरों, पिशाचों, ब्लैकमेल करने वालों, ब्लैकमेल होने वालों, जबरन वसूली करने वालों, जासूसों, भारत और पाकिस्तान दोनों की गुप्तचर एजेंसियों के लोगों, मानवाधिकार कार्यकर्ताओं, ग़ैर-सरकारी संगठनों और अकल्पनीय मात्रा में बिना हिसाब-किताब वाले पैसों और हथियारों से भरी हुई है। ऐसी साफ़ लकीरें हमेशा मौजूद नहीं होतीं, जो इन सारी चीज़ों और लोगों को अलग-अलग करने वाली चारदीवारियों को चिह्नित करें। यह बताना आसान नहीं है कि कौन किसके लिए काम कर रहा है।

कश्मीर में सच्चाई सम्भवतः किसी भी दूसरी चीज़ से ज़्यादा ख़तरनाक है। जितना गहरे आप खोदेंगे, उतना बुरा हाल मिलेगा। गड्ढे में सबसे नीचे, एस.ओ.जी. और एस.टी.एफ. हैं, जिनकी अफ़ज़ल बात करता है। ये कश्मीर में भारतीय सुरक्षा तंत्र के सबसे निर्मम, अनुशासनहीन और डरावने तत्व हैं। नियमित बलों के विपरीत ये लोग उस धुँधले इलाक़े में काम करते हैं जहाँ पुलिसवालों, आत्मसमर्पण कर चुके उग्रवादियों, भगोड़ों और आम अपराधियों का राज है। वे स्थानीय लोगों को शिकार बनाते हैं जो 1990 के दशक की शुरुआत में हुए अराजक विद्रोह में शामिल हुए थे और अब आत्मसमर्पण करके सामान्य जीवन जीने की कोशिश कर रहे हैं।

1989 में जब अफ़ज़ल ने उग्रवादी के रूप में प्रशिक्षण लेने के लिए सीमा पार की थी, तब वह सिर्फ़ 20 साल का था। वह बिना किसी प्रशिक्षण के, अपने अनुभवों से निराश होकर वापस आ गया। उसने अपनी बन्दूक छोड़ दी और दिल्ली विश्वविद्यालय में भर्ती हो गया। 1993 में नियमित उग्रवादी न होते हुए भी उसने स्वेच्छा से बी.एस.एफ. के सम्मुख आत्मसमर्पण किया। अतार्किक ढंग से उसके दुःस्वप्नों की शुरुआत इसी बिन्दु से हुई। उसके आत्मसमर्पण को अपराध माना गया और उसका जीवन नरक बन गया। अगर कश्मीरी नौजवान अफ़ज़ल की कहानी से यह सबक़ लें कि हथियार डालना और ख़ुद को भारतीय राज्य की उन अनगिनत क्रूरताओं के हवाले कर देना न सिर्फ़ मूर्खता होगी, बल्कि पागलपन ही कहा जायेगा, जो भारतीय राज्य के पास उन्हें देने के लिए हैं, तो क्या उन्हें दोष दिया जा सकता है?

मोहम्मद अफ़ज़ल की कहानी ने कश्मीरियों में आक्रोश पैदा कर दिया है, क्योंकि उसकी कहानी उनकी भी कहानी है। उसके साथ जो हुआ है, हज़ारों युवा कश्मीरियों और उनके परिवारों के साथ हो सकता है, हो रहा है या हो चुका है। फ़र्क़ सिर्फ़ यह है कि उनकी कहानियाँ संयुक्त पूछताछ केन्द्र की अँधेरी कोठरियों, फ़ौजी कैम्पों और पुलिस थानों में घट रही हैं जहाँ उन्हें दाग़ा जाता है, पीटा जाता है, बिजली के झटके दिये जाते हैं, उन्हें ब्लैकमेल किया जाता है और मार दिया जाता है। उनके शवों को ट्रकों के पीछे से फेंक दिया जाता है जहाँ वे राहगीरों को मिलते हैं। जबकि अफ़ज़ल की कहानी को किसी मध्यकालीन नाटक की तरह राष्ट्रीय मंच पर दिन-दहाड़े, एक 'न्यायपूर्ण मुक़दमे' की क़ानूनी मंज़ूरी, 'स्वतंत्र प्रेस' के खोखले फ़ायदों और तथाकथित लोकतंत्र के सारे आडम्बर और अनुष्ठानों के साथ, खेला जा रहा है।

अगर अफ़ज़ल को फाँसी दे दी जाती है तो हमें इस असली सवाल का जवाब कभी नहीं मिलेगा कि भारतीय संसद पर आख़िर किसने आक्रमण किया? क्या वह लश्कर-ए-तैयबा था? जैश-ए-मोहम्मद था? या फिर इसका उत्तर इस देश के गुप्त हृदय में गहरे कहीं छिपा है, जिसमें हम सब रहते हैं और जिसे हम अपने ही सुन्दर, जटिल, विविध और कँटीले ढंग से प्रेम और घृणा करते हैं।

13 दिसम्बर को संसद पर हुए आक्रमण की संसदीय जाँच होनी ही चाहिए। जब तक जाँच हो, सोपोर में अफ़ज़ल के परिवार की रक्षा की जाये, क्योंकि इस अजीबो-ग़रीब कहानी में वे असुरक्षित बन्धक हैं।

यह जाने बग़ैर कि दरअसल क्या हुआ था, अफ़ज़ल को फाँसी पर चढ़ाना ऐसा दुष्कर्म होगा जो आसानी से भुलाया नहीं जा पायेगा। न माफ़ किया जा सकेगा। किया भी नहीं जाना चाहिए।

दस फ़ीसदी वृद्धि-दर के बावजूद।

ताज़ा ख़बर

यह लेख सबसे पहले संसद पर हुए हमले के गिर्द उपजे विवादों के बारे में वकीलों, शिक्षा-शास्त्रियों, पत्रकारों और लेखकों की रचनाओं के संग्रह, 'भारतीय, संसद पर हमले का अजीबो-ग़रीब मामला : 13 दिसम्बर एक संकलन' *(नयी दिल्ली : पेंग्विन बुक्स इंडिया, 2006) की भूमिका के रूप में छपा था।*

यह संकलन (13 दिसम्बर–भारतीय संसद पर हमले की अजीब कहानी : एक संकलन) 13 दिसम्बर, 2001 के दिन से लगभग पाँच वर्ष बाद प्रेस में जा रहा है, जब पाँच (कुछ कहते हैं छह) लोग एक सफ़ेद अम्बैसेडर कार में सवार होकर भारतीय संसद के फाटक से भीतर दाख़िल हुए और कुछ ऐसा प्रयास किया जो एक विस्मयजनक ढंग से अक्षम आतंकवादी हमला प्रतीत हुआ।

इसके बाद जो कुछ हुआ परम सक्षमता उस सबका प्रतीक जान पड़ने लगी : प्रमाणों का इकट्ठा किया जाना, दिल्ली पुलिस की स्पेशल सेल द्वारा जाँच-पड़ताल की त्वरित गति, अभियुक्तों की गिरफ़्तारी और उनके ख़िलाफ़ आरोप-पत्रों का दायर किया जाना, और 40 महीने लम्बी अदालती कार्रवाई जो त्वरित-सुनवाई अदालत से शुरू हुई।

इस सबमें जो मुहावरा चलन में रहा वह यह कि 'ऐसा प्रतीत हुआ।' यदि आप इस कहानी का मुलाहिज़ा सावधानी से करेंगे तो आपका सामना मुखौटों के दो समूहों से होगा। पहला, परम सक्षमता वाला मुखौटा (अभियुक्त गिरफ़्तार, महज़ दो दिन में 'मामले का भंडाफोड़'), और फिर, जब मामला बिगड़ने लगा, तो बेढंगी अक्षमता का भला, सौम्य मुखौटा (घटिया सबूत, प्रक्रियागत दोष, सामग्री का अन्तर्विरोध)। लेकिन इस सबके नीचे जैसा कि इस संकलन का प्रत्येक निबन्ध दिखाता है, कुछ ऐसा मौजूद है जो और अधिक अमंगलसूचक और जघन्य है, अधिक चिन्तित करने वाला है। पिछले कुछ वर्षों के दौरान ये चिन्ताएँ आशंकाओं के पहाड़ का रूप ले चुकी हैं, जिसे नज़रअन्दाज करना नामुमकिन है।

सन्देह तो शुरू से ही होने लगे थे, जब संसद पर हमले के ठीक अगले दिन, 14 दिसम्बर, 2001 को, पुलिस ने दिल्ली विश्वविद्यालय के एक युवा अध्यापक, एस.ए.आर. गिलानी को गिरफ़्तार किया। वह उन चार लोगों में से एक था जिन्हें गिरफ़्तार किया गया। पूरी तरह यह जानते हुए कि उसे फँसाया गया है, उसके नाख़ुश

और नाराज़ सहकर्मियों और मित्रों ने मशहूर वकील नन्दिता हक्सर से सम्पर्क किया और उनसे इस मामले की पैरवी करने का अनुरोध किया। यह गिलानी के मामले की निष्पक्ष जाँच किये जाने के अभियान का आग़ाज़ था। यह मामला जनसंचार माध्यमों द्वारा अत्यन्त उत्साह के साथ फैलाये गये सामूहिक उन्माद और घातक प्रोपेगैंडा का सामना करता हुआ बढ़ता रहा। अभियान सफल रहा और इस मामले की सह-अभियुक्त अफ़सान गुरु के साथ ही गिलानी को भी अन्ततः निर्दोष क़रार दिया गया।

गिलानी को बरी किये जाने से संसद पर हमले के अभियोजन पक्ष के प्रारूप में एक न भरने वाला छेद पैदा हो गया। लेकिन अभियुक्तों में से दो के बरी किये जाने पर जनता के मन में बाक़ी दो के दोषी होने की बात कुछ अजीब तरीक़े से पुष्ट हो गयी। सरकार ने जब यह घोषणा की कि मामले के अभियुक्त नम्बर एक– मोहम्मद अफ़ज़ल गुरु को 20 अक्टूबर, 2006 को फाँसी पर लटका दिया जायेगा, तो ऐसा लगा जैसे ज़्यादातर लोगों ने इस ख़बर से न सिर्फ़ अपनी सहमति जतायी है, बल्कि विकृत आवेश के साथ इसका स्वागत भी किया है। लेकिन तब, एक बार फिर से, सारे प्रश्न सतह पर आ गये।

गिलानी के ख़िलाफ़ अभियोजन पक्ष के मामले को आर-पार देखना अपेक्षाकृत आसान था। उसे बीच अधर से उठाकर 'षड्यंत्र' के बीचोबीच उसकी धुरी के रूप में स्थापित कर दिया गया था। लेकिन अफ़ज़ल अलग था। उसे उस नरक के, जिसमें कश्मीर अब तब्दील हो गया है, गन्दे नालों के जाल से खींच निकाला गया था। वह गन्दगी से लिथड़ा हुआ एक मैनहोल से होकर बाहर सतह पर आया (और जब वह बाहर आया तो स्पेशल सेल के पुलिसकर्मियों ने उसके ऊपर पेशाब तक किया)।[1] स्पेशल सेल ने सबसे पहले जो काम उससे करवाया, वह था 'मीडिया के सामने स्वीकारोक्ति' जहाँ उसने ख़ुद को हमले में पूरी तरह लिप्त बताया।[2] जिस तेज़ी से यह सब घटित हुआ उससे हम जैसे अनेक लोगों को विश्वास हो गया कि वह सचमुच हमले के लिए दोषी है, जैसा कि उस पर आरोप लगाया गया है। वह तो बहुत बाद में जाकर पता चला कि वे परिस्थितियाँ क्या थीं जिनके तहत यह 'स्वीकारोक्ति' की गयी थी। यहाँ तक कि सर्वोच्च न्यायालय भी यह कहते हुए उसे किनारे कर देने वाला था कि पुलिस ने क़ानून के रक्षा कवच को तोड़ा था।[3]

बिलकुल शुरू से ही अफ़ज़ल के मामले में कुछ भी इतना सीधा या स्पष्ट नहीं था। यहाँ तक कि आज भी अफ़ज़ल यह दावा नहीं करता कि वह पूरी तरह निर्दोष है। विवाद उसके लिप्त होने की प्रकृति को लेकर है। उदाहरण के लिए उसने हाशिये ही की जो भूमिका भी निभायी, उसके लिए क्या उसके साथ ज़बरदस्ती की गयी, उसे यातना दी गयी, या उसे ब्लैकमेल किया गया? उसके पास तो कोई वकील भी नहीं था जो क़िस्से के उसके पहलू को आगे रख सके या किसी व्यक्ति को झूठों और

कूट-प्रपंच की गढ़ी हुई बातों के उलझाव को सुलझाने में मदद दे सके। विभिन्न लोगों ने इसे अपने लिए ख़ुद सुलझाया। वकीलों, शिक्षाविदों, पत्रकारों और लेखकों के समूह द्वारा लिखे गये ये लेख उस कृतित्व का प्रतिनिधित्व करते हैं। इस काम ने उस सब को चकनाचूर करके रख दिया है जो अभी हाल तक सामूहिक उन्माद के साथ गुँथी हुई राष्ट्रीय आम सहमति नज़र आ रही थी । हमसे मोर्चाबन्दी में देर हुई है, पर हम आ चुके हैं।

अधिकांश लोगों का या कहें कि बहुत-से लोगों का आमना-सामना जब वास्तविक तथ्यों और तर्कपूर्ण दलीलों से होता है तो वे सही प्रश्न भी पूछने लग जाते हैं। संसद पर हमले के मामले में ठीक यही होना शुरू हो गया है। सवालों ने जनता की ओर से दबाव बढ़ा दिया है। इस दबाव ने दरारें पैदा की हैं और इन दरारों से होकर जो लोग जाँच-परख के दायरे में आये हैं–नीम-अँधेरे में मौजूद लोग, गुप्तचर और सुरक्षा एजेंसियाँ, राजनैतिक दल–अब सतह पर आने लगे हैं। वे झंडे लहराते हैं, गालियाँ बकते हैं, कड़ा विरोध करते हैं और अपने किये पर पर्दा डालने के लिए झूठ-पर-झूठ बोलते हैं। इस तरह वे अपने को उघाड़ते हैं।

जनता की बेचैनी लगातार बढ़ रही है। नागरिकों का एक समूह (निर्मला देशपांडे की अध्यक्षता में) एक समिति के रूप में पूरी घटना की संसदीय जाँच कराने की सार्वजनिक माँग कराने के लिए इकट्ठा हो गया है।[4] एक ऑनलाइन याचिका में भी यही माँग की गयी है।[5] हज़ारों लोगों ने इस पर हस्ताक्षर किये हैं। हर रोज़ अख़बारों में या नेट पर नये लेख आ जाते हैं। कमोबेश आधा दर्जन वेबसाइटें मामले की प्रगति पर बारीक़ी से नज़र रखे हुए हैं। वे सवाल खड़ा कर रहे हैं कि मोहम्मद अफ़ज़ल को, जिसका क़ानूनी प्रतिनिधित्व कभी किसी ने नहीं किया, बिना सुनवाई का अवसर दिये, बिना निष्पक्ष मुक़दमा चलाये, मृत्युदंड कैसे दिया जा सकता है? वे गढ़े गये प्रमाणों, प्रक्रियागत त्रुटियों और उन पूरी तरह झूठी बातों पर प्रश्न उठा रहे हैं जिन्हें अदालत में प्रस्तुत किया गया और अख़बारों में प्रकाशित किया गया। वे बताते हैं कि कैसे एक भी ऐसा पुख़्ता प्रमाण नहीं है जो जाँच पर खरा उतर सके।

और फिर, इससे भी ज़्यादा विचलित कर देने वाले प्रश्न उठाये गये हैं जो मोहम्मद अफ़ज़ल की क़िस्मत से भी आगे जाते हैं। 13 दिसम्बर से जुड़े 13 प्रश्न ये हैं :

प्रश्न 1. : संसद पर हमले से महीनों पहले से सरकार और पुलिस यह कहती रही थी कि संसद पर हमला हो सकता है। 12 दिसम्बर, 2001 को एक अनौपचारिक बैठक में, प्रधानमंत्री अटल बिहारी वाजपेयी ने संसद पर आसन्न हमले की चेतावनी दी थी।[6] 13 दिसम्बर को संसद पर हमला हो गया। ऐसी हालत में जब वहाँ 'उत्कृष्ट

सुरक्षा अभ्यास' किया गया था, तब विस्फोटकों से लदा एक कार-बम संसद परिसर में कैसे दाख़िल हो गया?

प्रश्न 2. : हमले के कुछ ही दिनों के अन्दर दिल्ली पुलिस के स्पेशल सेल ने कहा कि यह जैश-ए-मोहम्मद और लश्कर-ए-तैयबा की एक सुनियोजित संयुक्त कार्रवाई थी। उन्होंने कहा कि हमले का नेतृत्व 'मोहम्मद' नामक एक व्यक्ति ने किया जो 1998 में आईसी-814 विमान के अपहरण में शामिल था (बाद में सी.बी.आई. ने इसका खंडन किया।[7])। अदालत में इनमें से कोई भी बात साबित नहीं हुई। अपने दावे के लिए स्पेशल सेल के पास क्या सबूत थे?

प्रश्न 3. : पूरे हमले को क्लोज़ सर्किट टीवी (सीसीटीवी) पर हाथ-के-हाथ रिकॉर्ड किया गया था। कांग्रेस पार्टी के सांसद कपिल सिब्बल ने संसद में माँग की कि क्लोज़ सर्किट टीवी रिकॉर्डिंग सदस्यों को दिखायी जाये। राज्यसभा की उपाध्यक्ष नजमा हेपतुल्ला ने यह कहते हुए उनका समर्थन किया कि घटना के विवरण को लेकर भ्रम है। कांग्रेस पार्टी के मुख्य सचेतक, प्रियरंजन दासमुंशी ने कहा, 'मैंने कार से 6 लोगों को निकलते गिना था। लेकिन केवल पाँच लोग मारे गये। क्लोज़ सर्किट टीवी कैमरा रिकॉर्डिंग ने साफ़-साफ़ 6 लोगों को दिखाया।'[8] अगर दासमुंशी सही हैं तो पुलिस ने क्यों कहा कि कार में केवल पाँच लोग थे? छठा आदमी कौन था? अब वह कहाँ है? मुक़दमे में अभियोजन पक्ष द्वारा सीसीटीवी रिकॉर्डिंग को सबूत के तौर पर क्योंकर पेश नहीं किया गया? जनता के लिए इसे क्यों नहीं जारी किया गया?

प्रश्न 4. : इनमें से कुछ प्रश्न जब संसद में उठाये गये तो संसद को क्यों स्थगित कर दिया गया?

प्रश्न 5. : 13 दिसम्बर के कुछ दिन बाद सरकार ने घोषणा की कि हमले में पाकिस्तान के शामिल होने के बारे में उसके पास 'अकाट्य सबूत' हैं, और भारत-पाकिस्तान सीमा पर लगभग 5 लाख सैनिकों की भारी लामबन्दी करने की घोषणा की। उपमहाद्वीप को धकेलकर परमाणु युद्ध के कगार तक ले आया गया। यातना देकर हासिल किये गये अफ़ज़ल के 'इक़बालिया बयान' के अलावा (जिसे बाद में सर्वोच्च न्यायालय ने किनारे कर दिया) वह 'अकाट्य सबूत' क्या था?

प्रश्न 6. : क्या यह सच है कि पाकिस्तान की सीमा पर फ़ौजी लामबन्दी 13 दिसम्बर के हमले के काफ़ी पहले ही शुरू कर दी गयी थी?

प्रश्न 7. : सेना की इस तैनाती पर, जो लगभग एक साल बाद ख़त्म हुई, कितनी लागत आयी? तैनाती की प्रक्रिया में कितने सैनिक मारे गये? कितने सैनिक और सामान्य नागरिक सुरंगों की बदइस्तेमाली की वजह से मारे गये और कितने किसानों को अपने घरों और खेत-खलिहानों से हाथ धोने पड़े, क्योंकि ट्रक और टैंक उनके गाँवों से होकर गुज़र रहे थे और उनके खेतों में सुरंगें बिछायी जा रही थीं?

प्रश्न 8. : आपराधिक तफ़्तीश में पुलिस के लिए यह दिखाना ज़रूरी होता है कि हमले की जगह से इकट्ठा किये गये सबूत ने उन्हें अभियुक्त तक कैसे पहुँचाया। पुलिस मोहम्मद अफ़ज़ल तक कैसे पहुँची? स्पेशल सेल कहता है कि वह एस.ए.आर. गिलानी की मार्फ़त अफ़ज़ल तक पहुँचा।[9] लेकिन अफ़ज़ल की तलाश के लिए श्रीनगर पुलिस को भेजा गया सन्देश वास्तव में गिलानी की गिरफ़्तारी से पहले भेजा गया था। लिहाज़ा स्पेशल सेल ने अफ़ज़ल को किस तरह 13 दिसम्बर के हमले से जोड़ा?

प्रश्न 9. : अदालतें स्वीकार करती हैं कि अफ़ज़ल आत्मसमर्पण कर चुका आतंकवादी था जो सुरक्षा बलों, ख़ासतौर पर जम्मू-कश्मीर पुलिस के विशेष कार्य बल (एसटीएफ) के नियमित सम्पर्क में था। सुरक्षा बल कैसे इस तथ्य की व्याख्या करते हैं कि उनकी सतत निगरानी में मौजूद आदमी इतनी बड़ी आतंकी कार्रवाई के षड्यंत्र में शामिल हो सका?

प्रश्न 10. : क्या यह युक्तिसंगत है कि लश्कर-ए-तैयबा या जैश-ए-मोहम्मद जैसे संगठन इतनी बड़ी कार्रवाई के लिए मुख्य कड़ी के तौर पर ऐसे व्यक्ति पर निर्भर रहेंगे जो एसटीएफ के यातना चैम्बरों से अन्दर-बाहर आया-गया था और लगातार पुलिस की निगरानी में था?

प्रश्न 11. : कोर्ट के समक्ष अपने बयान में अफ़ज़ल कहता है कि तारिक़ नामक एक आदमी ने, जो एसटीएफ में काम करता था, 'मोहम्मद' से उसका परिचय करवाया था और उसे निर्देश दिया था कि वह 'मोहम्मद' को दिल्ली ले जाये। पुलिस के आरोप-पत्र में तारिक़ का नाम आया है। यह तारिक़ कौन है और अब कहाँ है?

प्रश्न 12. : संसद पर हमले के 6 दिन बाद, 19 दिसम्बर, 2001 को ठाणे (महाराष्ट्र) के पुलिस कमिश्नर एस.एम. सांगरी ने संसद पर हमले में मारे गये हमलावरों में से एक की पहचान लश्कर-ए-तैयबा के मोहम्मद यासिन फ़तह मोहम्मद (उर्फ़ अबू हमज़ा) के रूप में की, जिसे नवम्बर 2000 में मुम्बई में गिरफ़्तार किया गया था, और तत्काल जम्मू-कश्मीर पुलिस के हवाले कर दिया गया था। अपने बयान के समर्थन में उन्होंने विस्तृत विवरण दिया। यदि पुलिस कमिश्नर सांगरी सही थे, तो जम्मू-कश्मीर पुलिस की हिरासत में मौजूद आदमी, मोहम्मद यासिन कैसे संसद पर हमले में हिस्सा ले पाया? अगर वे ग़लत थे तो मोहम्मद यासिन अभी कहाँ है?

प्रश्न 13. : ऐसा क्यों है कि हमें अब तक यह नहीं पता कि संसद पर हमले में मारे गये पाँच मृतक 'आतंकवादी' कौन हैं?

एक साथ जाँचे जाने पर ये प्रश्न कुछ ऐसी चीज़ की तरफ़ इशारा करते हैं जो अक्षमता से कहीं ज़्यादा गम्भीर है। जो शब्द दिमाग़ में आते हैं वे हैं 'साँठ-गाँठ',

'साज़िश', 'संलिप्तता'। इसमें चौंकने का स्वाँग करने, या इन विचारों को सोचने और इन्हें ऊँची आवाज़ में कहने से संकोच करने की कोई ज़रूरत नहीं है। अपना उल्लू सीधा करने के लिए ऐसी रणनीतियों का इस्तेमाल करना सरकारों और उनकी सतर्कता एजेंसियों का पुराना धन्धा रहा है। (1933 में जर्मनी के राइख़श्टाग का जलाया जाना और नाज़ी सत्ता के अभ्युदय पर नज़र डालिए; या 'ऑपरेशन ग्लैडियो' पर नज़र डालें जिसमें यूरोपीय इंटेलिजेंस एजेंसियों ने रेड ब्रिगेड जैसे लड़ाकू संगठनों को बदनाम करने के लिए आतंकवादी कार्रवाइयों को 'रचा' था, ख़ासतौर से इटली में।[10])

इन सारे प्रश्नों को लेकर सरकारी प्रतिक्रिया को देखें तो मरघट-सी ख़ामोशी छायी हुई है। अब स्थिति यह है कि अफ़ज़ल की फाँसी को मुल्तवी कर दिया गया है जिस बीच राष्ट्रपति अफ़ज़ल की क्षमा-याचना पर विचार कर रहे हैं । इसी बीच, भारतीय जनता पार्टी (भाजपा) ने घोषणा की है कि वह 'अफ़ज़ल को फाँसी दो' की माँग को एक राष्ट्रीय आन्दोलन में बदल देगी।[11] आन्दोलन में पिटे-पिटाये धार्मिक अन्ध-देशभक्ति, राष्ट्रवाद और कूटनीतिक झूठों की मिली-जुली समिधा डाली गयी। लेकिन लगता है कि काम बना नहीं है। अब दूसरे रास्तों की तलाश की जा रही है। 'अखिल भारतीय आतंकवाद निरोधक मोर्चा' के एम.एस. बिट्टा उन कुछेक सुरक्षाकर्मियों के परिवारों की परेड करा रहे हैं जो हमले के दौरान मारे गये। उन्होंने धमकी दी है कि अगर अफ़ज़ल को 13 दिसम्बर तक फाँसी पर नहीं लटकाया गया तो वे मरणोपरान्त सरकार द्वारा दिये गये बहादुरी के तमग़ों को लौटा देंगे (वैसे, उनके लिए यह बुरा ख़याल नहीं होगा कि वे अपने तमग़ों को तब तक लौटा दें जब तक कि वे सचमुच यह नहीं जान लेते कि हमलावर किसके लिए काम कर रहे थे।)।

ऐसा लगता है कि मुख्य रणनीति भ्रम पैदा करने और बहस को साम्प्रदायिक आधार पर ध्रुवीकृत करने की है। 'पायनियर' के सम्पादक अपने स्तम्भ में लिखते हैं कि मोहम्मद अफ़ज़ल वास्तव में उन लोगों में से एक था जिन्होंने संसद पर हमला किया, वह पहला व्यक्ति था जिसने गोलियाँ चलानी शुरू कीं और कम-से-कम तीन सुरक्षा गार्डों को मार डाला*।[12] स्तम्भकार स्वप्न दासगुप्ता 'बुरा करने वालों के साथ भलाई नहीं बरती जा सकती' शीर्षक से एक लेख में कहते हैं कि अफ़ज़ल को फाँसी पर नहीं लटकाया जाता तो दशहरा या दुर्गापूजा के समय बुराई पर अच्छाई की जीत का उत्सव मनाने का कोई तुक नहीं है।[13] यह विश्वास करना कठिन है कि ऐसे झूठ सिर्फ़ तथ्यों की ग़लत पकड़ के कारण गढ़े जाते हैं।

---

* 'पायनियर' अख़बार के सम्पादक, चन्दन मित्रा ने '13 दिसम्बर : एक संकलन' की समीक्षा 'इंडिया टुडे' में की थी (22 जनवरी, 2007, 'अर्द्ध-सत्यों का जाल')। उसकी प्रतिक्रिया-स्वरूप लिखे गये मेरे पत्र का एक सम्पादित प्रारूप 'इंडिया टुडे' के पाठकों के पत्र स्तम्भ में प्रकाशित हुआ था (5 फ़रवरी, 2007)। यहाँ पूरा पत्र दिया जा रहा है :

महोदय,

यह पत्र 13 दिसम्बर : एक संकलन नामक पुस्तक की समीक्षा के बारे में है जो चन्दन मित्रा ने की है। समीक्षक का यह चुनाव दिलचस्प है—वही व्यक्ति जिसने संसद पर हुए हमले से सम्बन्धित मामले के तथ्यों के सिलसिले में बेहयाई से जालसाज़ी की है और जिसकी पोल उसी पुस्तक में खोली गयी है जिसकी उसने समीक्षा की है। वे मुझसे मेरे उस कथन के बारे में 'स्रोत' तलब करते हैं जिसमें मैंने कहा : '12 दिसम्बर, 2001 को एक अनौपचारिक सभा में प्रधानमंत्री अटल बिहारी वाजपेयी ने संसद पर आसन्न हमले की चेतावनी दी।'

कृपया उस भाषण का हवाला देखें जो (तत्कालीन विपक्ष के नेता) प्रधानमंत्री मनमोहन सिंह ने 18 दिसम्बर, 2001 को राज्यसभा में दिया था। उन्होंने कहा था : 'हाँ, यह सच है कि संसद पर एक हमले की काफ़ी अटकलें लगायी जा रही थीं...सच तो यह है कि इस हमले से एक दिन पहले, यानी 12 दिसम्बर को मुम्बई में भाषण देते हुए माननीय प्रधानमंत्री ने ख़ुद इस ख़तरे, हमारी संसद पर इस तरह के ख़तरे के मौजूद होने की चर्चा की थी।'

ख़ुद अपने लेख, 'राजद्रोह का उत्सव मनाना' (द पायनियर, 7 अक्तूबर, 2006) में, जो मेरी भूमिका में उद्धृत है, चन्दन मित्रा कहते हैं, 'अफ़ज़ल गुरु उन आतंकवादियों में से एक था जिन्होंने 13 दिसम्बर, 2001 को संसद पर हमला किया और उसी ने सुरक्षाकर्मियों पर सबसे पहले गोलियाँ चलानी शुरू कीं, प्रकट रूप से उन छह में से तीन को हताहत करते हुए जिन्होंने उस सुबह लोकतंत्र की शान की रक्षा करते हुए अपनी जानें दे दीं।'

मोहम्मद अफ़ज़ल को मृत्युदंड की सज़ा सुनाने वाले तीनों अदालती आदेशों में से किसी एक ने भी उसे किसी की हत्या करने, संसद पर हमले से सीधे सम्बद्ध होने या वस्तुतः 13 दिसम्बर, 2001 को संसद भवन के कहीं निकट भी होने का (अपराधी तो दूर रहा) आरोपी भी नहीं ठहराया है। पुलिस का आरोप-पत्र भी स्पष्ट शब्दों में कहता है कि हमले के समय अफ़ज़ल कहीं और था। सर्वोच्च न्यायालय का फ़ैसला साफ़-साफ़ कहता है कि उसके ख़िलाफ़ कोई सीधा सबूत नहीं था, न ही इस बात का कोई सबूत कि वह किसी आतंकवादी संगठन का सदस्य था। क्या चन्दन मित्रा अपनी अजीबो-ग़रीब उड़नघाई के किसी स्रोत का हवाला दे सकते हैं? या हमें बता सकते हैं कि जो तथ्य पुलिस और अदालतें नहीं जानतीं, उन्हें वे कैसे जानते हैं? और उन्होंने इस 'सबूत' को इतने वर्षों तक दबाये क्यों रखा?

भ्रम फैलाने के धन्धे में जनसंचार माध्यमों, ख़ासतौर से टेलीविजन पत्रकारों को पक्के सहयोगी ठहराया जा सकता है। चर्चाओं में, टॉक शो में और 'स्पेशल रिपोर्ट्स' में हमारे टेलीविजन ऐंकर महत्वपूर्ण तथ्यों से उसी प्रकार खेलते हैं जैसे छोटे बच्चे बालू से। यातना देने वाले, विमुख हो गये भाई, वरिष्ठ पुलिस अधिकारी और राजनीतिज्ञ पर्दे के पीछे से बाहर निकल रहे हैं और बातें कर रहे हैं। जितनी ज़्यादा वे बातें करते हैं, उतना ही अधिक दिलचस्प यह सब कुछ बनता जाता है।

नवम्बर 2006 के आख़िर में अफ़ज़ल का बड़ा भाई एजाज़ राष्ट्रीय समाचार चैनल (सीएनएन-आईबीएन) पर अवतरित हुआ।[14] उसे छिपे हुए कैमरे पर बात करते हुए, यानी एक स्टिंग ऑपरेशन की तरह दिखाया गया–सनसनीख़ेज़ रहस्योद्घाटन करते हुए, जिन पर दर्शकों को विश्वास करने के लिए कहा गया। एजाज़ की कहानी पहले से ही दिल्ली की गलियों में हफ़्तों तक विभिन्न पत्रकारों को पेश की जाती रही थी। लोग चौकन्ने थे, क्योंकि उसके और उसके भाई की पत्नी और परिवार के बीच दरार की बात काफ़ी जानी-मानी है। इससे ज़्यादा महत्वपूर्ण यह है कि एसटीएफ़ से उसकी साँठ-गाँठ भी छिपी नहीं है। कई लोगों ने उसकी नयी-नयी हासिल दौलत-जायदाद की जाँच की बात सुझायी है।

लेकिन अब वह यहाँ, राष्ट्रीय समाचार चैनल पर, मौजूद था–अपने भाई को फाँसी पर लटकाने के उच्चतम न्यायालय के फ़ैसले का समर्थन करता हुआ। फिर उसने कहा कि अफ़ज़ल ने कभी आत्म-समर्पण नहीं किया था, बल्कि यह एजाज़ था जिसने अपने भाई के हथियार को बीएसएफ के सुपुर्द किया था। और चूँकि अफ़ज़ल ने कभी आत्म-समर्पण नहीं किया था, इसलिए एजाज़ इस बात की 'पुष्टि' करने में सक्षम था कि अफ़ज़ल जैश-ए-मोहम्मद का एक सक्रिय आतंकवादी था और यह भी कि जैश की कार्रवाइयों का मुखिया ग़ाज़ी बाबा उनके घर पर नियमित बैठकें करता था (एजाज़ का दावा है कि जब ग़ाज़ी बाबा को मार गिराया गया तो उसी को पुलिस ने लाश की शिनाख़्त के लिए बुलाया था।)। कुल मिलाकर, सुनने में ऐसा लगा मानो यह पहचान में ग़लती का कोई मामला था–और एजाज़ की जानकारी और वह जो कुछ स्वीकार कर रहा था, उसे देखते हुए, अफ़ज़ल की बजाय हिरासत में तो एजाज़ को होना चाहिए था।

निस्सन्देह, हमें यह बात दिमाग़ में रखनी चाहिए कि पाँच साल के अन्तर पर दी गयी एजाज़ और अफ़ज़ल दोनों की 'मीडिया स्वीकारोक्तियों' के पीछे कश्मीर के ख़ौफ़नाक आतंकवाद निरोधक दस्ते एसटीएफ़ का अदृश्य हाथ है। वे किसी भी समय, किसी से भी, कुछ भी क़बुलवा लेने की क़ूवत रखते हैं। कश्मीर का हर आदमी, औरत और बच्चा उनके (दंडात्मक और पारितोषिक) तरीक़ों से परिचित है। ऐसे समय में एक ज़िम्मेदार चैनल के लिए बिलकुल अविश्वसनीय साक्ष्य के आधार पर यह घोषित करना है कि उनकी 'जाँच-पड़ताल से पता चला कि अफ़ज़ल जैश का एक आतंकवादी था,' ख़तरनाक और ग़ैर ज़िम्मेदाराना है (हमारे भाई हमारे बारे में जो कहते हैं वह भला कब से एक स्वीकार्य प्रमाण बनने लगा? मिसाल के लिए, मेरा भाई हलफ़िया यह कह देगा कि मैं संसार को भगवान की देन हूँ। दूसरी ओर, मैं दो-एक मौसियों को खोद कर ला सकती हूँ जो यह कह देंगी कि मैं जैश की लड़ाका हूँ। बशर्ते क़ीमत मिले।)। पारिवारिक कलहों को ताज़ा समाचार की तरह कैसे दिखाया जा सकता है?

जो दूसरा शख़्स बड़ी तेज़ी से नीम-अँधेरे हाशिये से उभरकर रंगमंच के बीचोबीच चला आ रहा है वह एसटीएफ़ का पुलिस उपाधीक्षक द्रविन्दर सिंह है। यह वही शख़्स है जिसका नाम अफ़ज़ल ने उस पुलिस अधिकारी के रूप में लिया है जिसने उसे संसद पर हमले से केवल कुछ ही माह पहले, श्रीनगर में हमहामा स्थित एसटीएफ़ कैम्प में अवैध तरीक़े से हिरासत में रखा और यातनाएँ दीं। अपने वकील सुशील कुमार को लिखे एक पत्र में अफ़ज़ल ने कहा है कि उसे और (हमले में मारे गये आदमी) मोहम्मद को किये गये अनेक फ़ोन द्रविन्दर सिंह तक खोजे जा सकते हैं। अलबत्ता, इन फ़ोन कॉलों का पता लगाने का कोई प्रयास नहीं किया गया।

द्रविन्दर सिंह को भी सीएनएन-आईबीएन शो में सजा-सँवारकर पेश किया गया—हर जगह दिखनेवाले लो ऐंगल शॉट, लरज़ते कैमरे और बाक़ी सारे ताम-झाम के साथ।[15] यह कुछ ग़ैर-ज़रूरी लगा था, क्योंकि इन दिनों द्रविन्दर सिंह बहुत-कुछ कह रहा है। उसने अनेक इंटरव्यू रिकॉर्ड करवाये हैं, फ़ोन पर भी और आमने-सामने बैठकर भी, और ठीक वही-वही चौंकाने वाली बातें कही हैं। स्टिंग ऑपरेशन से हफ़्तों पहले, उसने श्रीनगर में कार्यरत स्वतंत्र पत्रकार परवेज़ बुख़ारी को दिये और रिकॉर्ड किये गये इंटरव्यू में कहा :

> 'मैंने अपने कैम्प पर बेशक कई दिनों तक उससे (अफ़ज़ल से) पूछताछ की और उसे यातनाएँ दीं। हमने कभी उसकी गिरफ़्तारी को कहीं दर्ज नहीं किया। मेरे कैम्प पर यातना के बारे में उसका ब्योरा सच है। उन दिनों यही प्रक्रिया थी और हमने बेशक उसकी गुदा में पेट्रोल डाला था और उसे बिजली के झटके दिये थे। लेकिन मैं उसे नहीं तोड़ पाया। हमारी सबसे ज़बरदस्त पूछताछ के बावजूद उसने मुझे कुछ नहीं बताया। हमने ग़ाज़ी बाबा के सिलसिले में उसे भरपूर यातनाएँ दीं, लेकिन वह टूटा नहीं। उन दिनों वह एक 'भोंदू' की तरह दिखता था। जिसे आप 'चूतिया' क़िस्म का कह सकते हैं। और यातना, पूछताछ और सन्दिग्ध लोगों को तोड़ने को लेकर मेरी एक अपनी प्रतिष्ठा रही है। अगर कोई मेरी पूछताछ के बाद साफ़-सुथरा निकल आता तो कोई उसे दोबारा कभी नहीं छूता था। वह पूरे विभाग द्वारा हमेशा के लिए साफ़-सुथरा समझा जाता था।[16]

टीवी पर ये डींगें नीति-निर्माण के दायरे में दाख़िल हो गयीं। 'आतंकवाद की एकमात्र रोक-थाम यातना है,' उसने कहा। 'मैं ऐसा राष्ट्र के लिए करता हूँ।' उसने इस बात की व्याख्या करने की ज़हमत नहीं उठायी कि वह 'भोंदू' जिसे उसने यातना दी थी और जो बाद में छोड़ दिया गया, कथित रूप से आगे चलकर क्यों और कैसे संसद पर हमले का पैशाचिक षड्यंत्रकारी बन गया। द्रविन्दर सिंह ने तब कहा कि अफ़ज़ल जैश का आतंकवादी था। अगर यह सही है, तो इस प्रमाण को अदालतों

के सामने क्यों नहीं पेश किया गया? और भला क्यों उसे रिहा किया गया? उस पर नज़र क्यों नहीं रखी गयी? इसे अकुशलता क़रार देकर ख़ारिज करने का सुनिश्चित प्रयास है। लेकिन अब हम जो कुछ जानते हैं, उसके मद्दे-नज़र हममें से कुछ लोगों को इसका विश्वास दिलाने के लिए द्रविन्दर सिंह को अपनी सारी नाज़ुक पेशेवराना हिकमतों का इस्तेमाल करना होगा।[17]

इस बीच दक्षिणपन्थी टिप्पणीकारों ने अफ़ज़ल को लगातार जैश-ए-मोहम्मद का आतंकवादी क़रार देना जारी रखा है। लगता है मानो निर्देश जारी किये गये हों कि यही पार्टी लाइन रहेगी। उनके पास अपने दावे के समर्थन में क़तई कोई प्रमाण नहीं है, पर वे जानते हैं कि किसी चीज़ को बार-बार दोहराने से अक्सर वह सच्चाई बन जाती है। अफ़ज़ल को आत्मसमर्पण कर चुके लड़ाके की बजाय 'सक्रिय' लड़ाका चित्रित करने के अभियान के एक हिस्से के रूप में जम्मू-कश्मीर पुलिस के महानिदेशक कश्मीर, एस.एम. सहाय यह कहने के लिए टेलीविजन पर प्रकट हुए कि उन्हें अपने रिकॉर्ड में कोई सबूत नहीं मिला कि अफ़ज़ल ने आत्मसमर्पण किया था। अगर उसने किया होता तो यह अजीब होता, क्योंकि 1993 में अफ़ज़ल ने जम्मू-कश्मीर पुलिस के नहीं, बल्कि बीएसएफ के सामने आत्मसमर्पण किया था। लेकिन कोई टेलीविजन पत्रकार इस तरह के विवरण को खँगालने की ज़हमत क्यों उठायेगा? और एक वरिष्ठ पुलिस अधिकारी को इस लुका-छिपी के खेल का हिस्सा बनने की ज़रूरत भला क्योंकर पड़ी?

संसद पर हमले की कहानी के सरकारी प्रारूप की धज्जियाँ बहुत जल्द उड़ने लगी हैं।

सर्वोच्च न्यायालय के फ़ैसले ने भी, अपने तर्क की सभी त्रुटियों और आस्था की तमाम छलाँगों के बावजूद, अफ़ज़ल पर हमले का मुख्य षड्यंत्रकारी होने का अभियोग नहीं लगाया है। तो फिर मुख्य षड्यंत्रकारी था कौन? अगर मोहम्मद अफ़ज़ल को फाँसी पर लटका दिया जाता है तो हम शायद यह कभी नहीं जान पायेंगे। लेकिन विपक्ष के नेता लालकृष्ण आडवाणी चाहते हैं कि उसे तत्काल फाँसी दे दी जाये। एक दिन की भी देरी, वे कहते हैं, राष्ट्रीय हित के ख़िलाफ़ है। क्यों? जल्दी किस बात की है? वह बन्दा उच्च सुरक्षा वाले कारागार में मौत की राह पर खड़ा है। उसे दिन में पाँच मिनट के लिए भी कोठरी से बाहर निकलने की इजाज़त नहीं दी जाती। वह क्या नुक़सान पहुँचा सकता है? बात कर सकता है? शायद लिख सकता है? निश्चय ही, यह राष्ट्रहित में है (लालकृष्ण आडवाणी द्वारा राष्ट्रहित की निजी और संकीर्ण व्याख्या के मुताबिक़ भी) कि अफ़ज़ल को फाँसी न दी जाये। कम-से-कम तब तक तो क़तई नहीं जब तक कि ऐसी जाँच न हो जाये जो उद्घाटित करे कि असली कहानी क्या है और संसद पर हमला वास्तव में किसने किया?

उन लोगों में, जिन्होंने मोहम्मद अफ़ज़ल के मृत्युदंड के ख़िलाफ़ अपील की है, ऐसे लोग हैं जो सैद्धान्तिक रूप से किसी को भी मृत्युदंड दिये जाने का विरोध करते हैं। उन्होंने माँग की है कि उसकी मृत्युदंड की सज़ा आजीवन कारावास में बदल दी जाये। ऐसे व्यक्ति को, जिस पर निष्पक्ष मुक़दमा नहीं चलाया गया, और जिसे सुनवाई का अवसर नहीं मिला है, उमर-क़ैद की सज़ा सुनाया जाना कम क्रूरतापूर्ण तो है, पर वैसी ही मनमानी है जैसे उसे मृत्युदंड की सज़ा सुनाना। सही तो यह होगा कि नये सिरे से अफ़ज़ल के मामले की सुनवाई का आदेश दिया जाये और 13 दिसम्बर को संसद पर किये गये हमले की घटना पर एक निष्पक्ष, पारदर्शी जाँच बिठायी जाये। यह नितान्त पैशाचिक है कि एक व्यक्ति को अकेले एक क़ैदख़ाने में बन्द कर दिया जाये, दिन-पर-दिन, सप्ताह-दर-सप्ताह, और उसे और उसके परिवारवालों को यह अनुमान लगाने के लिए छोड़ दिया जाय कि कौन-सा दिन उसकी ज़िन्दगी का आख़िरी दिन होगा।

एक प्रामाणिक जाँच को राजनैतिक डायन-खोजू अभियान तक सीमित रहने की बजाय कहीं अधिक व्यापक होना होगा। उसे गुप्तचर, उपद्रव निरोधी और सुरक्षा एजेंसियों द्वारा अदा की गयी भूमिका को भी परखना होगा। सबूत गढ़ने और प्रक्रियागत मानकों के निर्लज्ज उल्लंघन जैसे अपराध पहले ही अदालतों में साबित किये जा चुके हैं, लेकिन वे बहुत-कुछ हिमखंड की नोक की तरह दिखाई पड़ते हैं।[18] अब हमारे पास एक पुलिस अधिकारी है जो बाक़ायदा रिकॉर्ड किये जा रहे साक्षात्कार में स्वीकार करता (डींग हाँकता) है कि वह एक साथी नागरिक को ग़ैर-क़ानूनी हिरासत में रखने और यातना देने में लिप्त था। क्या यह सब इस देश के लोगों को, सरकार और अदालतों को स्वीकार्य है।

भारत की (पिछली और वर्तमान, दक्षिण, वाम और मध्यमार्गी) सरकारों के काम-काज के पिछले लेखे-जोखे को ध्यान में रखते हुए यह उम्मीद लगाना भोलापन है–शायद दिवास्वप्न बेहतर शब्द है–कि हम सरकार से उम्मीद करें कि वह कभी ऐसी जाँच बिठाने का साहस दिखायेगी जो एक बार और हमेशा के लिए असली कहानी से पर्दा हटा दे। भीरुता की एक पोषक मात्रा शायद सभी सरकारों में अन्तर्निहित होती है। लेकिन तर्कों से आशा का बहुत लेना-देना नहीं होता।

इसीलिए यह पुस्तक आशा की किरण सरीखी है।

हिरासत में इक़बालिया बयान, मीडिया और क़ानून

यह लेख 22 दिसम्बर, 2006 को 'हिन्दुस्तान टाइम्स' में छपा था।

सुप्रीम कोर्ट ने संसद पर हमले के पहले आरोपी मोहम्मद अफ़ज़ल को मौत की सज़ा सुनायी है। उसने यह माना है कि उसके ख़िलाफ़ सीधे सबूत नहीं थे, महज़ परिस्थितिजन्य साक्ष्य थे, लेकिन अब तक काफ़ी विवादास्पद हो गये अपने बयान में न्यायालय ने कहा है : 'जिस घटना से काफ़ी जानें गयीं उससे पूरा राष्ट्र दहल गया है, और समाज का सामूहिक अन्तःकरण तभी सन्तुष्ट होगा जब दोषी को मृत्युदंड दिया जायेगा।'[1]

क्या 'सामूहिक अन्तःकरण' भी बहुमत की तरह ही है? क्या यह कहना उचित होगा कि वह उन्हीं सूचनाओं से निर्मित होता है जो हमें मिलती हैं? और इसलिए, इस मामले में सार्वजनिक मीडिया ने न्यायालय के निर्णय को प्रभावित करने में निर्णायक भूमिका निभायी है? अगर यह सही है तो क्या सार्वजनिक मीडिया सही और सच्चा है?

अब, पाँच साल बाद, जब संसद पर हुए हमले को लेकर परेशान करने वाले सवाल उठने शुरू हुए हैं, तो क्या स्पेशल सेल एक बार फिर चालाकी से 'ताज़ा ख़बर' की पगलायी तलाश की व्यग्रता का लाभ उठाने की कोशिश कर रहा है? अचानक झूठे 'उद्घाटन' टीवी चैनलों के प्राइम टाइम बुलेटिनों में जगह पाने लगे हैं। दुर्भाग्य से, भारत के कुछ उम्दा, ज़िम्मेदार समाचार चैनल भी इस खेल में शामिल हो गये हैं जिसमें लापरवाही और नासमझी उतनी ही घातक है जितनी दुर्भावना (कुछ हफ़्ते पहले सीएनएन-आईबीएन पर ऐसी ही एक विफलता हमने देखी थी।)।

पिछले हफ़्ते (16 दिसम्बर को) नब्बे मिनट के प्राइम टाइम कार्यक्रम में एनडीटीवी ने पुलिस की हिरासत में की गयी मोहम्मद अफ़ज़ल की 'स्वीकारोक्ति' की 'एक्सक्लूसिव' वीडियो फ़िल्म प्रसारित की जो उसकी गिरफ़्तारी के तुरन्त बाद रिकॉर्ड की गयी थी। प्रसारण के दौरान किसी भी समय यह नहीं स्पष्ट किया गया कि यह 'स्वीकारोक्ति' पाँच साल पुरानी है।[2]

पुलिस हिरासत में किये गये इक़बालिया बयानों की प्रामाणिकता, विश्वसनीयता और वैधता के बारे में बहुत-कुछ कहा जा चुका है, साथ ही उन परिस्थितियों के बारे में जिनमें यह 'स्वीकारोक्ति'-विशेष हासिल की गयी थी। इस बेहद असली ख़तरे को ध्यान में रखकर कि जाँच-पड़ताल का स्थान हिरासत में यातना ले लेगी, भारतीय दंड विधान पुलिस हिरासत में किये गये क़बूलनामों को सबूत के रूप में स्वीकार नहीं करता है। पोटा को मानवाधिकारों का ऊपर हमला माना गया था और इसी कारण उसे वापस लिया गया था, क्योंकि वह हिरासत में की गयी स्वीकारोक्ति को क़ानूनी सबूत के तौर पर मंज़ूर करता था। दरअसल, अफ़ज़ल की स्वीकारोक्ति के मामले में सुप्रीम कोर्ट ने कहा था कि पोटा के तहत दिये गये अत्यन्त सूक्ष्म सुरक्षा निर्देशों की भी अवहेलना हुई है, और उसने स्वीकारोक्ति को अवैध और अविश्वसनीय क़रार देकर ख़ारिज कर दिया था। इससे भी पहले उच्च न्यायालय ने स्पेशल सेल को कड़ी फटकार लगायी थी कि उसने अफ़ज़ल को मीडिया के सामने सार्वजनिक रूप से ख़ुद को दोषी ठहराने के लिए मजबूर किया था।[3]

इसलिए ऐसा क्या था कि एनडीटीवी को इस पूरी तरह अविश्वसनीय साबित हो चुकी पुरानी 'स्वीकारोक्ति' को एक बार फिर से दिखाने की ज़रूरत पड़ी। इस समय क्यों? स्पेशल सेल का वीडियो उनके हाथ कैसे लगा? क्या इसका इस बात से कोई सम्बन्ध है कि अफ़ज़ल की दया याचिका भारत के राष्ट्रपति के पास फ़ैसले के लिए पड़ी हुई है और इस मामले की फिर से सुनवाई करने की उपचारात्मक अपील सुप्रीम कोर्ट में दाख़िल है। 'हिन्दुस्तान टाइम्स' के अपने स्तम्भ में एनडीटीवी की प्रबन्ध सम्पादिका बरखा दत्त ने कहा कि चैनल ने घंटों इस 'बहस' में लगाये कि इस वीडियो को दिखाने का सबसे 'न्यायोचित' तरीक़ा क्या हो सकता है।[4] स्पष्ट रूप से यह गम्भीर निर्णय था और गम्भीरता से चर्चा की माँग करता है।

शो के शुरू में ही, 'स्वीकारोक्ति' करते अफ़ज़ल की छवि को इन शब्दों के साथ पेश किया गया : 'अफ़ज़ल ने कोर्ट में गुनाह क़बूल किया था।' यह कोरा झूठ है। फिर अगले 15 मिनटों तक 'स्वीकारोक्ति' बिना किसी टिप्पणी के चलती रही। इसके बाद एक ऐंकर प्रकट हुआ और बोला : 'संसद पर हमले की कहानी, अफ़ज़ल की ज़ुबानी।' यह भी, सच्चाई का उपहास उड़ाना था। कार्यक्रम में काफ़ी आगे चलकर एक संवाददाता ने हमें बताया कि अफ़ज़ल ने तब से अपनी इस 'स्वीकारोक्ति' को वापस ले लिया है और दावा किया है कि इसे यातना देकर जबरन लिया गया था। बनावटी मुस्कान के साथ तब ऐंकर पैनल के एक सदस्य एस.ए.आर. गिलानी की तरफ़ मुड़ा—जो ख़ुद इस मुकदमे में सह-अभियुक्त था, (और जो ख़ुद स्पेशल सेल और पुलिस यातना के बारे में एक-दो बातें जानता है)—और बोला कि अगर यह स्वीकारोक्ति 'ज़बरदस्ती' करायी गयी थी तो मानना पड़ेगा कि अफ़ज़ल बहुत ही बढ़िया अभिनेता है।

(इस ऐंकर का पाला यक़ीनन कभी यातना से नहीं पड़ा है और न ही उसने उरुग्वे के मशहूर लेखक एदुआर्दो गालियानो को पढ़ा है–'गाय हाँकने वाली बिजली की छड़ी किसी को भी उर्वर कथाकार बना सकती है।' न उसे यह पता है कि दिल्ली में पुलिस की हिरासत में रहना कैसा लगता है, जब हिरासती का परिवार उस युद्ध-क्षेत्र में जिसे कश्मीर कहते हैं, पुलिस द्वारा बन्धक बनाकर रखा गया हो–जैसा कि अफ़ज़ल के मामले में था।)

बाद में, चैनल ने 'स्वीकारोक्ति' को अफ़ज़ल के उस बयान के रूप में रखा जो चैनल के मुताबिक़ कोर्ट में अफ़ज़ल का बयान था, जबकि हक़ीक़त यह है कि यह उस पत्र की बातें थीं जो अफ़ज़ल ने अपने हाई कोर्ट के वकील को लिखी थीं कि किस तरह कश्मीर के टास्क फ़ोर्स ने उसे फँसाया है और बताया था कि संसद पर हमले के कुछ महीने पहले उसे एसटीएफ ने कैसे ग़ैरक़ानूनी ढंग से हिरासत में लेकर यातना दी थी। एनडीटीवी ने हमें यह नहीं बताया कि एसटीएफ के डीएसपी ने इस बात की पुष्टि की है कि उसने अफ़ज़ल को ग़ैरक़ानूनी ढंग से हिरासत में लेकर यातना दी थी। इसकी बजाय चैनल ने अफ़ज़ल की चिट्ठी को उसे और भी झूठा सिद्ध करने के लिए इस्तेमाल किया। टीवी के फ़्रेम के नीचे सुर्ख़ियों में आ रहा था–'अफ़ज़ल का बदलता हुआ बयान।'

एक और गम्भीर नैतिक मामला है। (अफ़ज़ल की 'मीडिया स्वीकारोक्ति' के विपरीत) स्पेशल सेल को दिसम्बर 2001 में दी गयी स्वीकारोक्ति में उसने एस.ए.आर. गिलानी को यह कहते हुए फँसाया कि गिलानी इस षड्यंत्र का सरग़ना था। जहाँ यह स्पेशल सेल की चार्जशीट के अनुकूल था, यह झूठ साबित हुआ, और सुप्रीम कोर्ट ने गिलानी को बरी कर दिया। अफ़ज़ल की स्वीकारोक्ति के इस हिस्से को क्यों छोड़ दिया गया? ताकि यह स्वीकारोक्ति कम गढ़ी हुई, ज़्यादा सच्ची लगे? इस हिस्से को छोड़ने का फ़ैसला किसने किया? एनडीटीवी ने या स्पेशल सेल ने?

यह सब इस कार्यक्रम के प्रसारण को पूर्वग्रह-ग्रस्त बना देता है। जैसे-जैसे कार्यक्रम आगे बढ़ रहा था, समाज के सामूहिक अन्तःकरण को अपनी राय बनाते देखना आश्चर्य की बात ही नहीं रह गयी थी। शो में दिखाये जा रहे एसएमएस सन्देश कुछ इस तरह थे–

अफ़ज़ल को बोटी-बोटी में काटकर कुत्तों को खिला दो।

अफ़ज़ल के हाथ और टाँग काट के रोड में भीख मँगवानी चाहिए।

फिर अंग्रेज़ी में था : उसे लाल चौक में अंडकोष से लटका दो। उसे फाँसी दो और जो लोग उसका समर्थन करते हैं उन्हें भी फाँसी दे दो।

शरीयत अदालतों के बिना भी हमें लगता है कि हम मज़े में काम चला रहे हैं।

रिकॉर्ड के लिए, संवाददाता नीता शर्मा, जिसे यह वीडियो हासिल करने के लिए इस कार्यक्रम में कई बार श्रेय दिया गया, वही है जिसका पहले भी कई बार ग़लत सूचनाएँ प्रकाशित कराने के लिए पर्दाफ़ाश हो चुका है : अंसल प्लाज़ा की 'मुठभेड़'[5] के मामले में; इफ़्तेख़ार गिलानी के मामले में[6], एस.ए.आर. गिलानी के मामले में और अब इस मामले में। नीता शर्मा इससे पहले 'हिन्दुस्तान टाइम्स' की रिपोर्टर रही है। लगता है कि स्पेशल सेल के तैयारशुदा बयानों को प्रकाशित करके ही उसे प्रिंट मीडिया से टेलीविज़न में पदोन्नति मिली है।

ये सब बातें हमें हैरत से सोचने पर विवश करती हैं कि मीडिया घरानों को पुलिस और ख़ुफ़िया एजेन्सियों की कोई अन्दरूनी जानकारी होती है, या फिर इसका उलट सही है।

इस कार्यक्रम के सबसे ख़ामोश अतिथि इंटेलिजेन्स ब्यूरो के पूर्व संयुक्त निदेशक, एम.के. धर थे। वह काफ़ी रहस्यमय थे। इस बार उन्होंने ठीक वही बात नहीं दुहरायी जो उन्होंने अपनी किताब–'खुले भेद : भारत की गुप्तचर व्यवस्था बेनक़ाब' (ओपन सीक्रेट्स : इंडियाज़ इंटेलिजेन्स अनवेल्ड) में हैरतअंगेज़ बेबाकी से कही है–'किसी-न-किसी दिन, हमारे लोकतंत्र के कमज़ोर हो रहे ताने-बाने का फ़ायदा उठाकर, गुप्तचर सेवा के कुछ सिद्धान्तहीन लोग सम्भव है महत्वाकांक्षी सैनिक अधिकारियों के साथ गठजोड़ कर लें और राष्ट्र की राजनैतिक बुनावट को बदल दें।'[7]

लोकतंत्र का कमज़ोर हो रहा ताना-बाना! इससे बेहतर तौर पर तो मैं भी न कह पाती।

घर जाओ, बेबी बुश

यह लेख सबसे पहले 28 फ़रवरी, 2006 को 'द हिन्दू' में प्रकाशित हुआ और 27 फ़रवरी, 2006 को 'द नेशन' की वेबसाइट पर।

भारत और पाकिस्तान की अपनी अश्वमेधी यात्रा के दौरान, जहाँ राष्ट्रपति बुश को उम्मीद है कि वे सम्राटों की तरह उन लोगों की तरफ़ हाथ हिलायेंगे जिन्हें वे अपनी सम्भावित रियाया समझते हैं, उनके पड़ावों का ब्योरा अजीबो-ग़रीब से अजीबो-ग़रीब होता जा रहा है।

2 मार्च को नयी दिल्ली में उनके संक्षिप्त पड़ाव के दौरान भारत सरकार ने हर सम्भव कोशिश की कि बुश हमारी संसद को सम्बोधित करें। कुछ सांसदों ने, जिनकी संख्या नज़रअन्दाज़ करने लायक़ नहीं थी, बुश की टोका-टोकी करने की धमकी दी। इसलिए पहली योजना तुरत-फुरत ताक में धर दी गयी। दूसरी योजना यह थी कि बुश लाल क़िले के भव्य प्राचीर से जनता को सम्बोधित करें, जहाँ से भारतीय प्रधानमंत्री परम्परागत रूप से स्वतंत्रता दिवस पर राष्ट्र को सम्बोधित करते हैं। लेकिन पुरानी दिल्ली के मुस्लिम बहुल इलाक़े में स्थित लाल क़िला भी सुरक्षा के लिहाज़ से दुःस्वप्न सरीखा माना गया। इसलिए अब हम तीसरी योजना लागू करने वाले हैं, जिसके मुताबिक़ राष्ट्रपति बुश पुराने क़िले से भाषण देंगे।[1]

कैसी विडम्बना है कि एक ढहता हुआ मध्यकालीन क़िला उस आदमी के भाषण के लिए एकमात्र सुरक्षित सार्वजनिक स्थान हो, जो हाल के दिनों में भारतीय आधुनिकता को लेकर इतनी दिलचस्पी ज़ाहिर कर रहा था?

चूँकि पुराने क़िले के परिसर ही में दिल्ली का चिड़ियाघर भी है, इसलिए जॉर्ज बुश के श्रोताओं में कुछ सौ पिंजरे-बन्द जानवर तो होंगे ही, साथ ही पहले से अनुमोदित सूची के अनुसार ऐसे पिंजरे-बन्द इन्सान भी होंगे, जिन्हें यहाँ 'विशिष्ट जनों' का दर्जा प्राप्त है। इनमें अधिकतर धनाढ्य लोग हैं, जो हमारे ग़रीब देश में पिंजरे में बन्द जानवरों की तरह रहते हैं—ख़ुद अपनी दौलत में क़ैद, अपने सोने के पिंजरों में तालों और साँकलों में बन्द, अपने को उस असभ्य और बेलगाम जनता के ख़तरे से सुरक्षित रखते हुए जिसे उन्होंने सदियों के दौरान सुनियोजित तरीक़े से बेदख़ल किया है।

तो, अब जॉर्ज डब्ल्यू बुश के साथ क्या होने जा रहा है? क्या गुरिल्ला उनकी जय-जयकार करेंगे या बन्दर उनके स्वागत में अपने गाल बजायेंगे? क्या सींगों जैसी भवों वाले हिरन व्यंग्य से हँसेंगे? क्या चिम्पांज़ी बेहूदी आवाज़ें निकालेंगे? उल्लू चीख़ेंगे? क्या शेर जम्हाइयाँ लेंगे और जिराफ़ अपनी आँखों की पलकें झपकायेंगे? या फिर घड़ियाल अपने एक सहचर को पहचान लेंगे? क्या बटेर बुश को इस बात के लिए धन्यवाद देंगे कि वे डिक चेनी के साथ सफ़र नहीं कर रहे हैं, जो उनके शिकार के साथी और ग़लत निशाना लगाने के लिए कुख्यात हैं? क्या सारे प्रमुख कार्याधिकारी उनसे सहमति जतायेंगे?

ओह, और हाँ, 2 मार्च को बुश राजघाट में गाँधी स्मारक पर ले जाये जायेंगे।[2] वे किसी भी लिहाज़ से पहले युद्ध अपराधी नहीं हैं, जिसे भारत सरकार ने गाँधी स्मारक पर पुष्पांजलि अर्पित करने का न्योता दिया है। (अभी कुछ दिन पहले ही तो बर्मा के तानाशाह जनरल थान श्वे को भी तो हमने आमंत्रित किया था, जो ख़ुद कोई मुरझाये हुए गुलाब नहीं हैं?[3]) लेकिन जब जॉर्ज बुश उस चमकदार पत्थर की मशहूर वेदी पर फ़ूल चढ़ायेंगे तो करोड़ों हिन्दुस्तानी चिहुँक उठेंगे। यह वैसा ही होगा, मानो बुश ने गाँधी स्मृति पर ख़ून से भरा कटोरा चढ़ा दिया हो।

हम सचमुच यही पसन्द करेंगे कि वे ऐसा न करें!

यह हमारे बस में नहीं है कि हम बुश के दौरे को रोक सकें। लेकिन यह हमारे बस में है कि हम इसका विरोध करें, और हम करेंगे! सरकार, पुलिस और कॉरपोरेट मीडिया हमारे विरोध की तीव्रता को कम करके पेश करने की हर सम्भव कोशिश करेगा। हमारे हर्षित समाचार-पत्र चाहे जो कहें, वह इस सच्चाई को नहीं बदल सकता कि देश भर के बड़े शहरों से लेकर छोटे-से-छोटे गाँव तक, सार्वजनिक स्थानों पर हों और अपने घरों में, हम जैसे करोड़ों लोगों के लिए साक्षात् दुःस्वप्न, अमरीका के राष्ट्रपति जॉर्ज डब्ल्यू. बुश क़तई स्वागत-योग्य नहीं हैं।

ऐनिमल फ़ार्म, भाग-2

जिसमें जॉर्ज बुश अपना असली मतलब बयान करते हैं

मार्च 2006 में जॉर्ज बुश भारत की राजकीय यात्रा पर आये और उनका स्वागत भारी जन-विरोध से किया गया। उनकी यात्रा से पहले के दिनों में 'ऐनिमल फ़ार्म 2' एक भाषण के स्थान पर लिखा गया था और 28 फ़रवरी, 2006 को नयी दिल्ली के जवाहरलाल नेहरू विश्वविद्यालय में रात के समय खुले आकाश के नीचे छात्रों की एक सभा में खेला गया था।

बाहर, दिन। पुराना क़िला। दिल्ली का चिड़ियाघर।

वसन्त का मौसम है। नीम के पेड़ों पर नये पत्ते पत्ते आ रहे हैं। सेमल और कचनार पूरी बहार पर हैं। कारें खड़ी करने की जगह मर्सिडीज़ बेंज़ गाड़ियों से भरी है, जिनके इंजन भी चालू हैं और वातानुकूलित यंत्र भी। ऊबे हुए वर्दीधारी ड्राइवर कारों के शानदार स्टीरियो पर हिन्दी गाने सुन रहे हैं।

चिड़ियाघर के भीतर जानवरों के पिंजरे हाल ही में साफ़ किये गये हैं, जिनसे फ़िनाइल की गन्ध आ रही है। पिंजरों की छड़ों पर छोटे-छोट अमरीकी और भारतीय झंडे फड़फड़ा रहे हैं। धूप के चश्मे पहने सुडौल पुट्ठों वाले अमरीकी सुरक्षा गार्ड हथियारों से पूरी तरह लैस हर पिंजरे के ऊपर मौजूद हैं। गड़बड़ी की पहली निशानी की ताक में वे भीड़ और पिंजरों की बराबर निगरानी कर रहे हैं। वे ख़ास कर पैंगोलिन* की वजह से बेचैन हैं।

जॉर्ज बुश एक बुलेट प्रूफ़ पिंजरे में खड़े हैं और अमीर उद्योगपतियों, सांसदों और कुछ फ़िल्मी सितारों की सभा को सम्बोधित कर रहे हैं। इन सभी लोगों ने ढेर सारी अँगूठियाँ पहन रखी हैं और उनकी कलाइयों पर फीके पड़ गये लाल धागे बँधे हुए हैं।

जॉर्ज बुश—हैलो भाग्यशाली लोगों। अपने व्यस्त कार्यक्रमों से समय निकालकर संयुक्त राज्य के राष्ट्रपति को सुनने के लिए आने पर धन्यवाद।

---

* छिलकेदार खाल और लम्बी जीभ वाला चींटीख़ोर जानवर जो ख़तरे का अन्देशा होने पर गेंद की तरह गोल हो जाता है।

(हूलॉक गिबन वानर हू-हू करता है। जुएँ खोजने में मशग़ूल, ओरांग उटान ऊपर देखता तक नहीं। तेंदुआ पिंजरे में इधर-से-उधर चक्कर लगाता है। छोटे बन्दर चकित नज़र आते हैं।)

मैं यहाँ एशिया के उन दो महान लोकतंत्रों के बारे में बात करने आया हूँ, जिन्हें मैंने अपने हरम में आमंत्रित करने का फ़ैसला किया है। इन्निया...और अफ़ग़ानिस्तान सॉरी–पाकिस्तान। डैम! मुझे मालूम था कि उसमें एक स्तान ज़रूर आता था। लेकिन अफ़ग़ानिस्तान तो पहले से ही मेरे हरम में है, फिर मैं उसे कैसे आमंत्रित कर सकता हूँ। हें! हें! इन्निया एक लोकतंत्र है, क्योंकि लोगों ने एक ऐसी सरकार को वोट दिया है जो मेरा हुक्म मानती है। पाकिस्तान एक लोकतंत्र है, क्योंकि मैंने जनरल मुशर्रफ़ को वोट दिया है। ऐसा ही मध्य एशिया और सऊदी अरब के उन कठमुल्लों के साथ है। फ़िलिस्तीन लोकतंत्र नहीं है, क्योंकि उन्होंने ऐसे लोगों को वोट दिया जिन्हें मैं पसन्द नहीं करता। लेकिन इन्निया मेरा पसन्दीदा लोकतंत्र है।

पाँच सदियों से भी पहले वह मशहूर जन हत्यारा और हमारे राष्ट्र की बुनियाद रखने वाला–क्रिस्टोफ़र कोलम्बस–इन्निया को ढूँढ़ने निकला और उसने साबित कर दिया दुनिया गोल है। अब मेरे दोस्त टॉम फ़्रीडमैन कहते हैं कि दुनिया सपाट है। साफ़-साफ़ कहूँ तो जब तक यह मेरी है और मैं इससे दिन भर खेल सकता हूँ, मुझे कोई परवा नहीं कि इसका डील-डौल कैसा है। लेकिन जैसा आप जानते हैं, क्रिस कोलम्बस ने इन्निया की जगह अमरीका को खोज निकाला। सौभाग्य से, वहाँ भी बहुत इन्नियन थे। ईश्वर की मदद से हमने उन सबको ख़तम कर दिया–चार से छह करोड़ लोगों को–मुझे ठीक-ठीक गिनती याद नहीं, मेरा दफ़्तर बाद में हिसाब भेज देगा। लेकिन हम बाल की खाल क्यों निकालें। दोस्तों के बीच एक छोटे-मोटे जनसंहार से क्या फ़र्क़ पड़ता है? अच्छी बात यह है अब हमारा देश पूरी तरह हमारा हो गया है। आज़ाद लोगों की धरती, वीरों का वतन। हमारे पास इतने नाभिकीय हथियार हैं, जितने आप शायद कल्पना भी नहीं कर सकते। अगर मेरा मूड ख़राब हो, तो मैं एक मिनट में पूरी दुनिया को ख़तम कर सकता हूँ। हें! हें! अरे, मैं तो हँसी कर रहा था। मैं सचमुच मूडी आदमी नहीं हूँ। इसके अलावा...मैं इस वक़्त आपकी तरफ़ हूँ। मेरा मतलब है कि अब मैं आपकी तरफ़ हूँ। मैं आपका दुश्मन नहीं हूँ, क्यों। क्या मैं वैसा आदमी लगता हूँ? क्या आप लोगों ने स्लीपिंग विद दि एनिमी देखी है? मैंने वह फ़िल्म देखी, और लॉरा से कहा फ़िल्म तो ठीक है, पर सवाल यह है, किसने किसकी बजायी? हाह!

(चारों ओर विजयी तिरस्कारपूर्ण दृष्टि डालते हैं, जिसे हम सब जानने और पसन्द करने लगे हैं।)

मुझे अफ़सोस है कि लॉरा यहाँ नहीं है। वह मदर ट्रीज़र के यहाँ अनाथ बच्चों के साथ फ़ोटो खिंचवा रही है। आपके प्रधानमंत्री से मिलकर मुझे सचमुच बहुत ख़ुशी हुई है–वो पगड़ी वाला बन्दा जिसकी मज़ेदार ऊँची आवाज़ है। मैं उन्हें मना रहा हूँ कि आपकी छोटी-सी अलमारी में जो दो-एक न्यूकूलर बम हैं, उन्हें मेरे हवाले कर दें, ताकि आप लोगों के लिए मैं उनकी देख-रेख कर सकूँ। आपके प्रधानमंत्री अच्छे आदमी हैं–वे ऑक्सफ़ोर्ड हो आये हैं, क्यों? है न? लेकिन वे अब भी...वो अजीब-सी पगड़ी बाँधते हैं, और जब मैं अपने इर्द-गिर्द देखता हूँ तो मुझे हर तरह के अजीब-अजीब-से कपड़े पहने लोग दिखाई देते हैं, इनमें से कुछ तो दाढ़ी भी रखते हैं और मुसलमानों की तरह दिखते हैं। गरम देशों में रहने वाले लोगों से अजीब-सी बास आती है और वे दुर्गन्धनाशक का भी इस्तेमाल नहीं करते। मेरे प्रिय दुर्गन्धनाशक का नाम आज़ादी है। इसकी बहुत ही प्यारी नींबुई महक है। मैं नहीं समझता कि अजीब तरह की पोशाक पहनने वाले लोगों के पास न्यूकूलर हथियार होने चाहिए। इसलिए वो जो बम हैं आपकी अलमारी में, उन्हें मेरे हवाले कर दीजिए, दोस्तो!

अमरीका में हम अलमारी में बम नहीं, सिर्फ़ प्रेत रखते हैं। हमारे प्रिय प्रेतों के भी प्यार से बुलानेवाले नाम हैं। उन्हें शान्ति, स्वाधीनता और मुक्त बाज़ार कहा जाता है। उनके असली नाम क्रूज़ मिसाइल, डेज़ी कटर और बंकर बस्टर हैं। हम क्लस्टर बम भी पसन्द करते हैं। हम उसे क्लेयर कहकर बुलाते हैं। वह सचमुच बहुत ख़ूबसूरत है और बच्चे उसके साथ खेलना पसन्द करते हैं और फिर वह उनके चेहरों पर फट पड़ती है और उन्हें लँगड़ा-लूला बना देती है या मार देती है। लेकिन मेरी माँ को मत बताइएगा कि मैंने ऐसा कहा, वरना वो साबुन से मेरी जीभ धुलवायेगी।

मैं आज यहाँ इसलिए हूँ, क्योंकि एशिया बहुत तेज़ी से बदल रहा है, और मैं तमाम बढ़ती हुई हिंसा और पर्यावरण की तबाही में हिस्सा लेना चाहता हूँ। उस तरह की चीज़ मुझे बहुत पसन्द है–जैसा कि क्योतो में बैठे वो मूढ़ यक़ीनन तुमसे मिमियाते हुए कह रहे होंगे। मेरा ख़याल है इन्निया में एक भी नदी ऐसी नहीं बची है, जिसका पानी पीने लायक़ हो और जल-स्तर गिरता जा रहा है। लेकिन उसके बदले में आप कोक ले सकते हैं, ज़्यादा ठंडा है और स्वाद भी बेहतर है। और आपको वो सुन्दर विशालकाय मॉल भी मिल रहे हैं जहाँ नक़दी हो तो आप कुछ भी ख़रीद सकते हैं। यह जानकर मुझे रोमांच हो आता है कि अमीर इन्नियनों की ज़िन्दगियाँ तेज़ी से सुधर रही हैं और इन्नियन कॉरपोरेट अधिकारियों की तनख़्वाहें अब अपने पश्चिमी साथियों के बराबर होती जा रही हैं। बढ़िया! अमरीका में हम अपने कॉरपोरेट अधिकारियों को अनुदान देते हैं। हम उनकी आदतें बुरी तरह ख़राब कर देते हैं, क्योंकि हम उन्हें

प्यार करते हैं। हम अपने कॉरपोरेट किसानों से भी प्यार करते हैं। हम उन्हें अरबों डॉलर का अनुदान देते हैं, क्योंकि वे सचमुच भले लोग हैं। वे आपके किसानों की तरह नहीं हैं—दुबले और ग़रीब और आत्महत्या करने वाले। आपके किसान सब्सिडी पाने के क़ाबिल नहीं हैं, क्योंकि वे अच्छे आदमी नहीं हैं। आपको उन्हें प्रोज़ैक* की गोली देनी चाहिए। इससे अमरीकी दवा कम्पनियों को थोड़ी और आमदनी हो जायेगी।

जैसा कि मैं पिछले हफ़्ते एशिया सोसाइटी में कह रहा था, यह जानकर अच्छा लग रहा है कि अमीर इन्नियन अब जेनरल इलेक्ट्रिक, वर्लपूल और वेस्टिंगहाउस जैसी अमरीकी कम्पनियों के एयर कंडिशनर, रसोई-घर के उपकरण और कपड़े धोने की मशीनें ख़रीद रहे हैं। युवा हिन्दुस्तानी डॉमिनोज़ पीत्सा और जी मिचलाते हैम्बर्गर को पसन्द करने लगे हैं। यह अद्‌भुत ख़बर है, क्योंकि अमरीकी इस बात से थक चुके थे कि दुनिया में वही अकेले हैं जिन्हें मोटापे की समस्या है और जिनका खाना इतना जुगुप्सा पैदा करने वाला।

लेकिन हर बुरी चीज़ का एक अच्छा रुख़ होता है। अच्छा रुख़ (उनका एक सहयोगी उसके सामने झुकते हुए फ़ुसफ़ुसाता है, 'रुख़, मिस्टर प्रेसीडेंट, रुख़।') हाँ, मैं वही तो कह रहा था हेनरी—अच्छा रुख़, अच्छा पहलू यह है कि हमारा भयंकर खाना मुसलमानों—माफ़ कीजिए—आतंकवादियों के ख़िलाफ़ हमारी लड़ाई के संकल्प और प्रतिबद्धता को मज़बूत करता है। मुसलमानों से तो मैं प्यार करता हूँ। यानी अच्छों से, जो आतंकवादी नहीं हैं और कॉल सेंटर में काम करते हैं। मेरे दोस्त टॉम फ़्रीडमैन कहते हैं कि इन्नियन मुज़लिम वाक़ई अच्छे लोग होते हैं। दहशतगर्दों को शिकस्त देने के लिए हमारी ख़ुफ़िया एजेंसियाँ हर पल आप सबकी जासूसी कर रही हैं। आपको अन्दाज़ा नहीं है कि हम आपके बारे में कितना कुछ जानते हैं। हमारे पास निगरानी रखने वाले कैमरे और बेतार के यंत्र हैं और सॉफ़्टवेयर जो आपके कम्प्यूटरों में डाल दिये गये हैं, जिससे हम चौबीसों घंटे आप पर नज़र रख सकते हैं। हम जानते हैं कि आप कहाँ जाते हैं, क्या ख़रीदते हैं, किसके साथ सोते हैं।

मैं आतंकवादियों से नफ़रत करता हूँ, क्योंकि वे सोचते हैं कि उन्हें भी इन्सानों की हत्या करने का अधिकार है। लेकिन मैं जब छोटा था, मेरी माँ और मेरी ग्रैंडमाँ—आप हिन्दी में नानी कहते हैं, ठीक? मेरी माँ और मेरी नानी ने मुझे बताया था कि लोगों को मारने, देशों पर बम बरसाने और रासायनिक और परमाणु हथियारों को इस्तेमाल करने का अधिकार जिस अकेले व्यक्ति को है, वह है अमरीका का राष्ट्रपति। और बूझिए वह कौन है!

---

* prozac—फ़्लूओक्सेटीन, अवसाद निरोधी औषधि।

(हुहुआने और टिटकारी भरने और सभी जानवरों को चौंकाने लगते हैं। और चिड़ियाघर में चेतावनी की घंटियाँ घनघना उठती हैं।)

मुझे यहाँ आकर बहुत ख़ुशी हुई, क्योंकि मैं जानवरों को पसन्द करता हूँ। मुझे जानवरों का शिकार पसन्द है, ख़ासकर तब, जब वे पिंजरे में बन्द हों और मुझे काट न सकें। एक बार, जब मैं बच्चा था, मुझे एक मधुमक्खी ने काट लिया था और मैं रो दिया था। मुझे ऐसे देशों के विरुद्ध जंग लड़ना पसन्द है, जो पहले भुखमरी और कंगाली के कगार पर पहुँचाये गये हों और हथियार डालने पर मजबूर हो चुके हों। आप जानते ही हैं कि इस सबके बारे में हमने आई-राक़ में कितनी होशियारी से काम लिया। मुझे बम पसन्द हैं, क्योंकि आपको देखना नहीं पड़ता कि आपने किसको मारा जो मेरे जैसे कायरों को बिलकुल माफ़िक पड़ता है। लेकिन आपको चिन्ता करने की ज़रूरत नहीं। मैं यहाँ आप पर बम बरसाने या आपको कंगाल बनाने नहीं आया—क्योंकि आप इन्नियन तो वैसे ही भूखे मर रहे हैं। हा! हा!

(चारों तरफ़ विजयी भाव से देखते हैं और जब एहसास होता है कि उन्होंने शर्मनाक भूल कर दी है तो उनके चेहरे पर ग्लानि का भाव दिखायी देने लगता है।)

धत्तेरे की...इसी को मेरी नानी छिः-छिः कहती हैं! सॉरी। मैं यहाँ इसलिए आया हूँ, क्योंकि मुझे अमीर इन्नियन पसन्द हैं। अमीर इन्नियनों को पसन्द करने की वजह ये है कि वे आज्ञाकारी और बुद्धिमान होते हैं, जो एक दुर्लभ योग है। अमरीका में हम उन्हें आदर्श आप्रवासी मानते हैं। मुझे आज्ञाकारी और बुद्धिमान अमीर इन्नियन इसलिए भी पसन्द हैं, क्योंकि वे समस्याओं को सुलझाने के लिए अतिरिक्त दिमाग़ी ताक़त मुहैया करते हैं और अमरीकी अधिकारियों को विदेशी ग्राहकों और उपभोक्ताओं की ज़रूरतों के सम्बन्ध में ज़रूरी जानकारी उपलब्ध कराते हैं। बाज़ार के तौर पर इन्निया अमरीका के लिए महत्वपूर्ण है। हमारे दुहने के लिए इसके पास एक अरब लोग हैं। सबसे अच्छी बात तो यह है कि इन्नियन सरकार हमें ख़ुद अपना माल—कोयला, बॉक्साइट, खनिज यहाँ तक कि पानी और बिजली भी लेने देती है और फिर उसे ऊँवे मुनाफ़े पर वापस उसी को बेचने देती है। यह सचमुच मज़ेदार है। मुझे इन्नियन सरकार से बहुत प्यार है।

दुर्भाग्य से इन एक अरब लोगों में से ज़्यादातर लोग ग़रीब हैं। मुझे ग़रीब लोगों से नफ़रत है, क्योंकि उनके पास कुछ भी ख़रीदने के लिए पैसे नहीं हैं। मेरी कामना है, काश वे बस ग़ायब हो जाते। मुझे यह जानकर प्रसन्नता हुई कि दसियों हज़ार हिन्दुस्तानी किसान आत्महत्या कर रहे हैं। अमरीका में हम इसे ग़ैर-ज़िम्मेदार आत्म-विनाशक व्यवहार कहते थे। लेकिन अगर हम इसे थोड़ा और तेज़ कर सकते,

तीव्र गति वाले प्रक्षेप-पथ पर रवाना कर सकते तो आनन-फानन मामला सुधर जाता। मगर ग़रीब लोग बेहतर नौकर-नौकरानियाँ और दिहाड़ी मज़दूर बनते हैं, लिहाज़ा हमें यह सिलसिला बनाये रखना चाहिए।

हमें उम्मीद है जल्दी ही अमरीकी निगम तमाम इन्नियन बीजों, पौधों, जैव विविधता, बुनियादी तंत्र, यहाँ तक कि नये विचारों के भी मालिक बन जायेंगे। जैसा मैंने कहा, इन्नियन काफ़ी बुद्धिमान होते हैं और कभी-कभी उनके पास अच्छे विचार होते हैं। उनका अपने विचारों के मालिक बने रहना हमारी समाई के बाहर है। हम इसकी छूट नहीं दे सकते कि किसान अपने बीजों के मालिक हों। जब हरेक को मेरी इजाज़त की ज़रूरत पड़ती है तो मुझे अच्छा लगता है। डिक चेनी का कहना है कि मूल शब्द नियंत्रण है।

अमरीका के जिन कॉरपोरेशनों पर हमें सबसे ज़्यादा नाज़ है, उनमें से एक को बिल गेट्स ने शुरू किया था। वे अक्सर इन्निया आते रहते हैं। वे एक अद्भुत और उदार आदमी हैं। वे इन्नियन सरकार को एचआईवी-एड्स की बीमारी से लड़ने के लिए लाखों डॉलर देते हैं। मैं ऐसे लोगों को पसन्द नहीं करता, जिन्हें एचआईवी-एड्स है, क्योंकि उनमें से ज़्यादातर अश्वेत और समलैंगिक हैं। मुझे वे कम्पनियाँ अच्छी लगती हैं जो एड्स की दवाइयाँ बनाती हैं, जो किसी की बिसात में नहीं हैं। मुझे इस क़िस्म का दुष्टतापूर्ण, पैना हास्य पसन्द है। लेकिन मैं बिल की बात कर रहा था। बिल गेट्स के लाखों डॉलर के बदले में इन्नियन सरकार ने उनसे अरबों डॉलर के कम्प्यूटर तकनीक ख़रीदती है। गेट्स इतने धनी हैं कि मुझे डर है एक दिन वे फट न जायें। जब मैं उनके आस-पास होता हूँ तो मैं हमेशा एप्रन पहने रहता हूँ।

वैसे मैं भी काफ़ी धनी हूँ। यही हाल मेरे दोस्तों, उनके दोस्तों के दोस्तों और उनके दोस्तों के दोस्तों के दोस्तों का है। ख़ासकर डिक चेनी। अपने घिनौने सौदों पर हम मिलकर काम करते हैं। तेल, हथियार—वो सारा कुछ। दुखद है जो 'एनरॉन' के साथ हुआ। लेकिन जितनी देर चला, बढ़िया था। मैं ख़ासतौर पर डिक चेनी को प्यार करता हूँ, क्येंकि वे मुझे बताते हैं कि संवाददाता सम्मेलन में मुझे क्या कहना है। मुझे यहाँ उनकी कमी महसूस हो रही है। लेकिन मैं उनके साथ शिकार पर नहीं जाऊँगा। वे मुझे अपनी ग़ैर-लाइसेंसी बन्दूक से मार भी सकते हैं और मैं नहीं जानता कि मरने के बाद मैं क्या करूँगा।

मैं उत्सुकता से आई-रान पर बम बरसाने का इन्तज़ार कर रहा हूँ। हमारे पास कुछ नये हथियार हैं, जिन्हें हम परखना चाहते हैं, मज़ा आना चाहिए। मुझे उम्मीद है इन्निया हमारी मदद के लिए कुछ जवान ज़रूर भेजेगा। आप इतने ज़्यादा है, कोई फ़र्क़ नहीं पड़ेगा अगर आप थोड़े-से गँवा बैठें।। और फिर आप यहाँ झुंड में आत्महत्याएँ तो कर

ही रहे हैं, जो ग़ैरक़ानूनी है। तो क्यों नहीं आप आई-रान या आई-राक़ में क़ानूनी रूप से मारे जाते? हम आपके लिए मरणोपरान्त ग्रीन कार्ड का बन्दोबस्त कर सकते हैं। हम उनका लेमिनेशन भी करा देंगे। लेकिन उसका भुगतान आपके खातों से कर दिया जायेगा। इस बारे में सोचिएगा।

आपने अपना समय दिया, धन्यवाद। चलता हूँ। जय हिन्द। फिर मिलेंगे।

चेतावनी : मैं यह सूचित करना चाहती हूँ कि कॉपीराइट, बौद्धिक सम्पदा, पाइरेसी और साहित्यिक चोरी के इस दौर में, यह नाटक पूरी तरह जाली है। इस नाटक के विचार प्रसिद्ध कवि, शान्तिवादी, हिप्पी, मुक्त चिन्तक और सामाजिक कार्यकर्ता जॉर्ज डब्ल्यू. बुश के सार्वजनिक भाषणों और क्रिया-कलाप से आये हैं। इस नाटक का ज़्यादातर हिस्सा हाल ही में एशिया सोसाइटी, न्यूयॉर्क में दिये गये उनके भाषण पर आधारित है। टिकटों की बिक्री से मिलने वाला सारा पैसा सीधे उन्हें भेज दिया जाना चाहिए।

महल में काण्ड

यह लेख पहले 26 सितम्बर, 2007 को 'आउटलुक' पत्रिका (भारत) में छपा।

कलंक-कथाएँ मज़ेदार हो सकती हैं। ख़ासकर वे जो प्रवचन देने वालों को धकेलकर उन्हीं के व्यास-पीठ से गिरा देती हैं और सन्तनुमा सिरों के प्रभामंडल छितरा देती हैं। लेकिन कुछ कलंक-कथाएँ ऐसी होती हैं जो उनसे जुड़े लोगों की बजाय उनसे प्रभावित होने वालों के लिए घातक और ज़्यादा नुक़सानदेह हो सकती हैं। इस समय हम एक ऐसे ही कांड से जूझ रहे हैं।

इसके केन्द्र में भारत के पूर्व न्यायाधीश, वाई.के. सब्बरवाल हैं, जो हाल के दिनों तक इस देश की सबसे शक्तिशाली संस्था, सर्वोच्च न्यायालय के मुखिया थे। जब किसी पूर्व न्यायाधीश और उसके कार्यकाल के बारे में कोई कांड हो तो व्यक्ति को काटकर पूरी तरह से अलग करना और संस्था अछूता को छोड़ देना ज़रा मुश्किल होता है। लेकिन फिर, इस संस्था पर नकारात्मक टिप्पणी करना आपको सीधे जेल पहुँचा सकता है, जैसा कि हममें से कुछ ने इसकी क़ीमत चुकाकर सीखा है। यह ऐसा ही है, जैसे भेड़िए, मुर्ग़े और अनाज के बोरे को बारी-बारी से नदी के पार ले जाना। नदी उफान पर है और नाव रिस रही है। मेरे लिए दुआ करें।

उच्चतर न्यायपालिका, ख़ासकर सर्वोच्च न्यायालय, सिर्फ़ क़ानून की रक्षा नहीं करता, वह हमारे जीवन का बारीक़-से-बारीक़ बन्दोबस्त भी करता है। उसके फ़ैसलों के घेरे में बड़े से लेकर छोटे मुद्दों तक, सभी शामिल रहते हैं। वह फ़ैसला करता है कि पर्यावरण के लिए क्या अच्छा है और क्या बुरा; बाँध बनने चाहिए या नहीं; नदियों को जोड़ना, पहाड़ों को हटाना, पेड़ों को काटना चाहिए या नहीं। वह फ़ैसला करता है कि हमारे शहर कैसे दिखने चाहिए और उनमें रहने का अधिकार किसे है। वह फ़ैसला करता है कि क्या झुग्गी-झोंपड़ियों को हटाना चाहिए, सड़कों को चौड़ा करना चाहिए, दुकानों को सील करना चाहिए, क्या हड़ताल की इजाज़त दी जानी चाहिए, कारख़ानों को बन्द करना चाहिए, किसी अन्य स्थान पर ले जाना चाहिए या उनका निजीकरण करना चाहिए। वह फ़ैसला करता है कि स्कूलों की पाठ्य-पुस्तकों में क्या होना चाहिए,

सार्वजनिक परिवहन में किस तरह का ईंधन इस्तेमाल किया जाना चाहिए और यातायात अपराधों के लिए कितना जुर्माना करना चाहिए। वह फ़ैसला करता है कि न्यायाधीशों की कारों पर किस रंग की बत्ती होनी चाहिए (लाल) और उसे कौंधना चाहिए कि नहीं (कौंधना चाहिए)। वह इस देश में, जो बाज़ार में ख़ुद को विश्व के सबसे बड़े लोकतंत्र के रूप में पेश करना पसन्द करता है, सार्वजनिक नीतियों का प्रमुख पंच बन गया है।

विडम्बना यह है कि न्यायिक सक्रियता पहले-पहल जनता के उस विक्षोभ के कन्धों पर चढ़कर आयी जो राजनीतिज्ञों और उनके स्वार्थी हथकंडों की वजह से पैदा हुआ था। सन् 1980 के आस-पास, अदालतों ने अपने दरवाज़े आम नागरिकों और उन जनान्दोलनों के लिए खोले जो वंचितों और उपेक्षित लोगों के लिए न्याय की माँग कर रहे थे। यह जनहित याचिका के युग की शुरुआत थी, जो थोड़े-से अर्से के लिए आशा और सच्ची उम्मीद की खिड़की थी।[1] हालाँकि जनहित याचिका के ज़रिये लोगों की पहुँच अदालतों तक हुई, इसका उलट भी देखने में आया। इसने अदालतों की पहुँच लोगों और उन मुद्दों तक बना दी जो अब तक न्यायपालिका के प्रभाव-क्षेत्र के बाहर थे। इसलिए यह तर्क दिया जा सकता है कि जनहित याचिकाओं ने ही अदालतों को इतना शक्तिशाली बनाया, जितनी कि अब वे हैं। पिछले तक़रीबन 15 बरसों में कई महत्वपूर्ण फ़ैसलों के ज़रिये न्यायपालिका ने ख़ुद अपने अधिकार का दायरा नाटकीय ढंग से बढ़ा लिया है।

आज जैसे-जैसे नव उदारवाद हमारे जीवन और कल्पना में अपने दाँत गहरे गड़ाता जा रहा है, जब 'नियति के साथ भारत की मुलाक़ात के वादे' (ग़ैर हिन्दू 10 फ़ीसदी वृद्धि दर) को निभाने के लिए लाखों लोगों को कंगाल बनाया और बेदख़ल किया जा रहा है, तब बढ़ते हुए असन्तोष पर अंकुश लगाने के लिए राज्य को विस्तृत उपायों का सहारा लेना पड़ता है। इसमें से एक उपाय वह औज़ार इस्तेमाल करना है जिसे मध्य और उच्चवर्ग के लोग प्यार से क़ानून का शासन कहते हैं। क़ानून का शासन ऐसा निर्देश है जो बिलकुल स्पष्ट है और अक्सर न्याय के सिद्धान्त से बहुत परे हो सकता है। क़ानून का शासन एक मुहावरा है जिसका अर्थ उस सन्दर्भ से निकलता है जिसमें वह लागू होता है। यह इस पर निर्भर करता है कि क़ानून क्या और कैसे हैं और किसकी सुरक्षा के लिए बनाये गये हैं।

उदाहरण के लिए 1990 के दशक के आरम्भ से हम उन क़ानूनों को सिलसिलेवार तरीक़े से ख़ारिज होता देख रहे हैं जो मज़दूरों के अधिकारों और आम लोगों के मौलिक अधिकारों (आवास, स्वास्थ्य, शिक्षा, पानी के) की रक्षा करते हैं। अन्तर्राष्ट्रीय मुद्रा कोष, विश्व बैंक और एशियाई विकास बैंक जैसी अन्तर्राष्ट्रीय वित्तीय संस्थाएँ ऋण मंज़ूर करने के पहले स्पष्ट रूप से केवल पूर्व शर्त के तौर पर ही नहीं, बल्कि एक स्पष्ट रूप से लिखित शर्त के तौर पर इसकी माँग करती हैं।

(इसके लिए विनम्र शब्दावली है–'ढाँचागत समायोजन')। इस तरह की स्थिति में क़ानून के शासन का क्या अर्थ होता है?

'अमरीका का जनवादी इतिहास' *(ए पीपुल्स हिस्ट्री ऑफ़ द यूनाइटेड स्टेट्स)* के लेखक हावर्ड ने इसे बड़े सुन्दर ढंग से पेश किया है : 'क़ानून का शासन सम्पत्ति और सत्ता के असमान वितरण को ख़त्म नहीं करता, बल्कि क़ानून के अधिकार से उस असमानता को पुष्ट करता है। यह सम्पत्ति और सत्ता का वितरण...ऐसे अप्रत्यक्ष और जटिल तरीक़ों से करता है कि पीड़ित हक्का-बक्का रह जाता है।'[2]

चूँकि निर्वाचित सरकारों के लिए अलोकप्रिय फ़ैसले करते दिखाई पड़ना (मसलन, ऐसे फ़ैसले जो लाखों लोगों को उनके गाँवों, शहरों और रोज़गारों से विस्थापित करते हों) ज़्यादा-से-ज़्यादा जटिल होता जा रहा है, इसलिए ऐसे फ़ैसले करने की, क़ानून के शासन की रक्षा करने की, ज़िम्मेदारी बढ़ती हुई मात्रा में अदालतों पर आती जा रही है। न्यायिक अधिकारों के विस्तार के साथ-साथ न्यायिक जवाबदेही का विस्तार नहीं हुआ है। यह तो दूर की बात है। न्यायपालिका अपने अधिकारों पर जाँच और नियंत्रण सम्बन्धी कोई भी अंकुश लगाने के प्रयासों को नाकाम करने में सफल रही है जो लोकतंत्र में अमूमन अन्य संस्थाओं पर लागू होते हैं। उसने 'न्यायिक जवाबदेही समिति'[3] के इस प्रस्ताव का विरोध किया है कि न्यायिक दुराचरण के मामलों की जाँच के लिए एक स्वतंत्र अनुशासनात्मक संस्था बनायी जाये। उसका आदेश है कि किसी कार्यरत न्यायाधीश के ख़िलाफ़ एफआईआर तब तक दर्ज नहीं की जा सकती, जब तक मुख्य न्यायाधीश अनुमति न दे (जो अब तक कभी नहीं दी गयी है)। उसने सूचना के अधिकार के क़ानून से भी ख़ुद को अब तक सफलतापूर्वक बचा रखा है। उसके तोपख़ाने में सबसे प्रभावशाली हथियार, ज़ाहिर है, अदालत की अवमानना का क़ानून है, जिसके तहत कुछ ऐसा करना या कहना जुर्म है, जिससे अदालत की 'बदनामी' होती हो या उसकी 'सत्ता घटती हो।' हालाँकि यह क़ानून रहस्यमय भाषा में लिखा गया है, जो स्त्री की शालीनता के बारे में मध्ययुगीन विचारों से ज़्यादा मेल खाती है, पर इसने न्यायपालिका को, अपने आलोचकों को ख़ामोश करने और असुविधाजनक सवाल पूछने वालों को जेल में डालने के भयंकर मनमाने अधिकार दे दिये हैं। इसलिए आश्चर्य नहीं कि न्यायिक भ्रष्टाचार के मुद्दे की ख़बरें देने, ऐसे कांडों का पर्दाफ़ाश करने से मीडिया कतराता है, जिनसे हमारी अदालतों के कमरों में हर रोज़ तहलका मचना चाहिए। ऐसे पत्रकार ज़्यादा नहीं हैं जो लम्बा आपराधिक मुक़दमा झेलने और जेल की सज़ा भोगने का ख़तरा उठाने के लिए तैयार हों। हाल ही तक, अवमानना क़ानून के तहत, सत्य को भी वैध बचाव नहीं माना जाता था। उदाहरण के लिए, मानिए कि हमारे पास प्रथमद्रष्टया सबूत हों कि किसी जज ने किसी पर हमला किया है या किसी से

बलात्कार किया है या अनुकूल फ़ैसला सुनाने के लिए रिश्वत ली है, तो भी उस सबूत को सार्वजनिक करना आपराधिक कृत्य होगा, क्योंकि इससे अदालत की 'बदनामी होगी' या 'होने की आशंका होगी' या उसकी 'सत्ता का अपमान होगा' या 'होने की आशंका होगी।'[4]

हाँ, चीज़ें बदली हैं, लेकिन बहुत कम। पिछले साल संसद ने 'अदालत की अवमानना के क़ानून' में संशोधन किया था जिससे अदालत की अवमानना के आरोप में सत्य एक वैध बचाव बन सके। पर ज़्यादातर मामलों में (जैसा कि सब्बरवाल वाले मामले में...ओह...क्या हमें 'प्रसंग' कहना चाहिए) कुछ साबित करने के लिए उसकी जाँच करना ज़रूरी है। लेकिन ज़ाहिर है कि जब आप जाँच की माँग करेंगे तो आपको मामले के बारे में बताना होगा और जब आप अपना मामला बतायेंगे तो आप एक जज पर अशोभनीय काम करने का आरोप लगा रहे होंगे जिसके लिए आपको अवमानना करने का अपराधी क़रार दिया जा सकता है। इसलिए जब तक किसी चीज़ की तफ़्तीश न की जाय, तब तक उसे साबित नहीं किया जा सकता और जब तक कोई चीज़ साबित न कर दी गयी हो तब तक उसकी तफ़्तीश नहीं की जा सकती।

हमारे लिए एकमात्र व्यावहारिक विकल्प बचता है कि अपने विचार शुद्ध रखें। मसलन :

- भारत में न्यायाधीश अलौकिक प्राणी होते हैं।
- शालीनता, उपकार, नैतिकता, पारदर्शिता और निष्ठा उनके डीएनए में रची-बसी होती है।
- यह इस तथ्य से प्रमाणित होता है कि हमारे गणतंत्र के इतिहास में किसी न्यायाधीश पर कभी महाभियोग नहीं लगा या उसे किसी भी तरह अनुशासित नहीं किया गया।
- जय न्यायपालिका, जय हिन्द।

लेकिन जब पूर्व मुख्य न्यायमूर्ति एस.पी. भरूचा जैसे पूर्व न्यायाधीश न्यायपालिका में व्याप्त भ्रष्टाचार के बारे में सार्वजनिक बयान देने लगते हैं तो यह कुछ चकराने वाली बात लगती है।[5] शायद ऐसे मौक़ों पर हमें कान बन्द कर लेने चाहिए या किसी मंत्र का जाप करना चाहिए।

हो सकता है कि इसे स्वीकार करने से हमारे गर्व को चोट पहुँचे और हमारी स्वतंत्रता की भावनाओं पर रोक लगे, लेकिन तथ्य यही है कि हम एक प्रकार की न्यायिक तानाशाही में रहते हैं और अब महल में एक कांड हुआ है।

दिल्लीवालों के लिए 2006 का साल एक मुश्किल साल था। सर्वोच्च न्यायालय ने एक के बाद एक कई आदेश पारित किये जिन्होंने शहर का चेहरा बदल दिया। उस

शहर का जो एक लम्बे अर्से के दौरान जैविक रूप में, क़ानूनी प्रावधानों के बाहर, बेतरतीब ढंग से फैल गया है। वाई. के. सब्बरवाल की अध्यक्षता में, जो उस समय मुख्य न्यायाधीश थे, एक खंडपीठ ने उन हज़ारों दुकानों, मकानों और व्यावसायिक संस्थाओं की तालाबन्दी का आदेश दिया जिनमें अदालत के अनुसार 'ग़ैरक़ानूनी' व्यापार चल रहे थे। कुछ मामलों में ऐसा, पुराने मास्टर प्लान का उल्लंघन करते हुए, आवासीय क्षेत्रों में हो रहा था। यह सच है कि ये व्यवसायी पुराने मास्टर प्लान में निर्धारित भूमि-उपयोग के अनुसार उसका पालन नहीं कर रहे थे। लेकिन योजना लागू करने के लिए ज़िम्मेदार निगम अधिकारियों को जितने व्यावसायिक क्षेत्र विकसित करने चाहिए थे, उसके सिर्फ़ एक-चौथाई ही उन्होंने विकसित किये थे। इसलिए जब लोगों ने ख़ुद अपना बन्दोबस्त किया (और अपने जीवन भर की बचत इनमें लगा दी) तो उन्होंने इसे नज़रअन्दाज कर दिया। फिर अचानक दिल्ली नयी उभरती महाशक्ति की राजधानी बन गयी। वह ऐसी दिखे भी, इसके लिए उसे सजाना-सँवारना ज़रूरी था। इसका सबसे आसान तरीक़ा था क़ानून का शासन लागू करना।

सीलिंग ने लाखों लोगों की ज़िन्दगियों और रोज़ी-रोटी को प्रभावित किया। प्रदर्शन हुए, दंगे हुए। रैपिड ऐक्शन फ़ोर्स बुलायी गयी। लोगों के भड़कते ग़ुस्से और निराशा से विस्मित होकर दिल्ली सरकार ने अदालत से अपने फ़ैसले पर पुनर्विचार करने की प्रार्थना की। उसने एक नया, '2021 का मास्टर प्लान' पेश किया, जिसमें कई ऐसे क्षेत्रों में ज़मीन के मिश्रित उपयोग और व्यावसायिक गतिविधि की अनुमति दी गयी जो अब तक 'आवासीय' निर्धारित किये गये थे। न्यायमूर्ति अडिग रहे। उनकी अध्यक्षता वाली पीठ ने सीलिंग जारी रखने का आदेश दिया।[6]

लगभग इसी समय सर्वोच्च न्यायालय की एक दूसरी पीठ ने नंगला माची और अन्य झुग्गी-झोंपड़ी बस्तियों को तोड़ने का आदेश दिया जिससे लाखों लोग बेघर हो गये। वे चिलचिलाती धूप में अपने टूटे घरों के मलबे पर रहने लगे।[7] एक अन्य पीठ ने शहर की सड़कों से सारे 'ग़ैर-लाइसेन्सधारी' फेरीवालों को हटाने का आदेश दिया। इधर दिल्ली से उसके ग़रीब निवासियों का सफ़ाया किया जा रहा था, उधर एक नये तरह का शहर हमारे चारों तरफ़ उग रहा था। वातानुकूलित कॉरपोरेट मॉलों और मल्टीप्लेक्सों से जगमगाता शहर, जहाँ बहुराष्ट्रीय कम्पनियाँ अपना नवीनतम माल दिखा रही थीं। जिन लोगों की दुकानें और कार्यालय सील कर दिये गये थे, उनमें से जिनकी स्थिति बेहतर थी वे इन मॉलों में जगह पाने के लिए क़तार में लग गये। क़ीमतें बढ़ गयीं। मॉलों का धन्धा चमक उठा, यह शहर में सबसे नया खेल था।

इनमें से कुछ मॉल भी, जो अपने आप में छोटे शहर थे, अवैध निर्माण थे और उन्हें आवश्यक अनुमति नहीं मिली थी। लेकिन यहाँ सर्वोच्च न्यायलय ने उनके जुर्म को एक अलग चश्मे से देखा। क़ानून के शासन ने आँख मारी और छोटे-से ब्रेक पर

चला गया। बसन्त कुंज मॉल पर दायर याचिका पर 17 अक्टूबर, 2006 के अपने फ़ैसले में (जिसमें मॉल के निर्माण को आगे बढ़ाने की अनुमति दी गयी थी) न्यायमूर्ति अरिजित पसायत और एस.एच. कापड़िया ने कहा :

> 'अगर इन पार्टियों को इस बात की भनक भी होती कि डीडीए ने इस तरह की अनुमति नहीं प्राप्त की थी तो उन्होंने इतनी भारी मात्रा में पैसा नहीं लगाया होता। यह नियम कि जहाँ भी ग़ैरक़ानूनी निर्माण किया गया है, वहाँ उसे तोड़ना ही एकमात्र विकल्प है, मौजूदा मामलों पर लागू नहीं हो सकता, विशेष रूप से तब जब ये उसके विपरीत, जहाँ कुछ निजी व्यक्तियों या निजी लिमिटेड कम्पनियों या फ़र्मों ने आवंटित भूमि का उल्लंघन किया हो, कॉरपोरेट संस्थाएँ और संगठन हैं और अनुमति या मंज़ूरी प्राप्त करने के लिए उनके द्वारा कोई ग़लत कार्य किये जाने का सवाल ही पैदा नहीं होता।[8]

मैं जानती हूँ, यह थोड़ा जटिल है। एक मित्र और मैंने बैठकर इसका अनुवाद सरल अंग्रेज़ी भाषा में किया। हिन्दी में मूलतः

अ. भले ही इस मौजूदा मामले में निर्माण अनधिकृत हो और उसे उचित मंज़ूरी न मिली हो, पर भारी मात्रा में पैसा लगाया गया है और तोड़ना एकमात्र विकल्प नहीं है।

ब. निजी व्यक्तियों या प्राइवेट लिमिटेड कम्पनियों के विपरीत जिन्हें भूमि आवंटित की गयी हो और जिन्होंने क़ानून का उल्लंघन किया हो, ये आवंटी कॉरपोरेट संस्थाएँ और संगठन हैं और अनुमति या स्वीकृति प्राप्त करने के लिए उनके द्वारा कोई ग़लत काम किये जाने का सवाल ही पैदा नहीं होता।

कॉरपोरेट संस्थाओं द्वारा स्वीकृति या अनुमति प्राप्त करने के लिए ग़लत कार्य किये जाने का सवाल ही पैदा नहीं होता। यह कहना है भारत के सर्वोच्च न्यायालय का।[9] हम उन चीख़ते उन्मादी लोगों से क्या कहें, जो अदालत पर 'नये कॉरपोरेट साम्राज्य' की अग्रिम चौकी होने का आरोप लगाते हुए, सड़कों पर प्रदर्शन कर रहे हैं? क्या हम उनसे ज़्यादा ज़ोर से चिल्लाकर उन्हें चुप करा दें? क्या हम 'एनरॉन जिन्दाबाद' का नारा लगायें? कहें, 'बेक्टेल, हैलीबर्टन ज़िन्दाबाद', 'टाटा, बिड़ला, मित्तल, रिलायंस, वेदान्त, ऑलकन ज़िन्दाबाद?' 'कोका-कोला आगे बढ़ो, हम तुम्हारे साथ हैं?' यह था सर्वोच्च न्यायालय का विचारधारात्मक माहौल जिस समय सब्बरवाल वाला 'प्रसंग' हुआ।

यह स्पष्ट करना महत्वपूर्ण है कि न्यायमूर्ति सब्बरवाल के आदेश अन्य न्यायमूर्तियों से, जो प्रवाद से अछूते हैं और जिनकी निजी निष्ठा पर सवाल नहीं है,

बहुत अलग या वैचारिक धरातल पर उनके विपरीत नहीं थे, लेकिन किसी न्यायाधीश का विचारधारात्मक पूर्वग्रह उन निजी प्रोत्साहनों और हितों के संघर्ष से बिलकुल अलग मुद्दा है, जिन्होंने न्यायमूर्ति सब्बरवाल के आदेशों को प्रेरित किया हो सकता था। यही इस कहानी का सार है।

जनवरी 2007 में सेवानिवृत्त होने से पहले मीडिया के सामने अपने आख़िरी बयान में न्यायमूर्ति सब्बरवाल ने कहा कि दिल्ली में सीलिंग लागू करने का फ़ैसला सबसे मुश्किल फ़ैसला था जो उन्होंने मुख्य न्यायाधीश के अपने कार्यकाल में किया था। शायद ऐसा था भी। मुश्किल प्रेम कभी आसान नहीं होता है।

मई 2007 में सान्ध्य अख़बार 'मिड डे' के दिल्ली संस्करण ने अपनी खोज पर आधारित विस्तृत रिपोर्ट छापी (कार्टून भी) जिनमें न्यायमूर्ति सब्बरवाल पर गम्भीर न्यायिक दुराचरण के आरोप लगाये गये थे। यह लेख इंटरनेट पर उपलब्ध है। 'मिड डे' ने जो आरोप लगाये थे, उनकी पुष्टि बाद में 'न्यायिक जवाबदेही समिति' ने की है जिसके संरक्षकों में वकील, सेवानिवृत्त न्यायाधीश, प्राध्यापक, पत्रकार और कार्यकर्ता हैं।[10] संक्षेप में आरोप यों हैं :

1. कि वाई.के. सब्बरवाल के बेटों, चेतन और नितिन की तीन कम्पनियाँ थीं–पवन इम्पेक्स, सब्स एक्सपोर्ट और सुग एक्सपोर्ट जिनके पंजीकृत कार्यालय पहले उनके पारिवारिक आवास 3/81, पंजाबी बाग़, नयी दिल्ली में थे और बाद में उनके पिता के सरकारी निवास 6, मोतीलाल नेहरू मार्ग, नयी दिल्ली पर स्थानान्तरित कर दिये गये थे।
2. कि वाई.के. सब्बरवाल ने सर्वोच्च न्यायालय के न्यायाधीश होने के दौरान, लेकिन मुख्य न्यायाधीश बनने से पहले, दिल्ली में व्यावसायिक सम्पत्तियों की सीलिंग के मामलों को तलब किया था और उन पर सुनवाई की थी (यह अनुचित क़दम था। सिर्फ़ मुख्य न्यायाधीश को यह अधिकार है कि किसी दूसरी बेंच के सामने विचाराधीन मामले को अपने पास तलब करें।)।
3. कि ठीक इसी समय न्यायमूर्ति सब्बरवाल के बेटों ने दो बड़े मॉल और व्यावसायिक परिसर निर्माताओं, (आलीशान 'स्क्वेयर 1' मॉल के लिए प्रसिद्ध) पुरुषोत्तम बघेरिया और 'बिज़नेस पार्क टाउन प्लैनर्स' लिमिटेड के काबुल चावला के साथ साझीदारी शुरू की। कि न्यायमूर्ति सब्बरवाल के सीलिंग आदेशों के कारण लोगों को मजबूरन अपनी दुकानों और व्यवसायों को मॉलों और व्यावसायिक परिसरों में ले जाना पड़ा जिससे क़ीमतें बढ़ीं और इसका फ़ायदा आर्थिक और भौतिक रूप से न्यायमूर्ति सब्बरवाल के बेटों और उनके साझीदारों को हुआ।

4. कि यूनियन बैंक ने पवन इम्पेक्स को रेहन पर 28 करोड़ रुपये का ऋण दिया जो रेहन बाद में पता चला कि नामौजूद था (न्यायमूर्ति सब्बरवाल का कहना है कि उनके बेटों की कम्पनियों को 75 करोड़ रुपये का ऋण लेने की सुविधा मिली हुई थी)।
5. कि हितों के प्रत्यक्ष संघर्ष के कारण उन्हें सीलिंग के मामले की सुनवाई से ख़ुद को अलग कर लेना चाहिए था (जबकि इसके विपरीत उन्होंने मामले को अपने पास तलब कर लिया।)।
6. कि जब न्यायमूर्ति सब्बरवाल अमर सिंह के फ़ोन के टेपों के मामलों की सुनवाई कर रहे थे (जिसमें उन्होंने अमर सिंह के टेपों के प्रकाशन पर रोक लगाने का आदेश दिया था), मुलायम सिंह/अमर सिंह सरकार ने नोएडा में उनके बेटों की कम्पनियों को ज़मीन के कई औद्योगिक और व्यावसायिक प्लॉट कौड़ी के भाव आवंटित किये थे।
7. कि उनके बेटों ने महारानी बाग़ में 15.46 करोड़ रुपयों में एक मकान ख़रीदा था। इस पैसे का स्रोत बताया नहीं गया है। दस्तावेज़ों में उन्होंने अपने पिता का नाम योगेश कुमार दिया है। (यह उन लड़कों के तईं असाधारण लजीलापन है जो अपने न्यायाधीश पिता के सरकारी निवास से अपने व्यवसाय चलाने से नहीं लजाते।)।

इन सभी आरोपों की पुष्टि के लिए ठोस और बेदाग़ दस्तावेज़ उपलब्ध हैं। पंजीकरण के दस्तावेज़, कम्पनी मामलों के केन्द्रीय मंत्रालयों के दस्तावेज़, विभिन्न कम्पनियों के समावेशन के प्रमाण-पत्र, शेयर धारकों की प्रकाशित सूचियाँ, नितिन और चेतन की कम्पनियों में शेयर निधि बढ़ने की घोषणा करने वाले नोटिस, आयकर विभाग के नोटिस और खोजी पत्रकार तथा स्वयं जज के बीच रिकॉर्ड की गयी बातचीत की सीडी।

इन दस्तावेज़ों से संकेत मिलता है कि जब दिल्ली जल रही थी, जब हज़ारों दुकानों और व्यवसायों पर ताले जड़े जा रहे थे और उनके मालिकों और कर्मचारियों को उनकी रोज़ी-रोटी से महरूम किया जा रहा था, न्यायमूर्ति सब्बरवाल के बेटे और उनके पार्टनर दौलत बटोर रहे थे। ये दस्तावेज़ 'नया भारत कैसे काम करता है' की निर्देश पुस्तिका जैसे लगते हैं।

जब यह कहानी सार्वजनिक हुई तो एक अन्य सेवानिवृत्त मुख्य न्यायाधीश जे.एस. वर्मा, सीएनबीसी पर करन थापर के इंटरव्यू कार्यक्रम 'इंडिया टुनाइट' में आये। उन्होंने एक पूर्व न्यायाधीश के सारे विवेक और सावधानी के साथ कहा, 'अगर यह सच है तो अत्यन्त अनुचित है...जो भी किसी सरकारी पद पर रहता है, वह लोकतंत्र में अन्ततः लोगों के प्रति जवाबदेह होता है, इसलिए लोगों को जानने

का अधिकार है कि वह कैसा काम कर रहा है और जितने ऊँचे पद पर आप होते हैं, उतनी ही ज़्यादा जवाबदेही होती है।' जस्टिस वर्मा ने आगे कहा कि तथ्य सही हैं तो यह हितों के लिए संघर्ष का स्पष्ट मामला बनता है और सीलिंग के मामले में न्यायमूर्ति सब्बरवाल के आदेशों पर रोक लगनी चाहिए और मामले की फिर से सुनवाई होनी चाहिए।[11]

यह मुद्दे का लुब्बे-लुआब है। यही इस प्रवाद को इतना घातक बनाता है। लाखों जीवन बर्बाद कर दिये गये हैं। अगर यह सच है कि जो फ़ैसला इसका कारण बना, वह दूषित था, तो ग़लती सुधारी जानी चाहिए।

पर क्या तथ्य सही हैं?

ताक़तवर और जाने-माने लोगों से सम्बन्धित प्रवाद अक्सर दुर्भावनापूर्ण, स्वार्थों से प्रेरित और बेबुनियाद हो सकते हैं और होते हैं। ख़ुदा जानता है कि जज जानी दुश्मन बना लेते हैं–आख़िरकार, हर मामले में वे जो फ़ैसला देते हैं उनमें एक की हार और दूसरे की जीत होती है। इसमें सन्देह नहीं कि न्यायमूर्ति वाई. के. सब्बरवाल के कई दुश्मन होंगे। अगर मैं उनकी जगह होती और अगर मेरे पास छुपाने के लिए वाक़ई कुछ नहीं होता तो मैं सचमुच जाँच का स्वागत करती। मैं मुख्य न्यायाधीश से जाँच करने की प्रार्थना करती। मैं उनके पीछे पड़ जाती जिन्होंने मेरे ख़िलाफ़ झूठे प्रमाण गढ़े और ऐसे बेहूदा आरोप लगाये।

पर मैं यक़ीनन अपने बचाव में एक बेअसर, लिजलिजा बयान लिखकर हालत को और बदतर न बनाती, जो न तो किसी आरोप का खंडन करता है, न किसी को क़ायल करता है।[12]

साथ ही, अगर मैं कार्यरत मुख्य न्यायाधीश या ऐसा कोई व्यक्ति होती जो 'अदालत की गरिमा को सुरक्षित' रखने में सचमुच दिलचस्पी रखने का दावा करता है (सौभाग्य से यह मेरा काम नहीं है) तो मुझे मालूम होता कि इतनी देर बाद ऐब पर पर्दा डालने या हाय-तोबा मचाने वालों को चुप कराने या धमकाने की कोशिश का उल्टा असर पड़ेगा। मुझे यह समझने में ज़्यादा देर नहीं लगती कि अगर मैंने जाँच का आदेश नहीं दिया और जल्दी नहीं दिया तो जो प्रवाद एक व्यक्ति-विशेष के बारे में शुरू हुआ था, वह जल्दी ही पूरी न्यायपालिका को लपेटने वाला प्रवाद बन सकता है।

पर सबके विचार एक जैसे नहीं होते। 'मिड डे' ने जब अपने आरोपों को प्रकाशित किया तो उसके कुछ ही दिन बाद दिल्ली उच्च न्यायालय ने अपने संज्ञान पर नोटिस जारी करते हुए 'मिड डे' के सम्पादक, स्थानीय सम्पादक, मुद्रक और कार्टूनिस्ट पर अदालत की अवमानना का आरोप लगा दिया।[13] तीन महीने बाद 11 सितम्बर, 2007 को अदालत ने इन लोगों को अदालत की आपराधिक अवमानना

का दोषी ठहराते हुए आदेश जारी किया। उन्हें 21 सितम्बर को सज़ा सुनाने के लिए बुलाया गया।

'मिड डे' का अपराध क्या था? असाधारण साहस का प्रदर्शन? उच्च न्यायालय के आदेश में 'मिड डे' द्वारा न्यायमूर्ति सब्बरवाल के ख़िलाफ़ लगाये गये आरोपों की तथ्यात्मक सच्चाई पर कोई टिप्पणी नहीं की गयी है। इसकी बजाय ग़ैर-मामूली, और लगभग योगियों सरीखे कौशल से निष्कर्ष निकाला गया है कि 'मिड डे' के लेख का वास्तविक निशाना वे न्यायाधीश थे जो न्यायमूर्ति सब्बरवाल के साथ खंडपीठ में बैठे थे, जो न्यायाधीश कि अब भी पदासीन हैं (और इसलिए उन पर आरोप लगाना आपराधिक अवमानना है) :

> 'हमने पाया कि जिस तरह से पूरा मामला पेश किया गया है, उससे लगता है कि सर्वोच्च न्यायालय ने अपने एक सदस्य के छुपे हुए मक़सद को पूरा करने के लिए अपना इस्तेमाल होने दिया। जिस प्रकार के उद्‌घाटन किये गये हैं और जिस सन्दर्भ में किये गये हैं, वह भारत के पूर्व मुख्य न्यायाधीश ही को कठघरे में खड़ा करने के बावजूद सर्वोच्च न्यायालय की छवि को कलंकित करते हैं। इससे ख़ुद संस्था में आम जनता का विश्वास क्षरित हो सकता है। सर्वोच्च न्यायालय खंडों में बैठता है और हर फ़ैसला एक पीठ का होता है। इसकी अध्यक्षता करने वाले सदस्य पर आरोप लगाने से स्वतः ही यह संकेत जाता है कि दूसरे सदस्य कठपुतले थे या छुपी हुई योजना को पूरा करने में शामिल थे।'

'मिड डे' के लेखों में कहीं भी किसी दूसरे न्यायाधीश का उल्लेख तक नहीं किया गया है, इसलिए पत्रकार एक कल्पित अपमान के लिए कठघरे में हैं। इसका मतलब यह है कि अगर एक पीठ में कई जज हैं और आपके पास सबूत है कि उनमें से एक ने भ्रष्ट कारणों से अपनी राय या आदेश दिया है या ऐसे मामले में सुनवाई कर रहा है, जिसमें उसके हितों का सीधा संघर्ष है, तो इतना काफ़ी नहीं है। यानी जब तक आप यह साबित न कर सकें कि उनमें से सभी भ्रष्ट हैं या उन सभी के हितों का संघर्ष है और उन सभी ने अपने पीछे सबूतों का सिलसिला छोड़ा है तब तक कोई मामला नहीं बन सकता। दरअसल, यह भी काफ़ी नहीं है। आपको अदालत पर किसी भी तरह का लांछन लगाये बिना अपना मामला रखना होगा (यहाँ महज़ बहस के लिए पूछा जा सकता है : अगर किसी पीठ के दो जज बारी-बारी से भ्रष्ट होने का फ़ैसला करें तो? तब हम क्या करेंगे?)।

लिहाज़ा अब हम पर अदालत की अवमानना की एक बिलकुल नयी वैचारिक अवधारणा लाद दी गयी है : अनाम जजों के ख़िलाफ़ कल्पित अपमान की उत्तप्त व्याख्याएँ। उफ़! हम अन्धेर नगरी में हैं।

दूसरे ज़्यादातर देशों में, अदालत की आपराधिक अवमानना की परिभाषा ऐसी चीज़ तक सीमित होती है जिससे न्याय-कार्य को स्पष्ट और मौजूदा ख़तरा हो। 'लांछन लगाने' और अदालत की 'सत्ता को घटाने' का यह मामला बेतुकी, ख़तरनाक क़िस्म की सेंसरशिप है और हमारी सामूहिक बुद्धिमत्ता का अपमान है।

जिन पत्रकारों ने 'मिड डे' में इस ख़बर का खुलासा किया, उन्होंने एक महत्वपूर्ण और साहसी कार्य किया है। कुछ अख़बारों ने एकजुटता दिखाते हुए इस मामले में आगे जाँच की है। कई लोग आगे आये हैं और समर्थन को और मज़बूत करने के लिए सार्वजनिक बयान दिया है। यह सब कुछ हो रहा है। पर्दा उठ चुका है, इसका वक़्त भी तो हो चुका था।

टिड्डियों की आवाज़ : जनसंहार, इनकार और उत्सव

यह लेख बतौर व्याख्यान तुर्की-आर्मीनियाई अख़बार 'एगोस' के सम्पादक हरांट डिंक की हत्या की पहली बरसी के अवसर पर 18 जनवरी, 2008 को इस्तान्बूल में दिया गया था। यह 4 फ़रवरी को 'आउटलुक' पत्रिका (भारत) में छपा और फिर 'इंटरनेशनल सोशलिस्ट रिव्यू', अंक 58, मार्च-अप्रैल 2008 में।

मैं हरांट डिंक से कभी नहीं मिली, इस बात का मुझे हमेशा मलाल रहेगा। जो कुछ मैं उनके बारे में जानती हूँ, उनके लेखन के बारे में, जो उन्होंने कहा और किया, जो ज़िन्दगी उन्होंने गुज़ारी, उसके बल पर मैं जानती हूँ, अगर एक साल पहले मैं यहाँ इस्तान्बूल में होती तो मैं भी उन एक लाख लोगों के साथ इस शहर की सर्द गलियों में उनके ताबूत के साथ बेआवाज़ उन बैनरों के पीछे चल रही होती, जिन पर लिखा था 'हम सभी आर्मीनियाई हैं,' 'हम सब हरांट डिंक हैं।' शायद मेरे हाथों में वह बैनर होता जिस पर लिखा था, 'पन्द्रह लाख जमा एक।''[1]

मैं यही सोचती हूँ कि जब मैं उस ताबूत के साथ चल रही होती तो मेरे मन में क्या ख़याल आ रहे होते। हो सकता है कि उस वक़्त मुझे किसी गीत की टेक की तरह अपने दोस्त डेविड बरसामियां की माँ अरेक्सी बरसामियन की आवाज़ सुनायी पड़ती, यह बताते हुए कि उनके और उनके परिवार के साथ क्या गुज़रा था। 1915 में वे दस बरस की थीं। उन्हें टिड्डों के वे झुंड-के-झुंड याद आये थे जिन्होंने उनके गाँव दुयूब्ने पर हमला बोल दिया था, जो ऐतिहासिक शहर दिकरानगर्त (जो अब दियारबाकिर कहलाता है) के उत्तर में था। उन्होंने बताया था कि गाँव के बड़े-बुज़ुर्ग चिन्तित हो उठे थे, क्योंकि उनकी बूढ़ी हड्डियों में यह जानकारी थी कि टिड्डों का दल-बल आना बहुत असगुनिया होता है। उनकी बात सच साबित हुई : बर्बादी कुछ महीनों में सामने आ गयी जब खेतों में गेहूँ की फ़सल कटने को तैयार खड़ी थी।

पन्द्रह लाख उन आर्मीनियाइयों की संख्या है, जिन्हें उस्मान साम्राज्य द्वारा सन् 1915 के बसन्त में अनातोलिया में हुए जनसंहार में सिलसिलेवार ढंग से क़त्ल कर दिया गया था। आर्मीनियाई, जो इस इलाक़े में इस्लामी तुर्की हुकूमत के नीचे रहने वाले ईसाइयों की सबसे बड़ी अल्पसंख्यक आबादी है, अनातोलिया में ढाई हज़ार बरस से अधिक समय से रहते रहे थे।

'जब हम वहाँ से चले हमारा परिवार 25 (लोगों) का था,' अरेक्सी बरसामियन बतलाती रहीं।

> 'वे लोग सारे पुरुषों को ले गये...उन्होंने मेरे पिता से पूछा, 'तुम्हारा गोली-बारूद कहाँ है?' उन्होंने कहा, 'मैंने उसे बेच दिया।' इस पर उन्होंने कहा, 'जाओ, उसे लेकर आओ।' तो जब मेरे पिता उसे लाने के लिए कुर्द क़स्बे में गये तो उन लोगों ने उन्हें मारा-पीटा और उनके सारे कपड़े भी उतरवा लिये। जब वे वापस लौटे–यह घटना मुझे मेरी माँ ने सुनायी–'जब वे वहाँ से नंगे बदन वापस आये, उन्हें जेल में डाल दिया गया, उनके हाथ काट दिये...सो जेल में ही उनकी मौत हो गयी।...वे सारे मर्दों को खेत में ले गये, उनके हाथ बाँध दिये, और गोलियाँ चलायीं, हरेक को मार दिया।'[2]

अरेक्सी, उनकी माँ और तीन छोटे भाई जलावतन कर दिये गये। अरेक्सी के अलावा सभी ख़त्म हो गये। अकेली वही बचीं।

निश्चय ही यह उस इतिहास का सिर्फ़ एक साक्ष्य है जिससे तुर्की सरकार और कई तुर्क भी इनकार करते हैं।

मैं यहाँ आपके सामने किसी अन्तर्राष्ट्रीय बुद्धिजीवी की भूमिका निभाने नहीं आयी हूँ, कि आपके सामने भाषण दूँ या उस ख़ामोशी को भरने नहीं आयी हूँ जो इस देश में अनातोलिया की उन घटनाओं की स्मृति या (विस्मृति) पर छायी हुई है जो 1915 में हुई थीं। हरांट डिंक ने यही करने की कोशिश की थी और उसकी क़ीमत अपनी जान देकर चुकायी।

मैं जिस दिन इस्तान्बूल पहुँची, यहाँ की सड़कों पर घंटों घूमती रही और जब मैं अपने इर्द-गिर्द नज़रें दौड़ाते हुए इस ख़ूबसूरत, रहस्यमय और रोमांचक शहर को देखकर इस्तान्बूल के लोगों से ईर्ष्या कर रही थी, एक मित्र ने सफ़ेद टोपियाँ पहने उन लड़कों की तरफ़ इशारा किया जो शहर में खुजली के दानों की तरह अचानक प्रकट हो गये थे। उसने समझाया कि वे उस हत्यारे-बालक के प्रति अपनी एकजुटता दरशा रहे थे जिसने हरांट की हत्या करते समय सफ़ेद टोपी पहने हुए थी। ज़ाहिरा तौर पर इस हत्या का उद्देश्य हरांट को सज़ा देना तो था ही, इस देश में उन दूसरे लोगों को ख़बरदार भी करना था जो सम्भव है उनके साहस से प्रेरित हुए हों–न सिर्फ़ अकथनीय को कहने के लिए, बल्कि जो सोचा भी नहीं जा सकता, उसे सोचने के लिए।

यही वह संदेशा था जो उस गोली पर लिखा हुआ था जिसने हरांट डिंक की जान ली। यही वह संदेशा है जो ओरहान पामुक, अलिफ़ शफ़ाक और दूसरे लोगों

को मिली मौत की धमकियों में छिपा हुआ है जिन्होंने तुर्की की सरकार के नज़रिये से असहमति प्रकट करने का साहस दिखाया है।[3] क़त्ल किये जाने से पहले हरांट डिंक पर तुर्की की दंड संहिता की धारा 301 के तहत मुक़दमा चलाया गया, जिसके अनुसार सार्वजनिक रूप से 'तुर्कियत' की निन्दा करना दंडनीय अपराध है। इनमें से हर मुक़दमा तुर्की की सरकार की ओर से तुर्की के फ़ासीवादी दक्षिण-पन्थियों को इशारा था कि हरांट डिंक को निशाना बनाना मंज़ूर था। सच बोलने से तुर्कियत की निन्दा कैसे हो सकती है? तुर्कियत क्या है—इसे सीमित और परिभाषित करने का अधिकार किसे है?

हरांट डिंक को ख़ामोश कर दिया गया है। लेकिन जो लोग उनकी हत्या पर ख़ुशियाँ मना रहे हैं, उन्हें जानना चाहिए कि उन्होंने जो किया है, उसका उलटा फल निकला है। ख़ामोशी की बजाय उसने भारी शोर पैदा किया है। हरांट की आवाज़ ऐसी चीख़ बन गयी है जो कभी दबायी नहीं जा सकेगी, न गोलियों से, न क़ैद की सज़ाओं से, न गालियों से। वह चीख़ती है, फुसफुसाती है, गाती है, वह उस धौंस जमाने वाली चुप्पी को चूर-चूर कर देती है जो शिकस्त खायी फ़ौज की तरह एक बार फिर इकट्ठा होकर क़तारबन्द होने लगी है। उसने दुनिया में यह जानने की उत्सुकता जगा दी है कि अनातोलिया में 90 साल से कुछ अर्सा पहले क्या हुआ था। वह जिसे हरांट के दुश्मन दफ़्न कर देना चाहते थे। भूल जाना चाहते थे। ख़ैर...अपने बारे में बात करूँ तो मेरी पहली प्रतिक्रिया 1915 के बारे में जो कुछ मैं जान सकूँ, जानने की थी, इतिहास पढ़ने की, गवाहियाँ सुनने की। जो मैंने वैसे न किया होता। अब उस सब के बारे में मेरा एक मत है, लेकिन जैसा कि मैंने आपसे कहा, मैं उस सब को आप पर थोपने नहीं आयी।

इस्तान्बूल के, तुर्की के, टोपी पहनने वालों से लड़ाई मुझे नहीं लड़नी है, यह आप की लड़ाई है। मेरी लड़ाई अपने देश में दूसरे टोपीधारियों और मशालचियों से है। एक तरह से, ये लड़ाइयाँ बहुत भिन्न भी नहीं हैं। फिर भी एक महत्वपूर्ण अन्तर है। जहाँ तुर्की में पूरी तरह चुप्पी है, वहीं भारत में उत्सव का माहौल है, मैं कह नहीं सकती कि इनमें ज़्यादा ख़राब कौन है? मेरे ख़याल में ख़ामोशी शर्म की तरफ़ इशारा करती है और शर्म ईमान की तरफ़, अन्तःकरण की तरफ़। क्या यह बहुत भोलेपन और उदारता से की गयी व्याख्या है? शायद, लेकिन फिर भोलेपन और उदारता से गुरेज़ क्यों किया जाय? उत्सव की दरअसल कोई व्याख्या नहीं हो सकती। वह तो वही होता है जो वह कहता है कि वह है।

आपके अतीत से मिले सबक़ ने मुझे हमारे भविष्य को आँकने की अन्तर्दृष्टि दी है। आज की मेरी बातें अतीत के बारे में नहीं हैं, भविष्य के बारे में हैं। मैं उन बुनियादों के बारे में बात करना चाहती हूँ जो भारत के भविष्य के लिए रखी जा रही हैं, जिस

देश की आज–प्रगति और लोकतंत्र के आदर्श के रूप में–पूरी दुनिया में वाहवाही हो रही है।

गुजरात राज्य में 2002 में मुसलमानों का जनसंहार हुआ था। मैं जनसंहार शब्द का प्रयोग सोच-समझकर और 'संयुक्त राष्ट्र संघ के जनसंहार अपराध निवारण और दंड सम्मेलन' की धारा 2 में दी गयी परिभाषा को ध्यान में रखकर कर रही हूँ। यह जनसंहार उस अनसुलझे अपराध के लिए सामूहिक रूप से सज़ा देने के लिए शुरू हुआ, जिसमें रेल के एक डिब्बे में आग लग जाने से 52 हिन्दू तीर्थ-यात्री झुलसकर मर गये थे। सोच-समझकर पूर्व-निर्धारित योजना के तहत बनायी गयी इस तथाकथित बदले की कार्रवाई में दिन-दहाड़े, फ़ासिस्ट अर्द्धसैनिकों द्वारा संगठित हथियारबन्द हत्यारे गिरोहों ने तत्कालीन गुजरात सरकार और प्रशासन की पुश्त-पनाही के बल पर दो हज़ार मुसलमानों का क़त्लेआम किया था। मुस्लिम महिलाओं को सामूहिक बलात्कार के बाद ज़िन्दा जला दिया गया था। मुसलमानों की दुकानें, मुसलमानों के कारोबार और मुसलमानों की दरगाहें और मस्जिदें सुनियोजित ढंग से तबाह की गयीं। तक़रीबन एक लाख पचास हज़ार लोगों को बेघर कर दिया गया।

आज भी इनमें से कई अपने में बन्द गन्दी बस्तियों में जी रहे हैं–जिनमें से कुछ कूड़े के ढेर पर बनी हैं–जहाँ पानी की आपूर्ति नहीं है, नालियों की व्यवस्था नहीं है, सड़कों पर बत्तियाँ नहीं है, स्वास्थ्य-सेवा नहीं है। सामाजिक तथा आर्थिक रूप से बहिष्कृत वे दोयम दर्जे के नागरिकों के रूप में ज़िन्दगी बसर कर रहे हैं।[4] इस बीच हत्यारों–पुलिस और नागरिक–दोनों की जय-जयकार हो रही है, उन्हें गले लगाया जा रहा है, पुरस्कृत किया जा रहा ह, उनकी पदोन्नति हो रही है। आज स्थिति को 'सामान्य' बताया जा रहा है। इस 'सामान्यता' पर अपनी मुहर लगाते हुए देश के दो प्रमुख उद्योगपतियों–रतन टाटा और मुकेश अम्बानी–ने 2004 में सार्वजनिक रूप से गुजरात को वित्तीय पूँजी की सबसे मनोवांछित जगह घोषित किया।[5]

राष्ट्रीय प्रेस में शुरुआती हाय-तोबा थम चुकी है। गुजरात में जनसंहार को ढिठाई से गुजराती गौरव, हिन्दुत्व, यहाँ तक कि भारतीयता के प्रतीक के रूप में गौरवान्वित किया जा रहा है। इस विषैले आसव को राज्य के लगातार दो चुनाव जीतने के लिए दो बार इस्तेमाल किया जा चुका है, जिन चुनाव-अभियानों में आधुनिकता और लोकतंत्र की भाषा और उसके संसाधनों को बहुत ही चतुराई से इस्तेमाल किया गया। इसके कर्णधार नरेन्द्र मोदी लोकनायक बन गये हैं और भाजपा उन्हें देश के अन्य राज्यों में भी चुनाव-प्रचार के लिए बुलाती है।

जनसंहारों को देखें तो गुजरात के जनसंहार की तुलना कौंगो, रवांडा और बोस्निया के जनसंहारों से नहीं की जा सकती, जहाँ मारे गये लोगों की संख्या लाखों

में थी, या फिर यह भारत का ही पहला जनसंहार नहीं था। (मिसाल के लिए, 1984 में दिल्ली की सड़कों पर इतनी ही निर्ममता के साथ कांग्रेस पार्टी की देख-रेख में सुरक्षा-प्राप्त हत्यारों द्वारा तीन हज़ार सिखों का क़त्लेआम हुआ था।)[6] लेकिन गुजरात का जनसंहार ज़्यादा बड़े, व्यापक और व्यवस्थित नज़रिये का हिस्सा है। यह हमें बतलाता है कि गेहूँ पक रहा है और टिड्डे भारत के हृदय-स्थल पर उतर चुके हैं।

जनसंहार मनुष्यों की एक पुरानी आदत है, पुराना शग़ल। इसने सभ्यता की राह में खरी और प्रामाणिक भूमिका निभायी है। 149 ई.पू. में हुए तीसरे प्युनिक युद्ध के अन्त में कार्थेज का विनाश उन पहले-पहले जनसंहारों में है, जिनका लेखा-जोखा मिलता है। 'जेनोसाइड' (जनसंहार) शब्द का प्रयोग सबसे पहले रफ़ेल लेमकिन ने 1943 में जाकर किया था और संयुक्त राष्ट्र संघ ने इसे 1948 में नाज़ियों द्वारा किये गये जनसंहार (होलोकॉस्ट) के बाद अपनाया गया था। 'संयुक्त राष्ट्र संघ के जनसंहार अपराध निवारण और दंड सम्मेलन' की धारा 2 जनसंहार को इस तरह परिभाषित करती है :

> 'निम्नांकित कृत्यों में से कोई भी जो किसी राष्ट्रीय, जातीय, नस्ली या धार्मिक समूह को समूल या आंशिक तौर पर नष्ट करने के इरादे से किया जाये, यथा :
>
> (क) समूह के लोगों की हत्या;
>
> (ख) समूह के लोगों को गम्भीर शारीरिक या मानसिक नुक़सान पहुँचाना;
>
> (ग) जान-बूझकर समूह के लोगों पर जीने के ऐसे तरीक़े थोपना जिनसे उस समूह का पूरा या आंशिक विनाश हो जाये;
>
> (घ) ऐसे नियम लागू करना जिनका उद्देश्य समूह में बच्चों के जन्म पर रोक लगाना हो;
>
> (ञ) एक समूह के बच्चों को ज़बरदस्ती दूसरे समूह के हवाले कर देना।[7]

चूँकि इस परिभाषा में राजनैतिक भिन्न मतावलम्बियों (वास्तविक या काल्पनिक), 'जनता के दुश्मनों' को शामिल नहीं किया गया, इसलिए इतिहास के कई बड़े जनसंहार इसकी परिधि में नहीं आते। मेरे विचार में फ्रैंक चॉक और कुर्त जोनास्सहन की किताब 'जनसंहार का इतिहास और उसका समाजशास्त्र' (द हिस्ट्री एंड सोशियॉलोजी ऑफ़ जेनोसाइड) की परिभाषा ज़्यादा सही है। उनके अनुसार : जनसंहार 'इकतरफ़ा सामूहिक हत्या का एक रूप है, जिसमें किसी राज्य या अन्य सत्ताधारी की मंशा एक समूह को नष्ट कर देने की होती है, जैसा कि दुष्कर्म को अंजाम देने वाले उस समूह और उसके सदस्यों को परिभाषित करते हैं।'[8] इस तरह परिभाषित होने पर जनसंहार में उदाहरण के लिए, इंडोनेशिया में सुहार्तो (दस लाख), कम्पूचिया में पोल पोत

(15 लाख), सोवियत रूस में स्टालिन (छह करोड़) और चीन में माओ (सात करोड़) के भारी अपराध भी शामिल होंगे।

सारी चीज़ों को ध्यान में रखते हुए, 'उन्मूलन' या 'सफ़ाया' शायद ज़्यादा ईमानदारी-भरा और उपयुक्त शब्द है, जो कीड़े-मकोड़ों के, संक्रमणों के समूल विनाश के लिए मोटे तौर पर इस्तेमाल किया जाता है। जब आततायियों का कोई गिरोह अपने उत्पीड़ितों का सामना करता है, तब हत्या के अपने विवेकहीन कृत्य को अंजाम देने से पहले, उसके लिए पहले उनसे अपने मानवीय सम्बन्धों को काट लेना ज़रूरी होता है। उसके लिए अपने उत्पीड़ितों को इन्सानों से नीचे का, परजीवी प्राणी मानना ज़रूरी होता है, जिनका सफ़ाया समाज की सेवा होगी। उदाहरण के लिए, यहाँ 1636 में कनेक्टिकट में जॉन मेसन के नेतृत्व में प्यूरिटन अंग्रेज़ों द्वारा पीक्वॉट रेड इंडियन आदिवासियों के जनसंहार के इस वृत्तान्त को देखिए :

> जो लोग आग से बच गये, उनकी हत्या तलवार से कर दी गयी; कुछ को टुकड़े-टुकड़े कर दिया गया तो कुछ को उन्हीं की किरपानें भोंक दी गयीं जिससे कि उन्हें सिधारने में देर नहीं लगी और बहुत ही कम लोग बच कर निकल पाये। अनुमान है कि इस बार उन्होंने लगभग 400 लोगों का इस तरह विनाश किया। उन्हें धधकती आग में जलते देखना, और ख़ून की धारों का उसी अग्नी को बुझाते देखना डरावना था, उसकी दुर्गन्ध और बू भयानक थी, लेकिन विजय एक मधुर-सी कुर्बानी जान पड़ी।[9]

और यहाँ, लगभग चार शताब्दी बाद, गुजरात जनसंहार के सबसे बड़े स्तम्भों में से एक—बाबू बजरंगी—ने कुछ महीने पहले 'तहलका' के स्टिंग ऑपरेशन के दौरान छिपे कैमरे के सामने कहा :

> हमने एक भी मुसलमान की दुकान को नहीं छोड़ा, हमने सब कुछ आग के हवाले कर दिया...हमने उन्हें आग लगायी और मार डाला...काटा, जलाया, आग में झोंक दिया...हम उन्हें जलाने में विश्वास करते हैं, क्योंकि ये हरामी दाह-संस्कार नहीं चाहते; वे इससे डरते हैं...[10]

यह कहने की ज़रूरत नहीं है कि बाबू बजरंगी को नरेन्द्र मोदी का आशीर्वाद, पुलिस का संरक्षण, और अपने लोगों का प्यार प्राप्त था। वह अब भी गुजरात में किसी भी स्वतंत्र आदमी की तरह काम करते हुए फल-फूल रहा है। जिस अकेले अपराध के लिए उसे दोषी नहीं ठहराया जा सकता वह है उसका जनसंहार से न मुकरना।

जनसंहार से मुकरना, पुराने, खुले तौर पर नस्ली, ख़ून के प्यासे विजयोल्लास की बिलकुल नयी मौलिक क़िस्म है। यह शायद 19वीं शताब्दी में जन्मी, पैबन्द-लगी दोहरी नैतिकता के जवाब के तौर पर पैदा हुआ, जब यूरोप अपने यहाँ लोकतंत्र के सीमित,

लेकिन नये, रूप और नागरिक अधिकार विकसित कर रहा था और उसी समय अपने उपनिवेशों में लाखों लोगों के उन्मूलन में जुटा हुआ था। अचानक देशों और सरकारों ने अपने किये जनसंहारों को नकारना या छिपाना शुरू कर दिया। रॉबर्ट जे. लिफ़्टन का कहना है, 'नकारने का मतलब वास्तव में यह कहना है कि हत्यारों ने हत्या नहीं की। शिकार मारे नहीं गये। मुकरने का सीधा नतीजा यह होता है कि वह भविष्य में जनसंहार को न्योता देता है।'[11]

निश्चय ही आज जब जनसंहार की राजनीति की मुलाक़ात मुक्त बाज़ार से होती है तो सामूहिक बलियों और जनसंहारों का आधिकारिक स्वीकार—या नकार—एक बहुराष्ट्रीय व्यापार हो गया है। इसका ऐतिहासिक तथ्यों या अपराध-विज्ञान सम्बन्धी (फ़ोरेंसिक) प्रमाणों से शायद ही कभी कोई लेना-देना रहा हो। नैतिकता तो इस परिदृश्य में पाँव ही नहीं धरती। यह सौदेबाज़ी की ऐसी आक्रामक प्रक्रिया है, जिसका संयुक्त राष्ट्र से कम, विश्व व्यापार संगठन से ज़्यादा लेना-देना है। इसकी मुद्रा है भू-राजनीति, प्राकृतिक संसाधनों के लिए चढ़ता-उतरता बाज़ार, वह अजीब चीज़ जिसे मुद्दती सौदा कहते हैं और निपट पुरानी आर्थिक और फ़ौजी ताक़त।

दूसरे शब्दों में, जिन कारणों से जनसंहार किये जाते हैं, अक्सर उन्हीं कारणों के चलते उनसे इनकार भी किया जाता है—नस्ली/जातीय/धार्मिक/राष्ट्रीय भेद-भाव से बघारा गया आर्थिक निर्णायकवाद। मोटे शब्दों में, जब सरकारें इस बात का फ़ैसला करती हैं कि जनसंहार वास्तव में हुआ या नहीं हुआ, तब तेल के एक बैरल (या यूरेनियम के एक टन) के दाम में गिरावट या बढ़ोतरी, सैनिक ठिकाना बनाने की इजाज़त या देश की अर्थव्यवस्था का उदारीकरण निर्णायक भूमिका अदा कर सकता है। या फिर यह कि जनसंहार वास्तव में आगे होगा या नहीं होगा। और अगर होगा तो इसकी ख़बरें आयेंगी या नहीं आयेंगी। अगर आयेंगी तो उन्हें किस रंग में रंग कर पेश किया जायेगा। उदाहरण के लिए कौंगों में लाखों लोगों की मौत लगभग अचर्चित चली जाती है।[12] क्यों? और 2003 के अमरीकी आक्रमण से पहले, प्रतिबन्ध-काल में हुई एक लाख इराक़ियों की मौत क्या जनसंहार था (जैसा कि इराक़ के लिए संयुक्त राष्ट्र के मानवीय कोऑर्डिनेटर डेनिस हैलिडे ने कहा था) या क्या इसका 'कोई लाभ हुआ,' जैसा कि संयुक्त राष्ट्र में अमरीकी राजदूत मैडेलीन अलब्राइट ने दावा किया था?[13] यह इस पर निर्भर करता है कि नियम कौन बनाता है। बिल क्लिंटन? या एक इराक़ी माँ, जो अपनी सन्तान गँवा चुकी है?

चूँकि अमरीका दुनिया का सबसे अमीर और ताक़तवर देश है, इसलिए उसने दुनिया में जनसंहार से मुकरने वाले देशों में अव्वल दर्जा पा लिया है। वह आज भी कोलम्बस दिवस मनाता है—वह दिन जब क्रिस्टोफ़र कोलम्बस अमरीका पहुँचा था, और उसके बाद उस महाबलि की प्रक्रिया शुरू हुई थी, जिसमें लाखों स्थानीय लोगों

का, मूल निवासियों के लगभग 90 फ़ीसदी लोगों का पूरी तरह सफ़ाया कर दिया गया था। लॉर्ड ऐमहर्स्ट के नाम पर, जिसने स्थानीय लोगों को मारने के लिए चेचक के जीवाणुओं से प्रदूषित कम्बल बाँटने का तरीक़ा सुझाया था, मैसाचुसेट्स में एक विश्वविद्यालयी क़स्बा और एक प्रतिष्ठित उदार मानविकी महाविद्यालय भी है।

अमरीका की दूसरी महाबलि में तक़रीबन तीन करोड़ अफ़्रीकियों का अपहरण करके उन्हें ग़ुलामी के लिए बेच दिया गया था। इनमें से आधे रास्ते में ले जाते हुए ही मर गये थे। तिस पर भी, 2002 में अमरीकी प्रतिनिधि-मंडल ग़ुलामी और ग़ुलामों के व्यापार को अपराध मानने से मना करते हुए डरबन में हो रहे 'नस्लभेद विरोधी अन्तर्राष्ट्रीय सम्मेलन' से बाहर चला आया था। अमरीकी प्रतिनिधि-मंडल के सदस्य इस बात पर अड़े रहे कि उन दिनों ग़ुलामी क़ानूनी थी।[14] अमरीका ने टोक्यो, हिरोशिमा, नागासाकी, ड्रेसडेन और हैमबर्ग पर की गयी बमबारी को, जिसमें लाखों लोग मारे गये थे, जनसंहार तो छोड़िए, अपराध मानने से ही इनकार कर दिया है। (यहाँ उनका तर्क है कि सरकार की मंशा नागरिकों को मारने की नहीं थी। यह 'आनुषंगिक हानि' के विचार के विकास का पहला चरण था।)[15] 1848 में अपने पहले विदेशी अभियान में मेक्सिको को जीतने के बाद से अमरीकी सरकार ने अनगिनत बार खुलेआम या गुपचुप ढंग से विदेशों में सैनिक हस्तक्षेप किया है। वियतनाम पर निश्चय ही अच्छे इरादों से किये गये आक्रमण में हिन्द-चीन के लाखों लोग मारे गये थे।[16]

इनमें से किसी भी कृत्य को युद्ध अपराध या जनसंहार नहीं माना गया है। रॉबर्ट मैकनामारा–जो कामयाबी की सीढ़ियाँ चढ़ते हुए, 1945 में टोक्यो की बमबारी से शुरू करके (जिसमें रातोरात एक लाख लोग मारे गये) वियतनाम युद्ध के योजनाकार और विश्व बैंक के अध्यक्ष के पद तक पहुँचे–अब अपने आरामदेह देश में, आरामदेह घर में, आरामदेह कुर्सी पर बैठकर फ़रमाते हैं, 'अच्छाई के लिए हमें भला कितनी हैवानियत करनी पड़ेगी?'[17]

रॉबर्ट जे. लिफ़्टन की बात की क्या इससे कोई और बेहतर और सटीक मिसाल हो सकती है कि जनसंहार से इनकार, अगले जनसंहार का रास्ता खोलता है?

मध्य-पूर्व की अपनी ज्वलनशील राजनीति में अपने सहयोगी देश तुर्की के प्रति मित्रता जताने वाले क़दम के तौर पर अमरीका आरमीनियाई लोगों के जनसंहार से तुर्की सरकार के इनकार का अनुमोदन करता है। इज़रायल की सरकार भी यही करती है।[18] उन्हीं कारणों से। उनके ख़याल से आरमीनियाई लोग सामूहिक मतिविभ्रम का शिकार हैं।

और जब उत्पीड़ित ही आततायी हो जाये तब क्या कहा जाय, जैसा रवांडा और कौंगो में हुआ? इज़राइल के बारे में कहने को क्या रह जाता है जिसका निर्माण

मानवीय इतिहास के सबसे निर्मम जनसंहारों में से एक के मलबे से हुआ है? क़ब्ज़ा किये गये भू-भाग पर इसके कृत्यों को लेकर क्या कहा जाये? इसकी फैलती हुई बस्तियाँ, पानी पर क़ब्ज़ा, इसकी वह नयी 'सुरक्षा दीवार' जो फ़िलीस्तीनी जनता को अपने खेत-खलिहानों, अपने रोज़गार, अपने रिश्तेदारों, अपने बच्चों के स्कूलों, अस्पतालों और चिकित्सा सुविधाओं से अलग करती है? यह मुर्ग़ीबाड़े में किया गया जनसंहार है, धीमी रफ़्तार से किया गया जनसंहार–जो लगता है ख़ासतौर पर 'संयुक्त राष्ट्र के जनसंहार निवारण और दंड सम्मेलन' की धारा 2 के उस अनुच्छेद की मिसाल पेश करने की ख़ातिर किया जा रहा है जिसके अनुसार जनसंहार ऐसा कोई भी कृत्य है जिसका उद्‌देश्य हो 'जान-बूझकर समूह के लोगों पर जीने के ऐसे तरीक़े थोपना जिनसे उस समूह का पूरा या आंशिक विनाश हो जाये।'

जनसंहार के खेल का शायद सबसे घिनौना पहलू यह है कि जनसंहारों को अन्तर्राष्ट्रीय दायरे में टेनिस खिलाड़ियों की तरह श्रेणीबद्ध करके वरीयता दी गयी है। इसके शिकार लोगों को भी योग्य और अयोग्य की कोटियों में रख दिया जाता है। मिसाल के लिए, कुल मिलाकर सबसे जाने-माने, सबसे ज़्यादा दस्तावेज़ी सबूतों वाले, सबसे अधिक निन्दित जनसंहार को लीजिए–यहूदियों की महाबलि, जिसमें 60 लाख यहूदियों की क़ुर्बानी दी गयी। (किताबों और फ़िल्मों और जनसंहार सम्बन्धी साहित्य में कम प्रचारित तथ्य यह है कि नाज़ियों ने हज़ारों जिप्सी, कम्यूनिस्ट, समलैंगिक और रूसी युद्धबन्दियों का भी सफ़ाया किया जिनमें से सारे यहूदी नहीं थे।)[19] नाज़ियों द्वारा यहूदियों का जनसंहार दुनिया भर में बीसवीं सदी की सबसे दहलाने वाली घटना मानी गयी है। इसे देखते हुए, कुछ इतिहासकार आरमीनियाई जनसंहार को 'विस्मृत जनसंहार' कहते हैं और दुनिया को उसकी याद दिलाने के अपने संघर्ष में अक्सर उसे बीसवीं सदी के पहले जनसंहार के रूप में उद्धृत करते हैं। आरमीनियाई जनसंहार के सबसे जानकार अध्येताओं में से एक और 'जलती हुई दजला : आरमीनियाई जनसंहार और अमरीका की प्रतिक्रिया' *(द बर्निंग टाइग्रिस : दि आरमीनियन जेनोसाइड एंड अमेरिका'ज़ रिस्पॉन्स)* के लेखक पीटर बालाकियन कहते हैं कि 'आरमीनियाई जनसंहार युगान्तरकारी घटना है। उसने इतिहास बदल दिया। वह अभूतपूर्व था। उसने जनसंहार के युग की शुरुआत की जो हमें मानना पड़ेगा कि बीसवीं सदी यक़ीनन थी।'[20]

प्रोफ़ेसर भूल कर रहे हैं। 'जनसंहार का युग' बहुत पहले ही शुरू हो चुका था। मिसाल के लिए, जर्मनों ने दक्षिण-पश्चिमी अफ़्रीका की हेरेरो जाति के लोगों का सफ़ाया बीसवीं सदी में दाख़िल होने के कुछ ही बरसों के भीतर-भीतर शुरू कर दिया था। अक्तूबर 1904 में जनरल ऐडॉल्फ़ लेब्रेख़्त फ़ॉन ट्रोथा ने आदेश दिया कि हेरेरो लोगों का उन्मूलन कर दिया जाये।[21] वे हँकाकर रेगिस्तान में ले जाये गये, रसद-पानी

से वंचित कर दिये गये और यों उन्हें मिटा दिया गया। इस बीच, अफ़्रीकी महाद्वीप के दूसरे हिस्सों में जनसंहार बदस्तूर चालू था। फ़्रांसीसी, अंग्रेज़, बेल्जियमवासी– सब-के-सब मसरूफ़ थे। बेल्जियम के सम्राट लियोपोल्ड, कौंगो में ग़ुलामों, रबर और हाथी-दाँत की तलाश में अपने 'व्यवसाय विस्तार के प्रयोग' को काफ़ी आगे बढ़ा चुके थे।[22] इस प्रयोग की क़ीमत थी : एक करोड़ मनुष्यों की जानें। यह इतिहास के सबसे पाशविक जनसंहारों में से एक था (अफ़्रीका की खनिज सम्पदा के नियंत्रण के लिए जंग जारी है–अफ़्रीका में समकालीन विनाशों की सतह खुरचिए–रवांडा में, कौंगो में, नाइजीरिया में, और इम्कान यही हैं कि आप उनके क़िस्से की डोर थामे वापस यूरोप के पुराने उपनिवेशवादी हितों तक और अमरीका के नये उपनिवेशवादी हितों तक पहुँच जायेंगे।)।

एशिया में, उन्नीसवीं सदी की आख़िरी चौथाई तक अंग्रेज़ों ने टासमेनिया और ऑस्ट्रेलिया के अधिकांश हिस्सों के आदिवासियों को भूखा मारकर या उनका शिकार करके उनका सफ़ाया कर दिया था। ब्रिटेन के सज़ायाफ़्ता लोगों को हर आदिवासी को मारने के 5 पाउंड मिलते थे। अन्तिम टास्मेनियाई औरत, ट्रूगानीना, 1876 में मरी (उसका कंकाल होबार्ट के संग्रहालय में रखा हुआ है। अगली बार जब आप वहाँ जायें तो उसे ज़रूर देखें।)। उस समय तक स्पेनियों, फ़्रांसीसियों और अंग्रेज़ों ने उत्तरी और दक्षिणी अमरीका में ईश्वर का दिया काम लगभग पूरा कर लिया था।

जनसंहार की दौड़ में लोगों के एक समूह के लिए न्याय की प्रार्थना करते हुए, अनायास ही दूसरों की तकलीफ़ों से छुटकारा पा लेने की चूक बहुत आसानी से हो सकती है। यही जनसंहार की अन्तर्राष्ट्रीय राजनीति की फिसलन-भरी नैतिकता है। जनसंहार के भीतर जनसंहार, इनकार के अन्दर इनकार, लगातार, लगातार, मात्र्योश्का गुड़ियों की तरह।

जनसंहार का इतिहास हमें बतलाता है कि यह कोई विकृति या विचलन नहीं है, आदमी की सिरिश्त में कोई खोट, कोई विसंगति। यह एक आदत है, उतनी ही पुरानी, उतनी ही हठी और निरन्तर, मानवीय स्थिति में उसी हद तक विद्यमान, जैसे प्रेम, कला और कृषि है।

15 वीं सदी के बाद से जनसंहार जैसी मार-काट यूरोप में उस खोज का अविच्छिन्न अंग रही है जिसे जर्मन बड़े जाने-माने ढंग से लेबेन्सरॉम कहते हैं, रहने की जगह। *'लेबेन्सरॉम'* शब्द की ईजाद जर्मनी के भूगोलवेत्ता और प्राणिवैज्ञानिक फ्रेडरिक रैटज़ेल ने उस प्रवृत्ति को बताने के लिए की थी, जो उनके विचार में सबल मानव नस्लों द्वारा अपने क्षेत्र का विस्तार करने का प्राकृतिक आवेग होता है–सिर्फ़ जगह की तलाश के लिए ही नहीं, बल्कि जीवन-साधनों की तलाश के लिए भी। विस्तार की यह कामना स्वाभाविक रूप से कम प्रभुत्वशाली नस्लों, कमज़ोर नस्लों की क़ीमत पर ही होगी जिन्हें

नाज़ी विचारकों का मानना था कि रास्ते से हट जाना चाहिए या सबल नस्लों द्वारा हटा दिया जाना चाहिए।

लेबेन्सरॉम के विचार की सटीक परिभाषा पहली बार 1901 में दर्ज की गयी, हालाँकि यूरोप *लेबेन्सरॉम* की शुरुआत 400 साल पहले तभी कर चुका था जब कोलम्बस ने अमरीका में पहली बार क़दम रखा था।

'सारे जानवरों का सफ़ाया कर दो' *(एक्सटर्मिनेट ऑल द ब्रूट्स)* की लेखिका स्वेन लिंडक्विस्ट का कहना है कि हिटलर द्वारा लेबेन्सरॉम की तलाश ने ही—उस दुनिया में, जिसे अन्य यूरोपीय देशों ने पहले ही अपने-अपने हिसाब से तराश लिया था—नाज़ियों को पूर्वी यूरोप और रूस की ओर बढ़ने के लिए बाध्य किया।[23] पूर्वी यूरोप और पश्चिमी रूस के यहूदी हिटलर की साम्राज्यवादी महत्वाकांक्षा के आड़े आ रहे थे। इसलिए, जैसा कि अफ़्रीका, अमरीका और एशिया के मूल निवासियों के साथ हुआ था, उन्हें भी या तो ग़ुलाम बनाया जाना ज़रूरी था या फिर उनका सफ़ाया किया जाना। इसलिए लिंडक्विस्ट का कहना है कि नाज़ियों द्वारा यहूदियों के नस्ली अमानवीकरण को पगलाये शैतानीपन का दौरा कहकर किनारे नहीं किया जा सकता। एक बार फिर यह उन्हीं जानी-पहचानी चीज़ों का मिश्रण है : पुराने नस्लवाद में अच्छी तरह रचा-बसा आर्थिक निर्णायकवाद—जो कि तत्कालीन यूरोपीय परम्परा से काफ़ी हद तक मेल खाता है।

यह सिर्फ़ संयोग नहीं है कि जिस राजनैतिक दल ने उस्मान साम्राज्य के दौर में आरमीनिया में जनसंहार किया, उसका नाम 'एकता और प्रगति की समिति' (कमेटी फ़ॉर यूनियन एंड प्रोग्रेस) था। 'एकता' (नस्ली/जातीय/धार्मिक/राष्ट्रीय) और 'प्रगति' (आर्थिक निर्णायकवाद) जनसंहार के सहयोगी रहे हैं।

इतिहास को इस नज़रिये से देखते हुए यह चिन्ता बहुत ही स्वाभाविक है कि जो राष्ट्र 'प्रगति' की दहलीज़ पर खड़ा दिख रहा है क्या वह जनसंहार की दहलीज़ पर भी बढ़ रहा है? क्या वह भारत, जिसकी जय-जयकार पूरी दुनिया में प्रगति और लोकतंत्र के लिए हो रही है, जनसंहार करने के कगार पर खड़ा है? इस तरह की बात इस समय करना ख़ब्तीपन माना जा सकता है और जनसंहार शब्द का प्रयोग तो निश्चय ही ग़ैर-ज़रूरी कहा जायेगा। फिर भी, अगर हम भविष्य की ओर देखें, और अगर 'विकास के सम्राट' स्वयं अपनी प्रचार-सामग्री में विश्वास करते हैं, अगर वे विश्वास करते हैं कि उनके द्वारा चुने गये 'प्रगति' के मॉडल के अलावा 'और कोई विकल्प नहीं है', तो यह तय है कि उन्हें हत्याएँ करनी होंगी, और अपना रास्ता बनाने के लिए बड़ी संख्या में करनी होंगी।

टुकड़ों-टुकड़ों में, रिस-रिसकर जिस तरह समाचार आ रहे हैं, बहुत साफ़ दिखायी देने लगा है कि हत्याएँ और मौतें तो शुरू भी हो चुकी हैं।

सन् 1989 में सोवियत रूस के विघटन के तत्काल बाद ही यह हुआ कि भारत सरकार ने अक्सर अपने को इज़राइल और संयुक्त राज्य अमरीका का 'स्वाभाविक सहयोगी' बतलाते हुए, 'गुटनिरपेक्ष आन्दोलन' से नाता तोड़कर 'पूरी तरह से गुटसापेक्षता' की सदस्यता के लिए आवेदन दे दिया। तीनों के बीच कम-से-कम एक चीज़ तो समान है—ये तीनों खुलेआम नवउपनिवेशवादी सैनिक क़ब्ज़ों से सम्बद्ध हैं : भारत कश्मीर में, इज़राइल फ़िलीस्तीन में, अमरीका इराक़ में।

लगभग घड़ी की तरह, दो प्रमुख राष्ट्रीय राजनैतिक दलों—भाजपा और कांग्रेस—ने 'एकता' और 'प्रगति' के भारतीय प्रारूप को आगे बढ़ाने के लिए संयुक्त कार्यक्रम की ज़िम्मेवारी सँभाल ली है। इसको आधुनिक मुहावरे में 'राष्ट्रवाद' और 'विकास' कहा जाता है। रह-रहकर, ख़ासतौर पर चुनाव के समय, वे जानी-पहचानी पारिवारिक तू-तू, मैं-मैं का नाटक करते हैं, लेकिन मार्क्सवादी कम्युनिस्ट पार्टी (माकपा) जैसे भुनभुनाने वाले सम्बन्धियों को भी अपनी पंगत में साथ बैठाने में सफल रहे हैं।

एकता (यूनियन) परियोजना हिन्दू राष्ट्रवाद परोसती है (जो हिन्दू वोट को एकताबद्ध करता है, जो आपको मानना होगा कि भारत जैसे महान लोकतंत्र के लिए अत्यावश्यक है)। विकास (प्रोग्रेस) परियोजना का लक्ष्य 10 फ़ीसदी वार्षिक विकास दर है। दोनों ही परियोजनाओं में जनसंहार अन्तर्निहित है।

एकता परियोजना की ज़िम्मेदारी मुख्य रूप से राष्ट्रीय स्वयंसेवक संघ (आरएसएस) को दी गयी है, जिसके हाथ में भाजपा और उसके अर्द्ध सैनिक संगठनों—विश्व हिन्दू परिषद और बजरंग दल—का मूल स्वामित्व है। आरएसएस की स्थापना 1925 में हुई थी। 1930 के दशक के आते-आते उसके संस्थापक डॉ. हेडगेवार ने, जो बेनितो मुसोलिनी के प्रशंसक थे, इसे इतालवी फ़ासीवादी मॉडल पर गढ़ना शुरू कर दिया था। हिटलर भी प्रेरणा का स्रोत था और आज भी है। यहाँ प्रस्तुत है डॉ. हेडगेवार के बाद 1940 में आरएसएस की कमानी सँभालने वाले एम.एस. गोलवलकर द्वारा लिखी आरएसएस की गीता—*'वी, ऑर, आवर नेशनहुड डिफ़ाइंड'* (हम या हमारे राष्ट्र की परिभाषा)—के कुछ अंश :

> 'जब पहली बार हिन्दुस्तान की सरज़मीं पर मुसलमानों के क़दम पड़े थे, उस कुत्सित दिन से लेकर आज तक हिन्दू राष्ट्र इन लुटेरों से वीरतापूर्वक लड़ता रहा है। हिन्दुओं की जातीय चेतना जागती रही है।'

और :

> 'हिन्दुओं की भूमि, हिन्दुस्तान में हिन्दू राष्ट्र रहता है और हिन्दू राष्ट्र को ही रहना चाहिए।...अन्य सभी राष्ट्रद्रोही और राष्ट्रहित के दुश्मन हैं या,

थोड़ी उदारता बरतें तो, बेवकूफ़ हैं...विदेशी नस्ल वाले लोग हिन्दुस्तान में रह सकते हैं पूरी तरह हिन्दू राष्ट्र के अधीन, बिना कोई हक़ जताये, किसी तरजीह की बात दूर रही, उन्हें कोई विशेषाधिकार नहीं होगा–यहाँ तक कि नागरिकता का अधिकार भी नहीं।'

आगे कहा गया है :

> 'अपनी नस्ल और संस्कृति को शुद्ध बनाये रखने के लिए अपने देश से सामी नस्ल के लोगों–यहूदियों–का सफ़ाया करके जर्मनी ने दुनिया को स्तब्ध कर दिया था। जातीय गौरव यहाँ अपने चरम पर दृष्टिगोचर होता है...हिन्दुस्तान में हमारे लिए यह एक अच्छा सबक़ है जिसे सीखकर हम लाभ उठा सकते हैं।'

इस तरह की व्यवस्थित घृणा का मुक़ाबला आप कैसे करेंगे? धर्म-निरपेक्ष भाईचारे के बेवक़ूफ़ाना उपदेश देकर तो क़तई नहीं।

सन् 2000 तक आरएसएस की 60 हज़ार से ज़्यादा शाखाएँ और 40 लाख से ज़्यादा स्वयंसेवकों की फ़ौज थी जो इस दर्शन का पाठ पूरे देश में पढ़ा रही थी।[24] इसमें भारत के पूर्व प्रधानमंत्री अटलबिहारी वाजपेयी, पूर्व गृहमंत्री और वर्तमान में विपक्ष के नेता लालकृष्ण आडवाणी और, हाँ बिलकुल, तीसरी बार गुजरात के मुख्यमंत्री बने नरेन्द्र मोदी शामिल हैं। इसके अलावा मीडिया, पुलिस, सेना, गुप्तचर एजेंसियों, न्यायपालिका और प्रशासनिक सेवा के वरिष्ठ लोग शामिल हैं, जो अनौपचारिक रूप से आरएसएस की विचारधारा–हिन्दुत्व–के अनुयायी हैं। ये लोग, नेताओं के विपरीत जो आते-जाते रहते हैं, सरकारी मशीनरी के स्थायी सदस्य हैं।

लेकिन आरएसएस की सबसे बड़ी ताक़त यह है कि उसने दशकों तक कठिन परिश्रम किया है और समाज के हर स्तर पर अपने संगठनों का जाल फैला दिया है–एक ऐसा करिश्मा जिसका मुक़ाबला भारत का कोई दूसरा राजनैतिक या सांस्कृतिक संगठन नहीं कर सकता। भाजपा उसका राजनैतिक मंच है। उसका अपना मज़दूर संगठन (भारतीय मज़दूर संघ), महिला संगठन (राष्ट्रीय सेविका समिति), छात्र संगठन (अखिल भारतीय विद्यार्थी परिषद) और आर्थिक शाखा (स्वदेशी जागरण मंच) है।

इसका प्रत्यक्ष संगठन, 'विद्या भारती' ग़ैर-सरकारी क्षेत्र में सबसे बड़ा शैक्षणिक संगठन है। 'सरस्वती विद्या मन्दिर' स्कूलों समेत उसकी 13 हज़ार शिक्षा संस्थाएँ हैं, जहाँ 70 हज़ार शिक्षक तैनात हैं और 17 लाख से ज़्यादा छात्र-छात्राएँ पढ़ती हैं। आदिवासियों में (वनवासी कल्याण आश्रम), साहित्य में (अखिल भारतीय साहित्य परिषद), बुद्धिजीवियों में (प्रभा भारती, दीनदयाल शोध संस्थान), इतिहासकारों में

(भारतीय इतिहास संकलन योजनालय), भाषा में (संस्कृत भारती), झुग्गी-झोंपड़ी में (सेवा भारती, हिन्दू सेवा प्रतिष्ठान), स्वास्थ्य में (स्वामी विवेकानन्द मेडिकल मिशन, राष्ट्रीय मेडिकोज़ संगठन), कुष्ठ रोगियों के लिए (भारतीय कुष्ठ निवारण संघ), सहकारी संगठनों के लिए (सहकार भारती), अख़बार और अन्य प्रचार-प्रसार सामग्री के लिए (भारत प्रकाशन, सुरुचि प्रकाशन, लोकहित प्रकाशन, ज्ञानगंगा प्रकाशन, अर्चना प्रकाशन, भारतीय विचार साधना, साधना पुस्तक और आकाशवाणी साधना), जातीय एकीकरण के लिए (सामाजिक समरसता मंच), धर्म और धर्म प्रचार के लिए (विवेकानन्द केन्द्र, विश्व हिन्दू परिषद, हिन्दू जागरण मंच, बजरंग दल) इसके संगठन हैं। इस सूची का अन्त नहीं है।

1986 में कांग्रेस पार्टी के प्रधानमंत्री राजीव गाँधी ने आरएसएस को एक तोहफ़ा दे दिया। उन्होंने पूरे कृपा-भाव से अयोध्या में विवाद-ग्रस्त बाबरी मस्जिद का ताला खुलवा दिया जिसके बारे में आरएसएस का दावा था कि वहाँ भगवान राम का जन्म हुआ था। 11 जून, 1989 को भाजपा की राष्ट्रीय कार्यकारिणी की बैठक में पार्टी ने प्रस्ताव पारित किया कि अयोध्या में मस्जिद को तोड़कर मंदिर बनाया जायेगा। बैठक के फ़ौरन बाद, लालकृष्ण आडवाणी ने कहा, 'मुझे पक्का यक़ीन है कि प्रस्ताव वोट में परिवर्तित होगा,' और अगले वर्ष वे अपनी रथयात्रा पर निकल पड़े। बाबरी मस्जिद को तोड़ दिये जाने की माँग करते हुए, उन्होंने अपने अग्निरथ पर देश भर का दौरा किया और अपने पीछे दंगों और ख़ून-ख़राबे का सिलसिला छोड़ते गये। 1991 में भाजपा को संसदीय चुनाव में 120 सीटें मिलीं (1984 में उसकी दो सीटें थीं)। आडवाणी द्वारा शुरू किया गया तांडव 1992 में शिखर पर पहुँचा जब बाबरी मस्जिद उपद्रवी भीड़ द्वारा तोड़ दी गयी। 1998 में भाजपा केन्द्र में सत्तासीन हो गयी।

सत्ता में आते ही उसका पहला क़दम था परमाणु परीक्षणों की एक शृंखला सम्पन्न करना। पूरे देश में फ़ासीवादियों और कॉरपोरेटों, राजा और रंक—सबने मिलकर भारत में हिन्दू बम का उत्सव मनाया। 2002 में नरेन्द्र मोदी की सरकार ने गुजरात जनसंहार की योजना बनायी और उसे कार्यान्वित किया। जनसंहार से कुछ ही दिनों बाद हुए चुनाव में ज़बरदस्त बहुमत से सत्ता में फिर से मोदी की वापसी हुई। मोदी ने पूरा ध्यान रखा कि जिन लोगों ने जनसंहार को अंजाम दिया था, उन्हें किसी तरह का कोई दंड न मिल पाये। उन बिरल मामलों में, जहाँ सज़ा हुई है, जो लोग कठघरे में खड़े थे, वे महज़ प्यादे थे, शातिराना योजनाकार नहीं जिन्होंने इस जनसंहार का नेतृत्व किया था। दंड से राहत जनसंहार की पहली शर्त है। भारत में सामूहिक हत्यारों को दंड से मुक्ति देने की महान परम्परा है। मैं इस तरह के विवरणों से कई किताबें भर सकती हूँ।

लोकतंत्र में आप को दंड से मुक्ति के लिए 'उचित माध्यम से आवेदन' करना होता है। प्रक्रिया पर ही सारा दारोमदार रहता है। शुरू से देखें तो 'आतंकवाद निरोधक क़ानून' के तहत पेश किये गये 287 आरोपियों में, 286 मुसलमान हैं और एक सिख। उनके लिए कोई ज़मानत नहीं है, चुनांचे वे अब भी जेल में हैं।[25] जनसंहार के कई मामलों में, गुजरात सरकार ने जिन्हें सरकारी वकील नियुक्त किया, वे वास्तव में पहले ही अभियुक्तों की तरफ़ से पेश हो चुके थे। इनमें से अनेक आरएसएस और विश्व हिन्दू परिषद के सदस्य थे और जिनकी तरफ़ से वे तथाकथित रूप से मुक़दमा लड़ रहे थे, उनके प्रति खुलेआम शत्रुतापूर्ण रुख़ रखते थे। जनसंहार से बचे प्रत्यक्षदर्शियों ने पाया कि जब वे अपना बयान लिखवाने पुलिस के पास जाते तो पुलिस उनके बयान को ग़लत तरह से दर्ज करती या अपराधियों के नामों को दर्ज करने से ही मना कर देती। उन कई मामलों में जहाँ बच गये पीड़ितों ने अपने परिवार के लोगों की हत्या होते हुए देखी थी (और ज़िन्दा जलाये जाते भी ताकि उनकी लाश न मिले) पुलिस हत्या के केस दर्ज करने से ही इनकार कर देती।

कांग्रेस के नेता और कवि एहसान जाफ़री की, जिन्होंने राजकोट चुनाव में मोदी के ख़िलाफ़ प्रचार करने की ग़लती की थी, सरेआम हत्या कर दी गयी (ऐसी उपद्रवी भीड़ द्वारा जिसका नेतृत्व उन्हीं का कांग्रेसी साथी कर रहा था)। एक व्यक्ति के शब्दों में, जिसने इस कृत्य में हिस्सा लिया–'पाँच लोगों ने उसे पकड़ा, फिर किसी ने उस पर तलवार से वार किया...उसका हाथ काट दिया...फिर उसकी टाँगें...फिर बाक़ी सब कुछ...(और) टुकड़े-टुकड़े करने के बाद उन्होंने उसे लकड़ी के ढेर पर डालकर आग लगा दी। ज़िन्दा जला दिया।'

जिस बीच वह उपद्रवी भीड़, जिसने जाफ़री को मिलकर हलाक किया, 70 लोगों की हत्या की और 12 महिलाओं को सामूहिक बलात्कार के बाद ज़िन्दा जला दिया, इकट्ठा हो रही थी, अहमदाबाद के पुलिस कमिश्नर पी.सी. पांडे ने उस मुहल्ले का दौरा करने की उदारता दिखायी। मोदी के पुनर्निर्वाचित होने पर पांडे की तरक़्क़ी करके गुजरात का पुलिस महानिदेशक बना दिया गया। जनसंहार का पूरा तंत्र अब भी अपनी जगह मौजूद है।

दिल्ली में सर्वोच्च न्यायालय ने कुछ धमकाने वाली आवाज़ें कीं, फिर उसने भी मामले को ताक पर धर दिया। कांग्रेस और कम्युनिस्टों ने काफ़ी हो-हल्ला मचाया, पर किया कुछ नहीं।

'तहलका' के स्टिंग ऑपरेशन में, जो हाल ही में एक समाचार चैनल पर प्राइम टाइम में प्रसारित हुआ, बाबू बजरंगी के अलावा, एक के बाद दूसरा हत्यारा बताता चला गया कि किस तरह से जनसंहार की योजना बनी और उसे क्रियान्वित किया गया, कैसे मोदी और वरिष्ठ नेतागण और पुलिस अधिकारी व्यक्तिगत रूप से इसमें

शामिल थे। इसमें से कोई भी सूचना नयी नहीं थी, लेकिन इस बार ख़ुद क़साई सामने थे, समाचार चैनलों पर, न सिर्फ़ अपने किये अपराध स्वीकार करते हुए, बल्कि उनके लिए शेख़ी भी बघारते हुए। इस स्टिंग ऑपरेशन पर जनता की भारी प्रतिक्रिया ग़ुस्से की नहीं थी, बल्कि इसके दिखाये जाने के समय को लेकर सन्देह की थी। अधिकतर लोगों का मानना था कि इससे मोदी को लाभ होगा और वह चुनाव जीत जायेगा। कुछ का तो, अविश्वसनीय ढंग से, यहाँ तक कहना था कि उसने यह स्टिंग ऑपरेशन ख़ुद ही करवाया है। वह अन्ततः चुनाव जीता ही। और इस बार एकता और प्रगति के टिकट पर। अपने आपमें एक समिति (कमेटी)। भाजपा की रैली में मोदी पर जान छिड़कने वाले हज़ारों समर्थक, मौत के नारे लगाते हुए, मोदी का प्लास्टिक का मुखौटा पहनते हैं। लोकतांत्रिक फ़ासिस्ट, रक्त बीज की तरह, साक्षात् लाखों छोटे-छोटे फ़ासिस्टों में तब्दील हो गया है। ये सब लोकतंत्र के आनन्द हैं। नाज़ी जर्मनी में हिटलर का मुखौटा पहनने की हिम्मत किसमें हो सकती थी भला? 'गुजरात का नक़्शा' लागू करने की तैयारी इस समय उड़ीसा, छत्तीसगढ़, झारखंड, राजस्थान, मध्य प्रदेश और कर्नाटक जैसे विभिन्न भाजपा-शासित राज्यों में अलग-अलग चरणों में है।

आरमीनियाई जनसंहार के अध्येता, पीटर बालाकियन का कहना है कि जनसंहार करने के लिए आपको किसी उप-समूह को लम्बे समय तक हाशिये पर रखना होता है। यह काम भारत में बख़ूबी हुआ है। भारत के मुसलमानों को योजनाबद्ध तरीक़े से हाशिये पर धकेला गया है और अब वे आदिवासियों और दलितों में शामिल हो गये हैं जिन्हें न सिर्फ़ हाशिये पर रखा गया है, बल्कि सवर्ण हिन्दुओं और उनके शास्त्रों ने वर्षों, बल्कि शताब्दियों से अमानवीय स्तर पर पहुँचाया हुआ है। (एक समय था जब सवर्णों ने वे काम उनसे कराने के लिए उन्हें अमानवीय स्तर पर पहुँचाया था जो काम सवर्ण हिन्दू ख़ुद नहीं करते थे। अब तकनीकी प्रगति की वजह से वह श्रम भी फ़ालतू हो गया है।) आरएसएस एक वृहत्तर योजना के तहत दलितों को मुसलमानों से और आदिवासियों को दलितों से भिड़वा भी रही है।

जब 'जनता' एकता परियोजना और उसके घृणा के सिद्धान्त में जुटी हुई थी, भारत की प्रगति परियोजना तेज़ रफ़्तार से बढ़ रही थी। निजीकरण और उदारीकरण के नये निज़ाम में देश के प्राकृतिक संसाधन और सरकारी मशीनरी निजी घरानों को बेची जा रही है। इसने एक कल्पनातीत धनी उच्चवर्ग और बढ़ते मध्यमवर्ग को पैदा कर दिया है जो स्वाभाविक तौर पर नयी व्यवस्था के योद्धा-प्रचारक बन गये हैं।

प्रगति परियोजना की दंड से मुक्ति और छल-कपट की अपनी ही परम्परा है, जो किसी भी रूप में एकता परियोजना से कम डरावनी नहीं है। उसके केन्द्र में देश की सबसे ताक़तवर संस्था सर्वोच्च न्यायालय है, जो कि तेज़ी से कारपोरेट शक्ति के एक स्तम्भ में परिवर्तित होकर बड़े बाँध बनाने, नदियों को जोड़ने, विवेकहीन

खनन, भू-सम्पदा के अन्धाधुन्ध दोहन, जंगल और जल संसाधनों को नष्ट करने के आदेश-पर-आदेश देता जा रहा है। इन सारी चीज़ों को पर्यावरण-हत्या (इकोसाइड) कह सकते हैं—शायद जनसंहार की प्रस्तावना (और न्यायालय की आलोचना करना जुर्म है, जिसकी सज़ा जेल है।)।

यह विडम्बना है कि मुक्त बाज़ार के दौर ने भारत में लड़े गये सबसे सफल अलगाववादी आन्दोलन की बुनियाद रखी है। उच्च और मध्यम वर्ग का अलग होकर, ऊपर के समशीतोष्ण वायुमंडल में अपना ही एक अलग देश बना लेना, जहाँ वे दुनिया के अभिजात वर्गों के साथ घुलते-मिलते हैं। यह 'आकाश का साम्राज्य' अपने आपमें पूरा ब्रह्मांड है, जो बाक़ी से सीलबन्द होकर कटा हुआ है। उसके अपने अख़बार हैं, फ़िल्में, टेलीविजन कार्यक्रम, नैतिक उपदेश देने वाले नाटक, यातायात व्यवस्था, मॉल और बुद्धिजीवी हैं। और अगर आप यह सोचने लगे हैं कि सब आनन्द-ही-आनन्द है तो आप ग़लती पर हैं। उसकी भी अपनी त्रासदियाँ हैं, अपने पर्यावरण सम्बन्धी मुद्दे (पार्किंग की समस्या, शहरी हवा का प्रदूषण), उसका अपना वर्ग-संघर्ष। उदाहरण के लिए एक संगठन है 'समता के लिए युवजन' (यूथ फ़ॉर इक्वलिटी), जिसने आरक्षण का मसला उठाया है, (सकारात्मक क़दम), क्योंकि उसका मानना है कि हिन्दुस्तान में उच्च जाति के लोग निम्न जाति के कुचले-दबे लोगों के हाथों भेदभाव का शिकार हैं। इस भारत के अपने जनान्दोलन और मशाल जुलूस हैं (मॉडल जेसिका के लिए न्याय जिसे बार में गोली मार दी गयी थी) और उसकी अपनी जनता कार भी है। ('आम जन का वाहन' जिसे हाल ही में टाटा समूह ने सड़क पर उतारा है)। यहाँ तक कि इसके अपने सपने भी हैं जो टीवी के विज्ञापनों के रूप में आकार लेते हैं जिनमें (फ़ेयर एंड लवली फ़ेस क्रीम, पुरुषों वाली, से पुते हुए) भारतीय प्रमुख कार्याधिकारी काल्पनिक ईस्ट इंडिया कम्पनी समेत अन्तर्राष्ट्रीय निगमों को ख़रीदते हैं। उन्हें उनके आगे बिछी जा रही फ़िरंगी औरतें अपने लक़दक़ दफ़्तरों में ले जा रही होती हैं (जो लगता है मानो हमबिस्तरी के लिए ललक रही हैं, जो कि विजय का चरम पुरस्कार है) और तालियाँ बजाकर स्वागत करते गोरे मर्द नये बादशाहों के लिए रास्ता छोड़ने को तैयार दिखते हैं। इस बीच (जेबों में क्रेडिट कार्ड लिये) 'इंडिया, इंडिया' का नारा लगाती स्टेडियम की भीड़ तुमुलनाद करती हुई खड़ी हो जाती है।

लेकिन वहाँ एक परेशानी है और परेशानी 'लेबेन्सरॉम' की है। हर राज्य को 'लेबेन्सरॉम' की ज़रूरत पड़ती है। 'आकाश का साम्राज्य' में 'लेबेन्सरॉम' कहाँ मिलेगा? 'आकाश के नागरिक' पुराने देश की तरफ़ नज़र दौड़ाते हैं। वे उड़ीसा में बॉक्साइट और झारखंड और छत्तीसगढ़ में कच्चे लोहे की पहाड़ियों पर आदिवासियों को बैठे देखते हैं। वे देखते हैं कि नन्दीग्राम में लोग (मुस्लिम व दलित) उस क़ीमती ज़मीन पर बैठे हैं जिसे दरअसल रासायनिक धुरी होना चाहिए।[26] वे हज़ारों एकड़

उपजाऊ ज़मीन देखते हैं और सोचते हैं कि इसे तो हक़ीक़त में हमारे उद्योगों के लिए विशेष आर्थिक क्षेत्र (एसईज़ेड) होना चाहिए; वे सिंगुर के उर्वर खेतों को देखते हैं और समझ जाते हैं कि यहाँ तो वास्तव में जनता-कार टाटा नैनो का कारख़ाना लगना चाहिए। वे सोचते हैं : बॉक्साइट हमारा है, कच्चा लोहा हमारा है, यूरेनियम भी हमारा है। फिर भला ये लोग हमारी ज़मीन पर कर क्या रहे हैं? हमारा पानी इनकी नदियों में कैसे बह रहा है? हमारी लकड़ी इनके पेड़ों में क्यों है?

अगर आप नक़्शे में भारत की वन और खनिज सम्पदा और आदिवासियों की बस्तियों पर नज़र डालें तो आप पायेंगे कि ये सब एक के ऊपर एक जमा हैं। इसलिए, दरअसल जिन्हें हम ग़रीब कहते हैं, वास्तव में वे सम्पन्न लोग हैं। लेकिन जब 'आकाश के नागरिक' अपनी निगाह इस ज़मीन पर डालते हैं, उन्हें लगता है फ़ालतू लोग बेशक़ीमती संसाधनों पर बैठे हुए हैं। नाज़ियों के पास ऐसे लोगों के लिए एक शब्द था–'उइबेरज़ाहलिजेन एस्सेर्न'–यानी ग़ैरज़रूरी खाने वाले।

फ़्रेडरिक रैटज़ेल ने उत्तरी अमरीका के मूल निवासी रेड इंडियनों और उपनिवेशवादी यूरोपियों के बीच के संघर्ष को बारीक़ी से देखने के बाद कहा था कि 'लेबेन्सरॉम' का संघर्ष 'उन्मूलन का संघर्ष' है।[27] उन्मूलन का मतलब ठोंककर, पीटकर, जलाकर, संगीन भोंककर, गैस छोड़कर, बम गिराकर या गोली मारकर, सिर्फ़ शारीरिक रूप से लोगों को ख़त्म करना नहीं होता। (कभी-कभार को छोड़कर। विशेषकर तब जब वे मुक़ाबला करने की कोशिश करते हैं। क्योंकि तब वे आतंकवादी हो जाते हैं।) ऐतिहासिक रूप से सबसे दक्ष जनसंहार वह होता है जब लोगों को उनके घरों से विस्थापित किया जाता है, हाँक कर एक जगह घेर दिया जाता है और भोजन और जल तक उनकी पहुँच को रोक दिया जाता है। इन परिस्थितियों में वे बिना किसी स्पष्ट हिंसा के मरते हैं और अकसर कई गुना बड़ी संख्या में मरते हैं। स्वेन लिंडक्विस्ट लिखती हैं, 'नाज़ियों ने यहूदियों के कोट पर सितारा टाँककर उन्हें 'आरक्षित' जगहों में इकट्ठा कर दिया, ठीक वैसे ही जैसे रेड इंडियन, हेरेरो, बुशमैन, अमांडाबेले और दूसरे सितारे-टँके लोगों को एक जगह घेरा गया था। जब आरक्षित जगहों की खाद्य आपूर्ति रोक दी गयी तो वे लोग आप-से-आप मर गये।'

इतिहासकार माइक डेविस का कहना है कि 1876 से 1892 के बीच हिन्दुस्तान में 1 करोड़ 20 लाख से 2 करोड़ 93 लाख लोग अकालों के कारण भूख से मर गये थे, जिस बीच अंग्रेज़ों ने भारत से खाद्य पदार्थ और कच्चे माल का निर्यात जारी रखा था।[28] अमर्त्य सेन का कहना है, लोकतंत्र में भुखमरी की सम्भावना नहीं होती। इसलिए चीन के महा-अकाल की जगह पर हमारे पास भारत का महा-कुपोषण है। (विश्व के कुल कुपोषित बच्चों की संख्या की एक-तिहाई से कुछ ज़्यादा अकेले भारत में है।)[29]

चीन के सम्भावित अपवाद को छोड़ दें तो दुनिया में आज सबसे ज़्यादा आन्तरिक रूप से विस्थापित लोग भारत में हैं। अकेले बाँधों ने ही तीन करोड़ लोगों को विस्थापित कर दिया है।[30] यह विस्थापन या तो न्यायालय के आदेशों के बल पर या पुलिस की बन्दूकों की नोक पर, या सरकार नियंत्रित अर्द्धसैनिकों बलों द्वारा या फिर उद्योगपतियों के गुंडों की मार्फ़त अंजाम दिया गया है (नन्दीग्राम में तो माकपा का अपना अलग से सशस्त्र कैडर है।)। विस्थापितों को टीन के छप्परों के नीचे, शिविरों और पुनर्वास कालोनियों में हाँका गया है जहाँ जीवन-यापन के साधनों से वंचित वे ग़रीबी के चक्र में गहरे डूबते जाते हैं।

छत्तीसगढ़ राज्य में, जो कच्चे लोहे की अपनी सम्पदा के कारण कॉरपोरेट घरानों के निशाने पर है, एक अलग ही तरीक़ा अपनाया जा रहा है। माओवादी विद्रोहियों से लड़ने के नाम पर सैकड़ों गाँवों को जबरन ख़ाली करा दिया गया है और लगभग 40 हज़ार लोगों को पुलिस शिविरों में पटक दिया गया है। सरकार इनमें से कुछ को हथियारबन्द कर रही है और उसने एक फ़र्ज़ी माओवाद-विरोधी जन-सेना–सलवा जुडुम–बना दी है, जो सरकारी पैसे से खड़ी की गयी है।[31] जहाँ ग़रीब दूसरे ग़रीबों से लगभग गृहयुद्ध जैसी स्थितियों में लड़ रहे हैं, टाटा और एस्सार घराने गुपचुप छत्तीसगढ़ में लौह खदानों के लिए सौदेबाज़ी कर रहे हैं। क्या इसमें कोई सम्बन्ध जोड़ा जा सकता है? हम स्वप्न में भी ऐसा नहीं सोच सकते। भले ही सलवा जुडुम की घोषणा टाटा समूह और सरकार के बीच क़रार पर हस्ताक्षर किये जाने के एक दिन बाद हुई।[32]

इसमें आश्चर्य की कोई बात नहीं है कि इन घटनाओं के ब्योरों का बहुत कम हिस्सा नये भारत के उस प्रारूप में दिखायी पड़ता है जो इस समय बाज़ार में है। ऐसा इसलिए, क्योंकि जो आज बेचा जा रहा है वह एक अपने ही तरह का इनकार है– जिसे रॉबर्ट जे. लिफ़्टन ने 'जाली ब्रह्मांड' (काउंटरफ़ीट यूनिवर्स)[33] कहा है। इस संसार में, सुव्यवस्थित विभीषिकाओं को त्रुटियों से भरे व्यक्तियों के मत्थे मढ़कर, वक़्ती भूलों में बदल दिया जाता है और वास्तविक दुनिया के बदले एक अधिक 'सन्तुलित' ज़्यादा आनन्द-भरी दुनिया पेश की जाती है। यह सन्तुलन नक़ली है : अकसर एकता और प्रगति को एक-दूसरे से तोलकर उनके प्रभाव को कम या ज़्यादा किया जाता है एकता की परियोजना की उदार-धर्मनिरपेक्ष समीक्षा का इस्तेमाल प्रगति की परियोजना के विध्वंस का औचित्य ठहराने के लिए किया जाता है। वे लोग जो सबसे ज़्यादा खा-पी कर अघाये हुए हैं, जिन्हें समाज की यथास्थिति को बदलने की ज़रा भी ज़रूरत नहीं है, हो सकता है, वही इस 'जाली संसार' के सबसे बड़े सम्भावित निर्माता हों। उनका काम सीमाओं पर गश्त लगाना, आक्रोश को ठंडा करना, क्रोध को अवैधानिक बनाना और युद्ध विराम की बातचीत करना है।

नरेन्द्र मोदी के सन्दर्भ में लाखों दिलों की धड़कन, शाहरुख़ ख़ान के जवाब पर ग़ौर फ़रमाएँ। 'मैं उन्हें व्यक्तिगत तौर पर नहीं जानता हूँ...मेरी कोई राय नहीं है...।'

उनका कहना है, 'जहाँ तक मेरा सवाल है उन्होंने मेरे साथ कभी निर्ममता नहीं बरती।'[34] उदारवादी इतिहासकार रामचन्द्र गुहा, जो कॉरपोरेट घराने के पैसे से बने 'न्यू इंडिया फ़ाउंडेशन' के संस्थापक हैं, अपनी नयी किताब 'गाँधी के बाद भारत : दुनिया के सबसे बड़े लोकतंत्र का इतिहास' *(इंडिया आफ़्टर गाँधी : द हिस्टरी ऑफ़ द लार्जेस्ट डेमोक्रेसी)* में हमें सलाह देते हैं कि भाजपा की सरकार को–जो 2002 के जनसंहार के समय गुजरात और केन्द्र, दोनों में सत्तासीन थी–फ़ासिस्ट क़रार देना 'उसकी ताक़त को ज़रूरत से ज़्यादा करके आँकना होगा और भारतीय जनता की लोकतांत्रिक परम्पराओं को कम करके।' अपने मत को पुष्ट करने के लिए रामचन्द्र गुहा हमें याद दिलाते हैं कि 2004 के संसदीय चुनावों में केन्द्र में सत्तासीन भाजपा के गठबन्धन को मतदान द्वारा सत्ता से हटा दिया गया था। रामचन्द्र गुहा पूछते हैं, 'आख़िरी बार कब किसी 'फ़ासीवादी' सरकार ने ऐसे व्यवस्थित सत्ता-हस्तान्तरण की छूट दी थी?' वे इस बात को छिपा जाते हैं कि जनसंहार के बाद जल्दी ही गुजरात में जो विधान सभाई चुनाव हुए थे, उनमें नरेन्द्र मोदी को दूसरी बार सत्ता की बागडोर हासिल हुई थी और फिर पाँच साल बाद तीसरी बार। अब तक गुजरात में कोई सत्ता-हस्तान्तरण नहीं हुआ है, 'व्यवस्थित' या दूसरी तरह का।[35]

'धर्मनिरपेक्ष' राष्ट्रीय अख़बारों में सम्पादक और टिप्पणीकार, गुजरात के जनसंहार के प्रति अपने ग़ुस्से को भुलाकर, अब मोदी की प्रशासनिक दक्षता का आकलन कर रहे हैं जिससे इनमें से ज़्यादातर लोग प्रभावित हैं। 'हिन्दुस्तान टाइम्स' के सम्पादक ने लिखा, 'मोदी जनसंहारक हो सकता है, लेकिन वह हमारा जनसंहारक है,' और फिर अपने ऊहापोह का लगातार ज़िक्र करते रहे कि कैसे इस जनसंहारक से निबटें जो एक 'अच्छा' मुख्यमंत्री भी है।[36]

भारत के इस 'जाली' प्रारूप में, संस्कृति के क्षेत्र में, बम्बइया सिनेमा में, आंग्ल-भारतीय साहित्य की उछाल में, ग़रीब अधिकांशतः सिरे से ग़ायब हैं। उन्हें तो पहले ही मिटा दिया गया है (वे सिर्फ़ लघु ऋण-योजनाओं, विकास परियोजनाओं और स्वयंसेवी संस्थाओं द्वारा बाँटी जाने वाली ख़ैरात को मुस्कराते हुए पाने वाले उपकृत लोगों के रूप में नज़र आते हैं।)।

पिछली गर्मियों में संयोग से मैं भटकती हुई एक ठंडे कमरे में पहुँच गयी जहाँ शैम्पू किये बालों और चिकनी त्वचाओं वाली चार लड़कियाँ बैठीं एक-दूसरे से अपने कुत्तों का परिचय करवा रही थीं। उनमें से एक ने मेरी तरफ़ मुड़कर कहा, 'मैं अपने परिवार के साथ छुट्टियाँ मना रही थी। वहीं मुझे आपका एक पुराना लेख मिला। वही जो आपने बाँध-वाँध पर लिखा था। मैंने अपने भाई से पूछा, क्या उसे पता था कि इन दलित और आदिवासियों को विस्थापन वग़ैरह की वजह से कैसे बुरे दिन देखने पड़ रहे थे...मेरा मतलब घर से इस तरह खदेड़े जाने पर, वग़ैराह-वग़ैराह? और पता है मेरा भाई

कितना उल्लू है कि बोला यही तो वे लोग हैं जो भारत को आगे नहीं बढ़ने दे रहे हैं। उनका सफ़ाया कर दिया जाना चाहिए। कल्पना कर सकती हैं आप?'

दिक़्क़त यह है कि मैं कर सकती हूँ। करती हूँ।

कुत्ते बहुत प्यारे थे। मैंने सोचा क्या कुत्ते कभी एक-दूसरे का सफ़ाया करने की कल्पना कर सकते थे? शायद वे इतने प्रगतिशील नहीं हैं।

उसी शाम मैंने (बॉलीवुड के एक और सुपर सितारे और लाखों दिलों की धड़कन) अमिताभ बच्चन को 'टाइम्स ऑफ़ इंडिया' के 'भारत तैयार' (इंडिया पॉइज़्ड) विज्ञापन अभियान में टेलीविजन पर देखा। अभियान के बारे में बताने वाले टी.वी. के एंकर ने कहा कि यह लोगों को 'अतीत के अवरोधक भूतों' से मुक्त होने के लिए प्रेरित करने की ख़ातिर है। निराशा को छोड़कर आशावाद चुनने के लिए।

'इस देश में दो भारत हैं,' अमिताभ बच्चन ने अपनी मशहूर गूँजती हुई आवाज़ में कहा।

> 'एक भारत ज़ंजीर तोड़कर मुक्त हो, आगे छलाँग लगाने और उन विशेषणों पर खरा उतरने के लिए तड़प रहा है, जो हाल में दुनिया हम पर बरसाती रही है।
>
> दूसरा भारत ख़ुद ज़ंजीर है।
>
> एक भारत कहता है, 'मुझे मौक़ा दो, मैं अपनी योग्यता सिद्ध कर दूँगा।'
>
> दूसरा भारत कहता है, 'पहले अपनी योग्यता सिद्ध करो, और तब तुम्हें मौक़ा दिया जा सकता है।'
>
> एक भारत हमारे हृदयों के आशावाद में रहता है; दूसरा भारत हमारे दिमाग़ों की शंकाओं में दुबका रहता है। एक भारत चाहता है, दूसरा उम्मीद करता है।
>
> एक भारत नेतृत्व करता है, दूसरा पीछे चलता है।
>
> ये तब्दीलियाँ बढ़ रही हैं। हर रोज़ ज़्यादा-से-ज़्यादा लोग दूसरे भारत से इस तरफ़ आ रहे हैं। और चुपचाप, जब दुनिया इधर देख नहीं रही होती, एक धड़कता हुआ, गतिशील, नया भारत उभर रहा है।

और अन्त में :

> अब एक स्वतंत्र राष्ट्र के रूप में अपने साठवें वर्ष में यात्रा हमें समय के महान कगार पर ले आयी है। और एक भारत, दिमाग़ के किसी छोटे-से कोने में दुबका स्वर नीचे घाटी के तल की ओर देखकर झिझक रहा है। दूसरा भारत आकाश की ओर देखते हुए कह रहा है, 'यह उड़ान भरने का वक़्त है।'[37]

यहाँ वह जाली संसार अपने नंगे रूप में सामने आता है। वह हमें बताता है कि अमीरों के पास चुनाव की कोई गुंजाइश नहीं है। (कोई विकल्प नहीं है) लेकिन ग़रीबों के पास है। वे अमीर बनने का चुनाव कर सकते हैं। अगर वे ऐसा नहीं करते तो इसका कारण यह है कि वे आशावाद की जगह निराशावाद, विश्वास की जगह झिझक, आशा की जगह अभाव को चुन रहे हैं। दूसरे शब्दों में, वे ग़रीब रहने का चुनाव कर रहे हैं। यह उनकी ग़लती है। वे कमज़ोर हैं (और हम जानते हैं कि 'लेबेन्सरॉम' चाहने वाले लोग कमज़ोरों के बारे में क्या सोचते हैं।)। ये लोग 'अतीत के अवरोधक भूत' हैं। ये पहले ही भूत हो चुके हैं। 'एक जाली संसार में, जो जारी है,' रॉबर्ट जे. लिफ़्टन का कहना है, 'जनसंहार आसान हो जाता है, लगभग प्राकृतिक।'[38]

ग़रीबों, तथाकथित ग़रीबों के पास सिर्फ़ एक विकल्प है : विरोध करना या फिर मिट जाना। अमिताभ बच्चन सही हैं : वे दूसरी ओर आ रहे हैं, ख़ामोशी से, जब दुनिया नहीं देख रही होती। वहाँ नहीं, जहाँ अमिताभ सोचते हैं, बल्कि दूसरी घाटी के पार, दूसरी तरफ़। हथियारबन्द युद्ध की तरफ़। वहाँ से वे पीछे मुड़कर विकास के सम्राटों की ओर देखते हैं और उनके खेद-भरे नारे की नक़ल उतारते हुए कहते हैं : 'कोई विकल्प नहीं है।'

वे महान गाँधीवादी जनान्दोलनों को घटते, धूल-धूसरित और अपमानित होते, कोर्ट-कचहरी और भूख-हड़तालों और जताबी भूख-हड़तालों की दलदल में डूबते-उतराते देख चुके हैं। शायद अतीत के ये लाखों-करोड़ों अवरोधक भूत हैरत से सोचते हैं कि गाँधी, अमरीकी रेड इंडियनों, अफ़्रीका के ग़ुलामों, तस्मानियावासियों, हेरेरो और हॉटेंटॉट जाति के लोगों, आरमीनियाइयों, जर्मनी के यहूदियों और गुजरात के मुसलमानों को क्या सलाह देते? शायद वे हैरत से सोचते हैं कि जब वे पहले ही भूख से मर रहे हों, तब कैसे भूख-हड़ताल करें। वे विदेशी सामान का बहिष्कार कैसे करें जब उनके पास कुछ भी ख़रीदने के लिए पैसे नहीं हैं। वे महसूल अदा करने से कैसे मना कर सकते हैं, जब उनकी कोई आमदनी ही नहीं है।

जिन लोगों ने हथियार उठा लिये हैं, उन्होंने ऐसा इस बात को पूरी तरह जानते-बूझते किया है कि इस फ़ैसले के नतीजे क्या होंगे। उन्होंने ऐसा इस बात को पूरी तरह जानते-बूझते किया है कि वे अब अपने मालिक आप हैं। वे जानते हैं कि देश के नये क़ानून ग़रीबों का अपराधीकरण कर रहे हैं और प्रतिरोध को आतंकवाद से जोड़ने का घपला किया जा रहा है। वे जानते हैं कि अन्तरात्मा से की गयी अपीलें, उदार नैतिकता और अख़बारों में सहानुभूति-भरी रिपोर्टें और टिप्पणियाँ अब उनकी मदद नहीं कर पायेंगी। वे जानते हैं कि जब गोलियाँ चल रही होंगी तब कोई अन्तर्राष्ट्रीय रैलियाँ, कोई भूमंडलीय विरोध और कोई मशहूर लेखक आस-पास नज़र नहीं आयेगा। भारत की लोकतांत्रिक संस्थाओं से लाखों लोगों का विश्वास उठ गया

है। देश की कई बड़ी पट्टियाँ सरकार के नियंत्रण से बाहर हो चुकी हैं (अन्तिम आँकड़ों के अनुसार यह 25 फ़ीसदी आँका जा रहा है)।[39] इस लड़ाई में मौत की गन्ध है। यह किसी भी तरह से ख़ूबसूरत नज़ारा नहीं है। हो भी कैसे सकता है जबकि 'अवरोधक भूतों' की सेना के नायक ख़ुद चेयरमैन माओ का भूत है? (आशा की किरण यह है कि कई पदातिक नहीं जानते कि माओ कौन हैं या उन्होंने क्या किया था। जनसंहार से और इनकारियाँ, शायद)। क्या वे बेहतर दुनिया के लिए लड़ने वाले आदर्शवादी हैं? ख़ैर, विनाश से तो कुछ भी बेहतर है।

प्रधानमंत्री ने घोषणा की है कि माओवादी प्रतिरोध 'आन्तरिक सुरक्षा के लिए सबसे बड़ा ख़तरा है।'[40] यहाँ तक कि सेना को बुलाने की भी अपीलें की गयी हैं। आतुरता से भर्त्सना करते-करते मीडिया की साँस फ़ूल गयी है।

यह रहा एक आम अख़बारी स्तम्भ का नमूना। सामान्य स्तम्भों से हटकर नहीं है। शीर्षक है : 'नक्सलों को कुचलकर साफ़ करो।'

> सरकार अन्ततः नक्सलवाद का सामना करने की समझ दिखला रही है। महीना भर पहले प्रधानमंत्री मनमोहन सिंह ने राज्य सरकारों से कहा कि वे नक्सली ढाँचे का 'गला घोंट दें' और 'विषाणु' को समाप्त करने के लिए एक समर्पित बल के ज़रिये उनकी गतिविधियों को 'पंगु' कर दें। यह इस एहसास की निशानी है कि नक्सलवाद से निपटने के लिए ज़ोर विकास पर बेकार का ख़र्च करने की बजाय क़ानून को लागू करने पर होना चाहिए।[41]

'घोंट दो।' 'पंगु कर दो।' 'कुचल डालो।' 'विषाणु।' 'संक्रमण।' 'संहार।' 'विनाश।' सफ़ाया करने का विचार हवा में है।

और लोगों का मानना है कि संहार के ख़तरे को सामने पाने पर पलटकर लड़ना उनका अधिकार है। जिस तरह से भी ज़रूरी हो।

शायद वे टिड्डियों की आवाज़ सुनते रहे हैं।

आज़ादी

यह लेख पहले 22 अगस्त, 2008 को 'द गार्डियन' (लन्दन) में छपा और फिर 1 सितम्बर, 2008 को 'आउटलुक' पत्रिका (भारत) में।

पिछले तक़रीबन साठ दिनों से, लगभग जून के अन्त से, कश्मीर के लोग आज़ाद हैं। सबसे गम्भीर अर्थों में आज़ाद। उन्होंने दुनिया के सबसे सघन रूप से लामबन्द इलाक़े में पाँच लाख बेहद हथियारबन्द सैनिकों की बन्दूकों के साये में ज़िन्दगी जीने के आतंक को झटक दिया है।

18 वर्षों तक एक फ़ौजी क़ब्ज़े का प्रशासन चलाने के बाद भारत सरकार का विकटतम दुःस्वप्न सच हो गया है। इस बात की घोषणा के बाद कि सशस्त्र आन्दोलन कुचल दिया गया है, अब उसे अहिंसक जन-विरोध का सामना करना पड़ रहा है, मगर ऐसा, जिससे निपटने का तरीक़ा उसे नहीं आता।[1] यह आन्दोलन दमन के उन वर्षों से प्रेरित है जिनमें दसियों हज़ारों लोग मारे गये हैं, हज़ारों 'लापता' कर दिये गये हैं, लाखों लोगों को यातनाएँ दी गयी हैं, उन्हें घायल और अपमानित किया गया है।[2] उस प्रकार के रोष को अगर अभिव्यक्ति मिल जाये तो उसे आसानी से क़ाबू में नहीं किया जा सकता, न फिर से बोतल में बन्द करके वापस वहाँ भेजा जा सकता है, जहाँ से वह उपजा था।

इतने बरसों में भारतीय राजतंत्र ने, जो जानकारों के बीच 'ख़ुफ़िया राज' के रूप में जाना जाता है, कश्मीरी लोगों की आवाज़ को उखाड़ फेंकने, दबाने, उसकी नुमाइन्दगी करने, उसका उलटा अर्थ निकालने, उसे अविश्वसनीय ठहराने, उसकी व्याख्या करने, उसे धमकाने, ख़रीदने–और महज़ गुल कर देने के लिए वह सब किया है जो वह कर सकता है। लोकतंत्रवादी लोग जिसे 'जनाकांक्षा' कहते हैं, उसका दमन करने के लिए उसने धन (ढेर सारा), हिंसा (ढेर सारी), ग़लत सूचना, प्रचार, उत्पीड़न, पिट्ठुओं और मुख़बिरों का जाल, आतंक, क़ैद, ब्लैकमेल और चुनावी धोखाधड़ी का इस्तेमाल किया है। उसने यह मान लेने की ग़लती की कि प्रभुत्व का मतलब जीत था; कि उसने बन्दूक की नोक पर जो 'सामान्य स्थिति' जबरन बहाल की थी, वह दरअसल सामान्य थी और लोगों की खिन्न चुप्पी उनकी रज़ामन्दी थी।

प्रचुर अनुदान-प्राप्त शान्ति उद्योग ने लोगों की ओर से बोलते हुए हमें बताया था कि 'कश्मीरी हिंसा से थक चुके हैं और शान्ति चाहते हैं।' किस तरह की शान्ति के लिए वे तैयार थे, यह कभी स्पष्ट नहीं किया गया। इस बीच बम्बइया फ़िल्मों में कश्मीरी/मुस्लिम-आतंकवादियों वाली फ़िल्मों के भंडार ने ज़्यादातर हिन्दुस्तानियों के दिमाग़ों में यह भर दिया कि कश्मीरियों के सारे दुख-दर्द लोगों से नफ़रत करने वाले दुष्ट आतंकवादियों के कारण हैं।

लेकिन जिस किसी ने भी पूछने की, या इससे ज़्यादा ज़रूरी, सुनने की परवाह की, उसके सामने साफ़ था कि अपने सबसे अँधियारे दिनों में भी कश्मीरियों ने आग जिलाये रखी थी और लोगों के मन में सिर्फ़ शान्ति ही की आकांक्षा नहीं थी, बल्कि वे आज़ादी भी चाहते थे। पिछले दो महीने के दौरान 'दो बन्दूकों' के बीच फँसे और दोनों से बराबरी की मात्रा में नफ़रत करते अबोध लोगों की सावधानी से गढ़ी गयी तस्वीर, मुहावरे के लिए माफ़ किया जाये, गोलियों से उड़ा दी गयी है।

भाग्य के एक आकस्मिक मोड़ के तौर पर, राज्य वन विभाग की लगभग 100 एकड़ भूमि (कश्मीर के सुदूर हिमालयी इलाक़े में वार्षिक तीर्थयात्रा का बन्दोबस्त करने वाले) अमरनाथ श्राइन बोर्ड को देने की नासमझ कार्रवाई ने पेट्रोल में तीली का काम किया।[3] 1989 तक अमरनाथ गुफा की यात्रा करने वाले श्रद्धालुओं की संख्या 20 हज़ार के क़रीब होती थी जो दो हफ़्तों के दौरान यह यात्रा सम्पन्न करते थे। 1990 में, जब कश्मीर की घाटी में प्रकट इस्लामी उग्र विद्रोह के साथ-साथ भारत के अन्य हिस्सों में कट्टर हिन्दुत्व फैला तो श्रद्धालुओं की संख्या में दर्शनीय बढ़ोतरी होनी शुरू हुई। वर्ष 2008 तक 5 लाख से अधिक श्रद्धालु अमरनाथ गुफा तक जाने लगे थे, अक्सर भारतीय व्यापारिक घरानों द्वारा प्रायोजित बड़े-बड़े जत्थों की शक्ल में। नाटकीय ढंग से श्रद्धालुओं की इस लगातार वृद्धि से घाटी के अनेक लोगों को लगा कि यह उत्तरोत्तर उग्र हिन्दुत्व की ओर बढ़ रही भारत सरकार की एक आक्रामक रणनीतिक चाल है।[4] सही या ग़लत, भूमि के इस हस्तान्तरण को नश्तर की नोक की तरह देखा गया। इससे यह आशंका जन्मी कि यह इज़राइली क़िस्म की बस्तियाँ बसाने और घाटी की आबादी का ढाँचा बदलने की कोई भारी-भरकम योजना की शुरुआत है। कई दिनों के व्यापक विरोध ने घाटी को पूरी तरह बन्द होने पर मजबूर कर दिया। घंटों के भीतर विरोध शहरों से गाँवों में फैला। पत्थर बरसाने वाले युवकों ने सड़कों पर आकर हथियारबन्द पुलिस वालों का सामना किया जिन्होंने उन पर सीधी गोलीबारी करके उनमें से पचास से अधिक को मार गिराया। लोगों के साथ-साथ सरकार के लिए भी 1990 के दशक के आरम्भ के विद्रोह की यादें ताज़ा हो गयीं। कई हफ़्तों तक चले विरोध, हड़तालों और पुलिस की गोलीबारी के दौरान, जिस बीच हिन्दुत्व की प्रचार मशीन कश्मीरियों को हर प्रकार के साम्प्रदायिक उग्रवाद का दोषी ठहराती

रही, अमरनाथ के पाँच लाख तीर्थयात्रियों ने अपनी तीर्थयात्रा पूरी की, न सिर्फ़ सही-सलामत, बल्कि स्थानीय लोगों द्वारा दिखायी गयी सहृदयता से अभिभूत होकर भी।[5]

आख़िरकार, कश्मीरी जनता की उग्र प्रतिक्रिया से पूरी तरह भौंचक्की सरकार ने भूमि हस्तान्तरण का फ़ैसला वापस ले लिया।[6] लेकिन तब तक भूमि के हस्तान्तरण का मामला कोई मुद्दा ही नहीं रह गया था, और विरोध प्रदर्शन पूरी तरह नियंत्रण से बाहर हो गया था।

फ़ैसले को रद्द करने पर जम्मू में भारी विरोध भड़क उठा जहाँ हिन्दुओं का प्रभुत्व था। वहाँ भी इस मामले ने ज़रूरत से कहीं बड़ी शक्ल अख़्तियार कर ली। लोगों ने भारतीय राज्य द्वारा अवहेलना और भेद-भाव के मुद्दे उठाने शुरू कर दिये। (कुछ विचित्र कारणों से उन्होंने कश्मीरियों को इस उपेक्षा के लिए दोषी ठहराया।) विरोध प्रदर्शनों की वजह से कश्मीर और भारत के बीच इकलौते चालू सड़क-सम्पर्क, जम्मू-श्रीनगर राजमार्ग की नाकेबन्दी हो गयी।[7] राजमार्ग ख़ाली कराने और जम्मू और श्रीनगर के बीच ट्रकों की सुरक्षित आवाजाही सुनिश्चित करने के लिए सेना बुलायी गयी। लेकिन कश्मीरी ट्रकवालों के ख़िलाफ़ हिंसा की घटनाओं की सूचनाएँ पंजाब जैसे दूरस्थ इलाक़ों से भी आयीं जहाँ किसी प्रकार की कोई सुरक्षा ट्रकवालों को उपलब्ध नहीं थी।[8] नतीजे के तौर पर कश्मीरी ट्रकवालों ने जान बचाने की ख़ातिर राजमार्ग पर ट्रक चलाने से इनकार कर दिया। ट्रकों में भरे हुए जल्दी ख़राब होने वाले ताज़ा फल और घाटी की उपज सड़ने लगी। स्पष्ट हो गया कि नाकेबन्दी ने स्थिति को बेक़ाबू हो जाने दिया था। सरकार ने घोषणा की कि नाकेबन्दी समाप्त कर दी गयी थी और ट्रक चल रहे थे। निहित स्वार्थों से संचालित भारतीय मीडिया के कुछ हिस्सों ने, अनिवार्य 'गुप्तचर' स्रोतों का हवाला देते हुए, उसे 'कल्पित' नाकेबन्दी कहना शुरू कर दिया, और यहाँ तक सुझाया कि नाकेबन्दी तो कभी कोई थी ही नहीं।[9]

लेकिन ऐसे खेल-तमाशों के लिए बहुत देर हो चुकी थी, जो नुक़सान होना था, वह हो चुका था। कश्मीर के लोगों को दिखा गया था कि वे ताबेदारी में जी रहे थे और अगर वे अपनी औक़ात में न रहे तो उनके गिर्द घेरेबन्दी कर दी जायेगी, उन्हें भूखे मार दिया जायेगा, ज़रूरी चीज़ों और दवाओं से वंचित कर दिया जायेगा। असली नाकेबन्दी अब मानसिक नाकेबन्दी बन गयी। कश्मीर और भारत के बीच जो आख़िरी क्षीण-सा बन्धन था, वह भी लगभग टूट गया।

यह सोचना कि मामला वहीं ख़त्म हो गया, बेतुकी बात थी। क्या किसी ने ध्यान नहीं दिया था कि कश्मीर में पानी और बिजली जैसे आम मुद्दे भी लामुहाला आज़ादी की माँग में बदल जाते थे? उन्हें सामूहिक रूप से भूखा मारने की धमकी देना राजनैतिक आत्महत्या सरीखा था।

हैरत की बात नहीं कि भारत सरकार ने कश्मीर में जिस आवाज़ को दबाने की इतनी कोशिश की, वह बहरा बना देने वाली दहाड़ में बदल चुकी है। लाखों निहत्थे लोग अपने शहर, अपनी गलियों और मोहल्ले वापस पाने के लिए बाहर आ गये हैं। उन्होंने महज़ अपनी संख्या के बल पर, और उल्लेखनीय साहस का परिचय देते हुए, भारी हथियारों से लैस सुरक्षा बलों को कमज़ोर कर दिया है।

सैनिक शिविरों, चेक-पोस्टों और बंकरों वाले खेल के मैदान में पल-पुसकर और यातना-कक्षों से आती चीख़ों के साउंड-ट्रैक को सुनते हुए, युवा पीढ़ी ने अचानक जन-विरोध की ताक़त को, और उससे भी ज़्यादा, सिर उठाकर अपनी बात कहने, अपनी नुमाइन्दगी करने की गरिमा को पहचाना है। उनके लिए यह किसी मसीहा के अवतरित होने से कम नहीं है। वे पूरे जोश में हैं, मौत का डर भी उन्हें पीछे हटने के लिए मजबूर नहीं कर पा रहा लगता। और एक बार उस डर के चले जाने के बाद, किस काम की रह जाती है दुनिया की सबसे बड़ी या दूसरी सबसे बड़ी सेना? उसके पास धमकी देने के लिए है ही क्या? इसे भारत के लोगों से बेहतर कौन समझ सकता है जिन्होंने अपनी आज़ादी इसी तरह हासिल की थी?

कश्मीर की जो परिस्थिति है, उसे देखते हुए, लनतरानीबाज़ों के लिए उसी पुरानी, उसी पुरानी बात को दोहराना मुश्किल है; यह दावा करना कि यह सब पाकिस्तान की आईएसआई का किया-धरा है, या लोगों को आतंकवादियों द्वारा ज़बर्दस्ती बहकाया जा रहा है। तीस के दशक से ही इस बात पर तीखा संघर्ष चलता रहा है कि 'कश्मीरी जज़्बे' जैसी पकड़ में न आने वाली चीज़ का प्रतिनिधित्व करने का अधिकारी कौन है। क्या शेख़ अब्दुल्ला थे? मुस्लिम कॉन्फ्रेंस? आज कौन है? मुख्यधारा के राजनैतिक दल? हुर्रियत? आतंकवादी? इस बार कमान लोगों ने सँभाली है। अतीत में जन रैलियाँ हुई हैं, लेकिन हाल की याद में इतनी टिकाऊ और व्यापक रैली पहले कभी नहीं हुई। चुनाव-दर-चुनाव मतदाताओं की दयनीय उपस्थिति के बावजूद, कश्मीर के मुख्य राजनैतिक दल—नेशनल कॉन्फ्रेंस, पीपुल्स डेमोक्रेटिक पार्टी—'ख़ुफ़िया राज' और भारतीय मीडिया का स्वागत-सम्मान प्राप्त करते हुए, नयी दिल्ली के टीवी स्टूडियो में बहसों के लिए कर्तव्यनिष्ठ भाव से प्रकट होते हैं, लेकिन कश्मीर की सड़कों पर अपना चेहरा दिखाने का साहस नहीं जुटा सकते। हथियारबन्द उग्रवादी, जो दमन के सबसे ख़राब समय में आज़ादी की मशाल लेकर बढ़ने वाले एकमात्र लोगों में गिने जाते थे, अब अगर कहीं हैं भी तो पीछे की सीटों पर जा बैठने पर ही सन्तुष्ट हैं और इस बार जनता को ख़ुद लड़ने का मौक़ा दे रहे हैं।

वे अलगाववादी नेता, जो रैलियों में दिखते और बोलते हैं, नेता नहीं, बल्कि पिछलग्गुए हैं जो कश्मीर की सड़कों पर उमड़ आये क़ैद, कुपित लोगों की अनूठी सहज-स्फूर्त ऊर्जा से प्रेरित हो रहे हैं। इन नेताओं के सामने एक तैयारशुदा बग़ावत पेश कर दी

गयी है और लगता है कि शर्त बस यही है कि उन्हें वही करना होगा, जो लोग कहेंगे। अगर वे ऐसी बातें कहते हैं, जो लोग नहीं सुनना चाहते तो उन्हें बड़ी नरमी से बाहर आने, सार्वजनिक रूप से माफ़ी माँगने और अपनी ग़लती सुधारने के लिए राज़ी किया जाता है। यह सब पर लागू होता है, सैयद अली शाह गिलानी पर भी, जिन्होंने हाल में एक सार्वजनिक रैली में ख़ुद को आन्दोलन का एकमात्र नेता घोषित किया। वह एक भयंकर राजनैतिक भूल थी जिसने संघर्ष में शामिल विभिन्न धड़ों के बीच नये क्षीण से गठबन्धन को लगभग चूर-चूर ही कर दिया था। कुछ ही घंटों के भीतर उन्होंने अपने बयान को वापस ले लिया।[10] चाहो या न चाहो, यही लोकतंत्र है। कोई लोकतंत्रवादी इससे इनकार नहीं कर सकता।

दिन-पर-दिन लाखों लोग ऐसी जगहों पर जुट रहे हैं जो उनके लिए ख़ौफ़नाक यादें सँजोये हैं। वे बंकरों को ध्वस्त करते हैं, तारों के घेरे तोड़कर आगे बढ़ते हैं और सिपाहियों की मशीनगनों को सीधा घूरते हुए ऐसी बातें कहते हैं जो भारत में बहुत कम लोग सुनना चाहते हैं। 'हम क्या चाहते? आज़ादी।' और, यह कहना होगा, उतनी ही संख्या में और उतने ही ज़ोर से : 'जीवे-जीवे पाकिस्तान।'

कश्मीर घाटी में यह आवाज़ हर जगह वैसे ही गूँजती है जैसे कि टीन की छत पर मूसलाधार बारिश का तबला बजता है, जैसे आँधी-तूफ़ान वाली बारिश के समय बादल गड़गड़ाते हैं। यही वह आम राय है जो कभी नहीं ली गयी, यही वह जनमत संग्रह है जो अनिश्चित काल के लिए स्थगित कर दिया गया है।

15 अगस्त को, भारत के स्वतंत्रता दिवस पर, श्रीनगर शहर पूरी तरह बन्द हो गया। बख़्शी स्टेडियम, जहाँ राज्यपाल ने झंडा फहराया, कुछ अधिकारियों को छोड़कर ख़ाली था। घंटों बाद, शहर का महत्वपूर्ण केन्द्र लाल चौक (जहाँ 1992 में भाजपा के नेता और बच्चों की इतिहास की पाठ्य पुस्तकों के विवादास्पद 'हिन्दूकरण' के प्रणेता मुरली मनोहर जोशी ने सीमा सुरक्षा बल द्वारा ध्वजारोहण की परम्परा शुरू की थी), लाखों लोगों से अट गया, जिन्होंने पाकिस्तानी झंडा फहराया और एक-दूसरे को 'स्वतंत्रता दिवस की विलम्बित शुभकामनाएँ' (पाकिस्तान 14 अगस्त को स्वतंत्रता दिवस मनाता है) और 'दासता दिवस की शुभकामनाएँ' दीं।

16 अगस्त को तीन लाख से अधिक लोग हुर्रियत नेता शेख़ अब्दुल्ला अज़ीज़ के गाँव पामपोर गये; पाँच दिन पहले गोली मारकर अज़ीज़ की हत्या कर दी गयी थी।[11] वे नियंत्रण रेखा तक मार्च करनेवाले उस भारी दल का हिस्सा थे, जो जम्मू राजमार्ग अवरुद्ध होने के कारण रसद और लोगों के लिए श्रीनगर-मुज़फ़्फ़राबाद राजमार्ग खोलने की माँग कर रहा था जैसा कि वह कश्मीर के बँटवारे से पहले था।

18 अगस्त को हज़ारों-लाखों लोग श्रीनगर में भारत और पाकिस्तान में संयुक्त राष्ट्र सैन्य पर्यवेक्षक दल के कार्यालय के पास विशाल टीआरसी (टूरिस्ट रिसेप्शन

सेंटर) मैदान में तीन चीज़ों की माँग करने वाला एक ज्ञापन देने के लिए इकट्ठा हुए। ज्ञापन की माँगें थीं–भारतीय शासन का अन्त, एक संयुक्त राष्ट्र शान्ति दल की तैनाती और भारतीय सेना और पुलिस द्वारा दो दशकों तक लगभग किसी जवाबदेही के बिना किये गये युद्ध अपराधों की जाँच।[12]

रैली से पहले का एक दिन ख़ुफ़िया राज मेहनत से काम में जुटा था। एक वरिष्ठ पत्रकार मित्र ने यह बताने के लिए फ़ोन किया कि दोपहर में देर गये गृह सचिव ने नयी दिल्ली में एक उच्च स्तरीय बैठक बुलायी। वहाँ रक्षा सचिव और सभी ख़ुफ़िया प्रमुख उपस्थित थे। गृह सचिव ने कहा कि बैठक का उद्देश्य टेलीविजन न्यूज़ चैनलों के सम्पादकों को बताना था कि सरकार के पास यह मानने के कारण थे कि इस बग़ावत के पीछे आईएसआई से अलग हुए एक छोटे-से गिरोह का हाथ था और उन्होंने चैनलों से कश्मीर की ख़बरों को दिखाते (या न दिखाते?) वक़्त इस विशिष्ट, अत्यन्त गोपनीय सूचना को दिमाग़ में रखने का अनुरोध किया। 'ख़ुफ़िया राज' के लिए दुर्भाग्यवश, स्थितियाँ इतनी बिगड़ चुकी हैं कि टीवी चैनल अगर उन निर्देशों को मानते तो हास्यास्पद लगने का जोखिम उठाते। शुक्र है कि लगता है जैसे यह बग़ावत ज़रूर टेलीविजन पर दिखायी जायेगी।

17 अगस्त की रात को पुलिस ने शहर बन्द कर दिया। सड़कों पर अवरोध खड़े कर दिये गये, बैरियरों पर हज़ारों हथियारबन्द पुलिसकर्मी खड़े थे। श्रीनगर जाने वाली सड़कें रोक दी गयीं। अट्ठारह वर्षों में पहली बार पुलिस को हुर्रियत नेताओं से विनती करनी पड़ी कि वे सीधे संयुक्त राष्ट्र सैन्य पर्यवेक्षक दल के कार्यालय तक जाने के बजाय, जो गुपकर रोड पर श्रीनगर के ग्रीन ज़ोन में है जहाँ भारतीय तंत्र ने शानो-शौकत से ख़ुद को घेरे के भीतर बन्द रखा है, टीआरसी मैदान में रैली को सम्बोधित करें।

18 अगस्त की सुबह पूरी घाटी के गाँवों और शहरों से लोग श्रीनगर में इकट्ठा होने शुरू हुए। ट्रकों, टेम्पों, जीपों, बसों में और पैदल। एक बार फिर बैरियर तोड़ दिये गये और लोगों ने वापस शहर पर क़ब्ज़ा कर लिया। पुलिस के सामने या तो एक ओर हट जाने का विकल्प था या फिर क़त्लेआम करने का। पुलिस के सिपाही हट गये। एक भी गोली नहीं दाग़ी गयी।

शहर मुस्कानों के सागर पर तैर रहा था। हवा में हर्षोल्लास था। हर किसी के पास एक बैनर था; चाहे वे हाउसबोट वाले हों या व्यापारी, विद्यार्थी, वकील या फिर डॉक्टर। एक पर लिखा था, 'हम सभी क़ैदी हैं, हमें आज़ाद करो।' दूसरे पर लिखा था, 'आज़ादी के बिना डेमोक्रेसी डेमोन-क्रेज़ी (शैतानी पागलपन) है।' यह अच्छा जुमला था। शायद वह आदमी उस देश के विकृत तर्क की तरफ़ इशारा कर रहा था जिसे अपनी धर्म-निरपेक्ष छवि को सहारा देने के लिए साम्प्रदायिक हिंसा पर उतर आने की ज़रूरत पड़ती थी। या शायद यह इशारा उस पागलपन की तरफ़ था जो दुनिया

के सबसे बड़े लोकतंत्र को दुनिया के सबसे बड़े फ़ौजी क़ब्ज़े को जारी रखने और तिस पर भी ख़ुद को लोकतंत्र कहने की छूट देता था।

बिजली के हर खम्भे, हर छत, हर बस स्टॉप पर और चिनार के पेड़ों की फुनगियों पर हरे झंडे थे। एक बड़ा ध्वज ऑल इंडिया रेडियो की इमारत के बाहर फहरा रहा था। हज़रतबल, बटमालू, सोपोर की ओर संकेत करते सड़क चिह्नों को रँग दिया गया था। उन पर लिखा था रावलपिंडी या सिर्फ़ पाकिस्तान। यह मानना भूल होगी कि पाकिस्तान के लिए लगाव की इस सार्वजनिक अभिव्यक्ति का अर्थ सीधे-सीधे पाकिस्तान में विलय की इच्छा है। इसका कुछ सम्बन्ध तो उस समर्थन के लिए आभार दर्शाने से है–जो द्वेषपूर्ण हो या न हो–उस कार्रवाई के प्रति है जिसे कश्मीरी 'आज़ादी की लड़ाई' और भारत आतंकवादी अभियान के रूप में देखता है। इसका शरारत से भी लेना-देना है। हर वह चीज़ कहने और करने से जो भारत का जी जलाती है।

ऐसी 'आज़ादी की लड़ाई' के विचार की खिल्ली उड़ाना आसान है जो उस देश से दूरी बनाना चाहती है जो लोकतंत्र माना जाता है और उस देश से जुड़ना चाहती है जहाँ ज़्यादातर समय फ़ौजी तानाशाहों की हुकूमत रही है। ऐसा देश जिसकी सेना ने वर्तमान बांग्लादेश में जनसंहार किया। जो देश ख़ुद अपने भीतर जातीय युद्ध से खंडित हो रहा है। ये महत्वपूर्ण सवाल हैं, लेकिन इस समय तो शायद यह सोचना अधिक उपयोगी है कि इस तथाकथित लोकतंत्र ने कश्मीर में ऐसा क्या किया कि लोग उससे इस तरह नफ़रत करने लगे हैं?

हर जगह पाकिस्तानी झंडे थे, हर जगह गूँज थी–'पाकिस्तान से रिश्ता क्या? ला इलाहा इल्लिल्लाह।'

'आज़ादी का मतलब क्या? ला इलाहा इल्लिल्लाह।'

मेरे जैसे किसी व्यक्ति के लिए, जो मुसलमान नहीं है, आज़ादी की ऐसी व्याख्या को समझना अगर असम्भव नहीं तो मुश्किल ज़रूर है। मैंने एक युवती से पूछा कि कश्मीर की आज़ादी का मतलब क्या औरत के रूप में उसके लिए कम आज़ादी नहीं होगा। उसने कन्धे उचकाये और कहा, 'अभी हमारे पास कौन-सी आज़ादी है? भारतीय सैनिकों के बलात्कार का शिकार होने की आज़ादी?' उसके जवाब ने मेरा मुँह बन्द कर दिया।

टीआरसी के मैदान में चारों तरफ़ हरे झंडों के समुद्र को देखते हुए, मेरे लिए आस-पास हो रही बग़ावत की गहरी इस्लामी रंगत पर सन्देह करना या उसे अनदेखा करना असम्भव था। साथ ही, उस पर एक दुष्टतापूर्ण आतंकवादी जिहाद का ठप्पा लगाना भी उतना ही नामुमकिन था। कश्मीरियों के लिए वह विरेचन था, अन्दर के भावों को प्रकट करके उनका शमन करना था। आज़ादी की लड़ाइयों में होने वाली सभी त्रुटियों, क्रूरताओं और भ्रमों से युक्त, लम्बे और जटिल स्वतंत्रता-संघर्ष में एक ऐतिहासिक पल। यह किसी प्रकार से अपने को शुभ्र और निष्कलंक नहीं कह सकता

और इस पर हमेशा विद्रोह के आरम्भिक वर्षों में कश्मीरी पंडितों की नृशंस हत्याओं का कलंक होगा जिसके परिणामस्वरूप लगभग उस पूरे-के-पूरे समुदाय को कश्मीर घाटी से कूच करके जलावतन हो जाना पड़ा और जिसका हिसाब एक दिन, मुझे उम्मीद है, अन्य बातों के अलावा, इस संघर्ष को देना पड़ेगा।

जैसे-जैसे भीड़ बढ़ती रही, मैं ग़ौर से नारे सुनती रही, क्योंकि नारे और भाषण अक्सर चीज़ों को साफ़ करते हैं और हर तरह की समझ हासिल करने में मददगार होते हैं। इनमें से कई नारे कुछ वर्ष हुए मैंने पहले भी, एक उग्रवादी के अन्तिम संस्कार के समय सुने थे। एक नया नारा था, 'कश्मीर की मंडी। रावलपिंडी,' जो प्रकट रूप से इस नाकेबन्दी के बाद गढ़ा गया था। एक नारा और था, 'ख़ूनी लकीर तोड़ दो, आर-पार जोड़ दो।' भारत के लिए बहुत-सी अपमानजनक बातें थीं, 'ऐ जाबिरो, ऐ ज़ालिमो, हमारा कश्मीर छोड़ दो,' 'जिस कश्मीर को ख़ून से सींचा, वो कश्मीर हमारा है।'

जो नारा मेरे अन्दर नश्तर की तरह उतर गया और जिसने मेरे दिल को पूरी तरह चीरकर रख दिया, वह था, 'नंगा-भूखा हिन्दुस्तान, जान से प्यारा पाकिस्तान।' इस नारे को सुनना इतना जी जलानेवाला, इतना पीड़ादायक क्यों था? मैंने इसको परखने की कोशिश की और मुझे इसके तीन कारण समझ आये। पहला, क्योंकि हम सभी जानते हैं कि इस नारे का पहला हिस्सा उभरती हुई महाशक्ति यानी भारत के बारे में एक शर्मनाक और निपट-निचाट सच है। दूसरा, क्योंकि जो भारतीय नंगे या भूखे नहीं हैं, उन व्यापक सांस्कृतिक और आर्थिक व्यवस्थाओं के साथ जटिल और ऐतिहासिक रूपों में जुड़े रहे हैं, और अब भी जुड़े हैं जो भारतीय समाज को इतना क्रूर, इतने अश्लील रूप से असमान बनाती हैं। और तीसरा, क्योंकि उन लोगों को, जो ख़ुद इतना भुगत चुके थे, ऐसे लोगों की खिल्ली उड़ाते सुनना पीड़ादायक था, जो उसी उत्पीड़नकर्ता के हाथों दूसरे रूपों में, मगर किसी भी दर्जा कम नहीं, तकलीफ़ें सहते हैं। उस नारे में मैंने देखा कि पीड़ित जन कितनी आसानी से उत्पीड़कों का चोला धारण कर सकते हैं।

उमड़ती भीड़ से रास्ता बनाते हुए मंच तक पहुँचने में मीरवाइज़ उमर फ़ारूक़ और सैयद अली शाह गिलानी को घंटों लगे। जब वे पहुँचे तो उन्हें भीड़ के ऊपर से युवकों के कन्धों पर उठाकर मंच तक पहुँचाया गया। अभिवादन की दहाड़ बहरा कर देने वाली थी। सबसे पहले मीरवाइज़ बोले। उन्होंने यही माँग दुहरायी कि 'सशस्त्र बल विशेष अधिकार क़ानून', 'अशान्त क्षेत्र क़ानून' और 'जन सुरक्षा क़ानून'—जिनके तहत हज़ारों मारे गये, जेल में बन्द किये गये और उन्हें यातनाएँ दी गयीं—वापस लिये जायें। उन्होंने राजनैतिक बन्दियों को रिहा करने, रसद-सामान और लोगों की खुली आवाजाही के लिए श्रीनगर-मुज़फ़्फ़राबाद सड़क खोलने और कश्मीर घाटी से सेना हटाने की माँग की।

सैयद अली शाह गिलानी ने अपना भाषण कुरान की एक आयत से शुरू किया। इसके बाद उन्होंने वही कहा, जो वे पहले भी सैकड़ों अवसर पर कह चुके हैं। इस संघर्ष को सफल बनाने का एकमात्र तरीक़ा मार्गदर्शन के लिए कुरान की ओर मुड़ना है। उन्होंने कहा कि इस्लाम संघर्ष की रहनुमाई करेगा और वह एक सम्पूर्ण सामाजिक तथा नैतिक संहिता है जिसके तहत आज़ाद कश्मीर के लोगों की हुकूमत चलेगी। उन्होंने कहा कि पाकिस्तान को इस्लाम के घर के रूप में निर्मित किया गया था और उस लक्ष्य को कभी मटियामेट नहीं करना चाहिए। उन्होंने कहा कि जिस तरह पाकिस्तान कश्मीर का है, कश्मीर भी पाकिस्तान का है। उन्होंने कहा कि अल्पसंख्यक समुदायों के पास सभी अधिकार होंगे और उनके उपासना-स्थल सुरक्षित रहेंगे। उनकी हर बात पर तालियों की गड़गड़ाहट हुई।

अजीब बात थी कि उन्होंने जो कुछ कहा, उसकी प्रकट सैद्धान्तिक स्पष्टता ने हर चीज़ को कुछ अस्पष्ट-सा कर दिया। मैंने अचरज से सोचा कि आज़ादी की इस लड़ाई में विभिन्न धड़ों के लगभग जुदा-जुदा मतों का ताल-मेल आपस में कैसे बैठेगा–जम्मू-कश्मीर लिबरेशन फ्रंट की एक स्वतंत्र राज्य की परिकल्पना, पाकिस्तान में विलय के पक्षधर जीलानी की आकांक्षा और दोनों के बीच मीरवाइज़ उमर फ़ारूक़ का अनिश्चित अस्थिरता में सन्तुलन बनाये रखना।

मेरी बग़ल में खड़े लाल आँखों वाले एक बुज़ुर्ग ने कहा, 'कश्मीर एक देश था, आधा भारत ने ले लिया, बाक़ी आधा पाकिस्तान ने। दोनों ने बल से उसे हथियाया। हम आज़ादी चाहते हैं।' मैंने सोचा कि नये निज़ाम में क्या इस बुज़ुर्ग की बात सुनी जायेगी। मुझे ख़याल आया कि ये बुज़ुर्गवार उन ट्रकों के बारे में क्या सोंचेगे जो भारत के मैदानों में राजमार्गों पर धड़ल्ले से चलते हैं, जिनके मालिक और चालक ऐसे लोग हैं, जो इतिहास या कश्मीर के बारे में कुछ नहीं जानते हैं, लेकिन फिर भी उनके ट्रकों के पीछे यह नारा लिखा होता है–'दूध माँगो तो खीर देंगे, कश्मीर माँगो तो चीर देंगे।'

क्षण भर के लिए मेरे मन में दूसरा ख़याल आया। मैंने कल्पना में ख़ुद को आरएसएस या विहिप या किसी दूसरी रैली के बीचोबीच खड़ा पाया, जहाँ लालकृष्ण आडवाणी भाषण दे रहे थे। इस्लाम शब्द को हिन्दुत्व से बदल दो, पाकिस्तान को हिन्दुस्तान में बदल दो, हरे झंडों के समूह को भगवा झंडों में बदल दो और हमें भाजपा के आदर्श भारत का दुःस्वप्न दिख जायेगा।

क्या यही है जिसे हमें अपने भविष्य के रूप में स्वीकार करना चाहिए? एक सम्पूर्ण सामाजिक और नैतिक संहिता, 'एक सम्पूर्ण जीवन शैली' प्रदान करने वाले चट्टानों सरीखे अखंड धार्मिक राज्य? भारत में हम जैसे लाखों लोग हिन्दुत्व की परियोजना को नामंज़ूर करते हैं। हमारी नामंज़ूरी प्रेम से, लगाव और चाहत से, एक प्रकार के

आदर्शवाद से, जिस समाज में हम रहते हैं, उससे भारी भावनात्मक जुड़ाव रखने से उपजती है। हमारे पड़ोसी क्या करते हैं, वे अपने मामले को कैसे सुलझाने का फ़ैसला करते हैं, इससे हमारी दलील पर कोई फ़र्क़ नहीं पड़ता, बल्कि वह मज़बूत ही होती है।

प्रेम से उपजने वाली दलीलों पर ख़तरा भी मँडराता है। यह कश्मीर के लोगों के ऊपर है कि वे इस्लामी परियोजना से सहमत हैं या नहीं (जिसे दुनिया भर के मुसलमान उतने ही जटिल रूपों में चुनौती देते हैं, जितने हिन्दू हिन्दुत्व को चुनौती देते हैं)। सम्भवतः अब, जबकि हिंसा का ज़ोर कम हो गया है और नज़रियों पर बहस करने और अपने विचार प्रकट करने की कुछ गुंजाइश बनी है, उन लोगों के लिए, जो संघर्ष का हिस्सा हैं, यह स्पष्ट करने का समय है कि वे किस प्रकार के समाज के लिए संघर्ष कर रहे हैं। शायद यह लोगों को शहीदों, नारों और अस्पष्ट सामान्यीकरणों से हटकर कुछ नया देने का समय है। जो लोग मार्ग-दर्शन के लिए कुरान की ओर मुड़ना चाहते हैं, उन्हें बेशक वहाँ मार्ग-दर्शन मिलेगा। लेकिन उनका क्या होगा जो ऐसा नहीं चाहते या जिनके लिए कुरान में जगह नहीं है? क्या जम्मू के हिन्दुओं और अन्य अल्पसंख्यकों को भी आत्म-निर्णय का अधिकार होगा? क्या निर्वासन में रह रहे लाखों कश्मीरी पंडितों को लौटने का हक़ है, जिनमें से कुछ भयानक ग़रीबी में गुज़र-बसर कर रहे हैं। क्या उनको जो भयंकर नुक़सान हुआ है उसका मुआवज़ा उन्हें मिलेगा? या क्या आज़ाद कश्मीर अल्पसख्यकों के साथ वैसा ही व्यवहार करेगा जैसा भारत ने 61 बरसों से कश्मीरियों के साथ किया है? समलैंगिकों और व्यभिचारियों और ईश-निन्दकों का क्या होगा? चोरों, लफ़ंगों और 'पूरी सामाजिक और नैतिक संहिता' से सहमत न होने वाले लेखकों के साथ कैसा सलूक़ किया जायेगा? क्या हमें भी वैसे ही मौत की सज़ा दी जायेगी जैसा सऊदी अरब में होता है? क्या मौत, दमन और रक्तपात का यह चक्कर चलता रहेगा? इतिहास कश्मीर के विचारकों, बुद्धिजीवियों और राजनेताओं के अध्ययन के लिए बहुत से आदर्श पेश करता है। उनके स्वप्नों का कश्मीर कैसा दिखेगा, अल्जीरिया जैसा या फिर ईरान, दक्षिण अफ्रीका, स्विट्ज़रलैंड या पाकिस्तान जैसा?

ऐसे नाजुक समय में, बहुत कम चीज़ें सपनों से ज़्यादा महत्वपूर्ण होती हैं। एक शिथिल आदर्शलोक और न्याय की खोटी भावना के ऐसे परिणाम होंगे जिनके बारे में सोचना भी मुश्किल है। यह बौद्धिक सुस्ती या किसी स्थिति को स्पष्टता और ईमानदारी से आँकने में कोताही करने का वक़्त नहीं है। यह तर्क दिया जा सकता है कि 1947 में महाराजा हरि सिंह की हीला-हवाली आधुनिक कश्मीर की महानतम त्रासदी थी जो आख़िरकार भीषण रक्तपात की तरफ़ ले गयी और जिसने उन लोगों को दीर्घकालीन दासता में धकेल दिया जो लगभग स्वतंत्र थे।

विभाजन का ख़तरा मँडराने भी लगा है। हिन्दुत्ववादियों में अफ़वाहें गर्म हैं कि कश्मीर में हिन्दुओं पर हमले हो रहे हैं और वे वहाँ से भागने को मजबूर हो रहे हैं। इसके जवाब में जम्मू से फ़ोन पर सूचनाएँ आ रही हैं कि एक हथियारबन्द हिन्दू अर्द्धसैनिक दल क़त्लेआम की धमकी दे रहा है और दो बहुसंख्यक हिन्दू ज़िलों के मुसलमान भागने की तैयारी कर रहे हैं (भारत-पाकिस्तान के बँटवारे के समय लाखों लोगों की बलि लेने वाले रक्तपात की यादें ताज़ा हो गयी हैं। वह दुःस्वप्न हम सब पर हमेशा प्रेत की तरह मँडराता रहेगा।)।

यक़ीनन, यह मानने की कोई वजह नहीं है कि इतिहास ख़ुद को दोहरायेगा। जब तक कि उसे इसके लिए मजबूर नहीं किया जाता। जब तक कि लोग ऐसी क़यामत बरपा करने के लिए सक्रिय रूप से कोशिश नहीं करते। हर हाल में, भविष्य का कोई भी भय किसी राष्ट्र और जनसमुदाय पर निरन्तर सैन्य क़ब्ज़ा जारी रखने को न्यायोचित नहीं ठहरा सकता। वैसे ही, जैसे वह पुराना औपनिवेशिक तर्क औपनिवेशिक सिद्धान्त को न्यायोचित नहीं ठहरा सकता था कि स्थानीय बाशिन्दे आज़ादी के लिए तैयार नहीं थे।

निश्चित रूप से भारतीय राज्य के पास कश्मीर को अपने अधीन रखने के विभिन्न तरीक़े हैं। वह उसी उपाय को आज़मा सकता है जिसमें वह माहिर है। इन्तज़ार करना और यह उम्मीद करना कि किसी ठोस योजना के अभाव में लोगों की ऊर्जा ख़ुद-ब-ख़ुद ज़ाया हो जायेगी, वह उस नाज़ुक-से गठबन्धन को तोड़ने की कोशिश कर सकता है जो उभर रहा है। वह इस अहिंसक विद्रोह को कुचल सकता है और फिर से हथियारबन्द उग्रवाद को न्योता दे सकता है। वह सैनिकों की संख्या पाँच लाख से दस लाख कर सकता है। कुछ रणनीतिक जनसंहार, कुछ जान-बूझकर की गयी हत्याओं, कुछ लोगों के लापता कर दिये जाने और गिरफ़्तारियों के दौर-दौरे से कुछ साल और निकाले जा सकते हैं।

कश्मीर पर फ़ौजी क़ब्ज़ा बनाये रखने में जनता का जो बेहिसाब पैसा ख़र्च होता है, उसे क़ायदे और इन्साफ़ के तक़ाज़े से स्कूलों और अस्पतालों और भारत के ग़रीब, कुपोषित लोगों के भोजन पर ख़र्च किया जाना चाहिए। कैसी है वह सरकार जो यह मान सकती है कि उसे इस पैसे को कश्मीर में अधिक हथियारों, अधिक कँटीली तारों और अधिक जेलों पर ख़र्च करने का हक़ है?

कश्मीर पर हिन्दुस्तान का फ़ौजी क़ब्ज़ा हम सबको दैत्य बनाये दे रहा है। यह हिन्दू कट्टरपन्थियों को इस बिना पर हिन्दुस्तान में मुसलमानों पर निशाने साधने और ज़ुल्म ढाने की छूट देता है कि कश्मीर में उनके बन्धु-बान्धवों ने आज़ादी की लड़ाई छेड़ रखी है।

इस सबके बीच एक नैतिक प्रश्न भी है। क्या किसी भी सरकार को फ़ौजी ताक़त से लोगों की आज़ादी छीनने का हक़ है?

भारत को भी कश्मीर से आज़ाद होने की—अगर ज़्यादा नहीं तो—उतनी ही ज़रूरत है जितनी कश्मीर को भारत से।

नौ ग्यारह नहीं है (और नवम्बर भी सितम्बर नहीं है)

यह लेख सबसे पहले आउटलुक पत्रिका (भारत) में 22 दिसम्बर, 2008 को, 'द गार्डियन' (लन्दन) में 12 दिसम्बर, 2008 को, 'टॉमडिस्पैच डॉट कॉम' पर 12 दिसम्बर, 2008 को, और 'इंटरनेशनल सोशलिस्ट रिव्यू', अंक 63, जनवरी-फ़रवरी, 2009 में प्रकाशित हुआ।

हम ख़ुद अपनी त्रासदियों के अधिकार खो बैठे हैं। जैसे-जैसे मुम्बई में ख़ून-ख़राबा एक भयावह दिन से दूसरे भयावह दिन तक चलता रहा, हमारे 24 घंटों वाले ख़बरिया चैनल हमें बताते रहे कि हम 'भारत का 9/11' देख रहे थे। और किसी पुरानी हॉलीवुड फ़िल्म की बॉलीवुड नक़ल में काम कर रहे अभिनेताओं की तरह हमसे उम्मीद की जा रही थी कि हम अपनी-अपनी भूमिकाएँ निभायेंगे और संवाद अदा करेंगे भले ही हम जानते हों कि यह सब कुछ पहले ही किया और कहा जा चुका है।

जैसे-जैसे इस क्षेत्र में तनाव बढ़ रहा है, अमरीकी सेनेटर जॉन मैक्केन ने पाकिस्तान को चेतावनी दी है कि अगर वह 'बुरे लोगों' की धर-पकड़ के लिए तेज़ी से क़दम नहीं उठाता, तो उनके पास निजी सूचना थी कि भारत पाकिस्तान के 'आतंकी शिविरों' पर हवाई हमले करेगा, और तब वॉशिंगटन कुछ नहीं कर पायेगा, क्योंकि मुम्बई की घटना 'भारत का 9/11' था।[1]

लेकिन नवम्बर, सितम्बर नहीं है; सन् 2008, 2001 नहीं है; पाकिस्तान, अफ़ग़ानिस्तान नहीं है; और भारत, अमरीका नहीं है। इसलिए शायद हमें अपनी त्रासदी पर फिर से अपनी दावेदारी जतानी चाहिए और अपने दिमाग़ों और अपने टूटे हुए दिलों से मलबे में छानबीन करनी चाहिए ताकि हम अपने निष्कर्षों पर पहुँच सकें।

अजीब बात है कि कैसे नवम्बर के आख़िरी हफ़्ते में, कश्मीर में हज़ारों लोग, हिन्दुस्तानी फ़ौज के हज़ारों सिपाहियों की देख-रेख में मतदान के लिए क़तारों में खड़े हुए, जबकि भारत के सबसे सम्पन्न शहर का सबसे सम्पन्न इलाक़े का हश्र युद्ध-जर्जर कुपवाड़े जैसा जान पड़ता था, जो कश्मीर के सबसे तबाहो-बरबाद ज़िलों में से एक है।

मुम्बई का हमला भारत के शहरों पर सिलसिलेवार आतंकी हमलों की सबसे ताज़ा कड़ी है। अहमदाबाद, बंगलौर, दिल्ली, गुवाहाटी, जयपुर और मालेगाँव, सब

सिलसिलेवार बम धमाकों की मार झेल चुके हैं जिनमें सैकड़ों की तादाद में आम लोग मारे गये और ज़ख्मी हुए हैं। पुलिस ने सन्दिग्ध लोगों के रूप में जिन लोगों को गिरफ़्तार किया है–हिन्दू और मुसलमान, दोनों, और सब-के-सब हिन्दुस्तानी–अगर उनके बारे में पुलिस की राय सही है तो यह साफ़-साफ़ इशारा करता है कि देश में कुछ बहुत ग़लत हो रहा है।

अगर आप टेलीविज़न देख रहे थे, तो आपने यह नहीं सुना होगा कि मुम्बई में आम लोग भी मरे थे। उन्हें एक भीड़-भरे रेलवे स्टेशन और एक सार्वजनिक अस्पताल में भून डाला गया था। आतंकियों के लिए अमीर और ग़रीब में कोई अन्तर नहीं था। उन्होंने समान निमर्मता से दोनों को मारा। लेकिन भारतीय मीडिया आतंक के उस ज्वार से दुखी था जिसने 'इंडिया शाइनिंग' की चमकती बाड़ को पार कर लिया था और अपनी चिरायँध के घेरे में दो अत्यन्त विलासितापूर्ण होटलों के संगमरमर के गलियारों और बिल्लौरी नाच-घरों, और एक छोटे-से यहूदी केन्द्र को भी समेट लिया था।[2]

हमें बताया जाता कि इन होटलों में से एक होटल मुम्बई शहर का प्रतीक-चिह्न है। बिलकुल सही कहा गया है। यह उस सहज, अश्लील अन्याय का प्रतीक है जिसे ग़रीब हर रोज़ सहते हैं। जिस रोज़ अख़बार में ख़ूबसूरत लोगों द्वारा होटल के उन कमरों के बारे में, जिनमें वे रहे थे, उन शानदार भोजनालयों (विडम्बना यह है कि उनमें से एक का नाम कन्दहार था) और वहाँ खाना परोसने वाले कर्मचारियों के बारे में, जो उन्हें पसन्द थे, द्रवित करने वाले शोकपूर्ण संस्मरण भरे पड़े थे, एक राष्ट्रीय अख़बार के (मेरी समझ से इसे किसी पीज़ा कम्पनी ने प्रायोजित किया था) अन्दर के पृष्ठ के ऊपर के बायें कोने में एक छोटे-से बॉक्स में छपा था–हंग्री क्या (भूखे हो)? इसके बाद, मुझे यक़ीन है कि पूरी सदेच्छा से, उस विज्ञापन ने अपने पाठकों को यह बताया कि भूख के मामले में अन्तर्राष्ट्रीय सूची में भारत का नम्बर सूडान और सोमालिया के बाद आता है। लेकिन, निश्चित रूप से यह वह लड़ाई नहीं है। वह लड़ाई तो अब भी हमारे गाँवों की दलित बस्तियों में; नर्मदा और कोयल कारो नदियों के तट पर; चेंगारा के रबर बागानों में; पश्चिम बंगाल के नन्दीग्राम, सिंगूर, लालगढ़ जैसे गाँवों में; छत्तीसगढ़, झारखंड, उड़ीसा और हमारे बड़े शहरों की झुग्गियों और झोंपड़-पट्टियों में लड़ी जा रही है। लेकिन वह लड़ाई टेलीविज़न पर नहीं दिखती। फ़िलहाल, इसलिए, जैसा कि सब लोग करते हैं, हमें उसी से निपटना चाहिए, जो सामने है।

आतंकवाद पर चल रही मौजूदा बहस में एक ज़बरदस्त, लेकिन न भूलने वाली दरार गुज़रती है। एक ओर (उसे क पक्ष मान लेते हैं) ऐसे लोग हैं जो आतंकवाद, ख़ासकर 'इस्लामी' आतंकवाद, को एक घृणित, पगलायी महामारी के रूप में देखते हैं, जो अपनी ही धुरी पर, अपनी ही कक्षा में घूमती है और अपने आस-पास की दुनिया से, इतिहास, भूगोल या अर्थशास्त्र से उसका कोई लेना-देना नहीं है।

इसलिए, क पक्ष का कहना है, उसे एक राजनैतिक सन्दर्भ में रखना या उसे समझने की कोशिश करना उसे उचित ठहराना है और यह अपने आप में एक गम्भीर अपराध है। ख पक्ष का मानना है कि हालाँकि आतंकवाद की ओर से कोई बहाना या औचित्य नहीं प्रस्तुत किया जा सकता, फिर भी वह एक ख़ास समय, स्थान और राजनैतिक सन्दर्भ में होता है, और इस बात को देखने से इनकार करना समस्या को और गम्भीर बनाना है जो अधिक-से-अधिक लोगों को नुक़सान पहुँचायेगा। जो अपने आप में एक अपराध है।

सन् 1990 में लश्कर-ए-तैयबा का गठन करने वाले और इस्लाम की कट्टरपन्थी सलाफ़ी परम्परा से सम्बद्ध, हाफ़िज़ सईद के कथन निश्चित रूप से क पक्ष के पलड़े को मज़बूत करते हैं। हाफ़िज़ सईद आत्मघाती विस्फोटों का समर्थक है, यहूदियों, शियाओं और लोकतंत्र से नफ़रत करता है और मानता है कि जब तक कि इस्लाम, उसका इस्लाम, दुनिया पर राज न करने लगे, जिहाद जारी रखना चाहिए। उसके कथनों मे से एक है–'जब तक भारत अखंड है, तब तक कोई शान्ति नहीं हो सकती। उन्हें चीर डालो, उन्हें इतना चीर डालो कि वे तुम्हारे आगे घुटने टेककर दया की भीख माँगें।'[3] और यह भी कि 'यह रास्ता हमें भारत ने दिखाया है...। हम हिन्दुस्तान से ईंट का जवाब पत्थर वाले तरीक़े से निपटेंगे और हिन्दुओं को उसी तरह मारकर बदला लेंगे जिस तरह हिन्दुस्तान कश्मीर में मुसलमानों को मार रहा है।'[4]

लेकिन क पक्ष अहमदाबाद के बाबू बजरंगी के कथनों को कहाँ जगह देगा, जो अपने को आतंकवादी के रूप में नहीं, बल्कि लोकतांत्रिक व्यक्ति के रूप में देखता है? वह सन 2002 में गुजरात में हुए जनसंहार का एक मुख्य उत्प्रेरक था और उसने (कैमरे पर) कहा है :

> 'हमने मुसलमानों की एक भी दुकान नहीं छोड़ी, हमने हर चीज़ को आग लगा दी, हमने उन्हें आग के हवाले कर दिया और मार दिया...काटा, जलाया, आग लगा दी।...हम उन्हें आग के हवाले करने में विश्वास करते हैं, क्योंकि ये हरामज़ादे दाह-संस्कार नहीं करते, वे उससे डरते हैं।...मेरी बस...एक आख़िरी तमन्ना है...मुझे मौत की सज़ा मिले...मुझे परवाह नहीं कि मुझे फाँसी चढ़ा देते हैं...फाँसी चढ़ाने से पहले मुझे दो दिन दो, और मैं जूहापुरा में जाकर खुलकर खेल खेलूँगा, जिधर इनके सात या आठ लाख लोग रहते हैं...मैं उनको ख़त्म कर डालूँगा...इनके कुछ और लोगों को मरने दो...कम-से-कम 25 से 50 हज़ार को मरने दो।'[5]

और क पक्ष की योजना में हम राष्ट्रीय स्वयंसेवक संघ की बाइबिल, 'वी, ऑर, आवर नेशनहुड डिफाइंड' को कहाँ रखेंगे जिसे एम एस गोलवलकर ने लिखा था, जो

1944 में आरएसएस के मुखिया बने थे। उसमें कहा गया है : 'जब पहली बार हिन्दुस्तान की सरज़मीं पर मुसलमानों के क़दम पड़े थे, उस कुत्सित दिन से लेकर आज तक हिन्दू राष्ट्र इन लुटेरों से वीरतापूर्वक लड़ता रहा है। हिन्दुओं की जातीय चेतना जागती रही है।' या : 'अपनी नस्ल और संस्कृति को शुद्ध बनाये रखने के लिए अपने देश से सामी नस्ल के लोगों–यहूदियों–का सफ़ाया करके जर्मनी ने दुनिया को स्तब्ध कर दिया था। जातीय गौरव यहाँ अपने चरम पर दृष्टिगोचर होता है...हिन्दुस्तान में हमारे लिए यह एक अच्छा सबक़ है जिसे सीखकर हम लाभ उठा सकते हैं।'[6]

निश्चित रूप से सिर्फ़ मुसलमान ही हिन्दू दक्षिणपन्थियों के निशाने पर नहीं है। दलितों पर लगातार निशाना साधा जाता रहा है। हाल में, उड़ीसा में कन्धमाल में, ढाई महीनों तक ईसाइयों को निशाना बनाया जाता रहा जिसमें कम-से-कम 16 लोग मारे गये।[7] चालीस हज़ार लोग बेघरबार हो गये हैं जिनमें से बहुत से लोग शरणार्थी कैम्प में रह रहे हैं।[8]

इस सारे अर्से के दौरान, हाफ़िज़ सईद ने लाहौर में जमात-उल-दावा के मुखिया के रूप में एक इज़्ज़तदार आदमी की ज़िन्दगी गुजारी है, जो लश्कर-ए-तैयबा को आड़ देने वाला संगठन माना जाता है। उसने अपने उग्र और उकसाने वाले भाषणों से कम उम्र के लड़कों को अपने निजी कट्टरपन्थी जिहाद के लिए भर्ती करना जारी रखा है। हालाँकि 11 दिसम्बर को संयुक्त राष्ट्र ने जमात-उल-दावा पर प्रतिबन्ध लगा दिया था और पाकिस्तान सरकार ने अन्तर्राष्ट्रीय दबाव में आकर हाफ़िज़ सईद को नज़रबन्द कर दिया। लेकिन बाबू बजरंगी ज़मानत पर बाहर है और अब भी गुजरात में एक सम्मानित व्यक्ति का जीवन जी रहा है। जनसंहार के कुछ साल बाद, बाबू बजरंगी विहिप छोड़कर शिवसेना में शामिल हो गया। नरेन्द्र मोदी, बाबू बजरंगी का गुरु, आज भी गुजरात का मुख्यमंत्री है। इस तरह जिस आदमी ने गुजरात जनसंहार की अध्यक्षता की वह दो बार पुनर्निर्वाचित हुआ, और भारत के सबसे बड़े उद्योगपति घराने–रिलायंस और टाटा–उसकी गहरी इज़्ज़त करते हैं। जिन पुलिसकर्मियों ने गुजरात में क़त्लेआम मचाती भीड़ की देखभाल की और कभी-कभी उसमें हिस्सा भी लिया, उन्हें पुरस्कार और पदोन्नति दी गयी है।

आरएसएस की 60,000 शाखाएँ और चार लाख स्वयंसेवक जो पूरे भारत में नफ़रत का पाठ पढ़ा रहे हैं, उनमें सिर्फ़ नरेन्द्र मोदी ही नहीं, बल्कि पूर्व प्रधानमंत्री अटल बिहारी वाजपेयी, विपक्ष के वर्तमान नेता लालकृष्ण आडवाणी और बहुत से दूसरे वरिष्ठ नेता, नौकरशाह और पुलिस और ख़ुफ़िया अधिकारी भी शामिल हैं।

और हमारे धर्मनिरपेक्ष लोकतंत्र को पेचीदा बनाने के लिए जैसे इतना ही काफ़ी नहीं है, हमें इस बात को भी लेखे-जोखे में दर्ज करना चाहिए कि हिन्दुस्तान में ऐसे

ढेर सारे मुस्लिम संगठन हैं जो अपनी-अपनी क़िस्म की धर्मान्धता फैलाते हैं। इसलिए, दोनों को तौलने के बाद, अगर मुझे क पक्ष और ख पक्ष में से किसी को चुनना पड़े, तो मैं ख पक्ष को चुनूँगी। हमारे लिए सन्दर्भ ज़रूरी है। हरदम।

इस परमाणु-शक्ति-सम्पन्न उपमहाद्वीप में वह सन्दर्भ है बँटवारा। भारत और पाकिस्तान को अलग करने वाली और राज्यों, ज़िलों, गाँवों, खेतों, बिरादरियों, नहरों, घरों और परिवारों को चीरने वाली रेडक्लिफ़ रेखा लगभग रातोरात खींची गयी थी। यह, विदा होते समय, ब्रिटेन की आख़िरी ठोकर थी।

विभाजन लाखों लोगों के क़त्लेआम और आधुनिक इतिहास में सबसे बड़े विस्थापन की वजह बना। आठ लाख लोग–हिन्दू नये पाकिस्तान से और मुसलमान नये क़िस्म के भारत से–अपने घर-बार छोड़कर, शरीर पर पहने कपड़ों के सिवा सब कुछ गँवाकर भागे। इनमें से हर व्यक्ति अपने भीतर अकल्पनीय दर्द, टीस, ख़ौफ़ ही की नहीं, लालसा की भी कहानियाँ लिये हुए है और उन्हें अगली पीढ़ियों को सौंपता चलता है। उस घाव, उन फटी हुई, मगर अब भी जुड़ी हुई मांसपेशियों ने, उस ख़ून और चटकी हुई हड्डियों ने अब भी हमें नफ़रत और दहला देने वाले परिचय के, मगर साथ-साथ प्रेम के भी बन्धन में जकड़ा हुआ है। उसने कश्मीर को एक ऐसे दुःस्वप्न में फँसा छोड़ दिया है, जिससे वह उभर पाने में सफल होता नहीं जान पड़ रहा, ऐसा दुःस्वप्न जिसने 60,000 से ज़्यादा जानें ले ली हैं। पाकिस्तान एक इस्लामी गणतंत्र बना और फिर तेज़ी से एक भ्रष्ट, हिंसक सैनिक राष्ट्र बन गया, खुले तौर पर दूसरे धर्मों के प्रति असहिष्णु। दूसरी ओर, भारत ने अपने आपको एक सर्वसमावेशी, धर्मनिरपेक्ष लोकतंत्र घोषित कर दिया।

यह एक शानदार काम था, लेकिन बाबू बजरंगी के पूर्ववर्ती 1920 के दशक से ही भारत की नसों में ज़हर भरने के अपने काम में जी-जान से जुटे थे; भारत की उस परिकल्पना में, उसके जन्म लेने से पहले ही, सेंध लगा रहे थे। सन् 1990 तक वे सत्ता के लिए दावेदारी करने को तैयार थे। 1992 में, लालकृष्ण आडवाणी के उकसावे पर हिन्दुओं की भीड़ ने बाबरी मस्जिद पर हमला बोला और उसे ढहा दिया। सन् 1998 तक, भाजपा केन्द्र में सत्ताधारी दल बन चुका था। आतंकवाद के ख़िलाफ़ अमरीका की लड़ाई ने उनके डैनों में नयी ताक़त भर दी। उसने उन्हें अपनी मनमर्ज़ी करने की छूट दे दी–जनसंहार करने की और फिर अपने फ़ासीवाद को एक बेतरतीब लोकतंत्र के वैध रूप में पेश करने की। यह उस समय हुआ जब भारत ने अन्तर्राष्ट्रीय पूँजी के लिए अपना विशाल बाज़ार खोल दिया था और तब यह अन्तर्राष्ट्रीय कम्पनियों और मीडिया घरानों के हित में था कि वे भारत को ऐसे राष्ट्र के रूप में पेश करें जो कुछ ग़लत नहीं कर सकता।

तो यह है उपमहाद्वीप में आतंकवाद–और मुम्बई हमलों–का वृहद् ऐतिहासिक सन्दर्भ। इससे हमें आश्चर्य नहीं होना चाहिए कि लश्कर-ए-तैयबा का हाफ़िज़ सईद

शिमला (भारत) का है और राष्ट्रीय स्वयंसेवक संघ के लालकृष्ण आडवाणी सिन्ध (पाकिस्तान) के।

जैसा कि भारत सरकार ने सन् 2001 में संसद पर हमले, 2002 में साबरमती एक्सप्रेस में आग लगने और 2006 में समझौता एक्सप्रेस में विस्फोट के बाद किया था, मुम्बई हमले के बाद भी ठीक उसी तरह घोषणा की कि उसके पास 'स्पष्ट और अकाट्य प्रमाण' है कि पाकिस्तान की आईएसआई की मदद से लश्कर-ए-तैयबा मुम्बई हमले के पीछे था।[9] लश्कर ने इससे इनकार किया, फिर भी वह अब तक मुख्य आरोपी बना हुआ है। पुलिस और ख़ुफ़िया एजेन्सियों के अनुसार, लश्कर भारत में 'इंडियन मुजाहिदीन' नाम के संगठन के माध्यम से काम करता है। दो भारतीय नागरिकों—जम्मू-कश्मीर पुलिस के लिए काम करने वाले विशेष पुलिस अधिकारी, शेख़ मुख़्तार अहमद और कलकत्ता के निवासी, तौसीफ़ रहमान—को पुलिस ने मुम्बई हमले के सिलसिले में गिरफ़्तार किया है।[10] इसलिए पाकिस्तान के स्पष्ट हाथ होने का साफ़-सुथरा दावा थोड़ा गँदला होता जा रहा है। लगभग हमेशा, जब ऐसी कहानियाँ खुलती हैं, तो वे लड़ाकुओं, प्रशिक्षकों, भर्ती करने वालों, दलालों और भारत-पाकिस्तान सीमा के आर-पार ही नहीं, बल्कि एक साथ कई देशों में काम कर रहे गुप्तचरों का एक पेचीदा वैश्विक तंत्र उजागर करती हैं। आज की दुनिया में किसी आतंकी हमले के स्रोत को चिह्नित करके किसी एक राष्ट्र की सीमाओं के भीतर उसे इंगित करना वैसा ही है जैसे कॉरपोरेट धन के स्रोत को चिह्नित करना। लगभग असम्भव।

ऐसे में आतंकी शिविरों को 'ध्वस्त' करने के लिए किये गये हवाई हमले आतंकी शिविरों को ध्वस्त तो कर सकते हैं, पर आतंकवादियों को निश्चय ही 'ध्वस्त' नहीं कर सकते। और न युद्ध ही ऐसा कर सकता है (साथ ही, नैतिकता के सिंहासन पर बैठने की ललक में हमें यह नहीं भूलना चाहिए कि दुनिया के सबसे घातक आतंकी संगठनों में से एक, पड़ोसी श्रीलंका के लिबरेशन टाइगर्स ऑफ़ तमिल ईलम लिट्टे, को भारतीय सेना ने ही प्रशिक्षण दिया था)।[11]

अफ़ग़ानिस्तान के मामले में—पहले अमरीका द्वारा अफ़ग़ानी इस्लामियों की हिमायत में और बाद में अफ़ग़ानी इस्लामियों के ख़िलाफ़ अमरीका की जंग में—अमरीका के सहयोगी की भूमिका को निभाने की मजबूरी के चलते पाकिस्तान इन अन्तर्विरोधों की वजह से डगमगा रहा है और तेज़ी से गृहयुद्ध की ओर झुकता जा तहा है। सोवियत संघ के ख़िलाफ़ अमरीकी जिहाद के लिए रँगरूट भर्ती करने वाले संगठनों के रूप में पाकिस्तानी सेना और आईएसआई का काम इस्लामी कट्टरपन्थी संगठनों को पोसना और उन्हें आर्थिक मदद देना था। ऐसे शैतानों को तैयार करके उन्हें दुनिया में छोड़ने के बाद, अमरीका ने उम्मीद की थी कि वह जब चाहे उन पर

लगाम कस देगा। निश्चय ही उसने उम्मीद नहीं की थी कि वही लोग 11 सितम्बर के रोज़ उसके अपने घर आ धमकेंगे। लिहाज़ा एक बार फिर से अफ़ग़ानिस्तान को ज़बरदस्त तरीक़ों से पुनर्निर्मित करना पड़ा। अब फिर से तहस-नहस हुए अफ़ग़ानिस्तान का मलबा पाकिस्तान की सरहदों पर जा गिरा है।

इस बात से कोई भी इनकार नहीं कर सकता, पाकिस्तानी हुकूमत तो क़तई नहीं कि वह ऐसे देश पर शासन कर रही है जो अन्दर को ढह पड़ने के लिए तैयार है। आतंकी प्रशिक्षण शिविर, आग उगलते मुल्ला और वे पागल जो विश्वास करते हैं कि इस्लाम दुनिया पर राज करेगा या उसे करना चाहिए—यह सब दो अफ़गान युद्धों का कूड़ा-करकट है। उनका क़हर पाकिस्तानी हुकूमत और पाकिस्तानी जनता पर भारत से ज़्यादा नहीं, तो कम भी नहीं बरपा होता है। अगर ऐसी स्थिति में भारत युद्ध का फ़ैसला करता है तो शायद यह समूचा क्षेत्र पूरी तरह अव्यवस्था के गर्त में जा गिरेगा। एक दिवालिया, तबाहो-बर्बाद पाकिस्तान का मलबा हिन्दुस्तान की दहलीज़ पर आ इकट्ठा होगा और हमारे लिए इतना ख़तरनाक हो जायेगा जितना पहले कभी नहीं था। अगर पाकिस्तान नष्ट हो जाता है, तो परमाणु हथियारों से लैस लाखों 'राष्ट्रविहीन कार्यकर्ता' हमारे पड़ोसी होंगे। यह समझना मुश्किल है कि भारत के कर्णधार पाकिस्तान की ग़लतियों को दुहराने और हमारे पहले से काफ़ी पेचीदा मामलों में और भी अनगढ़ और ख़तरनाक तरीक़े से दख़ल देने के लिए अमरीका को बुलाने के इतने इच्छुक क्यों हैं? महाशक्ति का कभी कोई सहयोगी नहीं होता। उसके बस ऐजेंट होते हैं।

फ़ायदों को देखें तो इस लड़ाई को छेड़ना भारत के लिए घरेलू मोर्चे पर उभर रही गम्भीर समस्याओं का सामना करने से बचने का सबसे कारगर तरीक़ा है।

मुम्बई हमलों को हमारे दिन-रात चलने वाले सभी या 67 में से अधिकांश, और राम जाने कितने अन्तर्राष्ट्रीय ख़बरिया चैनलों पर लाइव (और एक्सक्लूसिव!) दिखाया गया। अपने स्टूडियो में टीवी ऐंकरों और घटना-स्थल पर मौजूद पत्रकारों ने उत्तेजित स्वरों में टीका-टिप्पणी और सूचनाओं की झड़ी लगाये रखी। तीन दिन और तीन रातों तक हमने अविश्वास के साथ देखा कि कैसे हथियारों और उपकरणों से लैस बहुत कम उम्र के युवकों के एक छोटे-से समूह ने परमाणु-शक्ति-सम्पन्न और शक्तिशाली माने जाने वाले इस देश की पुलिस, विशिष्ट राष्ट्रीय सुरक्षा गार्ड और नौसेना के कमांडो बल की बेबसी को उजागर करके रख दिया। इस दौरान उन्होंने रेलवे स्टेशनों, अस्पतालों और पाँच सितारा होटलों में वर्ग, जाति, धर्म या राष्ट्रीयता का फ़र्क़ किये बिना निहत्थे लोगों को ताबड़तोड़ मार गिराया (किसी हद तक सुरक्षा बलों की बेबसी का सम्बन्ध बन्धकों की चिन्ता से था। दूसरी परिस्थितियों में, जैसे मिसाल के लिए कश्मीर में, उनकी रणनीति में यह संवेदनशीलता नहीं दिखायी देती।

वहाँ पूरी-की-पूरी इमारतें उड़ा दी जाती हैं। लोगों को ढालों की तरह इस्तेमाल किया जाता है। अमरीकी और इज़राइली फ़ौजें इमारतों में क्रूज़ मिसाइलें दाग़ने या फ़िलिस्तीन, इराक़ और अफ़ग़ानिस्तान में शादी के जलसों में घातक बमबारी करने से नहीं हिचकतीं।)। यह अलग था। और टेलीविज़न पर था।

युवा आतंकवादियों की मरने और मारने की बेफ़िक्री ने अपने अन्तर्राष्ट्रीय दर्शकों को सम्मोहित कर दिया। उन्होंने आत्मघाती बम विस्फोटों और मिसाइल हमलों की आम ख़ुराक से—ख़बरें देखने वाले जिसके आदी हो गये हैं—कुछ अलग किया था। यहाँ कुछ बिलकुल नया था। हॉलीवुड की फ़िल्म 'डाई हार्ड ट्वेंटी फ़ाइव' जैसा। भयावह प्रदर्शन चलता रहा, चलता रहा। टीवी रेटिंग बढ़ती रही (किसी भी टेलीविज़न कुबेर या कॉरपोरेट विज्ञापनकर्ता से पूछिए जो प्रसारण के समय को मिनटों में नहीं, सेकेंडों में मापते हैं कि वह समय कितना क़ीमती था।)।

आख़िरकार, एक के अलावा सभी हत्यारे मारे गये (हो सकता है, भगदड़ में कुछ बच निकले हों। हम शायद कभी नहीं जान पायेंगे)। पूरी मुठभेड़ के दौरान, आतंकवादियों ने कोई माँग नहीं रखी और बातचीत की कोई इच्छा प्रकट नहीं की। उनका उद्देश्य ख़ुद मारे जाने से पहले लोगों को मारना और अधिक-से-अधिक नुक़सान पहुँचाना था। उन्होंने हमें बिलकुल हक्का-बक्का कर दिया। जब हम कहते हैं कि 'आतंकवाद का कोई औचित्य नहीं है' तो हममें से अधिकतर लोगों के कहने का मतलब होता है कि किसी मनुष्य की जान लेने का कोई भी औचित्य नहीं होता। हम ऐसा इसलिए कहते हैं क्योंकि हम जीवन का सम्मान करते हैं, क्योंकि हमारे ख़याल में वह क़ीमती होता है। लेकिन हम उनका क्या कर सकते हैं जिनके लिए जीवन का कोई मतलब ही नहीं हो, जिन्हें जीवन की परवाह ही न हो, अपने जीवन की भी नहीं। सच तो यह है कि हमें रत्ती भर अन्दाज़ा नहीं है कि उन्हें समझें कैसे, उनका करें क्या, क्योंकि हमें यह एहसास है कि मरने से पहले ही वे उस दूसरी दुनिया का सफ़र तय कर चुके हैं जहाँ हम उन तक पहुँच ही नहीं सकते।

एक टीवी चैनल (इंडिया टीवी) ने एक हमलावर के साथ फ़ोन पर हुई बातचीत प्रसारित की जिसने ख़ुद को 'इमरान बाबर'[12] बताया। मैं उस बातचीत की सच्चाई का दावा नहीं कर सकती, लेकिन उसने जिन चीज़ों की बात की, वे वही थीं जो भारत में कई और बम विस्फोटों से पहले भेजे गये 'आतंकी ई-मेलों' में मौजूद थीं। ऐसी चीज़ें जिनके बारे में अब हम बात नहीं करना चाहते : 1992 में बाबरी मस्जिद का विध्वंस, 2002 में गुजरात में मुसलमानों का जनसंहार, कश्मीर में क्रूरतापूर्ण दमन।

ऐंकर ने उसे कहा, 'तुम घिरे हुए हो। तुम निश्चय ही मारे जाओगे। तुम आत्मसमर्पण क्यों नहीं कर देते?'

'हम हर दिन मरते हैं,' उसने अजीब मशीनी अन्दाज़ में जवाब दिया, 'इस तरह जीने से बेहतर है कि एक ही दिन शेर की तरह जियें।' ऐसा नहीं लगता था कि वह दुनिया को बदलना चाहता था। लगता था जैसे वह उसे भी अपने साथ तबाह करना चाहता था।

अगर वे लोग वाकई लश्कर-ए-तैयबा के सदस्य थे, तो उन्हें इस बात से फ़र्क़ क्यों नहीं पड़ा था कि मुसलमान भी बड़ी तादाद में उनके शिकार बने, या फिर उनकी इस कार्रवाई से भारत में मुस्लिम समुदाय के ख़िलाफ़ गम्भीर प्रतिक्रिया की सम्भावना पैदा हो सकती थी, जिनके अधिकारों के लिए वे लड़ने का दावा करते हैं? आतंकवाद एक हृदयहीन विचारधारा है और ऐसी अधिकांश विचारधाराओं की तरह, जहाँ आँख 'बड़ी तस्वीर' पर टिकी होती है, व्यक्ति उनके लेखे-जोखे में अनिवार्य क्षति के अतिरिक्त कोई महत्व नहीं रखते। छिपी त्रुटियों को सामने लाने के लिए किसी ख़राब स्थिति को और बिगाड़ना आतंकवादी रणनीति का हिस्सा, अक्सर उद्देश्य भी रहा है। 'शहीदों' का ख़ून आतंकवाद को सींचता है। हिन्दू आतंकवादियों के लिए हिन्दुओं का मरना ज़रूरी होता है, कम्यूनिस्ट आतंकवादियों के लिए सर्वहारा का मरना ज़रूरी होता है और इस्लामी आतंकवादियों के लिए मुसलमानों का मरना ज़रूरी होता है। मरे हुए लोग दिखाये जाने के लिए रह जाते हैं, शिकार होने का प्रमाण बन जाते हैं जो इस परियोजना के केन्द्र में है। आतंकवाद की एक अकेली कार्रवाई अपने आप में फ़ौजी फ़तह हासिल करने के लिए नहीं होती, अधिक-से-अधिक उसका उद्देश्य किसी दूसरी चीज़ को उकसाने के लिए उत्प्रेरक की भूमिका निभाना होता है, ऐसी चीज़ जो ख़ुद उससे बड़ी होती है, एक संरचनात्मक सन्तरण, एक पुनःसंयोजन। वही सबसे बड़ा लक्ष्य होता है। कार्रवाई ही अपने आपमें मंच, झाँकी और प्रतीक-योजना होती है, और आज वह मंच, जहाँ वह चकफेरियाँ लेती हुई अपनी पाशविक कारनामों को अंजाम देती है, टीवी का, आँखों-देखा प्रसारण दिखाने वाला, पर्दा है। जब टीवी ऐंकर मुम्बई हमले की निन्दा कर रहे थे, उस समय भी आतंकवादियों के हमले की प्रभावशीलता टीवी प्रसारणों द्वारा हज़ार गुना बड़ी होती चली गयी थी।

अन्तहीन विश्लेषणों और अन्तहीन सम्पादकीय टिप्पणियों में, कम-से-कम भारत में, उन कंकालों का कोई ज़िक्र नहीं था जो कमरे में मौजूद थे—कश्मीर, गुजरात और बाबरी मस्जिद का ढाया जाना। इसकी बजाय सेवानिवृत्त राजनयिक और रणनीतिक विशेषज्ञ पाकिस्तान के ख़िलाफ़ युद्ध के विभिन्न पक्षों पर बहस कर रहे थे। अमीर लोग धमकी दे रहे थे कि वे तब तक अपने टैक्स नहीं भरेंगे जब तक कि उनकी सुरक्षा की गारंटी नहीं होगी (क्या ग़रीबों के लिए असुरक्षित रहना ठीक है?)। कुछ लोग सुझाव दे रहे थे कि सरकार को गद्दी छोड़ देनी चाहिए और भारत के हर राज्य

को एक अलग कॉरपोरेशन को सौंप दिया जाना चाहिए। इस आपाधापी के बीच दलितों और निचली जातियों के नायक और ऊँची जाति के हिन्दुओं के खलनायक, पूर्व प्रधानमंत्री विश्वनाथ प्रताप सिंह बिना किसी चर्चा के गुज़र गये। 'मैक्सिमम सिटी' के लेखक और बॉलीवुड की फ़िल्म 'मिशन कश्मीर' के सहलेखक सुकेतु मेहता ने हमारे सामने अपना विश्लेषण पेश किया कि क्यों धार्मिक कट्टरपन्थी—हिन्दू और मुसलमान, दोनों—मुम्बई से नफ़रत करते हैं? फिर उनका कहना था : 'शायद इसलिए कि मुम्बई नक़द-नारायण और अपावन स्वप्नों और एक अविवेकी खुलेपन का प्रतीक है।' फिर उन्होंने नुस्ख़ा पेश किया : 'आतंकवादियों को सबसे अच्छा जवाब है ज़्यादा बड़ा सपना देखना, और भी पैसा कमाना और पहले से ज़्यादा मुम्बई आना।'[13] क्या जॉर्ज बुश ने अमरीकियों से 9/11 के बाद नहीं कहा था कि वे बाहर निकलें और ख़रीदारी करें? ओ हाँ, 9/11, वह दिन जिससे हम पीछा नहीं छुड़ा पा रहे।

हालाँकि मुम्बई में आतंक का एक अध्याय ख़त्म हो चुका है, दूसरा शुरू हो गया हो सकता है। हर रोज़ उपद्रवी टीवी ऐंकरों के उकसाने पर, जिनके आगे फ़ॉक्स न्यूज़ लगभग क्रान्तिकारी और वामपन्थी लगने लगा है, भारतीय अभिजात वर्ग के एक शक्तिशाली हिस्से ने, पुलिस और सेना को महिमा-मंडित, और लगभग एक पुलिसिया राज्य की माँग करते हुए, बेदिमाग़ी से नेताओं पर हल्ला बोल दिया है—सभी नेताओं पर। इसमें हैरत की कोई बात नहीं है कि लोकतंत्र की (जैसा कि वह है) उठाईगीरी से फ़ायदा उठाकर मुटाये लोग अब पुलिस राज की माँग कर रहे हैं। 'छिटपुट उठाईगीरी' का समय कभी का बीत चुका है। अब हम बलपूर्वक छीनने के युग में जी रहे हैं और लोकतंत्र को इसमें रुकावट डालने की बहुत बुरी आदत है।

पुलिस अच्छी है/राजनेता ख़राब हैं, प्रमुख अधिकारी अच्छे हैं/मुख्यमंत्री बुरे हैं, सेना अच्छी है/सरकार बुरी है, भारत अच्छा है/पाकिस्तान बुरा है जैसे ख़तरनाक, बेवकूफ़ाना सरलीकरण टीवी चैनलों द्वारा परोसे जा रहे हैं जिन्होंने पहले ही अपने दर्शकों को लगभग अनियंत्रित उन्माद की स्थिति में ला खड़ा किया है।

दुर्भाग्य से, बौद्धिक शैशव में लौटने की यह स्थिति ऐसे समय में आयी है जब भारत के लोग यह देखना शुरू कर रहे थे कि आतंकवाद के धन्धे में शिकार और शिकारी कभी-कभी भूमिकाएँ बदल लेते हैं। यह ऐसी समझ है जिसे कश्मीर के लोग, पिछले 20 वर्ष के भयावह अनुभवों के बाद, एक नफ़ीस कारीगरी में ढाल चुके हैं। जबकि इधर, देश की मुख्यधारा के हम लोग इसे अभी सीख ही रहे हैं (अगर कश्मीर अपनी मर्ज़ी से भारत का हिस्सा नहीं बनेगा, तो ऐसा आभास होने लगा है कि भारत कश्मीर में मिल जायेगा या टूटकर कश्मीर बन जायेगा।)।

गम्भीर सवालों के उठने का क्रम संसद पर 2001 के हमले के बाद से ही शुरू हुआ। वकीलों और कार्यकर्ताओं के एक समूह द्वारा चलाये गये एक अभियान ने

उजागर किया कि किस तरह पुलिस और मीडिया द्वारा निर्दोष लोगों को फँसाया गया था, सबूत कैसे गढ़े गये थे, गवाहों ने कैसे झूठ बोला था, कैसे आपराधिक ढंग से जाँच के प्रत्येक चरण में उचित प्रक्रिया का उल्लंघन किया गया था। आख़िरकार अदालतों ने चार आरोपियों में से दो को बरी कर दिया जिनमें से एक एसएआर गिलानी थे, जिन्हें पुलिस ने इस घटना का मस्तिष्क बताया था। तीसरे शख़्स, शौकत गुरु को उसके ख़िलाफ़ लगे सभी आरोपों से मुक्त कर दिया गया, लेकिन उसके बाद एक नये, अपेक्षाकृत छोटे अपराध के लिए दोषी क़रार दिया गया। सर्वोच्च न्यायालय ने एक आरोपी मोहम्मद अफ़ज़ल की मौत की सज़ा बरक़रार रखी। अपने फ़ैसले में अदालत ने माना कि इस बात का कोई सुबूत नहीं है कि मोहम्मद अफ़ज़ल किसी आतंकी गुट से सम्बन्ध रखता है, लेकिन आश्चर्यजनक रूप यह कहा, 'समाज का सामूहिक अन्तःकरण तभी सन्तुष्ट होगा जब आरोपी को मौत की सज़ा दी जाये।' आज भी हम असल में यह नहीं जान पाये हैं कि भारतीय संसद पर हमला करने वाले आतंकवादी कौन थे और किसके लिए काम करते थे?

और हाल के समय में, 19 सितम्बर, 2008 को, जामियानगर, दिल्ली के बाटला हाउस में वह विवादास्पद 'मुठभेड़' हुई, जिसमें दिल्ली पुलिस की स्पेशल सेल ने दो मुसलमान छात्रों को उनके किराये के फ़्लैट में ऐसी परिस्थितियों में मार गिराया, जिन पर गम्भीर सवाल खड़े होते हैं, और दावा किया कि ये लोग 2008 में दिल्ली, जयपुर और अहमदाबाद में हुए सिलसिलेवार बम धमाकों के लिए ज़िम्मेदार थे।[14] संसद पर हुए हमले की जाँच में प्रमुख भूमिका निभाने वाले सहायक पुलिस आयुक्त मोहन चन्द शर्मा भी इस मुठभेड़ में अपनी जान गँवा बैठे। वे भारत के कई 'एनकाउंटर स्पेशलिस्टों' में से एक थे, जिन्हें कई 'आतंकवादियों' को तुरत-फ़ुरत मौत के घाट उतारने के लिए जाना जाता था और इसके लिए पुरस्कृत भी किया गया था। स्पेशल सेल के ख़िलाफ़ एक व्यापक जन-समुदाय ने आवाज़ उठायी जिनमें स्थानीय प्रत्यक्षदर्शियों से लेकर वरिष्ठ कांग्रेसी नेता, विद्यार्थी, पत्रकार, वकील, शिक्षाविद् और विभिन्न प्रकार के कार्यकर्ता शामिल थे। उन सभी ने इस घटना की न्यायिक जाँच की माँग की। बदले में, भाजपा और लालकृष्ण आडवाणी ने मोहन चन्द शर्मा को 'दिलेर' बताते हुए एक अभियान चलाया जिसमें उन्होंने पुलिस की 'निष्ठा' पर सवाल उठाने वालों पर निशाना साधा और इसे 'आत्मघाती' क़रार देते हुए उन्हें 'राष्ट्रद्रोही' बताया।[15] बेशक, मामले की कोई जाँच नहीं हुई।

बाटला हाउस की घटना के कुछ ही दिनों के बाद, आतंकवादियों के बारे में एक और कहानी ख़बरों में सामने आयी। अदालत में पेश एक रिपोर्ट में सीबीआई ने कहा कि दिल्ली की स्पेशल सेल की टीम (मोहन चन्द शर्मा सहित बाटला हाउस मुठभेड़ की अगुआई करने वाली उसी टीम) ने दिसम्बर 2005 में दो निर्दोष लोगों,

इरशाद अली और मोआरिफ़ क़मर का अपहरण किया, उनके पास फ़र्ज़ी तरीक़े से दो किलो आर.डी.एक्स. और दो पिस्तौलें बरामद की गयीं और फिर उन्हें अल बद्र (जो कश्मीर के बाहर काम करता है) के 'आतंकवादियों' के रूप में गिरफ़्तार कर लिया।[16] अली और क़मर, जिन्होंने जेल में कई साल बिताये हैं, उन सैकड़ों मुसलमानों के सिर्फ़ दो उदाहरण हैं जिन्हें इसी तरह के फ़र्ज़ी आरोपों में जेल में ठूँसा गया।

यह सिलसिला अक्तूबर 2008 में बदल गया जब सितम्बर 2008 के मालेगाँव विस्फोटों की जाँच कर रहे महाराष्ट्र के आतंकवाद निरोधी दस्ते (एटीएस) ने एक हिन्दू प्रवचनकर्ता साध्वी प्रज्ञा ठाकुर, एक स्वयंभू धार्मिक गुरु स्वामी दयानन्द पांडे और भारतीय सेना के सेवारत अधिकारी लेफ़्टिनेंट कर्नल प्रसाद पुरोहित को गिरफ़्तार किया। सभी गिरफ़्तार लोग 'अभिनव भारत' नामक एक हिन्दू राष्ट्रवादी संगठन से जुड़े हुए थे।[17] शिवसेना, भाजपा और आरएसएस ने महाराष्ट्र एटीएस की आलोचना की और उसके मुखिया हेमन्त करकरे पर एक राजनैतिक षड्यंत्र का हिस्सा होने का आरोप लगाया। साथ ही यह घोषणा भी की कि 'हिन्दू आतंकवादी नहीं हो सकते।'[18] लालकृष्ण आडवाणी ने पुलिस के बारे में अपनी नीति बदल दी और बड़ी-बड़ी सभाओं में पवित्र स्त्री-पुरुषों पर कलंक लगाने की हिमाकत करने के लिए एटीएस की निन्दा करना चालू कर दिया। 24 नवम्बर को, अख़बारों ने कहा कि एटीएस मालेगाँव गें बिहिप के उच्च छवि वाले प्रमुख तोगड़िया की सम्भावित भूमिका की जाँच कर रहा है।[19] दो दिनों के बाद बदकिस्मती से हेमन्त करकरे मुम्बई हमलों में मारे गये। सम्भावना तो यही है कि एटीएस के जो भी नये प्रमुख होंगे, उनके लिए भी मालेगाँव जाँच में उस राजनैतिक दबाव को झेलना मुश्किल होगा जो उन पर डाला जायेगा। जहाँ संघ परिवार भी इसको लेकर अन्तिम निर्णय पर आता नहीं दिखायी पड़ रहा है कि पुलिस पर सवाल उठाना राष्ट्र-विरोधी और आत्मघाती है या नहीं, 'टाइम्स नॉउ' टेलीविज़न चैनल के ऐंकर अर्णब गोस्वामी ने यह बीड़ा उठा लिया है। उन्होंने ऐसे लोगों का नाम लेना, उन पर कालिख पोतना और उन्हें खुलेआम धुनना शुरू कर दिया है, जिन्होंने पुलिस और सैन्य बलों की निष्ठा पर सवाल उठाने की जुर्रत की है। मेरा और जाने माने वकील प्रशान्त भूषण का नाम कई बार सामने आया है। एक बार तो किसी पूर्व पुलिस अधिकारी का इंटरव्यू लेते हुए, अर्णब गोस्वामी कैमरे की ओर मुड़े, 'मुझे उम्मीद है अरुन्धति रॉय और प्रशान्त भूषण सुन रहे होंगे,' उन्होंने कहा, 'हमने उन्हें अपने प्रोग्राम में नहीं बुलाया है, क्योंकि हमें लगता है कि वे घृणित हैं।'[20] इतने उत्तेजक और उन्मादी माहौल में एक टीवी ऐंकर के लिए ऐसा करना उकसाने के साथ-साथ धमकी देने के बराबर है और परिस्थितियाँ दूसरी होतीं तो ऐसा करने पर पत्रकार की नौकरी जा सकती थी।

लिहाज़ा, भारत का अगला प्रधानमंत्री बनने की आकांक्षा सँजोये एक व्यक्ति और मुख्यधारा के एक टीवी चैनल के जाने-माने चेहरे के अनुसार, नागरिकों को पुलिस के बारे में सवाल उठाने का कोई हक़ नहीं है। और ऐसा सन्दिग्ध आतंकी हमलों, धुँधली जाँचों और नक़ली 'मुठभेड़ों' के इतिहास वाले देश में। उस देश में जहाँ दुनिया में सबसे अधिक हिरासती मौतें होती हैं और फिर भी वह 'यातना के ख़िलाफ़ राष्ट्र संघ के सम्मेलन' के प्रस्ताव की पुष्टि करने से इनकार करता है।[21] उस देश में जहाँ यातना-कक्षों में पहुँचने वाले लोग ख़ुशक़िस्मत होते हैं, क्योंकि कम-से-कम वे हमारे मुठभेड़ विशेषज्ञों द्वारा 'मुठभेड़' में मारे जाने से बच जाते हैं। उस देश में जहाँ अपराध की दुनिया और मुठभेड़ विशेषज्ञों के बीच वास्तव में विभाजन-रेखा का अस्तित्व ही नहीं है।

हम जैसे लोग, जिनके दिल इन सारी चीज़ों की जानकारी से मिचला गये हैं, मुम्बई हमलों को किस नज़र से देखें और उनके बारे में क्या करें? कुछ लोग कहते हैं कि अमरीकी रणनीति सफल रही है क्योंकि 9/11 के बाद से उनकी सरज़मीं पर कोई बड़ा हमला नहीं हुआ है। हालाँकि कुछ लोग कहेंगे कि अमरीका अब जो झेल रहा है, वह और भी ज़्यादा बुरा है। अगर 9/11 हमलों के पीछे ख़याल यह था कि अमरीका को अपना असली रंग दिखलाने के लिए उकसाया जाय तो फिर आतंकवादियों को भला और क्या कामयाबी चाहिए थी? अमरीकी सेना दो कभी न जीती जाने वाली लड़ाइयों में फँसी हुई है, जिनके चलते पूरी दुनिया में अमरीका सबसे ज़्यादा घृणित देश बन गया है। इन लड़ाइयों ने अमरीकी अर्थव्यवस्था को उधेड़ने में काफ़ी योगदान दिया है और कौन जानता है अन्त में अमरीकी साम्राज्य का भी शायद यही अंजाम हो। (क्या सोवियत साम्राज्य की क़ब्रगाह, बमों से क्षत-विक्षत, पिटा-कुटा अफ़ग़ानिस्तान, इस साम्राज्य को भी उसी हश्र तक पहुँचायेगा?) इराक़ और अफ़ग़ानिस्तान में हज़ारों-लाखों लोग, जिनमें हज़ारों अमरीकी सिपाही भी शामिल हैं, मारे गये हैं। (भारत समेत) अमरीका के सहयोगियों/ ऐजेंटों पर, और बाक़ी दुनिया में अमरीकी हितों पर आतंकी हमलों की आवृत्ति 9/11 के बाद नाटकीय रूप से बढ़ी है। 9/11 के ख़िलाफ़ अमरीकी प्रतिक्रिया की अगुवाई करने वाले जॉर्ज डब्ल्यू. बुश, न केवल अन्तर्राष्ट्रीय स्तर पर, बल्कि अपने लोगों में भी काफ़ी अलोकप्रिय हो गये हैं। कौन इस बात का दावा कर सकता है कि अमरीका 'आतंक के ख़िलाफ़ युद्ध' जीत रहा है?

घरेलू सुरक्षा में अमरीकी सरकार के अरबों डॉलर ख़र्च हो रहे हैं। कुछ ही देश इतना ज़्यादा ख़र्च बरदाश्त कर सकते हैं, भारत तो क़तई नहीं। लेकिन अगर हम ख़र्च करने की स्थिति में हों भी, तो भी सच्चाई यह है कि हमारे इस विशाल देश की हिफ़ाज़त और निगहबानी अमरीका की तरह नहीं की जा सकती। यह वैसा वतन

नहीं है। हमारे पास परमाणु-शस्त्र-सम्पन्न एक शत्रु देश है जो पड़ोसी के रूप में धीरे-धीरे क़ाबू से बाहर होता जा रहा है; कश्मीर में सैन्य क़ब्ज़ा है और शर्मनाक ढंग से उत्पीड़ित और ग़रीबी में धकेले गये मुसलमानों की पन्द्रह करोड़ से अधिक की आबादी है, जिसे एक समुदाय के रूप में निशाना बनाकर आख़िरी हद तक ठेला जा रहा है, जिसके नौजवानों को न्याय मिलने की कोई उम्मीद नहीं रही है और जो अगर पूरी तरह उम्मीद खो दें और उग्रवादी हो जायें तो भारत ही नहीं, पूरी दुनिया के लिए ख़तरा बन सकते हैं।

अगर 10 लोग तीन दिनों तक एनएसजी के कमांडो और पुलिस को रोके रख सकते हैं और कश्मीर घाटी को सुरक्षित रखने में पाँच लाख सैनिकों की ज़रूरत पड़ रही है, तो गणित के बाद अनुमान लगाइए कि किस तरह की घरेलू सुरक्षा भारत को सुरक्षित रख सकती है?

न कोई और त्वरित उपाय ऐसा कर सकता है। 'आतंकवाद विरोधी क़ानून' आतंकवादियों के लिए नहीं होते; वे ऐसे लोगों के लिए होते हैं जिन्हें सरकार पसन्द नहीं करती। इसीलिए उनमें अपराध साबित होने की दर दो फ़ीसदी से भी कम है। वे बस असुविधाजनक लोगों को ज़मानत के बिना लम्बे समय तक हिरासत में रखने और अन्त में छोड़ देने का साधन होते हैं। उस क़िस्म के आतंकवादी, जिन्होंने मुम्बई पर हमला किया, ज़मानत न मिलने की या मौत की सज़ा मिलने की सम्भावना से शायद ही डरते हैं। ये तो वास्तव में यही चाहते हैं।

हम अब जिस चीज़ का सामना कर रहे हैं वह प्रतिक्रिया है—दशकों तक किये गये त्वरित उपायों और घिनौने कृत्यों की। ग़ालीचा हमारे पैरों के नीचे फचफचा रहा है।

आतंकवाद पर क़ाबू पाने का—ख़त्म करने का कहना भोलापन होगा—अकेला तरीक़ा है, दर्पण में शैतान को देखना। हम दोराहे पर खड़े हैं। एक निशान कहता है 'न्याय,' दूसरा कहता है 'गृहयुद्ध।' कोई तीसरा निशान, कोई तीसरा रास्ता नहीं है, और पीछे जाने का कोई सवाल नहीं उठता। जो भी चुनना हो, चुन लीजिए।

परिशिष्ट : निर्देश

नमस्कार! मुझे अफ़सोस है मैं आज यहाँ आपके साथ नहीं हूँ, लेकिन यह शायद ठीक भी है। जैसा समय चल रहा है, यही अच्छा है कि हम ख़ुद को पूरी तरह ज़ाहिर न करें, आपस में भी नहीं।

अगर आप रेखा को पार करके घेरे में कदम रखेंगे, तो शायद आपको सुनने में ज़्यादा आसानी होगी। अपने जूतों को चूने से बचाइएगा।

मैं जानता हूँ आपमें से बहुत से लोग काफ़ी दूर-दूर से सफ़र करके यहाँ पहुँचे हैं। क्या आपने वह सब कुछ देख लिया है जो यहाँ देखने योग्य है–दवाई के डिब्बों जैसी बैटरियाँ, भट्ठियाँ, गड्ढों जैसे फ़र्शों वाले शस्त्रागार? क्या आप मज़दूरों की सामूहिक क़ब्रों पर गये थे? क्या आपने सारे नक़्शों पर ग़ौर से निगाह डाली है? क्या आपकी नज़र में यह ख़ूबसूरत है? यह क़िला? कहते हैं कि यह एक उद्धत गर्वीले शेर की तरह इन पहाड़ों पर जमकर बैठा हुआ है। अपनी कहूँ तो मैंने कभी नहीं देखा। गाइडबुक कहती है कि यह ख़ूबसूरत लगने के लिए नहीं बनवाया गया था। पर ख़ूबसूरती तो बिन बुलाये भी आ सकती है–पर्दे की फाँक से आती हुई सूरज की किरणों के सुनहरे सफ़ूफ़ की तरह। हाँ, मगर यह तो वो क़िला है जिसके पर्दे में कोई फाँक नहीं। वह क़िला जिस पर कभी हमला नहीं हुआ। क्या इससे यह समझा जाय कि इसकी ख़ौफ़नाक दीवारों ने सौन्दर्य को भी विफल करके उसे अपने रास्ते चलता कर दिया है?

सौन्दर्य! हम सारा दिन सारी रात इस पर बातें करते रह सकते हैं। वह क्या है? क्या नहीं है? किसे फ़ैसला करने का अधिकार है? कौन हैं दुनिया के असली सौन्दर्य-पारखी, संग्रहपाल, या हम इसे यों कहें–असली दुनिया के संग्रहपाल? और असली दुनिया भी क्या है? क्या वो चीज़ें असली हैं जिनकी हम कल्पना नहीं कर सकते, जिन्हें नाप नहीं सकते, विश्लेषित नहीं कर सकते, पुनः प्रस्तुत नहीं कर सकते, जिन्हें हम दोबारा जन्म नहीं दे सकते? क्या उनका वजूद है भी? क्या वे हमारे दिमाग़

की कन्दराओं में किसी क़िले के भीतर रहती हैं जिस पर कभी हमला नहीं हुआ? जब हमारी कल्पनाएँ विफल हो जायेंगी तब क्या दुनिया भी नाकाम हो जायेगी? हमें इसका पता कैसे चलेगा?

कितना बड़ा है यह क़िला जो सुन्दर हो भी सकता है और नहीं भी? वे कहते हैं कि यह ऊँचे पर्वतों में अब तक बना सबसे बड़ा क़िला है। क्या कहा आपने-- भीमकाय? भीमकाय कहने पर चीज़ें हमारे लिए थोड़ी मुश्किल हो जाती हैं। क्या हम शुरुआत इसके मर्म स्थानों का लेखा-जोखा करने से करें? भले ही इस पर कभी हमला नहीं किया गया (या ऐसा ही वे कहते हैं), तो भी ज़रा सोचिए कि इसे बनाने वालों ने हमला किये जाने के ख़याल को कितनी बार जिया और फिर-फिर जिया होगा? उन्होंने हमला किये जाने की प्रतीक्षा की होगी। हमलों के सपने देखे होंगे। उन्होंने ख़ुद को अपने दुश्मनों के दिलों और दिमाग़ों में ले जा रखा होगा, यहाँ तक कि वे ख़ुद को मुश्किल ही से उन लोगों से अलग महसूस कर पाते होंगे जिनके लिए उनके दिलों में इतना गहरा डर था। यहाँ तक कि आतंक और कामना के बीच अन्तर करना उनके लिए सम्भव न रहा होगा। और तब, उस सन्तप्त, पीड़ित प्रेम की गुंजलक के भीतर उन्होंने हर सम्भव दिशा से इतने सटीक ढंग से और शातिरपने के साथ किये गये हमले की कल्पना की होगी कि वे लगभग सच्चे जान पड़े होंगे। भला और कैसे की होगी उन्होंने ऐसी क़िलेबन्दी? भय ने इसे रूपाकार दिया होगा; दहशत इसके ज़र्रे-ज़र्रे में समायी हुई होगी। क्या यही है दरअसल यह क़िला? सन्त्रास की, आशंका की, घिराव में फँसी कल्पना की एक भंगुर साखी।

इसका निर्माण—और मैं इसके प्रमुख इतिहासकार को उद्धृत कर रहा हूँ—उन सारी चीज़ों को सँजोये रखने के लिए हुआ था जिनकी हिफ़ाज़त हर क़ीमत पर की जानी थी। उद्धरण समाप्त। यह हुई न बात! तो साथियो, आख़िर उन्होंने यहाँ किस चीज़ को सँजोया? हिफ़ाज़त की, तो किस चीज़ की?

हथियार। सोना। या ख़ुद सभ्यता की। गाइडबुक तो यही कहती है।

और अब, यूरोप के सुख-शान्ति और समृद्धि के काल में इसे सभ्यता की सर्वोच्च आकांक्षा—यानी कला—के लोकोत्तर उद्देश्य, या अगर आप दूसरी तरह कहना चाहें, परम निरुद्देश्यता की एक नुमाइशगाह के रूप में इस्तेमाल किया जा रहा है। इन दिनों, मुझे बताया गया है, कला सोना है।

उम्मीद है आपने विवरण-पत्रिका ख़रीद ली होगी। आपको ख़रीद लेनी चाहिए। दिखावे के तौर पर ही सही।

जैसा कि आप जानते हैं, इस बात की सम्भावनाएँ हैं कि इस क़िले में सोना है। असली सोना। छिपाया गया सोना। अधिकांश ले जाया जा चुका है, कुछ चुराया भी गया है, लेकिन एक अच्छी-ख़ासी मात्रा अब भी यहाँ बची हुई बतायी

जाती है। हर शख़्स उसकी तलाश में है–दीवारों को ठकठकाते हुए, कब्रों को खोद निकालते हुए। उनकी उत्कट हड़बड़ी का स्पर्श आपने अवश्य किया होगा।

वे जानते हैं क़िले में सोना है। वे यह भी जानते हैं कि पहाड़ों पर ज़रा भी बर्फ़ नहीं है। वे सोना चाहते हैं ताकि थोड़ी-सी बर्फ़ ख़रीद लें।

आपमें से जो लोग यहीं के हैं–आपको तो हिमयुद्धों के बारे में मालूम होगा। जो नहीं हैं, वे ध्यान से सुनें। यह बेहद ज़रूरी है कि आप उस जगह के रगो-रेशे और ताने-बाने को समझ लें जिसे आपने अपनी मुहिम के लिए चुना है।

चूँकि सर्दियाँ यहाँ अब पहले की बनिस्बत ज़्यादा गर्म रहने लगी हैं, इसलिए 'बर्फ़ बनने' के दिनों में कटौती हो गयी है जिसका नतीजा है कि अब स्की करने की ढलानों को ढँकने के लिए पर्याप्त बर्फ़ नहीं है। ज़्यादातर स्की ढलानें अब 'हिम विश्वसनीय' नहीं कही जा सकतीं। हाल के एक पत्रकार सम्मेलन में–शायद आपने रिपोर्टें पढ़ी हों–'स्की प्रशिक्षक संघ' के अध्यक्ष वर्नर वोल्ट्रन ने कहा था, 'भविष्य मेरे ख़याल में काला है। पूरी तरह काला।' (छिटपुट तालियाँ यों सुनाई देती हैं मानो दर्शकगणों के पीछे से आ रही हों। मुश्किल से सुनाई देने वाली वाह! वाह! जियो! ख़ूब कहा भैये! की बुदबुदाहट) नहीं, नहीं नहीं, साथियो...साथियो आप ग़लत समझ रहे हैं। मिस्टर वोल्ट्रन 'अश्वेत राष्ट्र के अभ्युदय' की तरफ़ इशारा नहीं कर रहे थे। काले से उनका मतलब अशुभ, विनाशकारी, आशारहित, अनर्थकर और अन्धकारमय था। उन्होंने बताया था कि सर्दियों के तापमान में प्रत्येक सेल्सियस की वृद्धि लगभग एक सौ स्की-स्थलियों के लिए ख़तरे की घंटी है। आप कल्पना कर सकते हैं कि इसका मतलब है ढेर सारे रोज़गार और धन की बलि।

हर कोई मिस्टर वोल्ट्रन की तरह नाउम्मीद नहीं है। मिसाल के लिए गुएन्थर होल्ज़हाउसेन को लीजिए जो 'माउंटेन वाइट' के प्रमुख कार्याधिकारी हैं। 'माउंटेन वाइट' बर्फ़ का एक नया ट्रेडमार्क-युक्त माल है जिसे आमतौर पर 'हॉट स्नो' या उष्ण हिम के नाम से जाना जाता है (क्योंकि उसका उत्पादन सामान्य तापमान से दो-तीन डिग्री सेल्सियस ऊँचे तापमान पर हो सकता है। मिस्टर होल्ज़हाउसेन ने कहा–और उनका बयान मैं आपके सामने पढ़ देता हूँ–'बदलता हुआ मौसम ऐल्प्स पर्वतमाला के लिए एक सुनहरा अवसर है। पूरे विश्व के गरमाने से तापमान में जो अत्यधिक वृद्धि हुई है और सागर की सतह बढ़ी है वह समुद्र-तटों पर केन्द्रित पर्यटन के लिए बुरी ख़बर है। आज से दस साल बाद जो लोग आमतौर पर छुट्टियाँ मनाने भूमध्य सागर की ओर जाते थे, वे स्की करके छुट्टियाँ मनाने के लिए निस्बतन ठंडे पर्वतों का रुख़ करेंगे। यह हमारी ज़िम्मेदारी है, वास्तव में हमारा कर्तव्य है कि हम सबसे उम्दा क़िस्म की बर्फ़ मुहैया कराने की गारंटी दें। 'माउंटेन

वाइट' घनी, बराबर फैली हुई बर्फ़ का आश्वासन देती है जो स्की करने वालों को कुदरती बर्फ़ से कहीं ज़्यादा उम्दा जान पड़ेगी।' उद्धरण समाप्त।

दोस्तो, 'माउंटेन वाइट' बर्फ़ सभी ग़ैर-कुदरती बर्फ़ों की तरह, एक प्रोटीन से बनती है जो सूडोमोनास सिरिंगे नामक जीवाणु की झिल्ली में पाया जाता है। जो चीज़ इसे दूसरी बर्फ़ों से अलग करती है, वह यह कि बीमारी या दूसरे रोगजनक ख़तरों से बचने के लिए 'माउंटेन वाइट' इस बात की गारंटी देती है कि स्की उपयोगी बर्फ़ बनाने की ख़ातिर जो पानी वह इस्तेमाल करती है, वह सीधे पीने के पानी के भंडारों से लिया जाता है। ऐसा कहते हैं कि गुएन्थर होल्ज़हाउसेन ने एक बार शेख़ी में कहा था, 'आप हमारी स्की की ढलानों को बोतल में भरकर पी भी सकते हैं। (साउंड-ट्रैक पर कुछ बेचैन, नाराज़ बड़बड़ाहट) मैं समझता हूँ, समझता हूँ...लेकिन अपने ग़ुस्से को ठंडा कीजिए। इससे सिर्फ़ आपकी नज़र धुँधली होगी और उद्देश्य की धार भोथरी हो जायेगी।

कृत्रिम बर्फ़ बनाने के लिए नाभिकीय, संसाधित जल को उच्च दाब वाली शक्तिशाली हिम-तोपों द्वारा ऊँची रफ़्तार से दाग़ा जाता है। जब बर्फ़ तैयार हो जाती है तो उसके टीलों जैसे अम्बार लग जाते हैं जिन्हें ह्वेल कहते हैं। इसके बाद बर्फ़ को ढलानों पर बराबर से फैलाया जाता है जहाँ से कुदरती ऐब और प्राकृतिक चट्टानें साफ़ कर दी गयी होती हैं। ज़मीन को उर्वरक की एक मोटी तह से ढँक दिया जाता है ताकि मिट्टी ठंडी रहे और 'उष्ण हिम'-जनित गर्मी उस तक पहुँच न पाये। ज़्यादातर स्की-स्थलियाँ अब नक़ली बर्फ़ इस्तेमाल करती हैं। लगभग हर स्की-गाह के पास एक तोप है। हर तोप का एक ब्रैंड है। हर ब्रैंड दूसरे ब्रैंड से युद्ध कर रहा है। हर युद्ध एक सुयोग है।

अगर आप कुदरती बर्फ़ पर स्की करना या कम-अज़-कम उसे देखना चाहते हैं तो आपको और आगे जाना होगा, उन हिमानियों तक जिन्हें प्लास्टिक की विशाल पन्नियों में लपेट दिया गया है ताकि गर्मियों के ताप से उनकी रक्षा हो सके और उन्हें सिकुड़ने से बचाया जा सके। हालाँकि मैं नहीं जानता कि यह कितना कुदरती है—प्लास्टिक की पन्नी से लपेटी गयी बर्फ़ की नदी। हो सकता है आपको महसूस हो कि आप एक पुराने बासी सैंडविच पर स्की कर रहे हैं। मेरे ख़याल में एक बार तो आज़माने क़ाबिल है ही। मैं कह नहीं सकता, मैं स्की नहीं करता। पन्नियों की लड़ाइयाँ एक किस्म का ऊँचाई पर किया गया संग्राम हैं—वैसा नहीं जिसके लिए आप में से कुछ लोग प्रशिक्षित हैं (दबी हँसी हँसता है)। वे हिम युद्धों से अलग हैं, हालाँकि पूरी तरह असम्बद्ध नहीं।

हिमयुद्धों में 'माउंटेन वाइट' का एकमात्र गम्भीर प्रतिद्वन्द्वी है 'सेंट ऐन'स्पार्कल,' एक नया उत्पाद जिसे पीटर होल्ज़हाउसेन ने बाज़ार में उतारा है, जो, अगर आप मुझे

गपियाने के लिए माफ़ करेंगे, गुएन्थर होल्ज़हाउसेन के भाई हैं। सगे भाई। उनकी पत्नियाँ बहनें हैं। (बुदबुदाहट) क्या कहा? हाँ...सगी बहनों से ब्याहे सगे भाई। दोनों के परिवार सॉल्ज़बर्ग के रहने वाले हैं।

'माउंटेन वाइट' के सारे फ़ायदों के अलावा 'सेंट ऐन'स्पार्कल' ज़्यादा सफ़ेद, ज़्यादा उजली बर्फ़ का वादा करती है जो सुगन्धित भी है। अलबत्ता अलग क़ीमत अदा करने पर। 'सेंट ऐन'स्पार्कल' तीन ख़ुशबुओं में आती है–वनिला, चीड़ और सदाबहार। वह पर्यटकों के भीतर पुरानी चाल की छुट्टियों को लेकर मौजूद अतीत-मोही लालसा को सन्तुष्ट करने का वादा करती है। 'सेंट ऐन'स्पार्कल' एक बुटीक-निर्मित माल है जो खुले बाज़ार में आँधी की तरह छा जाने को जस्त लगाये है, या ऐसा ही जानकार कहते हैं, क्योंकि उस माल के पीछे एक दृष्टि है, स्वप्नशीलता है, और भविष्य की ओर एक आँख! सुगन्धित बर्फ़ के पीछे उन प्रभावों का अन्देशा भी काम कर रहा है जो वृक्षों और वनों के भूमंडलीय प्रवास से पर्यटन उद्योग पर पड़ सकते हैं। (बुदबुदाहट) जी हाँ, मैंने वृक्षों का प्रवास ही कहा।

क्या आप में से किसी ने स्कूल में 'मैकबेथ' पढ़ा था? क्या आपको याद है कि ऊसर में डायनों ने मैकबेथ से क्या कहा था? 'मैकबेथ कभी पराजित होगा नहीं,. ऊँची डनसिनेन पहाड़ी पर उसके विरुद्ध जब तक विशाल बर्नम वन आयेगा नहीं?'

क्या आपको याद है मैकबेथ ने डायनों से क्या कहा था?

(दर्शकगणों के कहीं पीछे से एक आवाज़ आती है, 'ऐसा कभी होगा नहीं। कौन प्रभावित कर पायेगा वन को, देगा आदेश वृक्ष को, ढीली कर दे जड़ें जमी हों जो धरती में?')

वाह! बिलकुल सही! लेकिन मैकबेथ एकदम ग़लत था। पेड़ों ने धरती में जमी हुई अपनी जड़ें ढीली कर दी हैं। और अब चलाचली है। वे अपने तबाह-बरबाद घरों से निकलकर एक बेहतर ज़िन्दगी की उम्मीद में वतन बदल रहे हैं। लोगों की तरह। गर्म इलाक़ों के ताड़-नारियल ऐल्प्स के निचले हिस्सों में आकर बस रहे हैं। सदाबहार अधिक ठंडी आबो-हवा की तलाश में और ऊँचाई की तरफ़ चढ़ते जा रहे हैं। स्की की ढलानों पर उष्ण हिम के नम ग़ालीचे के नीचे, गर्म उर्वरक-ढँकी मिट्टी में चोरी-छिपे यात्रा करके आये तापगृह में उगने वाले नये पौधों के बीज अँकुआ रहे हैं। शायद जल्दी ही ऊँची पर्वत मालाओं पर फलों के पेड़, अंगूर के बग़ीचे और ज़ैतून के कुंज नज़र आने लगेंगे।

जब पेड़ प्रवास पर जायेंगे तो चिड़ियों और कीट-पतंगों, बर्रों, मधुमक्खियों, चमगादड़ों और दूसरे परागण करने वालों को भी उनके साथ-साथ जाना होगा। क्या वे अपने नये परिवेश के साथ ताल-मेल बैठा पायेंगे? रॉबिन पाखी अभी से अलास्का में आ उतरे हैं। अलास्का के हिरन मच्छरों से तंग आकर और भी ऊँची बुलन्दियों

पर जा रहे हैं जहाँ उनके पास खाने के लिए काफ़ी चारा नहीं है। मलेरियावाही मच्छर ऐल्प्स के निचले हिस्सों में आँधी की तरह चक्कर लगा रहे हैं।

मैं इसी सोच में ग़र्क हूँ कि क़िला जो भारी तोपों के हमले को भी सह लेने योग्य बनाया गया था, मच्छरों की सेना का मुकाबला कैसे करेगा?

हिमयुद्ध अब मैदानों में फैल गये हैं। 'माउंटेन वाइट' बर्फ़ अब दुबई और सऊदी अरब के बाज़ारों पर राज कर रही है। हिन्दुस्तान और चीन में उसकी हिमायत की जा रही है, कुछ कामयाबी के साथ, ऐसी बाँध निर्माण परियोजनाओं के लिए जो हर मौसम वाली स्की स्थलियों के प्रति पूरी तरह समर्पित होंगी। वह हॉलेंड के बाज़ार में भी दाख़िल हो गयी है। बाँध मज़बूत करने के लिए और तिरते हुए बेड़े की बुनियाद पर बने सागर निवासों के लिए, ताकि जब समुद्र की सतह ऊँची हो, पानी बाँधों को आख़िरकार लाँघ जाये और हॉलैंड सागर में बहता चला जाये तो 'माउंटेन वाइट' ज्वार को रोककर उसे सोने में बदल सके। 'माउंटेन वाइट है जहाँ, कोई डर कैसे हो वहाँ।' यह नारा मैदानों में भी उसी कामयाबी से काम करता है।

'सेंट ऐन'स्पार्कल' ने भी कई तरफ़ पाँव पसारे हैं। वह एक लोकप्रिय टीवी चैनल की मालिक है और एक ऐसी कम्पनी में उसके निर्णायक शेयर हैं जो ज़मीन में बिछायी जाने वाली सुरंगें बनाती और उन्हें निष्फल भी करती है। शायद 'सेंट ऐन'स्पार्कल' की नयी खेप में अब स्ट्रॉबरी, क्रैनबेरी, जोजोबा की ख़ुशबुएँ मिलायी जायेंगी ताकि बच्चों के साथ-साथ जानवरों और चिड़ियों को भी आकर्षित किया जा सके। बर्फ़ और ज़मीनी सुरंगों के अलावा 'सेंट ऐन'स्पार्कल' मध्य एशिया और अफ़्रीका के खुदरा बाज़ारों में बने-बनाये कृत्रिम बैटरी-चालित अंगों की भी बिक्री करती है। वह 'कॉरपोरेट सामाजिक उत्तरदायित्व' के अभियान के हरावल दस्ते में शामिल है और अफ़ग़ानिस्तान में उत्तम कर्मचारियों वाले कॉरपोरेट अनाथालयों और ग़ैर-सरकारी संगठनों को आर्थिक अनुदान भी देती है जिनमें से कुछ से आप परिचित भी हैं। हाल में उसने ऑस्ट्रिया और इटली में उन झीलों और नदियों से कीचड़ निकालने और उन्हें साफ़ करने का टेंडर भी भरा है जो उर्वरकों और नक़ली बर्फ़ के पिघले पानी से दोबारा प्रदूषित हो गयी हैं।

यहाँ दुनिया के शिखर पर भी, अवशेष अब बीती हुई बात नहीं है। वह भविष्य है। कम-से-कम हममें से कुछ लोगों ने इस अर्से के दौरान दूसरे लोगों के लोभ के खँडहरों में चूहों की तरह जीना सीख लिया है। हमने बिना किसी संसाधन के हथियार बनाना सीख लिया है। हम उन्हें इस्तेमाल करना जानते हैं। यही हमारी लड़ाई की तदबीरें हैं, युद्ध कौशल है।

साथियो, पर्वतों में यह पत्थर का शेर अब कमज़ोर पड़ने लगा है। जिस क़िले पर कभी हमला नहीं हुआ, उसने ख़ुद अपने गिर्द घेरा डाल दिया है। वक़्त आ गया

है कि हम अपनी चाल चलें। मशीनगनों की शोर-शराबे से भरी, दिशाहीन गोलीबारी की बौछार की जगह किसी हत्यारे की गोली के अचूक ठंडेपन को ले आयें। लिहाज़ा अपने निशानों को सावधानी से चुन लीजिए।

जब पत्थर के शेर की पथरीली हड्डियाँ हमारी इस धरती में, जिसे ज़हर दिया गया है, दफ़्न हो जायेंगी, जब 'यह क़िला जिस पर कभी हमला नहीं हुआ' मलबे में बदल जायेगा और जब उस मलबे की धूल बैठ जायेगी, तब शायद फिर से बर्फ़ गिरने लगेगी।

मुझे बस यही कहना है। आप अब जा सकते हैं। जो हिदायतें आपको दी गयी हैं उन्हें याद कर लीजिए। सलामती के साथ जाइए, साथियो, पैरों के निशान छोड़े बिना। जब तक हम फिर नहीं मिलते, आपकी यात्रा शुभ हो, ख़ुदा हाफ़िज़, और अपना बारूद सूखा रखिए।

(जाते हुए लोगों की पदचाप। मद्धिम होती हुई।)

(अनुवाद : नीलाभ)

आभार

एजाज़ हुसैन और परवेज़ बुख़ारी, दोस्त और परिवार, और एक नई दुनिया के बारे में बताने के लिए।

प्रशान्त भूषण और शुद्धा सेन गुप्ता का, जिनके साथ दोस्ती और बातचीत दाना-पानी की तरह है।

एंटनी अर्नोव-सम्पादक, कॉमरेड और दोस्त, अगर आप ना होते तो मैं बेतरह उलझ गई होती।

कोराय कालिस्कन, बेतुल तान्बे, एसी बरकटे और आइसा कुबुक्वा का जिन्होंने मुझे इस्ताम्बुल दिखाया।

डेविड गॉडविन के सहयोग और धैर्य के लिए। डेविड बर्समियन के काम और अरक्सी के ग्रासहोपर्स की कहानी के लिए।

एस. आनन्द, जितेन्द्र कुमार, हिमांशु ठक्कर, श्रीपाद धर्माधिकारी, नन्दिनी ओज़ा, चित्तरूपा पालित, निखिल डे, पंकज मिश्रा, तरुण भारतीय, जावेद नक़वी, शोहिणी घोष का–सारी चीजों को साझा करने के लिए।

सुधीर पटनायक, समरेन्द्र दास, हिमांशु कुमार, शुभ्रांशु चौधरी का–उड़ीसा और छत्तीसगढ़ की अविस्मरणीय यात्रा के लिए।

खुर्रम परवेज और परवेज इमरोज का–उनके परख और उनके कहानियों के भंडार के लिए। निर्मलांशु मुखर्जी के 13 दिसम्बर के मामले पर दुस्साहसिक काम के लिए। एस.ए.आर. गिलानी, जी.एन. साईबावा, राधिका मेनन, कविता कृष्णन, अमित सेनगुप्ता का–उनके काम के लिए। अलग नज़रिए से देखने के लिए रंजन पालित का। नॉम चॉम्स्की, होवार्ड जिन, एदुआर्दो गलियानो और जॉन बर्जर (वाह!!!) का सहयोग, बुद्धिमत्ता,

उदारता, शिष्टता और अतिरिक्त विलक्षणता के लिए। रवि सिंह और बेना सरीन (जन्नत से मिली डिजाइनर) का, जिनके साथ काम करने का अद्भुत आनन्द है।

विनोद मेहता, तरुण तेजपाल और शोमा चौधरी के सहयोग और विश्वास का। बिन्दिया थापर के प्यार, हँसी, खूबसूरती और अदम्य साहस मेरे लिए जहान जैसा है। अश्विन देसाई का, इस बात के लिए कि डॉक्टरेट भले ही हों, लेकिन सड़क छाप बटमार हमेशा रह सकते हैं।

गोलक खंडूल, जोअना वान ग्रुसेन, रघु चुंदावत, सुप्रभा शेषन, वीणा और फिलिप ओल्टेन्बेर्ग के प्रेम और सहयोग का।

पिया और मितवा का, जिनमें जिद्द की ऐसी पराकाष्ठा है कि सुधार की गुंजाइश नहीं बचती, फिर भी मेरी है।

एल.के.सी., मैरी, मारिया और मैरी रॉय, जहाँ हमेशा पनाह है। प्रदीप कृष्ण के प्यार का और यह सुझाने के लिए कि युद्ध क्षेत्र में भी जंगली फूलों को तलाशना कितना महत्त्वपूर्ण है।

और संजय काक का, उस सब कुछ के लिए जिनके बिना...

सन्दर्भ

भूमिका

1. देखें, शोमा चौधरी और शान्तनु गुहा रे को दिया गया पी. चिदम्बरम का साक्षात्कार, *तहलका*, भाग 5, अंक 21, मई 2008।
2. पी. साईनाथ, 'नियो लिबरल टेररिज़्म इन इंडिया : द लार्जेस्ट वेव ऑफ़ सुइसाइड्स इन हिस्ट्री', *काउंटर पंच*, 12 फ़रवरी, 2009।
3. देखें, संयुक्त राष्ट्र बाल शिक्षा कोश (यूनिसेफ़), *द स्टेट ऑफ़ एशिया पैसिफ़िक्स चिल्ड्रेन 2008* (मई 2008), रिपोर्ट इंटरनेट पर उपलब्ध : http://www.unicef.org/publications/index_45086.html (29 मार्च, 2009 को देखा गया)।
4. 1993 के मुम्बई दंगों की विस्तृत जानकारी के लिए न्यायमूर्ति बी.एन. श्रीकृष्ण जाँच आयोग की रिपोर्ट देखें। यह रिपोर्ट इंटरनेट पर उपलब्ध है : http://www.sabrang.com/srikrish/sri %20main.htm (29 मार्च, 2009 को देखा गया)।
5. सच्चर समिति की रिपोर्ट, नवम्बर 2006। इंटरनेट पर उपलब्ध : http:/minorityaffairs.gov.in/newsite/sachar/sachar.asp।
6. अरुन्धती रॉय, *द कॉस्ट ऑफ़ लिविंग* में 'दी एंड ऑफ़ इमैजिनेशन', (न्यूयॉर्क : मॉडर्न लाइब्रेरी, 1999), पृ. 106-08।
7. देखें, सिटिज़न्स फ़ॉर जस्टिस एंड पीस द्वारा अपने अध्यक्ष के मध्यम से ज़िला कलेक्टर, अहमदाबाद और अन्य के प्रत्युत्तर में दिया गया हलफ़नामा...(रिट पेटिशन सिविल 3770/2003 के प्रतिवादी।) प्रत्युत्तर अक्टूबर 2006 में दिया गया। http://www.cjponline.org/compensation/note.pdf।
8. देखें, सीलिया डब्ल्यू. डुगर, 'इंडिया ऑर्डर्स इनक्वायरी इनटू मिशनरीज़ कि्लिंग', *न्यूयॉर्क टाइम्स*, 29 जनवरी, 1999, पृ. A9।
9. देखें, अंगना चटर्जी, 'हिदुत्व'ज़ वायलेंट हिस्ट्री', *तहलका*, 13 सितम्बर, 2008। अंगना पी. चटर्जी, *वायलेंट गॉड्स : हिन्दू नेशनलिज़्म इन इंडियाज़ प्रेजे ट; नरेटिव्ज़ फ्ऱॉम ओरिस्सा* (गुड़गाँव : थ्री ऐसेज़ कलेक्टिव, 2009) भी देखें।
10. देखें, सोमिनी सेनगुप्ता, 'अटैक ऑन विमेन ऐट ऐन इंडियन बार इंटेन्सिफ़ाइज़ ए क्लैश ऑफ़ कल्चर्स', *न्यूयॉर्क टाइम्स*, 8 फ़रवरी, 2009, पृ. A5।
11. 'लोकसभा पोल्स टू कॉस्ट मोर दैन यू.एस. प्रेज़िडेंशियल पोल', *टाइम्स ऑफ़ इंडिया*, 1 मार्च, 2009।

12. देखें, शान्तनु गुहा रे, 'ऑफ़र वैलिड टिल वोट्स लास्ट', *तहलका*, 27 मई, 2009।
13. भारत का निर्वाचन आयोग। : http://www.eci.nic.in।
14. भारत की एक अरब आबादी में से पंजीकृत मतदाता 67.2 करोड़ हैं। 2009 में केवल 35.6 करोड़ ने मतदान किया, अर्थात 53 प्रतिशत मतदान। इसमें से संप्रग के मतों का प्रतिशत लगभग 33 प्रतिशत था, अर्थात 1 करोड़ 20 लाख से भी कम ने संप्रग के पक्ष में मतदान किया।
http://eciresults.nic.in frmPercentVotesParty WiseChart.aspx।
15. देखें, 'बीजेपी, कांग्रेस शुड जॉयन हैंड्स, सेज़ गोविन्दाचार्य', प्रेस ट्रस्ट ऑफ़ इंडिया, इन्दौर 15 मई, 2009।
16. देखें, 'इंडिया, पाक युनाइट टू ब्लॉक ऐंटी-लंका मूव ऐट यू एन', *इंडियन एक्सप्रेस*, 28 मई, 2009।
17. देखें, 'जर्नलिज़्म ऑन व्हील्स', राजीव भट्ट द्वारा बीबीसी की भारत में विशेष चुनावी रेल का फ़ोटो, *द हिन्दू*, 26 अप्रैल, 2009।
18. देखें, 'वोट फ़ॉर रिफ़ॉर्म्स, सेज़ इंडिया इनकॉर्पोरेटेड', *संडे हिन्दुस्तान टाइम्स*, 17 मई, 2009।
19. देखें, 'कॉर्पोरेट कैप्टन्स फ़ील इजी विदाउट लेफ़्ट', *संडे हिन्दुस्तान टाइम्स*, 17 मई, 2009।
20. *स्लमडॉग मिलेनियर* का मुख्य गाना, जिसे कांग्रेस पार्टी द्वारा चुनाव प्रचार के लिए लगभग एक करोड़ रुपयों (200,000 अमरीकी डॉलर) में ख़रीदा गया।
21. देखें, उदय खंडेपरकर, 'बिहाइंड द नैनो हाइप', *वॉल स्ट्रीट जर्नल*, 19 मार्च, 2009।
22. डी.के. सिंह, 'इन लोगों को पकड़-पकड़ के नसबन्दी करना पड़ेगा', *इंडियन एक्सप्रेस*, 22 मार्च, 2009।
23. देखें, प्रताप भानु मेहता, 'ए कंट्री इन 40 एकर्स', *इंडियन एक्सप्रेस*, 6 अगस्त, 2008। वीर सिंघवी, 'थिंक दी अनथिंकेबल', *हिन्दुस्तान टाइम्स*, 16 अगस्त, 2008 और स्वामिनाथन अय्यर, 'पुशिंग कश्मीर टुवर्ड्स पाकिस्तान', *इकोनॉमिक टाइम्स*, 13 अगस्त, 2008 को भी देखें।
24. हाल ही में जम्मू कश्मीर में हुए चुनावों के मूल्यांकन के लिए देखें, गौतम नवलखा, 'जम्मू एंड कश्मीर इलेक्शन : ए शिफ़्ट इन इक्वेशन', और रेखा चौधरी, 'सेपरेटिस्ट सेंटिमेंट्स एंड डीपनिंग ऑफ़ डेमोक्रेसी', *इकोनॉमिक एंड पोलिटिकल वीकली*, 17-23 जनवरी, 2009।
25. विस्तृत जानकारी के लिए देखें, राजीव उपाध्याय, 'द मीनिंग ऑफ़ द सियाचिन ग्लेसियर', करेंट सायन्स, 10 मार्च, 2009, पृ. 646-48।

लोकतंत्र किस चिड़िया का नाम है

1. सईदा छद्मनाम है। गुजरात में हिंसा का निशाना ख़ासतौर पर औरतें थीं। मिसाल के लिए, यह देखिए : 'वडोदरा के ग्रामीण इलाक़े में एक डॉक्टर ने कहा कि 28 फ़रवरी से जो घायल झुंडों में वहाँ आने लगे उन्हें ऐसे घाव लगे थे जैसे साम्प्रदायिक हिंसा में पहले कभी नहीं देखे गये थे। हिपोक्रैटिक शपथ का घोर उल्लंघन करते हुए, डॉक्टरों

को मुस्लिम मरीज़ों का इलाज करने पर धमकियाँ दी गयी हैं और उन पर दबाव डाला गया है कि वे राष्ट्रीय स्वयंसेवक संघ के स्वयंसेवकों द्वारा किये गये रक्तदान को केवल हिन्दू मरीज़ों के काम में लायें। तलवार से लगे घाव, कटी हुई छातियाँ और विविध तीव्रता से जले लोग क़त्लेआम के आरम्भिक दिनों के लक्षण थे। डॉक्टरों ने कई औरतों के शव-परीक्षण किये जिनके साथ सामूहिक बलात्कार हुआ था और जिनमें से बहुत-सी औरतों को इसके बाद जला दिया गया था। खेड़ा ज़िले की एक औरत के सामूहिक बलात्कार के बाद बलात्कारियों ने उसका सिर मूँड़कर उस पर चाकू से ओम् गोद दिया था। कुछ दिन बाद अस्पताल में उसकी मौत हो गयी। औरतों की पीठ और नितम्बों पर ओम् गोदने के और भी मामले सामने आये।'–लक्ष्मी मूर्ति, 'इन द नेम ऑफ़ ऑनर', कॉर्प वॉच इंडिया, 23 अप्रैल, 2002।

http://www.indiaresource.org/issues/globalization/2003/inthenameofhonor.html पर उपलब्ध। (29 मार्च, 2009 को देखा गया)।

2. 'स्ट्रे इन्सिडेंट्स टेक गुजरात टोल टू 554', *टाइम्स ऑफ़ इंडिया,* 5 मार्च, 2002। घटनाओं की विस्तृत जानकारी के लिए देखें, सिद्धार्थ वरदराजन, सम्पादित, '*गुजरात : द मेकिंग ऑफ़ ए ट्रैजेडी*', (नयी दिल्ली : पेंग्विन बुक्स इंडिया, 2002), डिऑन बुंशा, *स्कार्ड : एक्सपरिमेंट्स विद वायलेंस इन गुजरात* (नयी दिल्ली : पेंग्विन बुक्स ऑफ़ इंडिया, 2008), और विशेषत : *कम्यूनलिज़्म कॉम्बैट* का मार्च-अप्रैल 2002 अंक, इंटरनेट पर उपलब्ध :

http://www.sabrang.com/cc/archive/2002/marapril/index.html और राकेश शर्मा की डॉक्यूमेंट्री फ़िल्म *फ़ाइनल सॉल्यूशन* (मुम्बई, 2004), फ़िल्म के बारे में जानकारी http://rakeshfilm.com पर उपलब्ध है।

3. एडना फ़र्नांडिस, 'इंडिया पुशेज़ थ्रू ऐंटी-टेरर लॉ', *फ़ाइनेन्शियल टाइम्स* (लन्दन), 27 मार्च, 2002, पृ. 11; 'टेरर लॉ गेट्स प्रसिडेंट्स नॉड', *टाइम्स ऑफ़ इंडिया,* 3 अप्रैल, 2002; स्कॉट बलडॉफ़, 'ऐज़ स्प्रिंग अराइव्ज़, कश्मीर ब्रेसस फ़ॉर फ्रेश फ़ाइटिंग', *क्रिश्चन सायन्स मॉनीटर,* 9 अप्रैल, 2002, पृ. 7; हॉवर्ड डब्ल्यू. फ्रेंच और रेमंड बॉनर, 'ऐट टेन्स टाइम, पाकिस्तान स्टार्ट्स टू टेस्ट मिसाइल्स', *न्यूयॉर्क टाइम्स,* 25 मई, 2002, पृ. A1; एडवर्ड ल्यूस, 'द सैफ़्रॉन रिवोल्यूशन', *फ़ाइनेन्शियल टाइम्स* (लन्दन), 4 मई, 2002, पृ. 1, मार्टिन रेग कोहन, 'इंडियाज़ 'सेफ़्रॉन' करिकुलम', टोरंटो स्टार, 14 अप्रैल, 2002, पृ. B4; पंकज मिश्रा, 'होली लाइज़' *द गार्डियन* (लन्दन), 6 अप्रैल, 2002, पृ. 24, एडवर्ड ल्यूस, 'बैटल ओवर अयोध्या टेम्पल लूम्स', *फ़ाइनेन्शियल टाइम्स* (लन्दन), 2 फ़रवरी, 2002, पृ. 7।

4. 'गुजरात्स टेल ऑफ़ सॉरो : 846 डेड', *इकोनॉमिक टाइम्स ऑफ़ इंडिया,* 18 अप्रैल, 2002। हाल तक ये आँकड़े 1180 तक बढ़ गये थे। देखें, प्रेस ट्रस्ट ऑफ़ इंडिया, 2002 'गुजरात रायट्स : मिसिंग परसन्स टू बी डिक्लेयर्ड डेड', *इंडियन एक्सप्रेस,* 1 मार्च, 2009। सीलिया डब्ल्यू. डुगर, 'रिलिजियस रायट्स लूम ओवर इंडियन पॉलिटिक्स', *न्यूयॉर्क टाइम्स,* 27 जुलाई, 2002, पृ. A1। एडना फ़र्नांडिस, 'गुजरात वायलेंस बैक्ड बाइ स्टेट, सेज़ ईयू रिपोर्ट', *फ़ाइनेन्शियल टाइम्स* (लन्दन), 30 अप्रैल, 2002, पृ. 12; ह्यूमन राइट्स वॉच, 'वी हैव नो आर्डर टू सेव यू' : स्टेट पार्टिसिपेशन एंड कम्प्लिसिटी

इन कम्यूनल वायलेंस इन गुजरात', भाग 14, नं. 3 (C) अप्रैल, 2002 (यहाँ के बाद इसे एच.आर.डब्ल्यू. रिपोर्ट लिखा गया है) भी देखें। इंटरनेट पर उपलब्ध : http://www.hrw.org/legacy/reports/2002/india/ और http://www.hrw.org/legacy/reports/2002/india/gujarat.pdf (29 मार्च, 2009 को देखा गया)। ह्यूमन राइट्स वॉच प्रेस विज्ञप्ति भी देखें, 'इंडिया : गुजरात ऑफ़िशियल्स टुक पार्ट इन ऐंटी-मुस्लिम वायलेंस', न्यूयॉर्क, 30 अप्रैल, 2002।

5. देखें, 'ए टेंटेड इलेक्शन', *इंडियन एक्सप्रेस*, 17 अप्रैल, 2002; मीना मेनन, 'अ डिवाइडेड गुजरात नॉट रेडी फ़ॉर स्नैप पॉल', इंटर प्रेस सर्विस, 21 जुलाई, 2002; एचआरडब्ल्यू रिपोर्ट, पृ. 7, 15-16, 27-31, 45; *डुगर* 'रिलिजियस रायट्स लूम ओवर इंडियन पॉलिटिक्स', पृ. 11; 'विमेन रीलिव द हॉरर्स ऑफ़ गुजरात', *द हिन्दू*, 18 मई, 2002; हरप्रकाश सिंह नन्दा, 'मुस्लिम सर्वाइवर्स स्पीक इन इंडिया', युनाइटेड प्रेस इंटरनेशनल, 27 अप्रैल, 2002; 'गुजरात कारनेज : दी आफ़्टरमथ : इम्पैक्ट ऑफ़ वायलेंस ऑन विमेन', ऑनलाइन वॉलंटियर्स डॉट ओआरजी, 2002। इंटरनेट पर उपलब्ध : %http://www.onlinevolunteers.org/gujarat/women/index.htm (29 मार्च, 2009 को देखा गया।); जस्टिस ए.पी. रावनी, सबमिशन टू द नेशनल ह्यूमन राइट्स कमीशन, नयी दिल्ली, 21 मार्च, 2002, अपेंडिक्स 4। इंटरनेट पर उपलब्ध : %http://el.doccentre.info/eldoc/153a/GujCarnage.htm (29 मार्च, 2009 को देखा गया)। 'आर्टिस्ट्स प्रोटेस्ट टू डिस्ट्रक्शन ऑफ़ कल्चरल लैंडमार्क्स', प्रेस ट्रस्ट ऑफ़ इंडिया, 13 अप्रैल, 2002, और रामा लक्ष्मी, 'सेक्टेरियन वायलेंस हॉण्ट्स इंडियन सिटी : हिन्दू मिलिटेंट्स बार मुस्लिम्स फ़्रॉम वर्क', *वॉशिंगटन पोस्ट*, 8 अप्रैल, 2002, पृ. A12 भी देखें।

6. कम्युनलिज़्म कॉम्बैट (मार्च-अप्रैल, 2002) ने जाफ़री के अन्तिम क्षणों का बयान किया है :

   एहसान जाफ़री को उनके घर से बाहर खींच निकाला जाता है, 45 मिनट तक उनके साथ पाशविक व्यवहार होता है, उनके कपड़े उतारकर नंगा घुमाया जाता है और उनसे कहा जाता है कि वे 'वन्दे मातरम!' और 'जय श्री राम!' कहें। वे इनकार कर देते हैं। उनकी उँगलियाँ काट दी जाती हैं और उन्हें बुरी तरह ज़ख़्मी हालत में मुहल्ले भर में घुमाया जाता है। फिर उनके हाथ और पैर काट दिये जाते हैं। इसके बाद सँड़सी जैसी किसी चीज़ से उनकी गर्दन को पकड़कर उन्हें सड़क पर घसीटकर आग में फेंक दिया जाता है।

   इसके अलादा देखें, '50 किल्ड इन कम्यूनल वायलेंस इन गुजरात, 30 ऑफ़ देम बर्न्ट', प्रेस ट्रस्ट ऑफ़ इंडिया, 28 फ़रवरी, 2002।

7. एचआरडब्ल्यू रिपोर्ट, पृ. 5। डुगर, 'रिलिजस रायट्स लूम ओवर इंडियन पॉलिटिक्स', पृ. A1 भी देखें।

8. 'गुजरात कारनेज', ऑनलाइन वॉलंटियर्स डॉट ओआरजी, 2002। 'वर्डिक्ट ऑन गुजरात डेथ्स : इट्स प्रीमेडिटेटेड मर्डर', *स्ट्रेट्स टाइम्स* (सिंगापुर), 7 जून, 2002 भी देखें।

9. 'एमएल लांचेज़ फ़्रॉटल अटैक ऑन संघ परिवार', *टाइम्स ऑफ़ इंडिया*, 8 मई, 2002।

10. एच.आर.डब्ल्यू. रिपोर्ट, पृ. 21-27। जे.एन.यू. के प्रोफ़ेसर कमल मित्र चिनॉय की टिप्पणी भी देखें, उन्होंने गुजरात में एक स्वतंत्र तथ्यान्वेषी दल का नेतृत्व किया था, 'कैन इंडिया एंड रिलिजस रिवेंज?' *सीएनएन इंटरनेशनल*, 'क्वेश्चन एंड आन्सर विद ज़ैन वर्जी', 4 अप्रैल, 2002।
11. तवलीन सिंह, 'ऑउट ऑफ़ ट्यून', *इंडिया टुडे*, 15 अप्रैल, 2002, पृ. 21। शरद गुप्ता, 'बीजेपी : हिज़ एक्सीलेंसी', *इंडिया टुडे*, 28 जनवरी, 2002, पृ. 18 भी देखें।
12. खोज़ेम मर्चेंट, 'वाजपेयी विज़िट्स सीन ऑफ़ कम्यूनल क्लैशेज़', *फ़ाइनेन्शियल टाइम्स* (लन्दन), 5 अप्रैल, 2002, पृ. 10। पुष्पेश पन्त, 'अटल ऐट द हेल्म, ऑर रनिंग ऑन ऑटो?' *टाइम्स ऑफ़ इंडिया*, 8 अप्रैल, 2002।
13. भरत देसाई, 'विल वाजपेयी सी थ्रू ऑल द विंडो ड्रेसिंग? *दि इकोनॉमिक टाइम्स*, 5 अप्रैल, 2002।
14. एजेंस फ़्रांस-प्रेस, 'सिंगापुर, इंडिया टू एक्सप्लोर क्लोज़र इकोनॉमिक टाइज़', 8 अप्रैल, 2002।
15. 'मेधा (पाटकर) फ़ाइल्स चार्जेज़ अगेंस्ट बीजेपी लीडर्स', *दि इकोनॉमिक टाइम्स*, 13 अप्रैल, 2002।
16. एच.आर.डब्ल्यू. रिपोर्ट, पृ. 30। बुरहान वज़ीर, 'मिलिटेंट्स सीक मुस्लिम-फ़्री इंडिया', *दि ऑब्ज़र्वर* (लन्दन), 21 जुलाई, 2002, पृ. 20 भी देखें।
17. मिश्रा, 'होली लाइज़', पृ. 24।
18. महिलाओं पर हुए हमलों के सन्दर्भ में देखें, 'सेवन मोर हेल्ड फ़ॉर असॉल्टिंग विमेन', *एक्सप्रेस बज़* (चेन्नई), 25 जनवरी, 2009। ईसाइयों पर हुए हमलों के सन्दर्भ में देखें, अगना चटर्जी, 'हिन्दुत्व'ज़ वायलेंट हिस्ट्री', *तहलका*, 13 सितम्बर, 2008, और हर्ष मन्दर, 'क्राई, द बिलवेड कंट्री : रिफ़्लेक्शन ऑन द गुजरात मैसेकर', 13 मार्च, 2002। इंटरनेट पर उपलब्ध : http://www.sacw.net/Gujrat2002/Harshmandar2002.html (29 मार्च, 2009 को देखा गया)। चटर्जी, *वायलेंट गॉड्स* भी देखें।
19. देखें, *कम्यूनलिज़्म कॉम्बैट*, 'गोधरा' (नवम्बर-दिसम्बर, 2002)। इंटरनेट पर उपलब्ध : http://www.sabrang.com/cc/archive/2002/novdec02/godhara.html (29 मार्च, 2009 को देखा)। वरदराजन द्वारा सम्पादित *गुजरात* में ज्योति पुनवानी, 'द कारनेज ऐट गोधरा' भी देखें।
20. एचआरडब्ल्यू रिपोर्ट, पृ. 13-14। सिद्धार्थ श्रीवास्तव, 'नो प्रूफ़ येट ऑन आईएसआई लिंक विद साबरमती अटैक : ऑफ़िशियल्स', *टाइम्स ऑफ़ इंडिया*, 6 मार्च, 2002, 'आईएसआई बिहाइंड गोधरा किलिंग्स, सेज़ बीजेपी', *टाइम्स ऑफ़ इंडिया*, 18 मार्च, 2002। उदय मधुरकर, 'गुजरात फ़्यूएलिंग द फ़ायर', *इंडिया टुडे*, 22 जुलाई, 2002, पृ. 38। 'ब्लडस्टेंड मेमोरीज़', *इंडियन एक्सप्रेस*, 12 अप्रैल, 2002। सिलिया डब्ल्यू. डुगर, 'आफ़्टर डेडली फ़ायरस्टॉर्म, इंडियन ऑफ़िशियल्स आस्क वाई', *न्यूयॉर्क टाइम्स*, 6 मार्च, 2002, पृ. A3।
21. 'ब्लेम इट ऑन न्यूटन्स लॉ : मोदी', *टाइम्स ऑफ़ इंडिया*, 3 मार्च, 2002। फ़र्नांडिस, 'गुजरात वायलेंस बैक्ड बाई स्टेट', पृ. 3 भी देखें।

22. 'आरएसएस कॉशन्स मुस्लिम्स', प्रेस ट्रस्ट ऑफ़ इंडिया, 17 मार्च, 2002। संघमित्रा चक्रवती, 'माइनॉरिटी गाइड टू गुड बिहेवियर', *टाइम्स ऑफ़ इंडिया,* 25 मार्च, 2002।
23. 'मोदी ऑफ़र्स टू क्विट ऐज़ गुजरात सीएम', *दि इकोनॉमिक टाइम्स,* 13 अप्रैल, 2002। 'मोदी आस्क्ड टू सीक मैंडेट', *द स्टेट्समैन* (इंडिया), 13 अप्रैल, 2002।
24. एम.एस गोलवलकर, *वी, ऑर, आवर नेशनहुड डिफ़ाइन्ड,* (नागपुर : भारत पब्लिकेशन्स, 1939) और विनायक दामोदर सावरकर, *हिन्दुत्व* (नयी दिल्ली : भारत सदन, 1989)। देखें सम्पादकीय, 'सैफ्रॉन इज़ थिकर दैन...', *द हिन्दू,* 22 अक्टूबर, 2000। डेविड गार्डनर, 'हिन्दू रिवाइवलिस्ट्स रेज़ द क्वेशचन ऑफ़ हू गवर्न्स इंडिया', *फ़ाइनेन्शियल टाइम्स* (लन्दन) 13 जुलाई, 2000, पृ. 12।
25. देखें, अरुन्धति रॉय, *पॉवर पॉलिटिक्स* में 'पॉवर पॉलिटिक्स', द्वितीय संस्करण, (कैम्ब्रिज : साउथ एंड प्रेस, 2002), पृ. 57।
26. मनोज मित्ता और एच.एस. फ़ूल्का, *वेन ए ट्री शुक डेल्ही : द 1984 कारनेज* (नयी दिल्ली : लोटस बुक्स, 2008)।
27. एचआरडब्ल्यू रिपोर्ट, 39-44।
28. जॉन पिल्जर, 'पाकिस्तान एंड इंडिया ऑन ब्रिंक', *द मिरर* (लन्दन), 27 मई, 2002 पृ. 4।
29. ऐलिसन ले काओवन, कर्ट आइख़ेनवॉल्ड और माइकेल मॉस, 'बिन लादेन फ़ैमिली, विद डीप वेस्टर्न टाइज़, स्ट्राइव्ज़ टू री-इस्टैब्लिश ए नेम', *न्यूयॉर्क टाइम्स,* 28 अक्टूबर, 2001, पृ. 19।
30. देखें, स्टीवन मफ़सन, 'पेंटागन चेंजिंग कलर ऑफ़ एयरड्रॉप्ड मील्स : येलो फ़ूड पैक्स, क्लस्टर बॉम्ब्लेट्स ऑन ग्राउंड मे कन्फ़्यूज़ अफ़ग़ान्ज़', *वॉशिंगटन पोस्ट,* 2 नवम्बर, 2001, पृ. A21।
31. संजीव मिगलानी, 'ऑपोज़िशन कीप्स अप हीट ऑन गवर्नमेंट ओवर रायट्स', *रॉयटर्स,* 16 अप्रैल, 2002।
32. सुचेता दलाल, 'आइदर गवर्न ऑर जस्ट गो', *इंडियन एक्सप्रेस,* 1 अप्रैल, 2001।
33. 'इट्स वॉर इन ड्रॉइंग रूम्स', *इंडियन एक्सप्रेस,* 19 मई, 2002।
34. रणजीत देवराज, 'प्रो-हिन्दू रूलिंग पार्टी बैक टू हार्डलाइन पॉलिटिक्स', इंटर प्रेस सर्विस, 1 जुलाई, 2002। 'ऐन अनहोली अलायंस', *इंडियन एक्सप्रेस,* 6 मई, 2002।
35. निलांजना भादुरी झा, 'कांग्रेस (पार्टी) बिगिन्स आउस्ट-मोदी कैम्पेन, *दि इकोनॉमिक टाइम्स,* 12 अप्रैल, 2002।
36. 8 जून, 2006 को पूर्व सांसद एहसान जाफ़री की विधवा, ज़किया जाफ़री ने मुख्य मंत्री नरेन्द्र मोदी और मंत्रियों, वरिष्ठ अफ़सरों और पुलिसकर्मियों समेत 62 अन्य लोगों के ख़िलाफ़ फ़ौजदारी क़ानून की धारा 154 के तहत एफआईआर. दर्ज कराने का प्रयास किया था। देखें, *कम्यूनलिज़्म कॉम्बैट,* 'द चार्ज शीट' (जून, 2007)। इंटरनेट पर उपलब्ध : http://www.sabrang.com/cc/archive/2007/june07/crime.html (29 मार्च, 2009 को देखा गया)।
37. देखें, रिचर्ड बेनेडेटो, 'कॉन्फ़िडेंस इन वॉर ऑन टेरर वेन्स', *यूएसए टुडे,* 25 जून, 2002, पृ. 19 A और डेविड लैम्ब, 'इज़राइल्स इन्वेज़न्स, 20 इयर्स अपार्ट, लुक ईरिली अलाइक', *लॉस ऐंजेलीस टाइम्स,* 20 अप्रैल, 2002, पृ. A5।

38. रॉय, *द कॉस्ट ऑफ़ लिविंग* में 'दि एंड ऑफ़ इमैजिनेशन'।
39. 'मैं इसे शान्ति की गारंटी का एक हथियार, शान्ति का एक ज़ामिन कहूँगा', पाकिस्तान के परमाणु बम निर्माता अब्दुल क़ादिर ख़ान ने कहा। इम्तियाज़ गुल, 'फ़ॉदर ऑफ़ पाकिस्तानी बॉम्ब सेज़ न्यूक्लियर वेपन्स गैरंटी पीस', डोएचे प्रेस-एजेन्तुर, 29 मई 1998। राज चेंगप्पा, *वेपन्स ऑफ़ पीस : द सीक्रेट स्टोरी ऑफ़ इंडियाज़ क्वेस्ट, टू बी अ न्यूक्लियर पॉवर* (नयी दिल्ली : हार्पर कॉलिंस, 2000)।
40. एडवर्ड ल्यूस, 'फ़रनैंडीज़ हिट बाइ इंडियाज़ कॉफ़िन स्कैंडल', *फ़ाइनेन्शियल टाइम्स* (लन्दन), 13 दिसम्बर, 2001, पृ. 12।
41. 'अरेस्टेड ग्रोथ' *टाइम्स ऑफ़ इंडिया,* 2 फ़रवरी, 2000।
42. एडना फ़रनैंडेज़, 'ई यू टेल्स इंडिया ऑफ़ कंसर्न ओवर वायलेंस इन गुजरात', *फ़ाइनेन्शियल टाइम्स* (लन्दन), 3 मई, 2002, पृ. 02; ऐलेक्स स्पिलियस', प्लीज़ डोंट से दिस वॉज़ ए रायट। दिस वॉज़ ए जेनोसाइड, प्योर एंड सिम्पल', *डेली टेलिग्राफ़* (लन्दन), 18 जून, 2002, पृ. 13।
43. 'गुजरात एक अन्दरूनी मामला है और स्थिति नियंत्रण में है', भारत के विदेश मंत्री जसवन्त सिंह ने कहा। देखें, शिशिर गुप्ता, 'द फ़ॉरेन हैंड', *इंडिया टुडे,* 6 मई, 2002, पृ. 42 और हाशिया।
44. हिना कौसर आलम और पी. बालू, 'जे एंड के (जम्मू एंड कश्मीर) फ़जेज़ डीएनए सैम्पल्स टू कवर अप किलिंग्स', *टाइम्स ऑफ़ इंडिया,* 7 मार्च, 2002।
45. 'लालू वॉट्स यूज़ ऑफ पोटा (प्रिवेंशन ऑफ टेररिज्म ऐक्ट) अगेंस्ट वीएचपी, आरएसएस', *टाइम्स ऑफ़ इंडिया,* 7 मार्च, 2002।

सात परदे के भीतर

1. 14 फ़रवरी, 2003 को आई. जी. ख़ान की हत्या पर, देखें, पार्वती मेनन, 'ए मैन ऑफ़ कम्पैशन', *फ़्रंटलाइन* (इंडिया), 29 मार्च-11 अप्रैल, 2003। इंटरनेट पर उपलब्ध : http://www.frontlineonnet.com/fl2007/stories/20030411400.htm (29 मार्च, 2009 को देखा गया)।
2. हिना कौसर आलम और पी.बालू, 'जे एंड के (जम्मू एंड कश्मीर) फ़जेज़ डीएनए सैम्पल्स टू कवर अप किलिंग्स, *टाइम्स ऑफ़ इंडिया,* 7 मार्च, 2002।
3. देखें, *कम्यूनलिज़्म कॉबैट,* 'गोधरा', और वरदराजन द्वारा सम्पादित *गुजरात* में ज्योति पुनवाणी, 'द कारनेज ऐट गोधरा।'
4. सोमित सेन, 'शूटिंग टर्न्स स्पॉटलाइट ऑन एनकाउंटर कॉप्स', *टाइम्स ऑफ़ इंडिया,* 23 अगस्त, 2003।
5. डब्ल्यू. चन्द्रकान्त, क्रैकडाउन ऑन सिविल लिबर्टीज़ ऐक्टिविस्ट्स इन दि ऑफ़िंग?', *द हिन्दू,* 4 अक्टूबर, 2003, जिसमें लिखा है :
   पुलिस के प्रतिशोध के डर से अनेक कार्यकर्ता गुप्तवास में चले गये हैं। उनके भय बेबुनियाद नहीं हैं, क्योंकि राज्य की पुलिस मनमाने ढंग से मुठभेड़ें करती रही है। जहाँ पुलिस नक्सलवादी हिंसा के आँकड़े अक्सर जारी करती है, वह अपनी हिंसा के शिकार लोगों का ज़िक्र करने से गुरेज़ करती है। आन्ध्र प्रदेश नागरिक स्वतंत्रता समिति ने, जो

पुलिस द्वारा की गयी हत्याओं का लेखा-जोखा रख रही है, 4000 से ज़्यादा मौतों की फ़ेहरिस्त पेश की है जिनमें से, 2000 पिछले महज़ आठ वर्षों में की गयी हैं। इसके अलावा देखें, के.टी. संगमेश्वरन, 'राइट्स ऐक्टिविस्ट्स अलेज गैंगलॉर्ड-कॉप नेक्सस', *द हिन्दू*, 22 अक्टूबर, 2003।

6. 'जम्मू कश्मीर कोअलिशन फ़ॉर सिविल सोसाइटी के अध्ययन', *स्टेट ऑफ़ ह्यूमन राइट्स इन जम्मू एंड कश्मीर बीटविन 1990-2006* (श्रीनगर, 2006), में अनुमान प्रकट किया गया है कि 1990 और, 2004 के बीच जम्मू और कश्मीर में मरने वालों की असली तादाद 70,000 से अधिक थी, जबकि भारत सरकार ने 1990 से, 2005 तक सिर्फ़ 47,000 मृतकों की सूचना दी। देखें, ऐजाज़ हुसैन, 'मुस्लिम, हिन्दू प्रोटेस्ट्स इन इंडियन कश्मीर', एसोसिएट प्रेस, 1 जुलाई, 2008; डेविड रोहडे, 'इंडिया एंड कश्मीर सेपेरेटिस्ट्स बिगिन टॉक ऑन एंडिंग स्ट्राइफ़', *न्यूयॉर्क टाइम्स*, 23 जनवरी, 2004, पृ. A8; डोएचे-प्रेस एजेन्तुर, 'थाउज़ेंड्स मिसिंग, अनमार्क्ड ग्रेव्ज़ टेल कश्मीर स्टोरी', 7 अक्टूबर, 2003।
7. लापता लोगों के माता-पिता के संगठन (एपीडीपी), श्रीनगर की अप्रकाशित रिपोर्ट।
8. देखें, एडवर्ड ल्यूस, 'कश्मीर'ज़ न्यू लीडर प्रॉमिसेज़ 'हीलिंग' *फ़ाइनेन्शियल टाइम्स* (लन्दन), 28 अक्टूबर, 2002, पृ. 12।
9. रे मार्सेलो, 'ऐंटी-टेररिज़्म लॉ बैक्ड बाई इंडियाज़ सुप्रीम कोर्ट', *फ़ाइनेन्शियल टाइम्स* (लन्दन) 17 दिसम्बर, 2003, पृ. 2।
10. पीपुल्स यूनियन फ़ॉर सिविल लिबर्टीज़ (पीयूसीएल), 'ए प्रिलिमिनेरी फ़ैक्ट फ़ाइंडिंग ऑन पोटा केसेज़ इन झारखंड', दिल्ली, इंडिया, 2 मई, 2003। इंटरनेट पर उपलब्ध : http://pucl.org/Topics/Law/2003/poto-jharkhand.htm (29 मार्च, 2009 को देखा गया)।
11. 'पीपुल्स ट्रिब्यून हाइलाइट्स मिसयूज़ ऑफ़ पोटा', *द हिन्दू*, 18 मार्च, 2004।
12. 'पीपुल्स ट्रिब्यूनल।' 'ह्यूमन राइट्स वॉच आस्क सेंटर टू रिपील पोटा' *द हिन्दू*, 18 मार्च, 2004 भी देखें।
13. देखें, लीना मिश्रा, '240 पोटा केसेज़, ऑल अगेंस्ट माइनॉरिटीज़', *टाइम्स ऑफ़ इंडिया*, 15 सितम्बर, 2003 और 'पीपुल्स ट्रिब्युनल हाइलाइट्स मिसयूज़ ऑफ़ पोटा', 18 मार्च, 2004। *टाइम्स ऑफ़ इंडिया* ने पेश की गयी गवाही की ग़लत सूचना दी। जैसा कि प्रेस ट्रस्ट का लेख दर्ज करता है, गुजरात में, 'सूची में एकमात्र ग़ैरमुस्लिम एक सिख है, लिवरसिंह तेजसिंह सिकलीगर, जिसका उल्लेख उसमें सूरत के एक वकील हसमुख ललवाला पर जानलेवा हमला करने के लिए हुआ था और जिसने अप्रैल (2003) में सूरत की पुलिस हिरासत में कथित रूप से फाँसी लगा ली थी।' गुजरात पर देखें, रॉय, 'डेमोक्रेसी : हू इज़ शी ह्वेन शी इज़ ऐट होम?' (इस किताब का पहला अध्याय)।
14. देखें, पीपुल्स ट्रिब्युनल ऑन पोटा एंड अदर सिक्यूरिटी लेजिसलेशन्ज़, *द टेरर ऑफ़ पोटा* (नयी दिल्ली, इंडिया, 13-14 मार्च, 2004)। इंटरनेट पर उपलब्ध : http:/www.sabrang.com/pota.pdf (29 मार्च, 2009 को देखा गया)।
15. 'ए प्रो-पुलिस रिपोर्ट', *द हिन्दू*, 20 मार्च, 2004। इसके अलावा देखें, ऐमनेस्टी इंटरनेशनल, 'इंडिया : रिपोर्ट ऑफ़ द मलिमथ कमिटी रिफ़ॉर्म्स ऑफ़ द क्रिमिनल जस्टिस सिस्टम : सम कमेंट्स', 19 सितम्बर, 2003 (एएसए, 20/025/2003)।

16. 'जे एंड के (जम्मू एंड कश्मीर) पैनल वॉट्स ड्रेकोनियन लॉज़ विदड्रॉन', *द हिन्दू*, 23 मार्च, 2003। इसके अलावा देखें, साउथ एशियन ह्यूमन राइट्स डॉक्यूमेंटेशन सेंटर (एसएएचआरडीसी), 'आर्म्ड फ़ोर्सेज़ स्पेशल पावर्स ऐक्ट : ए स्टडी इन नेशनल सिक्योरिटी टिरिनी', नवम्बर 1995, http://www.hrdc.net/sahrdc/resources/armed_forces.htm (29 मार्च, 2009 को देखा गया)।
17. 'ग्रोथ ऑफ़ ए डीमन : जेनिसिस ऑफ़ दी आर्म्ड फ़ोर्सेज़ स्पेशल पावर्स ऐक्ट, 1958' और सम्बन्धित दस्तावेज़, मणिपुर अपडेट्स। इंटरनेट पर उपलब्ध है, देखें, http://www.geocities.com/manipurupdate/December_feature_1.htm (29 मार्च, 2009 को देखा गया)।
18. गुजरात में क़त्लेआम के लिए किसी को सज़ा दिये जाने के अभाव पर देखें, एडवर्ड ल्यूस, 'मास्टर ऑफ़ ऐम्बिग्विटी', *फ़ाइनेन्शियल टाइम्स* (लन्दन), 3-4 अप्रैल, 2004, पृ. 16। 31 मार्च, 2007 को चन्द्रशेखर प्रसाद की हत्या। देखें, ऐन्ड्रयू नैश, 'ऐन इलेक्शन ऐट जेएनयू', *हिमाल*, दिसम्बर, 2003।
19. पी. साईनाथ, 'नियो-लिबरल टेरेरिज़्म इन इंडिया : द लार्जेस्ट वेव ऑफ़ सुइसाइड्स इन हिस्ट्री', *काउंटरपंच*, फ़रवरी, 2009। इंटरनेट पर उपलब्ध : http://www.counterpunch.org/sainath02122009.html
20. एन.ए. मजूमदार, 'एलिमिनेट हंगर नाओ, पॉवर्टी लेटर', *बिज़नेस लाइन*, 8 जनवरी, 2003।
21. 'फूडग्रेन एक्सपोर्ट में स्लो डाउन दिस फ़िस्कल (इयर)', *इंडिया बिज़नेस इनसाइट*, 2 जून, 2003, 'इंडिया–ऐग्रिकल्चर सेक्टर : पैराडॉक्स ऑफ़ प्लेंटी', *बिज़नेस लाइन*, 26 जून, 2001, रणजीत देवराज, 'फ़ार्मर्स प्रोटेस्ट अगेन्स्ट ग्लोबलाइजे शन', इंटर प्रेस सर्विस, 25 जनवरी, 2001।
22. उत्सा पटनायक, 'फ़ॉलिंग पर कैपिटा अवेलिबिलिटी ऑफ़ फूडग्रेन्स फ़ॉर ह्यूमन कन्ज़म्पशन इन द रिफ़ॉर्म्स पीरियड इन इंडिया', *अख़बार*, (2 अक्टूबर, 2001)। इंटरनेट पर उपलब्ध : http://indowindow.virtualstack.com/akhabar article.php?article=44category= 3 &issue=12 (29 मार्च, 2009 को देखा गया।) पी. साईनाथ, 'हैव टॉर्नाडो, विल ट्रैवल', *द हिन्दू* मैग्ज़ीन, 18 अगस्त, 2002। सिल्विया नसर, 'प्रोफ़ाइल : द कॉन्शेन्स ऑफ़ द डिस्मल साइन्स', *न्यूयॉर्क टाइम्स*, 9 जनवरी, 1994 पृ. 3 : 8। मारिया मिश्रा, 'हार्ट ऑफ़ स्मगनेस : अनलाइक बेल्जियम, ब्रिटेन इज़ स्टिल कम्प्लेसेंटली इगनोरिंग द गोरी क्रुऐलिटीज़ ऑफ़ इट्स एम्पायर', *द गार्जियन*, (लन्दन), 23 जुलाई, 2002, पृ. 15। उत्सा पटनायक, 'ऑन मेज़रिंग, 'फ़ैमिन' डेथ्स : डिफ़रेंट क्राइटीरिया फ़ॉर सोशयलिज़्म एंड कैपिटलिज़्म', *अख़बार*, 6 (नवम्बर-दिसम्बर 1999)। इंटरनेट पर उपलब्ध : http://www.indowindow.com/akhabar/article.php?article=74&category=8&issue=9 (29 मार्च, 2009 को देखा गया)।
23. अमर्त्य सेन, *डिवेलपमेन्ट ऐज़ फ़्रीडम* (न्यूयॉर्क : ऐल्फ्रेड ए. नॉफ़, 1999)
24. 'द वेस्टेड इंडिया', *द स्टेट्समैन* (इंडिया), 17 फ़रवरी, 2001। 'चाइल्डब्लेन', *द स्टेट्समैन* (इंडिया), 24 नवम्बर, 2001।

25. उत्सा पटनायक, 'द रिपब्लिक ऑफ़ हंगर एंड अदर एसेज़', (गुड़गाँव : थ्री एसेज़ कलेक्टिव, 2007)।
26. प्रफुल्ल बिदवई, 'इंडिया ऐडमिट्स सीरियस अग्रेरियन क्राइसिस', *सेंट्रल क्रॉनिकल* (भोपाल), 9 अप्रैल, 2004।
27. रॉय, *पॉवर पोलिटिक्स*, द्वितीय संस्करण, पृ. 13।
28. उदाहरण के लिए देखें, रणदीप रमेश, 'बांग्लादेशी राइटर गोज़ इनटू हाइडिंग', द *गार्जियन* (लन्दन), 27 नवम्बर, 2007, पृ. 25, यह देशनिकाला प्राप्त और, 2004 से कलकत्ता में रह रही लेखिका तसलीमा नसरीन के बारे में है, रणदीप रमेश, 'बैंड आर्टिस्ट मिसेज़ डेल्हीज़ फ़र्स्ट आर्ट शो', *द गार्जियन* (लन्दन), 23 अगस्त, 2008, पृ. 22। यह निष्कासित चित्रकार मक़बूल फ़िदा हुसैन के बारे में है, और सोमिनी सेनगुप्ता, 'ऐट ए यूनिवर्सिटी इन इंडिया, न्यू अटैक्स ऑन ऐन ओल्ड स्टाइल : इरॉटिक आर्ट', *न्यूयॉर्क टाइम्स*, 19 मई, 2007, पृ. B7। यह महाराजा शिवाजीराव विश्वविद्यालय के छात्रों की प्रदर्शनी के बारे में। अरुन्धती रॉय, 'तसलीमा नसरीन एंड ''फ़्री स्पीच,'' नयी दिल्ली, इंडिया 13 फ़रवरी, 2008 भी देखें, इंटरनेट पर उपलब्ध : http://www.zmag.org/znet/viewArticle/166646 (29 मार्च, 2009 को देखा गया)।
29. शिवसेना प्रमुख बाल ठाकरे ने जेम्स डब्ल्यू. लेन की पुस्तक *शिवाजी : हिन्दू किंग इन इस्लामिक इंडिया* (ऑक्सफ़ोर्ड : ऑक्सफ़ोर्ड युनिवर्सिटी प्रेस, 2003) की 'सभी प्रतियों को जलाने का आह्वान' किया। देखें, 'मॉकरी ऑफ़ द लॉ', *द हिन्दू* 3 मई, 2007। प्रफुल्ल बिदवई, 'मेक्कार्थी, वेयर आर यू?' *फ़्रंट लाइन* (इंडिया); 10-23 मई, 2003, इसमें विख्यात इतिहासकार रोमिला थापर के ख़िलाफ़ चलाये गये अभियान के बारे में लिखा गया है; और अनुपमा कटकम, 'पॉलिटिक्स ऑफ़ वैंडलिज़्म', *फ़्रंट लाइन* (इंडिया), 17-30 जनवरी, 2004, पुणे स्थित भंडारकर संस्थान पर हमले के बारे में।
30. देखें, माइक डेविस, *लेट विक्टोरियन होलोकॉस्ट्स : एल निन्यो फ़ैमिन्स एंड द मेकिंग ऑफ़ द थर्ड वर्ल्ड* (न्यूयॉर्क : वर्सो, 2002) 'टेबल पी 1 : एस्टिमेटेड फ़ैमिन मॉर्टैलिटी', पृ. 7।
31. दूसरे स्रोतों के अलावा, देखें, एडविन ब्लेक, *आईबीएम एंड द होलोकॉस्ट : द स्ट्रैटिजिक अलायन्स बिटवीन नाज़ी जर्मनी एंड अमेरिकाज़ मोस्ट पावरफुल कॉर्पोरेशन* (न्यूयॉर्क : थ्री रिवर्स प्रेस, 2003)।
32. 'फ़ॉर इंडिया इनकॉर्पोरेटेड, साइलेंस प्रोटेक्ट्स द बॉटम लाइन', *टाइम्स ऑफ़ इंडिया*, 17 फ़रवरी, 2003। 'सीआईआई अपॉलोजाइज़ेज़ टू मोदी', *द हिन्दू*, 7 मार्च, 2003।
33. आडवाणी ने, 25 सितम्बर 1990 को सोमनाथ से यात्रा शुरू की थी।, 2005 में उन्होंने कहा कि उनकी 15 साल पहले की ऐतिहासिक राम रथयात्रा तभी पूरी मानी जायेगी जब अयोध्या में मन्दिर बन जायेगा। देखें, विशेष संवाददाता, 'यात्रा कम्प्लीट ओनली आफ़्टर टेम्पल इज़ बिल्ट, सेज़ आडवाणी', *द हिन्दू*, 26 सितम्बर, 2005।
34. देखें, रॉय, *पॉवर पोलिटिक्स*, द्वितीय संस्करण, पृ. 35-86।
35. अन्य स्रोतों के साथ, देखें, निर्मलांशु मुखर्जी, 'ट्रेल ऑफ़ द टेरर कॉप्स', ज़ेडनेट, 17 नवम्बर, 2008। इंटरनेट पर उपलब्ध : http://www.zmag.org/zspace/nirmalangshumukherji (29 मार्च, 2009 को देखा गया)।

36. 22 दिसम्बर, 2003 को संयुक्त राष्ट्र संघ की महासभा में 'आतंकवाद से लड़ाई में मानवाधिकारों और आधारभूत स्वतंत्रताओं की रक्षा' के प्रस्ताव से अपने-आप को अलग रखने वाला भारत अकेला देश था। A/RES/58/187 (अप्रैल, 2004)।
37. देखें प्रेस ट्रस्ट ऑफ़ इंडिया, 'इंडियाज़ नक्सलाइट्स मेकिंग एफर्ट्स टू स्प्रेड टू न्यू एरियाज़', बीबीसी वर्ल्ड वाइड मॉनिटरिंग, 4 मई, 2003 और 'माओइस्ट कॉल फ्रीज़ेज़ झारखंड, नेबर्स', द *स्टेट्समैन* (इंडिया), 15 जून, 2006।
38. कांग्रेस के नेतृत्व में संप्रग सरकार ने, 2004 में पोटा को रद्द कर दिया क्योंकि वह अत्यन्त क्रूर पाया गया था, और कहा कि उसका दुरुपयोग हुआ था और वह उलटे नतीजे देने वाला था, लेकिन फिर सरकार ने 'अवैध गतिविधि निरोधक अधिनियम में संशोधनों के रूप में और भी कड़ा आतंककारी क़ानून लागू कर दिया। संशोधन 15 दिसम्बर, 2008 को संसद में पेश किये गये और अगले ही दिन स्वीकार कर लिये गये। लगभग कोई बहस नहीं हुई। देखें, प्रशान्त भूषण, 'टेरिरिज़्म : आर स्ट्रॉन्गर लॉज़ द आन्सर?' *द हिन्दू*, 1 जनवरी, 2009।
39. देखें, अरुन्धति रॉय, *ऐन ऑर्डिनरी पर्सन्स गाइड टू एम्पायर* में 'पब्लिक पावर इन द एज ऑफ़ एम्पायर' (नयी दिल्ली : पेंगुइन बुक्स, इंडिया, 2005)। अरुन्धति रॉय, 'पब्लिक पावर इन द एज ऑफ़ एम्पायर' (न्यूयॉर्क सेवन स्टोरीज़ प्रेस, 2004) में भी प्रकाशित।

और उसकी ज़िन्दगी का चिराग़ बुझना ही चाहिए

1. संसद के हमले और उसके बाद की अदालती कार्रवाई के लिए देखें, नन्दिता हक्सर, *फ्रेमिंग गिलानी, हैंगिंग अफ़ज़ल : पेट्रिऑटिज़्म इन द नेम ऑफ़ टेरर* (नयी दिल्ली, प्रॉमिला, 2007); प्रफुल्ल बिदवई, *13 डिसेम्बर–ए रीडर : द स्ट्रेंज केस ऑफ़ दी अटैक ऑन दी इंडियन पार्लियामेंट* (नयी दिल्ली : पेंगुइन बुक्स इंडिया, 2006); सैयद बिस्मिल्लाह गिलानी, मैन्युफैक्चरिंग टेररिज़्म : कश्मीरी एनकाउंटर्स विद मीडिया एंड द लॉ (नयी दिल्ली : प्रॉमिला, 2006); निर्मलांशु मुखर्जी, 'डिसेम्बर 13 : टेरर ओवर डेमॉक्रेसी (नयी दिल्ली : प्रॉमिला, 2005); पीपुल्स यूनियन फ़ॉर डेमोक्रैटिक राइट्स, *बैलेंसिंग ऐक्ट : हाई कोर्ट जजमेंट ऑन द 13 डिसेम्बर, 2001 केस* (नयी दिल्ली : 19 दिसम्बर, 2003) पीपुल्स यूनियन फ़ॉर डेमोक्रैटिक राइट्स, *ट्रायल ऑफ़ एरर्स : ए क्रिटिक ऑफ़ द पोटा कोर्ट जजमेंट ऑन द 13 डिसेम्बर केस* (नयी दिल्ली, 15 फ़रवरी, 2003)।
2. न्यायाधीश एस.एन. ढींगरा, विशेष पोटा अदालत का फ़ैसला, मोहम्मद अफ़ज़ल बनाम राज्य (दिल्ली राष्ट्रीय राजधानी क्षेत्र), 16 दिसम्बर, 2002।
3. गृहमंत्री लालकृष्ण आडवाणी का बयान, 18 दिसम्बर, 2001। पाठ भारतीय दूतावास (वाशिंगटन) की वेबसाइट पर उपलब्ध है : http:/www. indianembassy.org/new/parliament_doc_12_01.htm (29 मार्च, 2009 को देखा गया)।
4. देखें, सूज़न मिलिगन, 'डिस्पाइट डिप्लोमेसी, कश्मीर ट्रूप्स ब्रेस', *बॉस्टन ग्लोब*, 20 जनवरी, 2002, पृ. A1; फ़राह स्टॉकमैन एंड ऐंटनी शदीद, 'सेक्शन्स फ़्यूएलिंग आयर

बिटवीन इंडिया एंड पाकिस्तान', बॉस्टन ग्लोब, 28 दिसम्बर, 2001, पृ. A3; ज़ाहिद हुसैन, 'टिट फ़ॉर टैट बैन्स रेज़ टेन्शन ऑन कश्मीर', *द टाइम्स* (लन्दन), 28 दिसम्बर, 2001; और ग़ुलाम हसनैन और निकोलस रफ़ई, 'पाकिस्तान रेज़ेज़ कश्मीर न्यूक्लियर स्टेक्स, *संडे टाइम्स* (लन्दन), 30 दिसम्बर, 2001।

5. ढींगरा, विशेष पोटा कोर्ट का फ़ैसला।
6. देखें, सोमिनी सेनगुप्ता, 'इंडियन ओपिनियन स्प्लिट्स ऑन कॉल फ़ॉर एक्सीक्यूशन', *इंटरनेशनल हेरल्ड ट्रिब्यून*, 9 अक्टूबर, 2006; और सोमिनी सेनगुप्ता और हरी कुमार, 'डेथ सेंटेंस इन टेरर अटैक पुट्स इंडिया ऑन ट्रायल', *न्यूयॉर्क टाइम्स*, 10 अक्टूबर, 2006, पृ. A3।
7. 'आडवाणी क्रिटिसाइज्ड डिले इन अफ़ज़ल एक्जुक्यूषन', *द हिन्दू*, 13 नवम्बर, 2006।
8. जम्मू कश्मीर लिबरेशन फ्रंट के एक संस्थापक मक़बूल बट्ट को 11 फ़रवरी, 1984 को दिल्ली में फाँसी दी गयी। देखें, 'इंडिया हैंग्स कश्मीरी फ़ॉर स्लेयिंग बैंकर', *न्यूयॉर्क, टाइम्स*, 12 फ़रवरी, 1984, सेक्शन 1, पृ. 7। मक़बूल बट्ट के बारे में विवरण इंटरनेट पर उपलब्ध है : http://www.maqboolbutt.com और www.geocities.com/jklf-kashmir/maqboolstory.html (29 मार्च, 2009 को देखा गया)।
9. लक्ष्मी बालकृष्णन, 'रीलिविंग अ नाइटमेयर', *द हिन्दू*, 12 दिसम्बर, 2002, पृ. 2। बिदवई तथा अन्य, 13 दिसम्बर 'ए रीडर' में शुद्धब्रत सेनगुप्ता, 'मीडिया ट्रायल एंड कोर्टरूम ट्रिब्युलेशन्स, इन बिदवई, पृ. 46 भी देखें।
10. प्रेस ट्रस्ट ऑफ़ इंडिया, 'एस सी (सुप्रीम कोर्ट) अलॉऊज़ जी (टीवी) टू एयर फ़िल्म ऑन पार्लियामेन्ट अटैक', Indiainfo.com, 13 दिसम्बर, 2002।
11. 'फ़ाइव बुलेट्स हिट गिलानी, सेज फ़ॉरेंसिक रिपोर्ट', *हिन्दुस्तान टाइम्स*, 25 फ़रवरी, 2005।
12. देखें, 'पुलिस फ़ोर्स', '*इंडियन एक्सप्रेस*, 15 जुलाई, 2002; 'एडिटर्स गिल्ड सीक्स फ़ेयर ट्रायल फ़ॉर इफ़्तिख़ार' *इंडियन एक्सप्रेस*, 20 जून, 2002, 'कश्मीर टाइम स्टेफ़र्स डिटेंशन इश्यू रेज्ड इन लोकसभा', बिजनेस रिकॉर्डर, 4 अगस्त, 2002।
13. इफ़्तिख़ार गिलानी, 'माई डेज इन प्रिजन' (नयी दिल्ली : पेंगुइन बुक्स इंडिया, 2005)। 2008 में इस किताब के उर्दू अनुवाद को साहित्य अकादमी से भारत का सर्वोच्च साहित्य पुरस्कार मिला। http:/www.indianexpress.com/news/iftikhar-gilani-wins-sahitya-akademi-award/424871A।
14. दूरदर्शन (नई दिल्ली), 'कोर्ट रीलीज़ेज़ कश्मीर टाइम्स जर्नलिस्ट फ़्रॉम डिटेंशन', बीबीसी मॉनिटरिंग साउथ एशिया, 13 जनवरी, 2003।
15. स्टेटमेंट ऑफ़ सैयद अब्दुल रहमान गिलानी, नयी दिल्ली, 4 अगस्त, 2005। इंटरनेट पर उपलब्ध : http://www.revolutionarydemocracy.org/parl/geelanistate.htm (29 मार्च, 2009 को देखा गया)। बशरत पीर, 'विक्टिम्स ऑफ़ डिसेम्बर 13', द गार्डियन, (लन्दन), 5 जुलाई, 2003, पृ. 29।
16. 'स्पेशल सेल एसीपी फ़ेसेज़ चार्जेज़ ऑफ़ एक्सेसेज़, टॉर्चर', *हिन्दुस्तान टाइम्स*, 31 जुलाई, 2005। सिंह की बाद में (मर्च, 2008 में)–एक विवाद में जो व्यापक रूप से विश्वास किया जाता है कि अपराधियों की दुनिया और ज़मीन-जायदाद से सम्बन्धित

था–हत्या कर दी गयी। देखें, प्रेस ट्रस्ट ऑफ़ इंडिया, 'एनकाउंटर स्पेशलिस्ट राजबीर सिंह शॉट डेड', *हिन्दुस्तान टाइम्स,* 25 मार्च, 2008।

17. देखें लेख, 'टेरेरिस्ट्स वर क्लोज़-निट रिलिजियस फ़ेनैटिक्स' और 'पुलिस इम्प्रेस विद स्पीड बट शो लिटल एविडेंस', *टाइम्स ऑफ़ इंडिया,* 21 दिसम्बर, 2001। इंटरनेट पर उपलब्ध : http://timesofindia.indiatimes.com/articleshow/1600576183.cms और http://timesofindia.indiatimes.com/articleshow/1295243790.cms (29 मार्च, 2009 को देखा गया।)
18. एमिली वैक्स और रमा लक्ष्मी, 'इंडियन ऑफ़िशियल पॉइंट्स टू पाकिस्तान', *वॉशिंगटन पोस्ट,* 6 दिसम्बर, 2008, पृ. A8।
19. मुखर्जी, 13 दिसम्बर, पृ. 43।
20. श्री एस.एन. ढींगरा की अदालत में आपराधिक मामलों की धारा 313 के तहत मोहम्मद अफ़ज़ल का बयान, एएसजे, नयी दिल्ली, राज्य बनाम अफ़ज़ल गुरु और अन्य, एफआईआर 417/01 सितम्बर, 2002। इंटरनेट पर उपलब्ध : http://www.outlookindia.com/fullprint.asp?choice=1&fodname=] 20061019 &fname=nirmalangshu&sid=2 (29 मार्च, 2009 को देखा गया)।
21. एजाज़ हुसैन, 'किलर्स इन ख़ाकी', *इंडिया टुडे,* 11 जून, 2007। 'पीयूडीआर पिक्स सेवरल होल्स इन पुलिस वर्ज़न ऑन प्रगति मैदान एनकाउंटर', *द हिन्दू,* 3 मई, 2005, और पीपुल्स यूनियन फ़ॉर डेमोक्रेटिक राइट्स, *एन अनफ़ेयर वरडिक्ट : ए क्रिटिक ऑफ़ द रेड फ़ोर्ट जजमेंट* (नयी दिल्ली : 22 दिसम्बर, 2006) और *क्लोज़ एनकाउंटर : ए रिपोर्ट ऑन पुलिस शूट-आउट्स इन डेल्ही* (नयी दिल्ली, 21 अक्टूबर, 2004) भी देखें।
22. देखें, 'ए न्यू काइंड ऑफ़ वॉर', *एशिया वीक,* 7 अप्रैल, 2000, और रणजीत देव राज, 'टफ़ टॉक कंटीन्यूज़ डिस्पाइट पीस डिमांड्स', इंटर प्रेस सर्विस, 19 अप्रैल, 2000।
23. देखें, 'फ़ाइव किल्ड आफ़्टर छत्तीसिंहपुरा मैसेकर वर सिवियन्स', प्रेस ट्रस्ट ऑफ़ इंडिया, 16 जुलाई, 2002 और 'ज्युडिशियल प्रोब ऑर्डर्ड इनटू छत्तीसिंहपुरा सिख मैसेकर, 23 अक्टूबर, 2000।
24. पब्लिक कमिशन ऑन ह्यूमन राइट्स, श्रीनगर, 2006, 'स्टेट ऑफ़ ह्यूमन राइट्स इन जम्मू एंड कश्मीर 1990-2005', पृ. 21।
25. 'प्रोब इनटू अलेज्ड फ़ेक किलिंग ऑर्डर्ड', *डेली एक्सेल्सियर* (जनिपुरा), 14 दिसम्बर, 2006।
26. एम.एल. काक, 'आर्मी क्वायट ऑन फ़ेक सरेंडर बाई अल्ट्राज़', *द ट्रिब्यून* (चंडीगढ़), 14 दिसम्बर, 2006।
27. 'स्टॉर्म ओवर अ सेंटेंस', *द स्टेट्समेन* (इंडिया), 12 फ़रवरी, 2003।
28. जो विश्लेषण आगे दिया जा रहा है वह भारत के सर्वोच्च न्यायालय, दिल्ली उच्च न्यायालय और पोटा विशेष अदालत के फ़ैसलों पर आधारित है।
29. मुखर्जी, डिसेम्बर 13। पीपुल्स यूनियन फ़ॉर डेमोक्रैटिक राइट्स, ट्रायल ऑफ़ एरर्स एंड बेलेसिंग ऐक्ट।
30. 'ऐज मर्सी पेटिशन लाइज़ विद कलाम, तिहार बाइज़ रोप फ़ॉर अफ़ज़ल हैंगिंग', *इंडियन एक्सप्रेस,* 16 अक्टूबर, 2006।

1. धारा 313 फ़ौजदारी क़ानून के तहत अदालत को मोहम्मद अफ़ज़ल का बयान, सितम्बर, 2002।
2. 'टेररिस्ट्स वर क्लोज़-निट रिलिजियस फ़ेनैटिक्स' और 'पुलिस इम्प्रेस विद स्पीड बट शो लिटल एविडेंस', *टाइम्स ऑफ़ इंडिया,* 21 दिसम्बर, 2001।
3. मोहम्मद अफ़ज़ल बनाम राज्य (राष्ट्रीय राजधानी क्षेत्र दिल्ली), 4 अगस्त, 2005।
4. प्रेस ट्रस्ट ऑफ़ इंडिया, 'बुक ऑन दिसम्बर 13 पार्लियामेंट अटैक', 13 दिसम्बर, 2006।
5. दया, फिर से सुनवाई और जाँच की याचिकाएँ इंटरनेट पर उपलब्ध हैं : http://www.petitiononline.com/ekta/petition.html और http://www.petitiononline.com/CMAG/petition.html (29 मार्च, 2009 को देखा गया।)
6. तब के राज्यसभा में विपक्ष के नेता और वर्तमान प्रधानमंत्री मनमोहन सिंह का राज्य सभा में भाषण। पूरा पाठ देखें, राज्यसभा, ऑफ़िशियल डेज़ प्रोसीडिंग्स, 18 दिसम्बर, 2001, पैराग्राफ़ 4, पृ. 430।
7. देविन्दर कुमार, 'द हैम बर्गर–डिड डेलही पुलिस स्लूथ्स जम्प द गन विद द रॉन्ग वन?' *आउटलुक* (इंडिया), 21 जनवरी, 2002।
8. प्रियरंजन दासमुंशी, 'आडवाणीजी टू वॉज़ कन्फ़्यूज़्ड', *आउटलुक,* 24 दिसम्बर, 2001।
9. संसद हमले की चार्जशीट का पूरा पाठ जानने के लिए देखिए, मुखर्जी, *दिसम्बर 13,* अनेक्शर 1।
10. देखें, 'स्कैंडल', *दी इकॉनोमिस्ट,* 28 अगस्त, 1999, और साराह डेलनी और माइकल एवन्स, 'ब्रिटेन जॉइन्ड प्लॉट टू ओवर थ्रो ए कॉम्यूनिस्ट इटैलियन गवर्नमेंट', *द टाइम्स* (लन्दन), 14 जनवरी, 2008, पृ. 31। राजनीतिक सन्दर्भ के लिए देखिए, नोम चॉम्स्की, 'टर्निंग द टाइड : यू.एस. इंटर्वेंशन इन सेंट्रल अमेरिका एंड द स्ट्रगल फ़ॉर पीस', दूसरा संस्करण, (कैम्ब्रिज : साउथ एंड प्रेस, 1987), पृ. 67, 195।
11. 'शो नो मर्सी, हैंग अफ़ज़ल : बीजेपी', *इंडियन एक्सप्रेस,* 23 नवम्बर, 2006।
12. चन्दन मित्रा, 'सेलिब्रेटिंग ट्रीजन', *द पायोनियर,* 7 अक्टूबर, 2006।
13. स्वप्न दास गुप्ता, 'यू कांट बी गुड टू ईविल', *द पायनियर,* 1 अक्टूबर, 2006।
14. सिद्धार्थ गौतम, 'दि अदर साइड ऑफ़ अफ़ज़ल्स सरेंडर', सीएनएन-आईबीएन, 27 नवम्बर, 2006। पाठ इंटरनेट पर उपलब्ध है। http://ibnlive.in.com/news/the-other-side-of-afzals-surrender/27157-3.html (29 मार्च, 2009 को देखा गया)। वीडियो इंटरनेट पर उपलब्ध : http://ibnlive.coj/video/27157/the-other-side-of-afzals-surrender.html (29 मार्च, 2009 को देखा गया)। नरेन्द्र नाग, 'अफ़ज़ल गेट्स मिक्स्ड बैग फ़्रॉम पॉलिटिको', सीएनएन-आईबीएन, 28 नवम्बर, 2006। पाठ इंटरनेट पर उपलब्ध है : http://ibnlive.in.com/news/afzal-gets-mixed-bag-from-politico/27182-3.html (29 मार्च, 2006 को देखा गया)। वीडियो इंटरनेट पर उपलब्ध : http://ibnlive.com/video/27182/afzal-gets-mixed-bag-from-politico.html (29 मार्च, 2009 को देखा गया)।

15. सिद्धार्थ गौतम, 'टॉर्चर्ड, बट केप्ट अलाइव फ़ॉर अ डील', सीएनएन-आईबीएन, 27 नवम्बर, 2006। पाठ इंटरनेट पर उपलब्ध है। http://ibnlive.in.com/news/tortured-but-kept-alive-for-a-deal/27164-3.html(29 मार्च, 2009 को देखा गया)। वीडियो इंटरनेट पर उपलब्ध है : http://ibnlive.com/video/27164/tortured-but-kept-alive-for-a-deal.html (29 मार्च, 2009 को देखा गया)।
16. द्रविन्दर सिंह, श्रीनगर में अक्तूबर, 2006 में परवेज़ बुखारी द्वारा लिया गया साक्षात्कार, अप्रकाशित पांडुलिपि, लेखक को व्यक्तिगत तौर पर उपलब्ध करवाया गया।
17. 'आडवाणी क्रिटिसाइज़ेज़ डिले इन अफ़ज़ल एक्ज़ीक्यूशन', *द हिन्दू* 13 नवम्बर, 2006।
18. देखें, मोहम्मद अफ़ज़ल बनाम राज्य (दिल्ली राष्ट्रीय राजधानी क्षेत्र) केस में सर्वोच्च न्यायालय का फ़ैसला, 4 अगस्त, 2005।

हिरासत में इकबालिया बयान, मीडिया और क़ानून

1. सेनगुप्ता, 'इंडियन ओपिनियन स्प्लिट्स ऑन कॉल फ़ॉर एक्ज़ीक्यूशन', 9 अक्टूबर, 2006।
2. एनडीटीवी को एन.डी. पंचोली का पत्र देखें।, 26 दिसम्बर, 2006। इंटरनेट पर पूरा पत्र उपलब्ध है http://www.sacw.net/free/pancholitoNDTV.html (29 मार्च, 2006 को देखा गया)।
3. अदालत के फ़ैसले के बावजूद मीडिया द्वारा हिरासत में की गयी स्वीकारोक्तियों का प्रकाशन जारी है। देखें, मिहिर श्रीवास्तव, 'इनसाइड द माइंड ऑफ़ द बॉम्बर्स', *इंडिया टुडे*, 2 अक्टूबर, 2008।
4. बरखा दत्त, 'डेथ ऑफ़ द मिडल ग्राउंड, *हिन्दुस्तान टाइम्स*, 16 दिसम्बर, 2006।
5. नवम्बर, 2002 में, दिल्ली पुलिस के 'मुठभेड़ विशेषज्ञों' ने लश्कर-ए-तैयबा के दो तथाकथित आतंकवादियों को मार गिराया, जबकि एक डॉक्टर ने, जो 'हमले' के समय मौजूद थे, कहा कि उनके पास हथियार नहीं थे। इसके बाद इस मामले के सरकारी ब्योरों में कई ख़ामियाँ सामने आयीं।
6. इफ़्तिख़ार गिलानी मामले के ब्योरे और मीडिया में उसे कैसे रिपोर्ट किया गया, इसे जानने के लिए देखिए, पृ. 56 और 57 ('एंड हिज लाइफ़ शुड बिकम एक्सिटिंक्ट')
7. मलय कृष्ण धर, *ओपन सीक्रेट्स : इंडियाज़ इंटेलिजेंस अनवेल्ड* (नयी दिल्ली : मानव पब्लिकेशन्स, 2005), पृ. 20।

घर जाओ, बेबी बुश

1. देखें, युनाइटेड प्रेस इंटरनेशनल, 'बुश टू अड्रेस इंडियन्स फ़्रॉम एन्शिएंट फ़ोर्ट', 24 फ़रवरी, 2006, और 'वेल ऑफ़ सीक्रेसी ओवर बुश विज़िट', हिन्दुस्तान टाइम्स, 22 फ़रवरी, 2006।
2. 'यू.एस. प्रेसिडेंट अराइव्ज ऑन मेडेन इंडिया विजिट', *हिन्दुस्तान टाइम्स*, 1 मार्च, 2006।
3. देखें, मुकुल शर्मा, 'म्याँमार : रेटरिक एंड रियैलिटी ऑफ़ इंडियन डेमॉक्रेसी', *द हिन्दू*, 9 अगस्त, 2007, थान श्वे की, 25 अक्टूबर की राजघाट यात्रा पर टिप्पणी।

ऐनिमल फ़ार्म, भाग-2

1. जॉर्ज डब्ल्यू. बुश, 'प्रेसिडेंट बुश डिलिवर्स रिमार्क्स टू दी एशिया सोसाइटी', वॉशिंगटन डीसी, 22 फ़रवरी, 2006।

महल में कांड

1. देखें, हांस देम्बोव्स्की, 'टेकिंग द स्टेट टू कोर्ट : पब्लिक इंटरनेट लिटिगेशन एंड द पब्लिक स्फ़ियर इन मेट्रोपॉलिटन इंडिया', (ऑक्सफ़ोर्ड : ऑक्सफ़ोर्ड युनिवर्सिटी, प्रेस, 2001) और विदेह उपाध्याय, पब्लिक इंटरेस्ट लिटिगेशन इन इंडिया : कंसेप्ट्स केसेज़, कंसर्न्स (नयी दिल्ली : लेक्सिस नेक्सिस बटरवर्थ्स इंडिया, 2007)।
2. हॉवर्ड ज़िन, *द ज़िन रीडर : राइटिंग ऑन डिसऑबिडिएंस एंड डेमॉक्रेसी* (न्यूयॉर्क : सेवन स्टोरीज़ प्रेस, 2003), पृ. 373।
3. न्यायिक जवाबदेही पर समिति, http://www.judicialreforms.org
4. देखें, प्रशान्त भूषण, 'जजेज़ इन देयर ओन कॉज़ : कम्टेम्प ऑफ़ कोर्ट'। बिना तिथि का। इंटरनेट पर उपलब्ध :

   http://www.judicialreforms.org/files/contempt_aritcle_pb.pdf (29 मार्च, 2009 को देखा गया)। प्रशान्त भूषण, 'द ज्युडिशियरी : कटिंग एज ऑफ़ ए प्रीडेटर स्टेट', काउंटरकरेंट्स डॉट ऑआरजी, 7 दिसम्बर, 2006, अरुन्धति रॉय, 'डिफ़ेन्स ऑफ़ डिसेंट', आउटलुक इंडिया डॉट कॉम, 30 अप्रैल, 2001 और 'कन्टेम्प्ट ऑफ़ कोर्ट?' आउटलुक इंडिया डॉट कॉम, 21 जनवरी, 2002 भी देखें।
5. देखें, सैम राजप्पा, 'क्राइम एंड पनिशमेंट', *द स्टेट्समैन* (इंडिया), 25 अगस्त, 2002।
6. 'शॉप्स डाउन शटर्स अगेन्स्ट सीलिंग', प्रेस ट्रस्ट ऑफ़ इंडिया, 11 मई, 2006। भद्र सिन्हा, 'एमसीडी (म्युनिसिपल कॉर्पोरेशन डेलही) गेट्स अनदर एस सी रैप ऑन सीलिंग', *हिन्दुस्तान टाइम्स,* 10 मार्च, 2008।
7. देखें, श्वेता शारदा, 'नांग्ला माछी : कोर्ट प्रोसिडिंग, नोट 9 मई, 2006', इंटरनेट पर दूसरी रिपोर्ट भी उपलब्ध है : http://nagla.freeflux.net (29 मार्च, 2009 को देखा गया)।
8. फ़ॉरेस्ट केस अपडेट में उद्धृत, अंक, 29 (अक्टूबर, 2006)। इंटरनेट पर उपलब्ध : http://www.forestcaseindia.org। 'डिसाइड ऑन वसन्त कुंज मॉल इन टू मंथ्स, एस सी टेल्स फ़ॉरेस्ट मिनिस्ट्री', *हिन्दुस्तान टाइम्स,* 17 अक्टूबर, 2006।
9. दो साल बाद कॉरपोरेट भारत में सबसे बड़े हिसाब-किताब के घोटाले का भंडाफोड़ हुआ। देखें, 'रामलिंगा राजू क्विट्स सत्यम : एडमिट्स टू फ़्रॉड', *इंडियन एक्सप्रेस,* 7 जनवरी और प्रेस ट्रस्ट ऑफ़ इंडिया, 'सत्यम कोलैप्स लाइकली टू अफ़ेक्ट इन्वेस्टर्स कॉन्फ़िडेन्स : एक्सपर्ट्स', *इकोनॉमिक टाइम्स,* 7 जनवरी, 2009।
10. देखें, न्यायिक जवाबदेही के लिए समिति, विदर ज्युडिशियल एकाउंटिबिलिटी? द केस ऑफ़ जस्टिस सबरवाल : डिसक्वाइटिंग फ़ैक्ट्स, डिस्टर्बिंग इम्प्लिकेशन्स (नयी दिल्ली : 3 अगस्त, 2007)। इंटरनेट पर उपलब्ध :

    http://www. judicialreforms.org/justic_yk_sabharwal.htm (29 मार्च, 2009 को देखा गया) अन्य रिपोर्टों के साथ *मिड* डे रिपोर्ट भी देखें : http://www.mid-day.com()

11. जे.एस.वर्मा , करन थापर से साक्षात्कार, *इंडिया टूनाइट*, सीएनबीसी इंडिया, 16 अगस्त, 2007।
12. वाई.के. सबरवाल, 'अ फ़ॉर्मर चीफ़ जस्टिस ऑफ़ इंडिया डिफ़ेंड्स हिज़ ऑनर, *टाइम्स ऑफ़ इंडिया*, 2 सितम्बर, 2007, पृ. 10।
13. नयी दिल्ली स्थित दिल्ली उच्च न्यायालय, स्वतः संज्ञान केस बनाम एम.के. दयाल आदि, 11 सितम्बर, 2007। 'कोर्ट होल्ड्स मिड डे एडिटर गिल्टी ऑफ़ कंटेम्प्ट ऑफ़ कोर्ट', *द हिन्दू*, 12 सितम्बर, 2007।

टिड्डियों की आवाज़ जनसंहार, इनकार और उत्सव

1. पीटर बालाकियन द्वारा दिये गये आँकड़े, वर्ल्ड अफ़ेयर्स फ़ोरम, सैन फ़्रांसिस्को, कैलिफ़ोर्निया में वार्ता, 2 नवम्बर, 2003। ऑल्टरनेटिव रेडियो की वेबसाइट पर वार्ता और उसका पाठ उपलब्ध है : http://www.alternativeeratio.org/programs/BALP002.html।
2. अरेक्सी बार्सामियन, डेनवर, कोलोराडो में कोलोराडो विश्वविद्यालय में बोलते हुए, 26 सितम्बर 1986। ऑडियो और लिप्यन्तरण ऑल्टरनेटिव रेडियो की मार्फ़त उपलब्ध है : %http://www.alternativeradio.org/programs/BAAR-FISR001.shtml।
3. सुज़ैन फ़्लावर 'टर्की, ए टची क्रिटिक, प्लैन्स टू पुट ए नॉवेल ऑन ट्रायल', *न्यूयॉर्क टाइम्स*, 15 सितम्बर, 2006, पृ. A4, और निकोलस बर्च, 'स्पीकिंग आउट इन द शैडो ऑफ़ डेथ', *द गार्डियन* (लन्दन), 7 अप्रैल, 2007, पृ. 30।
4. देखें, बंशा, स्कार्ड।
5. 'टाटा अम्बानी बैग गुजरात गरिमा अवार्ड्स', *बिज़नेस स्टैंडर्ड* (इंडिया), 13 जनवरी, 2004।
6. मिश्रा, 'अ मीडियॉकर गॉडेस', *न्यू स्टेट्समैन*, 9 अप्रैल, 2001।
7. जनसंहार के अपराध से बचाव और दंड पर संयुक्त राष्ट्र संघ का सम्मेलन, महासभा के प्रस्ताव, 260 A(III) दिनांक 9 दिसम्बर 1948 द्वारा अनुमोदित और हस्ताक्षर के लिए प्रस्तावित तथा 12 जनवरी 1951 से मान्य।
8. फ़्रैंक चॉक और कुर्त जोनैसन, 'द हिस्ट्री एंड सोशियॉलोजी ऑफ़ जेनोसाइड : एनालिसिस एंड केस स्टडीज़ (न्यू हेवेन : येल युनिवर्सिटी प्रेस, 1990) पृ. 23।
9. हॉवर्ड ज़िन, ए पीपुल्स हिस्ट्री ऑफ़ द युनाइटेड स्टेट्स : 1942–प्रेज़ेंट (न्यूयॉर्क : हार्पर पेरेनियल क्लासिक्स, 2001) पृ. 15 पर उद्धृत।
10. बाबू बजरंगी, 'आफ़्टर किलिंग देम, आई फ़ेल्ट लाइक महाराना प्रताप', (उनको मारने के बाद मैंने महाराना प्रताप जैसा महसूस किया) *तहलका*, 1 सितम्बर, 2007।
11. रॉबर्ट जे. लिफ़्टन की वार्ता, सेंटर फ़ॉर द स्टडी ऑफ़ वायलेंस एंड ह्यूमन सर्वाइवल, जॉन जे कॉलेज, सिटी युनिवर्सिटी ऑफ़ न्यूयॉर्क, 29 जनवरी 1996। ऑल्टरनेटिव रेडियो के मार्फ़त लिप्यन्तरण उपलब्ध : http://www.alternativeradio.org/programs/LIFR-SMIR001.shtml। रॉबर्ट जे. लिफ़्टन और ग्रेग मिशेल, हिरोशिमा इन अमेरिका : ए हॉफ़ सेंचुरी ऑफ़ डिनायल (न्यूयॉर्क : हार्पर पेरेनियल, 1996) भी देखें।
12. देखें, महमूद ममदानी, 'द पॉलिटिक्स ऑफ़ नेमिंग : जेनोसाइड, सिविल वॉर, इनसर्जेंसी', *लन्दन रिव्यू ऑफ़ बुक्स*, 8 मार्च, 2007।

13. देखें, ऐंटनी आर्नोव, सं., *इराक़ अंडर सीज : द डेडली इम्पैक्ट ऑफ़ सेंक्शन्स एंड वॉर* (केम्ब्रिज : साउथ एंड प्रेस, 2002), पृ. 63 और 145।
14. देखें, रेशेल एल. स्वार्न्स, 'ऑवरशैडोड, स्लेवरी डिबेट बॉइल्स इन डरबन', *न्यूयॉर्क टाइम्स*, 6 सितम्बर, 2001, पृ. A1 और क्रिस मेकग्रील डरबन, 'ऐफ़्रिकन्स बैक डाउन ऐट द यू एन रेस टॉक', *ऑब्ज़र्वर* (लन्दन), 9 सितम्बर, 2001, पृ. 16।
15. देखें, स्वेन लिंडक्विस्ट, *ए हिस्ट्री ऑफ़ बॉम्बिंग* (न्यूयॉर्क : द न्यू प्रेस, 2003), मर्लिन बी. यंग और यूकी तनाका, सं., *बॉम्बिंग सिविलियन्स : ए ट्वेन्टिएथ-सेंचुरी हिस्ट्री* (न्यूयॉर्क : द न्यू प्रेस, 2009), और ग्राबिएल कोल्को, सेंचुरी ऑफ़ वार : पॉलिटिक्स, कान्फ़्लिक्ट्स, एंड सोसाइटी सिन्स 1914 (न्यूयॉर्क : द न्यू प्रेस, 1995)।
16. देखें, मैरिलिन बी. यंग, *द वियतनाम वॉर्स : 1945-90* (न्यूयॉर्क : हॉपर पेरेनियल, स्टीफ़न किंज़र, *ओवर थ्रो : अमेरीकाज़ सेंचुरी ऑफ़ रिजीम चेंज फ़्रॉम हवाई टू इराक़* (न्यूयॉर्क : टाइम्स बुक्स, 2007) और चाल्मर्स जॉनसन्स त्रयी, *ब्लोबैक : द कॉस्ट्स एंड कॉन्सिक्वेंसेज़ ऑफ़ अमेरिकन एम्पायर, दूसरा संस्करण, द सॉरोज़ ऑफ़ एम्पायर : मिलिटरिज़्म, सीक्रेसी एंड दि एंड ऑफ़ दी अमेरिकन रिपब्लिक* तथा *नेमेसिस : द लास्ट डेज़ ऑफ़ द अमेरिकन रिपब्लिक* (न्यूयॉर्क : मेट्रोपोलिटन बुक्स, 2004, 2004 और, 2008)।
17. रॉबर्ट मैक्नामारा, एरल मॉरिस के साथ बातचीत, द फ़ॉग ऑफ़ वॉर : इलेवन लेसन्स फ़्रॉम द लाइफ़ ऑफ़ रॉबर्ट एस. मैक्नामारा (सोनी पिक्चर्स, 2004) 95 मिनट। लिप्यन्तरण उपलब्ध : http://www.errolmorris.com/film/flow_transcript.html (29 मार्च, 2009 को देखा गया)।
18. देखें, कार्ल हुल्से, 'यू.एस. एंड टर्की थ्वॉर्ट आर्मीनियन जेनोसाइड बिल', *न्यूयॉर्क टाइम्स*, 26 अक्टूबर, 2007, पृ A12। इसी तरह का प्रस्ताव इज़रायल में नेसेट में लगातारा हारा। उदाहरण के लिए देखें, गिडीयन एलॉन, 'नेसेट ऑप्ट्स नॉट टू डिस्कस आर्मीनियन जेनोसाइड ऐट प्राइम मिनिस्टर्स रिक्वेस्ट', *हा'रेट्स*, 15 मार्च, 2007।
19. देखें, हाइन्ज़ हेगर, *द मेन विद द पिंक ट्राइऐंगल : द ट्रू लाइफ़ एंड डेथ स्टोरी ऑफ़ होमोसेक्सुअल्स इन द नाज़ी डेथ कैम्प्स*, द्वितीय संस्करण (न्यूयॉर्क : एलीसन बुक्स, 1994) डेनियल गुरिन, *द ब्राउन प्लेग : ट्रैवल्स इन लेट वाइमार एंड अर्ली नाज़ी जर्मनी* (डरहम, नॉर्थ केरोलीना : ड्यूक युनिवर्सिटी प्रेस, 1994), *द नाज़ी प्रॉसिक्यूशन ऑफ़ द जिप्सीज़* (न्यूयॉर्क : आक्सफ़ोर्ड युनिवर्सिटी प्रेस, 2000), और कैथरिन मेरिडेल, *आइवन्स वॉर : लाइफ़ एंड डेथ इन द रेड आर्मी*, 1939-45 (न्यूयॉर्क : पिकाडोर, 2007)।
20. बालाकियन, वर्ल्ड अफ़ेयर्स फ़ोरम, 2 नवम्बर, 2003! पीटर बालाकियन, *द बर्निंग टाइग्रिस : दी आर्मीनियन जेनोसाइड एंड अमेरिकाज़ रिस्पॉन्स* (न्यूयॉर्क : हार्पर पेरेनियल, 2004) भी देखें।
21. स्वेन लिंडक्विस्ट, *एक्सटर्मिनेट ऑल द ब्रूट्स : वन मैन्स ओडीसी इन टू द हार्ट ऑफ़ डार्कनेस एंड दि ओरिजिन ऑफ़ योरोपियन जेनोसाइड* (न्यूयॉर्क : द न्यू प्रेस, 1997)
22. देखें, ऐडम हॉख़्शचाइल्ड, *किंग लियोपोल्ड्स घोस्ट : ए स्टोरी ऑफ़ ग्रीड, टेरर एंड हीरोइज़्म इन कोलोनियल ऐफ़्रिका* (न्यूयॉर्क : मेरिनर बुक्स, 1999)। लन्दन की द रॉयल

स्टैटिस्टिकल सोसाइटी के सभापति लियोनार्ड कर्टनी ने 13 दिसम्बर, 1898 को 'वाणिज्य विस्तार में एक प्रयोग' शीर्षक से एक व्याख्यान दिया था। देखें, 'कोलोनियल लेसन्स फ्रॉम द कौंगो फ्री स्टेट', *पब्लिक ऑपिनियन* (न्यूयॉर्क), 5 जनवरी, 1899, पृ. 11।

23. लिंडक्विस्ट, *'एक्सटर्मिनेट ऑल द ब्रूट्स।'*
24. देखें, 'आरएसएस एम्स फ़ॉर ए हिन्दू नेशन', बी.बी.सी. न्यूज, 10 मार्च, 2003, और प्रेस ट्रस्ट ऑफ़ इंडिया', आरएसएस माइट गेट ट्रेंडी यूनिफ़ॉर्म नेक्स्ट इयर', rediff.com, 23 जुलाई, 2004।
25. लीना मिश्रा, '240 पोटा केसेज़, ऑल अगेंस्ट माइनॉरिटीज़', *टाइम्स ऑफ़ इंडिया,* 15 सितम्बर, 2003; पीपुल्स ट्रिब्यून हाइलाइट्स मिसयूज़ ऑफ़ पोटा', 18 मार्च, 2004। 'सूची में एकमात्र ग़ैरमुस्लिम एक सिख है, लिवरसिंह तेजसिंह सिकलीगर, जिसका उल्लेख उसमें सूरत के एक वकील हसमुख ललवाला पर जानलेवा हमला करने के लिए हुआ था और जिसने अप्रैल (2003) में सूरत की पुलिस हिरासत में कथित रूप से फाँसी लगा ली थी।'
26. नन्दीग्राम (पश्चिम बंगाल) में की गयी हिंसा के लिए देखें, http://sanhati.com/november-2007-violence-in-nandigram-archive-of-events/
27. लिंडक्विस्ट, *'एक्सटर्मिनेट ऑल द ब्रूट्स',* पृ. 154 पर उद्धृत। वुड्रफ़ डी. स्मिथ, 'फ्रेडरिश रैटज़ेल एंड दि ओरिजिन ऑफ़ लेबेन्सरॉम', जर्मन स्टडीज़ रिव्यू, वोल्यूम 3 नं. 1 (फ़रवरी 1980) पृ. 1 68।
28. डेविस, लेट विक्टोरियन होलोकॉस्ट्स, पृ. 7।
29. नीता लाल, 'मैलन्यूट्रिशन रैम्पेन्ट, मे ट्रिगर क्राइसिस', *इंडिया टूगेदर,* 2 अप्रैल, 2007।
30. देखें, अरुन्धती रॉय, 'द ग्रेटर कॉमन गुड', *ऐल्जेब्रा ऑफ़ इनफ़ाइनाइट जस्टिस* में। रॉय, *द कॉस्ट ऑफ़ लिविंग* में भी प्रकाशित। आर. रंगाचारी, 'लार्ज डेम्स : इंडियाज़ एक्सपीरिएन्स (वर्ल्ड कमीशन ऑफ़ डैम्स, नवम्बर, 2002)। इंटरनेट पर उपलब्ध है : http://www.dams.org/kabse/studies/in/ (29 मार्च, 2009)।
31. देखें, 'छत्तीसगढ़ गवर्नमेंट रिस्किंग सिविलियन लाइव्स, थ्रू ऐंटी-नक्सल कैम्प्स : एसीएचआर', *हिन्दुस्तान टाइम्स,* 17 मार्च, 2006।
32. देखें, अमन सेठी, 'न्यू बैटल ज़ोन्स', *फ़्रंटलाइन* (इंडिया), 8-21 सितम्बर, 2007।
33. लिफ़्टन, सिटी युनिवर्सिटी ऑफ़ न्यूयॉर्क, 29 जनवरी, 2009।
34. शाहरुख खान, नम्रता जोशी से साक्षात्कार, 'फ़िल्म्स आर फ़ॉर एंटरटेनमेंट, मेसेजेज़ आर फ़ॉर द पोस्ट ऑफ़िस', *आउटलुक* (इंडिया), 22 अक्टूबर, 2007।
35. रामचन्द्र गुहा, *इंडिया आफ़्टर गांधी : द हिस्ट्री ऑफ़ द वर्ल्ड्स लार्जेस्ट डेमॉक्रेसी* (लन्दन : मैकमिलन, 2007), पृ. 755-56। संजय काक द्वारा दी गयी समीक्षा भी देखें, 'ए क्रॉनिकल ऑफ़ 'इंडिया शाइनिंग', *बिब्लिओ : ए रिव्यू ऑफ़ बुक्स,* जुलाई-अगस्त, 2007, पृ. 1-3।
36. 'द डिनायल ऑफ़ ऐन अमेरिकन वीज़ा इज़ ए पोलिटिकल बून फ़ॉर नरेन्द्र मोदी', *दी इकोनॉमिस्ट,* 26 मार्च, 2005, वीर संघवी का उद्धरण।

37. अमिताभ बच्चन, 'इंडिया पॉइज़्ड', ऐन्थम' india poised वेबसाइट। इंटरनेट पर वीडियो उपलब्ध है : http://www.indiapoised.com/video2.htm (29 मार्च, 2009 देखा गया।)
38. लिफ़्टन, सिटी युनिवर्सिटी ऑफ़ न्यूयॉर्क, 29 जनवरी 1996।
39. सुदीप चक्रवर्ती, *रेड सन : ट्रैवल्स इन नक्सलाइट कंट्री* (नयी दिल्ली : पेंगुइन बुक्स, इंडिया, 2007)।
40. 'नक्सल मार्च : टाइम बॉम्ब टिक्स ऐट होम', *हिन्दुस्तान टाइम्स*, 8 अगस्त, 2006।
41. हर्तोष सिंह बाल, 'स्टैम्प आउट नक्सल्स', *मेल टुडे*, 10 जनवरी, 2008।

आज़ादी

1. देखें, यारोस्लाव त्रोफ़िमोव, 'ए न्यू टैक इन कश्मीर', *वॉल स्ट्रीट जर्नल*, 15 दिसम्बर, 2008, पृ. A1।
2. ह्यूमन राइट्स वॉच, *इंडियाज़ सीक्रेट आर्मी इन कश्मीर : न्यू पैटर्न्स ऑफ़ अब्यूज़ इमर्ज इन द कॉन्फ़्लिक्ट* (वाशिंगटन डी सी, मई 1996)। इंटरनेशन क्राइसिस ग्रुप की रिपोर्ट्स भी देखें। http://www.crisisgroup.org और एमनेस्टी इंटरनेशनल : http://www.amnesty.org।
3. देखें, सोनिया जब्बार, 'पॉलिटिक्स ऑफ़ पिलग्रिमेज', *हिन्दुस्तान टाइम्स*, 29 जून, 2008।
4. गौतम नवलखा, 'स्टेट कल्टिवेशन ऑफ़ द अमरनाथ यात्रा', *इकोनॉमिक एंड पॉलिटिकल वीकली* (मुम्बई), 26 जुलाई, 2008। नवलखा, जम्मू एंड कश्मीर : पिलग्रिम्स प्रोग्रेस कॉज़ेज़ रिग्रेशन', *इकोनॉमिक एंड पॉलिटिकल वीकली* (मुम्बई), 8 जुलाई, 2006 भी देखें।
5. देखें, इंडो-एशियन न्यूज़ सर्विस, 'अमिड अमरनाथ लेंड राओ, पिलग्रिमेज कीप्स इट्स पीस', *हिन्दुस्तान टाइम्स*, 14 अगस्त, 2008, और इंडो-एशियन न्यूज़ सर्विस, 'मुस्लिम्स होल्डिंग मेकशिफ़्ट किचन्स फ़ॉर स्ट्रैंडेड अमरनाथ पिलग्रिम्स', *हिन्दुस्तान टाइम्स*, 1 जुलाई, 2008।
6. एंड्रयू बनकोम्ब, 'कश्मीर ट्राइज़ टू डिफ़्यूज़ श्राइन रायट बाइ रिवोकिंग डील', *दि इंडिपेंडेंट* (लन्दन), 2 जुलाई, 2008 पृ. 26।
7. इंडो-एशियन न्यूज़ सर्विस, 'अमरनाथ लैंड राओ', *हिन्दुस्तान टाइम्स*, 4 अगस्त, 2008।
8. 'ऑन पंजाब-जे एंड के (जम्मू एंड कश्मीर) बॉर्डर, परिवार पिचेज़ टेंट, कॉल्स द शॉर्ट्स', *इंडियन एक्सप्रेस*, 6 अगस्त, 2008। इंडो-एशियन न्यूज़ सर्विस, 'लैंड राओ मेक्स कश्मीर इकॉनोमी ब्लीड', *हिन्दुस्तान टाइम्स*, 7 अगस्त, 2008।
9. 'नो हाइवे ब्लॉकेड, इट्स ओनली प्रॉपेगैंडा', *टाइम्स ऑफ़ इंडिया*, 17 अगस्त, 2008; 'गवर्नमेंट काउंटर्स ब्लॉकेड प्रॉपेगैंडा विद बुलेटिन्स', *इकोनॉमिक टाइम्स* (इंडिया), 14 अगस्त, 2008 और करण थापर, 'जम्मू डिस्क्रिमिनेटेड एंड कश्मीर फ़ेवर्ड : जेटली', सीएनएन-आईबीएन, 24 अगस्त, 2008।
10. 'हॉक गिलानी सेज़ ही इज़ 'सोल' आज़ादी लीडर, देन अपोलोजाइजे ज़', *इंडियन एक्सप्रेस*, 19 अगस्त, 2008। रेडिफ़ पर साक्षात्कार भी देखिये, 'मैं ओसामा (बिन लादेन) के साथ तुलना किया जाना नहीं चाहता।' रेडिफ़ न्यूज, 25 अगस्त, 2008।

11. एजाज़ हुसैन, 'कश्मीरी मुस्लिम्स मार्च इन कॉल फ़ॉर फ्रीडम', एसोसिएट प्रेस, 17 अगस्त, 2008। 'इंडियन कश्मीर सेपरेटिस्ट्स अनाउन्स प्रोटेस्ट टू कंटीन्यू टिल डिमांडस मेट', बीबीसी मॉनिटरिंग साउथ एशिया, 17 अगस्त, 2008।
12. 'प्रोटेस्टर्स मार्च टू यू एन ऑफ़िस इन कश्मीर कैपिटल श्रीनगर', दोएचे प्रेस-एजेन्तुर, 18 मार्च, 2008।

नौ ग्यारह नहीं है (और नवम्बर भी सितम्बर नहीं है)

1. रेज़ॉल एच. लश्कर, 'इंडिया मे कैरी आउट सर्जिकल स्ट्राइक ऑन पाक (पाकिस्तान), वॉर्न्स मेक्कैन', प्रेस ट्रस्ट ऑफ़ इंडिया, 7 दिसम्बर, 2008।
2. योसी मेलमान, 'मुम्बई टेररिस्ट्स बैडली टॉर्चर्ड चाबाड हाउस विक्टिम्स', हा'रेट्ज़, 26 दिसम्बर, 2008।
3. पैट्रिक फ्रेंच, 'दे हेट अस–एंड इंडिया इज़ अस', *न्यूयॉर्क टाइम्स,* 8 दिसम्बर, 2008।
4. मोहम्मद शाह, 'किलिंग हिन्दूज़' इज़ बेटर दैन डाइलॉग विद इंडिया : लश्कर-ए-तैयबा चीफ़', एजेंसे फ़्रांस, 3 अप्रैल, 2008।
5. बजरंगी, 'आफ़्टर किलिंग देम, आई फ़ेल्ट लाइक महाराना प्रताप', (उनको मारने के बाद मैंने महाराना प्रताप जैसा महसूस किया) *तहलका,* 1 सितम्बर, 2007।
6. एम.एस. गोलवलकर, 'वी, ऑर, ऑवर नेशनहुड डिफ़ाइंड', (नागपुर : भारत पब्लिकेशन्स, 1939) पृ. 35, 37 और 62। विलियम डैल्रिम्पल, 'इंडिया : द वॉर ओवर हिस्ट्री' *न्यूयॉर्क रिव्यू ऑफ़ बुक्स,* 7 अप्रैल, 2005 में उद्धृत।
7. चटर्जी, 'हिन्दुत्वाज़ वायलेंट हिस्ट्री।' हरी कुमार और हेदर टिमन्स, 'वॉयलेन्स इन इंडिया फ़्यूएल्ड बाई रिलिजियस एंड इकोनॉमिक डिवाइड', *न्यूयॉर्क टाइम्स,* 4 सितम्बर, 2008, पृ. A6।
8. 'सिचुएशन इन कन्धमाल ऑउट ऑफ़ कंट्रोल : आर्कबिशप', *द हिन्दू,* 29 सितम्बर, 2008।
9. एमिली वैक्स और रामालक्ष्मी, 'इंडियन ऑफ़िशियल पोइंट्स टू पाकिस्तान', *वॉशिंगटन पोस्ट,* 6 दिसम्बर, 2008। पृ. A8।
10. डेमियन मैक्एलरॉय, 'ऐटलीस्ट टू मोर टेररिस्ट्स आर ऑन द रन, पुलिस ऐडमिट', *द संडे टेलिग्राफ़* (लन्दन), 7 दिसम्बर, 2008, पृ. 30।
11. वी.के. शशिकुमार, 'रिक्रूटेड बाई रॉ, ट्रेंड बाई आर्मी : एलटीटीई', सीएनएन-आईबीएन, 2 जुलाई, 2006। इंटरनेट पर उपलब्ध है : http://ibnlive.in.com/news/recruited-by-raw-trained-by-army-ltte/14462-3-1.html (29 मार्च, 2009 देखा गया)।
12. एमिली वैक्स, 'कॉल्स शेड लाइट ऑन गनमेन्स मोटिव्ज़', *वॉशिंगटन पोस्ट,* 16 दिसम्बर, 2008, पृ. A14।
13. सुकेतु मेहता, 'ह्वॉट दे हेट अबाउट मुम्बई', *न्यूयॉर्क टाइम्स,* 28 नवम्बर, 2008।
14. देखें, 'बटला हाउस रेज़िडेंट्स स्पीक आउट', *हिन्दुस्तान टाइम्स,* 27 सितम्बर, 2008, और हमारी जमातिया, 'जामिया टीचर्स ग्रुप पॉइंट्स फ़िंगर ऐट बटला हाउस एनकाउंटर', *इंडियन एक्सप्रेस* डॉट कॉम, 21 फ़रवरी, 2009। जामिया टीचर्स सॉलिडैरिटी ग्रुप,

'एनकाउंटर' ऐट बटला हाउस : अनआनस्वर्ड क्वेश्चन्स', 24 फ़रवरी, 2009। इंटरनेट पर उपलब्ध :

http://www.sacw.net/article691.html (29 मार्च, 2009 देखा गया)।

15. एल.के. आडवानी, इनॉगरेशन ऑफ़ नेशनल सेमिनार ऑन टेरेरिज़्म, नयी दिल्ली, 4 अक्टूबर, 2008। देखें, 'आडवानी कॉशन्स अगेंस्ट प्रेसिडेंट्स रूल', *द हिन्दू*, 6 अक्टूबर, 2008, और 'ब्रेवहार्ट डेल्ही कॉप शर्मा लेड टू रेस्ट', *टाइम्स ऑफ़ इंडिया*, 20 सितम्बर, 2008।
16. पारुल अब्रोल, 'सीबीआई वांट्स ऐक्शन अगेन्स्ट डेलही पुलिस स्पेशल ऑफ़िसर', इंडो-एशियन न्यूज सर्विस, 18 नवम्बर, 2008।
17. युनाइटेड न्यूज़ ऑफ़ इंडिया, 'मालेगाँव बॉम्ब ब्लास्ट', 14 नवम्बर, 2008।
18. एफ़. अहमद, 'एटीएस इज़ लाइंग, हिन्दू कांट बी टेरेरिस्ट्स : वी.के. मल्होत्रा', इंडो-एशियन न्यूज़ सर्विस, 17 नवम्बर, 2008।
19. प्रेस ट्रट ऑफ़ इंडिया, 'तोगड़िया डिनाइज़ लिंक्स विद मालेगाँव ब्लास्ट केस : सीबीआई टू डिस्टेंसेज़ इटसेल्फ़', *फ़ाइनेंशियल एक्सप्रेस*, 25 नवम्बर, 2008।
20. देखें, शोमा चौधरी, 'इज़ काली अ विम्प?' *तहलका*, 13 दिसम्बर, 2008।
21. देखें, एशियन सेंटर फ़ॉर ह्यूमन राइट्स, 'टॉर्चर इन इंडिया, 2008 : अ स्टेट ऑफ़ डिनायल', नयी दिल्ली, इंडिया, जून, 2008। इंटरनेट पर उपलब्ध :

    http://www. achrweb.org/reports/india/tourture2008.pdf (29 मार्च, 2009 देखा गया) 'इज टॉर्चर एवर जस्टिफ़ाइड?' *द इकॉनोमिस्ट*, 22 सितम्बर, 2007। टॉर्चर और अन्य क्रूरताओं के विरोध में संयुक्त राष्ट्र संघ का सम्मेलन, अमानवीय और निम्नस्तरीय व्यवहार और दंड मुद्दे पर 4 फ़रवरी, 1985 को चर्चा।